A CABEÇA DO BRASILEIRO

vinte anos depois

A CABEÇA DO BRASILEIRO

vinte anos depois

O que mudou?

alberto carlos almeida

com a colaboração de

**Andreia Schroeder,
Arthur Trindade M. Costa,
Fabrício M. Fialho,
Julio Trecenti,
Lucio Rennó,
Marcelo Ottoni Durante,
Nelson Rojas de Carvalho,
Nilson Teixeira
e Stanley R. Bailey**

1ª edição

DIFEL

Rio de Janeiro | 2025

CIP-BRASIL. CATALOGAÇÃO NA PUBLICAÇÃO
SINDICATO NACIONAL DOS EDITORES DE LIVROS, RJ

A444c Almeida, Alberto Carlos
A cabeça do brasileiro, vinte anos depois : o que mudou / Alberto Carlos Almeida. - 1. ed. - Rio de Janeiro : Difel, 2025.

ISBN 978-85-7432-164-6

1. Brasil - Condições sociais. 2. Opinião pública - Pesquisa - Brasil. I. Título.

25-97566.2 CDD: 303.380981
CDU: 316.653(81)

Meri Gleice Rodrigues de Souza - Bibliotecária - CRB-7/6439

Texto revisado segundo o Acordo Ortográfico da Língua Portuguesa de 1990.

Direitos exclusivos desta edição adquiridos pela Difel,
um selo da Editora Bertrand Brasil Ltda.
Rua Argentina, 171 – Rio de Janeiro, RJ – 20921-380 – Tel.: (21) 2585-2000.

Impresso no Brasil

ISBN 978-85-7432-164-6

A ciência é tudo o que aprendemos sobre como não nos iludirmos.

Richard Feynman

Este livro é dedicado a Celso Pansera, que incentivou incansavelmente a atualização da pesquisa.

Sumário

Agradecimentos

O mundo democrático em que fomos educados nos exige reconhecer que, quando se trata de pesquisas, os protagonistas são os entrevistados, basicamente uma amostra da população estudada. Feito isto, vale aqui registrar que o entendimento do Brasil como ele é — da maneira abrangente e profunda como foram realizadas as pesquisas — não teria sido possível sem uma lista relativamente longa que mistura pessoas e instituições públicas e privadas. Não se trata de simples gratidão, mas de um imenso agradecimento a todas e todos que passo a mencionar.

Os coautores de cada capítulo foram figuras-chave para a qualidade das análises e redação deste livro. Agradeço a cada um deles o enorme empenho analítico e a presteza na escrita: Andreia Schroeder, Arthur Trindade M. Costa, Fabrício M. Fialho, Lucio Rennó, Marcelo Ottoni Durante, Nelson Rojas de Carvalho, Nilson Teixeira e Stanley R. Bailey. Vale registrar que alguns dos coautores leram outros capítulos e fizeram valiosas sugestões e, nesse sentido, cumpre dobrar o reconhecimento a Fabrício, Lucio, Nelson e Stanley. Faço um agradecimento especial ao nosso coautor estatístico Júlio Trecenti. Ele subsidiou todos nós com análises de elevada qualidade e com um dashboard de dados das duas pesquisas (https://acabecadobrasileiro.com.br/dashboard-das-pesquisas/) que viabilizou a rápida redação deste livro.

Clara Araújo e Felícia Picanço foram fundamentais para a redação do capítulo que aborda o machismo e as mudanças de visões de mundo quanto a gênero e sexualidade. Sem a contribuição de ambas ele não teria sido elaborado. Vários acadêmicos, pesquisadores e professores universitários de diferentes especialidades deram uma contribuição inestimável lendo capítulos, trechos, indicando literatura especializada, dados de apoio e debatendo os inúmeros temas deste volume, dentre os quais agradeço a Bruno Pinheiro Reis, Carlos Pereira, Christina Vital, Ednaldo Ribeiro, Guilherme Esteves Galvão Lopes, Jairo Nicolau, José Eustáquio Diniz Alves e Octávio Amorim.

Na minha família conversamos muito sobre pesquisa, sociedade, cultura, política e economia. Assim, meus filhos mais velhos e minha nora não poderiam deixar de ler trechos do que foi escrito, debater e dar sugestões. Meus agradecimentos a Gabriel, Beatriz e Ana Clara.

Todas as sugestões recebidas foram lidas e ouvidas com muita atenção e, em certa medida, incorporadas ao livro. Ainda assim vale ressalvar que os conteúdos desta obra são de inteira responsabilidade daqueles que assinam cada capítulo.

Um livro baseado em dados de pesquisa depende de um trabalho de campo sério e de qualidade e isso só foi possível em 2022-23 graças ao Instituto de Pesquisas de Opinião (IPO), sua excelente diretora-executiva Elis Radmann e as brilhantes coordenadoras de projeto Gisele Rodrigues e Izan Muller; à empresa Job Done e sua competente proprietária, Paula Derobio; à Brazil Field, cujo dia a dia do trabalho de campo foi coordenado com perfeição por Dolores Garcia Souza, e Tiago André da Fonseca Sobreira, responsável pela não menos importante área administrativa; ao Grupom Consultoria e Pesquisa, sob a batuta de Mário Rodrigues Filho, Mário Rodrigues Neto e Leandro do Nascimento Rodrigues; e à Simetria Consultoria e Pesquisa, gerida com dedicação por Antonio Reynaldo de Vilhena Gouvêa e sua coordenadora de operações, Aline Cristina Araújo Gonçalves. Ficam registrados os meus sinceros e profundos agradecimentos a todas e a todos. Só quem conhece pesquisa domiciliar de perto sabe o quão difícil é realizá-la. Agradeço também aos valorosos, corajosos e incansáveis entrevistadores e entrevistadoras, cujo trabalho anônimo viabilizou tudo que aqui está.

Um dos pilares de boas pesquisas, além do questionário e do trabalho de campo, é a amostra. Nesse sentido, o trabalho de Sílvio Aragão e Lawane Aragão foi irretocável não apenas no que diz respeito à elevada qualidade da amostra, mas também na velocidade em que responderam às demandas e dúvidas das equipes que realizaram o levantamento dos dados.

O processamento de dados e codificação das perguntas abertas, assim como a elaboração das tabelas, ficou a cargo da Digiquest, baseada em São Paulo e tocada por Reinaldo Ippolito. O profissional e a empresa se mostraram imprescindíveis para a boa realização da pesquisa.

Agradeço também à agência de publicidade DeBrito Brasil e a seus sócios Geraldo, Cesar e Maria DeBrito, que apoiaram este projeto por meio da elaboração de todo o material gráfico utilizado na divulgação do projeto junto a seus financiadores, no treinamento das equipes de pesquisa de campo e na diagramação do questionário impresso tão útil nas situações em que os entrevistadores ficaram impossibilitados de utilizar o questionário em formato eletrônico. Este estudo não teria sido levado adiante sem o apoio técnico e a dedicação de Aline Sá Cavalcanti.

Por fim, é necessário recordar que todas as análises realizadas neste livro dependeram da realização de duas pesquisas. Assim, é justo agradecer novamente aos envolvidos na primeira pesquisa, aquela feita em 2002, já nominalmente mencionados no livro *A cabeça do brasileiro*, publicado em 2007 pela Editora Record. Cabe agradecer novamente a duas pessoas diretamente envolvidas na primeira pesquisa, Andreia Schroeder e Clifford Young, que foram fundamentais para definir a qualidade de ambas as pesquisas quanto à amostra, ao questionário e ao trabalho de campo.

Introdução

Aqui estão os principais resultados e análises da Pesquisa Social Brasileira (PESB) feita pela primeira vez em 2002 e reeditada em 2022-23. Em termos de método, trata-se de uma espécie de Ferrari ou Lamborghini das pesquisas: amostra probabilística sem substituição, com sorteio de municípios, setores censitários, residências e entrevistados; entrevistas presenciais e domiciliares; questionário com mais de uma hora de duração abordando ao menos sete temas diferentes; análises estatísticas de modalidade Age-Period-Cohort (APC)[1] e mais uma dúzia de iniciativas para assegurar a fidedignidade dos resultados.

Na análise dos dados, elaborada há mais de vinte anos no momento de formulação do questionário, foram mobilizados inúmeros especialistas em suas respectivas áreas de atuação. As respostas obtidas dependem das perguntas que são realizadas. Por isso, a regra em toda pesquisa é que a análise dos dados esteja inteiramente idealizada quando o questionário é elaborado. Por exemplo, não foi por acaso que, nas duas PESBs, a primeira pergunta da seção do questionário sobre cor e raça foi aberta, ou seja, os respondentes não tiveram estímulo algum e puderam utilizar qualquer terminologia para indicar sua cor ou raça. O resultado obtido para essa pergunta nos permitiu chegar a uma conclusão muito importante acerca de como os brasileiros se veem e veem os outros, com amplas consequências para o futuro das relações raciais no Brasil. Sem a participação de acadêmicos altamente especializados em seus temas de pesquisa — os que ajudaram na elaboração do questionário e os que contribuíram para a análise dos dados —, dificilmente a Ferrari das pesquisas proporcionaria uma compreensão profunda e abrangente do nosso país.

Algumas informações sobre as duas pesquisas

O mais importante a ser registrado é que nas duas PESBs o questionário e o desenho amostral foram os mesmos. Para não dizer que os questionários foram 100% idênticos, cumpre assinalar que algumas poucas perguntas sobre política, especificamente as que nomeavam representantes políticos, foram alteradas de um para outro. Uma pergunta apenas foi adicionada, a que tratava do uso das redes sociais para obtenção de informação política. Além disso, a terminologia das perguntas sobre escolaridade também foi atualizada. Em 2022-23, portanto, 99% das perguntas permaneceram com a mesma redação das que foram aplicadas em 2002 e, não menos importante, com o mesmo ordenamento no questionário. Sabe-se, por meio de vasta literatura especializada, que a ordem das perguntas no questionário tem impacto sobre as respostas. Justamente, a fim de evitar esse fenômeno, o questionário ficou inalterado.

O desenho amostral também foi o mesmo. Critérios idênticos foram utilizados nas duas edições para sortear os municípios, os setores censitários, as residências e, dentro delas, a pessoa que concederia a entrevista. Vale chamar a atenção para um fato raro em pesquisas, porque as encarece muito: em cada setor censitário, os domicílios ocupados de maneira permanente por residentes (em oposição a casas de veraneio e aluguéis temporários) foram contados e cadastrados antes do sorteio. Esse método é crucial para assegurar a natureza probabilística da amostra. Por fim, muitos municípios sorteados em 2002 foram sorteados também para a amostra de 2022-23, porém, nenhum setor censitário, domicílio ou entrevistado se repetiu nas duas pesquisas.

O mais importante é que o procedimento para o sorteio das duas amostras foi o mesmo em ambas as pesquisas, o que, combinado com o questionário praticamente idêntico, tem a seguinte implicação: qualquer mudança nos resultados ocorreu exclusivamente em função de uma mudança real na forma de os brasileiros verem o mundo.

Por fim, no segundo semestre de 2002, foram entrevistadas 2.363 pessoas e na rodada seguinte, iniciada em novembro de 2022 e concluída em maio do ano seguinte, o número de entrevistados foi de 1.598. O fato de a amostra da segunda pesquisa ser menor daria um livro de metodologia em separado. Isso não ocorreu simplesmente por causa da polarização que passou a marcar a vida política do país, detalhadamente mapeada em nossas análises, e a consequente rejeição em responder a pesquisas, mas sim, principalmente, por causa de uma percepção que aparentemente independe de classe ou grupo social: o tempo para responder questionários de pesquisa ficou mais custoso. As pessoas se tornaram menos disponíveis para as pesquisas, o que torna a repetição da PESB depois de duas décadas ainda mais meritória.

Que país é esse?

Todos os países mudam em vinte anos e o Brasil não é exceção à regra. A experiência de vida das pessoas varia em função da década em que nascem e do período em que são socializadas. Os entrevistados da PESB 2002 tinham em média 40 anos de idade. Isso significa, portanto, que haviam nascido em 1962: pouco antes do golpe de Estado que estabeleceu no Brasil uma longa ditadura militar. Nas duas décadas que separaram as pesquisas, a população brasileira envelheceu. A idade média dos respondentes em 2022-23 foi de 43 anos, o que equivale a 1979 como ano de nascimento, quando foi aprovada a Lei da Anistia que abriu caminho para a redemocratização do país. Quem nasceu em 1962 não apenas foi influenciado por um regime político fechado, mas também por um mundo bem menos globalizado, por um sistema de comunicação baseado fundamentalmente no rádio e na televisão, por canções e filmes de sua época, por dada estrutura familiar e de relações de parentesco e por determinado nível de acesso à escolarização. Sua experiência de vida foi muito diferente de quem nasceu em 1979.

Uma das mudanças mais importantes da estrutura social com impacto na forma de as pessoas verem o mundo diz respeito ao mercado de trabalho: se predominantemente rural ou urbano, se fundamentado em empregos que exigem habilidades simples ou complexas, se no setor de serviços ou industrial, para citar apenas algumas características. É no mercado de trabalho que gastamos boa parte do tempo de nossas vidas, que somos treinados e educados para acreditar em uma determinada maneira de ver o mundo. Não apenas nós, mas mais importante do que isso, nossos pais, que foram os responsáveis diretos pelo nosso treinamento primário e mais afetivo dentro dos valores da sociedade e da época em que nascemos.

Em 2002, nada menos do que 41% dos entrevistados e, consequentemente, da população adulta do Brasil, tinham um pai cuja profissão havia sido ou era naquele momento trabalhador rural; essa proporção caiu para 33% em 2022-23. No caso das mães, 55% eram donas de casa em 2002, e vinte anos depois elas eram apenas 40%. A qualidade dos empregos reflete a fraqueza ou pujança da economia. Diminuiu o número de trabalhadores rurais e donas de casa e aumentou o de mecânicos, auxiliares de serviços gerais, aposentados, motoristas, autônomos e pedreiros, no caso dos homens; e de caseiras, auxiliares de serviços gerais, aposentadas, comerciárias, autônomas, operárias, merendeiras e empregadas domésticas, no caso das mulheres. Nesse período, uma população criada por pais egressos do mundo rural e por mães que não trabalhavam mudou para uma população educada por pais em sua maioria com empregos urbanos de baixa qualidade. O Brasil efetivamente se modernizou, mas com certeza tratou-se de uma modernização tíbia, fraca.

Além do período histórico, de mães e pais e do mercado de trabalho, outro fator crucial de nossa educação com referência nos valores de uma época e sociedade é o sistema escolar e o nível de ensino formal a que temos acesso, nós e nossos pais. A pesquisa de 2002 foi realizada junto a uma população cujas mães — 76% delas — tinham no máximo o ensino fundamental I completo; essa proporção despencou para 54% duas décadas mais tarde. No caso dos pais dos entrevistados, as respectivas proporções foram de 73% e 57%. São duas mudanças bastante profundas, assim como a do nível de escolarização da população. O que veremos aqui são mudanças ou permanências de visões de mundo de dois Brasis com níveis escolares bem distintos. Em 2002, apenas 17% da população acima de 18 anos tinha finalizado o ensino médio; esse percentual subiu para 34% depois de vinte anos. É difícil imaginar que tamanha mudança não tenha tido impacto algum nos valores e visões de mundo de brasileiras e brasileiros. É claro que algo mudou. Por outro lado, as visões de mundo que permaneceram inalteradas diante de tantas transformações estruturais — fatos históricos, mercado de trabalho, nível escolar — se revestem, inegavelmente, de solidez. Talvez elas sejam mais relevantes para compreender o Brasil como ele é e será no futuro do que os valores que sofreram transformações. Caberá a você, leitor, avaliar o mérito desta afirmação. Boa leitura!

1. A cabeça religiosa do brasileiro

Com Fabrício M. Fialho e Stanley R. Bailey

Entre 2002 e 2022-23, o cenário religioso brasileiro passou por mudanças radicais. O país entrou em um território desconhecido no que diz respeito à religiosidade e seu impacto em vários aspectos de nossa sociedade, incluindo política, cultura e família. Historicamente um país católico devido à identificação da maioria dos brasileiros como católicos, esse não é mais o caso. Embora a primeira PESB, em 2002, tenha revelado que 71% dos brasileiros ainda se identificavam como católicos, a rodada seguinte, em 2022-23, mostrou que a proporção de católicos caiu para 50%. Enquanto isso, o protestantismo, composto por todas as igrejas evangélicas, tanto pentecostais quanto não pentecostais, experimentou um crescimento dramático durante o mesmo período. Os evangélicos pentecostais aumentaram de 10% para 18% dos adultos ao longo dos vinte anos estudados, enquanto os evangélicos não pentecostais cresceram de 5% para 9%. Juntos, em 2002, os protestantes representavam 15% da população adulta. Em 2022-23, passaram para 27%, quase dobrando sua presença na população. No que se refere à religiosidade do brasileiro, o país entrou em uma fase de instabilidade e conflitos antes inimaginável.

Houve, também, aumento notável na proporção de indivíduos que responderam não ter afiliação religiosa. O segmento inclui tanto aqueles que simplesmente afirmam não ter religião quanto descrentes ou ateus, embora esses últimos representem apenas uma pequena proporção. Em 2002, os que diziam não ter religião eram 6% da população, número que subiu para 14% em 2022-23, um aumento incrível de 133% em um período de apenas vinte anos. Uma última mudança significativa no cenário religioso foi o crescimento do número de indivíduos que indicam uma religião afro como afiliação religiosa, principalmente a umbanda e o candomblé, que passaram de 1% para 4% entre 2002 e 2022-23. Entretanto, quando se considera o tamanho da amostra de nossa segunda pesquisa, de aproximadamente 1.600 casos, e o fato de que as pessoas que assim se classificaram representaram uma proporção pequena do estudo, sugerimos cautela na interpretação quando se trata de religiões de origem afro. Nossas análises se concentram em católicos, protestantes e não afiliados.

Em suma, as principais mudanças entre nós nos últimos vinte anos foram a forte redução do número de católicos e o igualmente dramático aumento da proporção de protestantes e de pessoas sem filiação religiosa. Este capítulo explorará essas mudanças, examinando como e por que ocorreram. Além de delinear e explicar as mudanças na afiliação religiosa, também compararemos as práticas e crenças desses diferentes grupos e suas consequentes alterações em nossa cultura em geral. Exploraremos como elas são influenciadas por fatores como idade, escolaridade, região e cor ou raça. Além disso, examinaremos como essas diferenças estão ligadas a fenômenos sociais significativos no país, incluindo a política eleitoral, os valores sociais e as políticas públicas.

Argumentamos que as transformações no mapa religioso estão de fato mudando a face do Brasil e o significado de ser brasileiro. Para alguns, são mudanças para o bem, para outros, para o mal. De todo modo, elas devem produzir importantes consequências — intencionais e não intencionais — na vida de todos os brasileiros.

O que é religião?

Antes de abordar as principais mudanças, vale a pena definir o que queremos dizer quando falamos de religião e, portanto, de afiliação religiosa. É normal que não consideremos necessário definir explicitamente o que isso significa, uma vez que todos sabem de uma forma ou de outra do que se trata. Porém, as definições implícitas e triviais, aquelas que são elaboradas na vida cotidiana, podem não ser as mais adequadas, uma vez que, com frequência, estão fundamentadas em nossa própria religião ou na ausência dela. Nossa definição será ampla a fim de abranger a diversidade religiosa, mas clara o suficiente para excluir fenômenos semelhantes que não são religião, como torcidas de futebol e patriotismo. A definição servirá para colocar as diferentes religiões em um terreno comum, em que todas elas são variações dos mesmos elementos centrais e, assim, conceitualmente iguais.

Recorreremos à definição do sociólogo Christian Smith na obra *Religion: What It Is, How It Works, And Why It Matters* [Religião: o que é, como funciona e por que importa], de 2018, segundo o qual "a religião é um complexo de práticas culturalmente prescritas com base em suposições sobre a existência e a natureza de poderes supra-humanos, sejam eles pessoais ou impessoais". Smith acrescenta que essas práticas "buscam ajudar os praticantes a se comunicar ou se alinhar com o supra-humano na esperança de alcançar o bem e evitar o mal".[1] Para nosso estudo, a definição de Smith traz à tona os elementos essenciais do campo religioso: *práticas culturais* que refletem *crenças* relativas ao *supra-humano* para atingir o bem e evitar o mal. Em poucas palavras, isso é religião.

No entanto, o aspecto comunitário da religião é essencial para uma compreensão completa do fenômeno. Os elementos da vida culturalmente prescritos só existem em uma coletividade que os cria, cultiva e mantém. O sociólogo francês Émile Durkheim situou o nascimento da religião nos estágios iniciais e pré-civilizacionais do desenvolvimento social humano, em sociedades de pequena escala unidas por identidades compartilhadas, rituais e práticas comunitárias. Segundo ele, a religião se originou organicamente de experiências de "efervescência coletiva", que eram comuns entre os primeiros seres humanos que viviam em grupos tribais muito unidos. Nessas experiências, eles percebiam a presença de algo além de si mesmos, separado do cotidiano, um algo "sagrado". A busca por essas experiências resultou em ritos ou práticas culturais que centralizavam a ideia ou um senso do supra-humano, que Durkheim chamou de "religião".

As religiões no Brasil

O mapa da religião no Brasil é complexo e multifacetado, aliás, como tende a ocorrer em países grandes e populosos. Todavia, em função das limitações de pesquisas amostrais nacionais cujo principal objetivo é estudar toda a população de um país, a nossa análise se concentrará em três grupos religiosos específicos: católicos, protestantes pentecostais e não pentecostais. Um quarto grupo também será importante em nosso estudo: os não afiliados, que declararam não ter religião alguma. Embora não configure uma "religião", a maioria dos indivíduos que se classifica nessa categoria tem relacionamentos contínuos e parciais com diferentes religiões, ou se envolve em algumas de suas práticas e crenças de forma *sui generis*.

O catolicismo

O catolicismo marcou indelevelmente a história do Brasil. Como mencionado antes, o território foi considerado católico por um longo período, cerca de trezentos anos, porque o reino de Portugal era oficialmente católico. Na época colonial, os impérios tinham religiões oficiais e os imperadores eram divinamente designados, e se considerou essencial a unidade de seus sujeitos em uma só fé. Assim como Portugal, a Coroa espanhola era católica, o que significa que o catolicismo se tornou oficial na maior parte da América Latina em função da colonização empreendida pelas potências imperiais ibéricas. Por outro lado, a Coroa Inglesa, anteriormente católica, tornou-se oficialmente protestante no século XVI. Henrique VIII, então monarca inglês, proclamou-se cabeça suprema, sob Cristo, da Igreja da Inglaterra ao romper com o papa católico Clemente VII. Os motivos do cisma foram políticos e pessoais. Os pessoais incluíam a recusa do papa em anular seu casamento com Catarina de Aragão. O rei, no seu rol de soberano político e religioso, estabeleceu a Igreja da Inglaterra (ou anglicanismo) por decreto como única e obrigatória religião do império inglês protestante. As igrejas derivadas da Igreja da Inglaterra em todo o mundo, inclusive no Brasil, pertencem à Comunhão Anglicana, mas mantêm liderança nacional autônoma. Como o império britânico se tornou protestante, as raízes do protestantismo nas colônias norte-americanas da Inglaterra acabaram sendo profundas e dominantes, não por acaso que em 1776, na fundação da república dos EUA, apenas 1,7% da população do país, aproximadamente, era católica.

As raízes do catolicismo no Brasil durante a era colonial também eram igualmente sólidas. O Brasil permaneceu predominantemente católico desde sua independência em 1822 até a formação da República em 1889 e continuou assim pelo menos até o início dos anos 2000. Em outras palavras, foi um país de esmagadora maioria católica por quase duzentos anos após a independência, depois de trezentos anos de predominância dessa religião sob a Coroa Portuguesa. No total, o Brasil teve uma história de quinhentos anos de identidade católica. Dado esse contexto histórico, não é de surpreender que o entrelaçamento entre o catolicismo e a identidade brasileira tenha feito com que essa religião fosse vista como o status padrão, quase inerente desde o nascimento.

A Igreja Católica é única dentre as religiões cristãs quando consideramos sua unidade sob a liderança do papa, que, bispo de Roma, é celebrado por seus seguidores como o sucessor do apóstolo Pedro. Essa unidade se estende a todos os países com populações católicas. O papa é visto como o representante da conexão ininterrupta da Igreja Católica com as origens do cristianismo, especificamente com Jesus de Nazaré e os primeiros apóstolos. A Igreja é organizada hierarquicamente: os bispos lideram as dioceses, os padres lideram as igrejas paroquiais e os leigos formam a comunidade paroquial. Os padres são celibatários e passam por extenso treinamento religioso e eclesial. As crenças e práticas católicas giram em torno dos sete sacramentos, incluindo a missa, as escrituras sagradas e a tradição apostólica. No centro do catolicismo está a crença na Santíssima Trindade: Deus como três pessoas, Pai, Filho e Espírito Santo. Os católicos consideram a Bíblia a palavra inspirada de Deus e acreditam na comunhão dos vivos e dos mortos e na esperança de ressurreição após a morte e o juízo final. As práticas católicas visam evitar os pecados e o mal maior da morte eterna.

Assim, de modo geral, cabe aos católicos frequentar a missa todos os domingos ou, caso isso não seja viável, frequentá-la da forma mais assídua possível a fim, dentre outras coisas, de participar da eucaristia. Adicionalmente, cumpre casar-se na Igreja, quando receberá o sacramento do matrimônio; seus filhos devem receber o sacramento do batismo, que os faz passar a pertencer à Igreja de Cristo; quando crianças, devem fazer parte de uma turma de catequese com a finalidade de realizar a primeira comunhão e, alguns anos mais tarde, um pouco mais velhos e com maior consciência de fazerem parte dessa igreja, confirmarem, por meio do sacramento da crisma, sua fé católica. Há ainda os sacramentos da penitência ou confissão dos pecados, o da unção dos enfermos, e um exclusivo, o do ordenamento sacerdotal.

O catolicismo brasileiro, todavia, não se caracterizou historicamente pela adesão estrita às obrigações religiosas formais e públicas, como a frequência regular à missa. Era impossível para a maioria das pessoas assistir à missa semanalmente devido em parte à escassez de padres. Em vez disso, o contexto era marcado pela religiosidade popular, centrada no lar, na família, nas redes religiosas, como padrinhos e madrinhas, e nas celebrações de dias de festa ou santos padroeiros. A participação leiga formal e o contato com um padre se concentraram na celebração dos principais sacramentos que acompanham periodicamente o curso de vida do cristão: batismo, primeira comunhão, casamento e morte. A falta de frequência semanal à missa e participação robusta paroquial não significava que os brasileiros não fossem religiosos. Enquanto isso, as crenças e práticas das pessoas refletiam o modelo organizacional católico tradicional de administração sacramental, mas sem administradores ordenados em número suficiente. Os padres lutavam para manter pelo menos alguns pontos de contato sacramental selecionados com os fiéis sob sua jurisdição, o que se mostrou impossível. Nesse contexto, a religião era entendida não principalmente como algo que as pessoas "praticavam" formalmente, mas como o que eram.

Os protestantes

Os protestantes, assim como os católicos, são cristãos. O protestantismo é um ramo do cristianismo ocidental resultante do movimento de reforma que se separou da Igreja Católica no século XVI. As igrejas protestantes são muito diversas e não unificadas, embora a maioria seja trinitária (ou seja, acredita em um Deus em três pessoas: o Pai, o Filho e o Espírito Santo). O protestantismo consiste em múltiplas denominações de porte mediano (batistas, metodistas, anglicanos etc.), mas também em inúmeras pequenas congregações e organizações religiosas independentes (sem laços formais com denominações), agora dispersas por grande parte do mundo. Porém, há muitas diferenças na forma como os protestantes se organizam e vivem sua fé. Antes de abordar as distinções dentro da categoria protestante (entre pentecostais e não pentecostais), vamos mencionar algumas práticas e crenças que a maioria do protestantismo compartilha no Brasil.

Os protestantes acreditam na Santíssima Trindade, na salvação por meio da proclamação de Jesus como Senhor e salvador pessoal, na Bíblia como a palavra de Deus e no objetivo de evitar o pecado e ser salvo nesta vida e após a morte, no céu. Em geral, eles praticam o batismo de adultos como a pedra angular da filiação à comunidade. Em vez de ir à missa, eles participam de cultos religiosos reunindo-se em igrejas para louvar e adorar o Senhor e ouvir seus pastores exporem a Palavra de Deus.

A presença dos protestantes no Brasil colonial, imperial e republicano foi posterior e muito mais modesta do que a dos católicos. No censo de 1872, o primeiro realizado no Brasil, menos de 1% da população foi classificada como não católica. No censo de 1890, realizado um ano após a Proclamação da República, residentes no Brasil identificados com cultos protestantes "evangélicos e presbiterianos" (terminologia utilizada à época), somados, contavam apenas 21.274 numa população de 14 milhões. No entanto, em 1891, o Brasil se tornou um Estado secular, não mantendo mais o catolicismo como sua religião oficial. Embora a hegemonia católica tenha continuado, a porta estava aberta para afrouxar a sobreposição histórica entre brasilidade e catolicidade. Por volta das décadas de 1950 a 1970, os esforços para estabelecer e desenvolver firmemente o protestantismo na América Latina, incluindo o Brasil, começaram a se intensificar.

O protestantismo histórico no Brasil cultivou-se e cresceu a partir de sementes plantadas por missionários protestantes, principalmente dos EUA e das denominações batistas e metodistas. Antes do século XX, havia no país algumas igrejas protestantes, porém, foi apenas nesse século que ocorreu uma dispersão maior que se tornou a base do crescimento surpreendente das décadas mais recentes. A partir dos anos 1950, no pós-guerra, os EUA pareceram entrar em um período de fervor religioso produzindo alguns movimentos novos e mais radicais, incluindo o fundamentalismo, o pentecostalismo, e o evangelismo. Eles surgem em momentos distintos, mas não são eventos isolados. Nas décadas de 1960 e 1970, o rádio e a televisão começaram a ser usados nos EUA para além do entretenimento, passando a difundir as crenças e práticas destes movimentos religiosos emergentes. Na segunda metade do século XX também houve o aparecimento de congregações independentes, isto é, de igrejas não denominacionais, e das chamadas megaigrejas (nos anos 1970 e 1980) comandadas por pregadores carismáticos com status de celebridade. Essas mudanças produziram uma ânsia protestante de proselitismo e apelos missionários.

A influência do evangelismo e pentecostalismo de origem norte-americana no Brasil não foi apenas significativa, mas transformadora. Com o apoio da mídia e de recursos financeiros, as denominações norte-americanas alcançaram as comunidades brasileiras por meio da transmissão de cultos religiosos liderados por "superpastores" famosos dos EUA. Esses cultos, muitas vezes transmitidos com tradução simultânea para o português, eram apenas um aspecto da presença evangélica no Brasil. Os pregadores norte-americanos também fizeram suas vozes serem ouvidas pessoalmente por meio de viagens missionárias para grandes comícios ou reavivamentos realizados em estádios e campos ao ar livre. Os esforços do evangelismo e do pentecostalismo de origem norte-americana no Brasil conquistaram um segmento do mercado religioso e, pelo proselitismo intenso, expandiram-se rapidamente, alterando gradualmente, mas de forma significativa, o cenário religioso do país.

Mas o que distingue os evangélicos pentecostais dos não pentecostais? Há diferenças relevantes em relação a algumas crenças e práticas. Em termos gerais, podemos entender que as denominações não pentecostais foram anteriores às demais, representando uma abordagem mais estruturada de crenças, práticas e organização de suas igrejas. Um breve exemplo é o estabelecimento de requisitos educacionais formais para seu clero, bem como participação e aceitação de orientação e monitoramento de estruturas denominacionais, como assembleias e doutrinas comuns.

As maiores igrejas evangélicas não pentecostais são Batista, Luterana, Presbiteriana e Metodista. Para ficar em alguns exemplos de sua atuação, uma das principais organizações dos batistas é a Convenção Batista Brasileira (CBB), que coordena uma importante rede educacional de colégios e seminários teológicos. A Convenção Batista Nacional (CBN) conta com milhares de igrejas e fiéis associados, com destaque para a Igreja Batista da Lagoinha, que propaga padrões comportamentais conservadores e se notabilizou pela defesa da Teologia da Prosperidade. Um político de destaque vinculado aos batistas foi Arolde de Oliveira (PSD), senador do Rio de Janeiro. Os presbiterianos se destacam por buscar influenciar de maneira mais estrutural as políticas públicas por meio da Associação Nacional de Juristas Evangélicos (Anajure) e do Instituto Brasileiro de Direito e Religião (IBDR). Eles também são conhecidos pela Universidade Presbiteriana Mackenzie. Hoje ministro do STF, André Mendonça foi pastor presbiteriano.

Os evangélicos pentecostais se distinguem por elementos carismáticos, a independência e o foco nos chamados "dons do espírito", como curar doenças e falar em línguas, a centralidade do pregador carismático, pouco ou nenhum treinamento formal do clero, proselitismo intenso, predileção pela terceira pessoa da Trindade, o Espírito Santo, e crença apocalíptica (de que o fim do mundo está próximo) que dá senso de urgência em suas ações, como o serviço missionário, a salvação individual e a busca pelo salvamento dos "perdidos" (os católicos, os de religiões afro, e outros). As maiores igrejas pentecostais em quantidade de fiéis são Assembleia de Deus, Congregação Cristã no Brasil, Igreja Universal do Reino de Deus, Igreja Evangelho Quadrangular, Deus é Amor e Maranata. Alguns exemplos de líderes pentecostais mais conhecidos são Edir Macedo, Silas Malafaia, Valdemiro Santiago, R.R. Soares, Marco Feliciano e André Valadão.

Ao fim, a diferença entre evangélicos pentecostais e não pentecostais não deve ser tomada a ferro e fogo. Na realidade, os adeptos de muitas igrejas protestantes geralmente não vivenciam a importância de tais distinções e, às vezes, nem mesmo as conhecem. Isso ocorre porque elas compartilham elementos importantes em comum, e têm como identidade essencial e divisória o fato de não serem católicos. Como igrejas minoritárias, ou seja, buscando seu espaço em um contexto tradicionalmente monopolizado por outra religião ou igreja, elas dão grande importância ao proselitismo, à busca de convertidos para suas igrejas.

Além disso, como discutiremos adiante, para conquistar novos adeptos, elas não devem apenas mostrar a atratividade de sua religião, mas também se concentrar na percepção de que as crenças e práticas religiosas existentes dos candidatos para afiliação são equivocadas, o que serve de base para a urgência da conversão em um mundo próximo de seu fim. Apontar os supostos erros dos não salvos geralmente significa um processo de caracterizações altamente negativas, acusações explícitas ou demonização das outras religiões, sobretudo do catolicismo e das práticas e crenças associadas à religiosidade de origem africana. Muitos sociólogos classificam essa forma mais nova e combativa do pentecostalismo na América Latina como uma transformação do antigo pentecostalismo em neopentecostalismo.

De modo geral, os pastores evangélicos defendem visões de mundo conservadoras em relação aos costumes. Isso inclui a condenação da legalização do aborto, de comportamentos sexuais não normativos e a defesa da chamada família tradicional, constituída por um homem, uma mulher e seus filhos. O estilo de liderança e de pregação desses pastores gira em torno de seu carisma e sua capacidade oratória. Além disso, sua reputação está relacionada ao aumento do número de fiéis de sua igreja e, consequentemente, à ampliação de sua capacidade de arrecadação por meio de dízimo e doações. A realização de suas ambições mundanas (que, segundo eles, refletem apoio divino) pode ou não vir acompanhada de envolvimento na política. O envolvimento crescente na política de direita, no entanto, é uma das características do neopentecostalismo.

Os sem religião

Um fenômeno cada vez mais frequente é encontrar pessoas que já não se identificam com a tradição religiosa pela qual foram socializadas durante a infância. Contudo, isso não significa necessariamente que elas tenham aderido a uma nova religião, nem que tenham se tornado ateias ou descrentes. Em muitos casos, essas pessoas continuam realizando alguns dos rituais e práticas culturais associados à religião em que foram educadas, mas, quando questionadas em pesquisas sobre sua afiliação religiosa, costumam declarar que não possuem vínculo com uma religião específica. Por isso, é comum ouvir indivíduos classificados como "sem religião" afirmarem que são espiritualizados e que acreditam em Deus. É importante reconhecer que o costume de classificar as pessoas de forma exclusiva dentro de uma única religião, ou até mesmo como religiosas ou não religiosas, surge sobretudo de demandas institucionais provenientes de governos e da academia, que têm preferência por enxergar o mundo em categorias claras e mutuamente excludentes. Na realidade cotidiana, porém, a afiliação religiosa pode ser fluida, variável em sua importância, e muitas vezes percebida pelas próprias pessoas como uma abstração limitadora.

Nossa pesquisa também permitiu que os brasileiros se classificassem como ateus. O termo é utilizado para caracterizar aquele que não pertence a nenhuma religião, nem se entende como espiritualizado, nem tem práticas ou crenças religiosas. Os que se dizem ateus não são crentes e consideram não existir forças supra-humanas. Em função dessas características, e por serem um grupo muito pequeno da população, em nossa análise incluímos os ateus na categoria dos "sem religião".[2]

A transmissão da fé entre gerações

No Ocidente, a religião historicamente é um elemento arraigado e naturalizado da identidade das pessoas. Como consequência, na maioria das vezes, as crianças são (ou eram) socializadas na mesma fé de seus pais e avós, e esperava-se delas que a mantivessem até a idade adulta. Segundo os estudiosos, os principais fatores que asseguram a transmissão da fé de uma geração para a seguinte é a força da religiosidade dos pais, se ambos compartilham da mesma religião e a estabilidade do casamento. Além disso, fenômenos sociais como o aumento da mobilidade geográfica, a exposição a novas redes de amizade e mídias, a secularização e até mesmo o clima político podem desestabilizar a transmissão religiosa geracional. Quando alguém abandona a religião que aprendeu a professar na infância, é comum que escolha outra, quando se diz que a pessoa se converteu, ou se torne não crente ou sem religião.

Ter uma religião pode ser algo fluido, como mostrou uma matéria de 2022 publicada na revista *Veja*, e que pode nos ajudar a entender esse fenômeno e a começar a pensar em seus motivos. A cearense Beatriz Azevedo, de 23 anos, que tinha frequentado a Igreja Católica por muitos anos por conta da influência dos pais, passou a se sentir incomodada, pois considerava o ambiente religioso conservador e cheio de tabus, em particular por ela se identificar como bissexual. Beatriz declarou ter rompido com a religião porque se sentia mal, constantemente pecadora, e passou a se considerar "mais sintonizada" com suas crenças fora do ambiente cheio de preconceitos que até então frequentava. A mesma reportagem cita o ator Jordan Navegantes, de 22 anos, que tinha buscado conhecer várias religiões, desde as evangélicas até as de matriz africana, e que considerava que nenhuma delas tinha a verdade absoluta e que todas cultivavam aspectos interessantes. Para Jordan, não havia o menor problema em crer no Deus cristão e ser devoto dos orixás.[3]

As faixas etárias são uma lente fundamental para vislumbrar a mudança religiosa entre a infância e a idade adulta. Um sinal da gradual perda de adeptos em uma religião ocorre quando, ao compararmos as faixas de idade de cada pesquisa, a proporção daqueles que professam a religião estudada é menor nas faixas de idade mais jovens e maior nas mais velhas. Nossos dados possibilitaram que comparássemos as porcentagens de afiliação religiosa por faixa etária durante o período de vinte anos entre as pesquisas. Eles revelaram que em todas as faixas de idade da pesquisa de 2022-23 há uma proporção de católicos menor quando comparada com a respectiva faixa de idade da pesquisa realizada vinte anos antes. Em 2002, por exemplo, nada menos do que 80% das pessoas com 60 anos ou mais eram católicas e na mesma pesquisa, dentre os que tinham de 35 a 44 anos, 67% também eram católicos. Em 2022-23, o grupo que tinha de 35 a 44 anos de idade em 2002 envelheceu vinte anos, a maioria passou a ter 60 anos ou mais e, nesse caso, somente 64% se disseram católicos. Isso indica que, mantendo-se esse processo de mudança religiosa, conforme as gerações de mais idade forem substituídas pelos mais jovens, haverá menos católicos no total da população.

Houve uma exceção entre os católicos da primeira faixa de idade, de 18 a 24 anos, que, para as duas pesquisas, apresentou mais adeptos do que a faixa subsequente de 25 a 34. Isso pode indicar que enquanto o jovem está na órbita da família, tende a professar a mesma religião que os pais. Todavia, uma vez que essas pessoas se tornam mais velhas, saem de casa e formam sua própria família, há uma parcela relevante que deixa de se classificar como católica. Isso mostra que a tendência de redução dos católicos muito provavelmente irá continuar, pois a proporção dos que professam essa religião costuma ser maior entre os mais velhos.

Tanto em relação ao crescimento das igrejas protestantes quanto daqueles que dizem não ter religião, duas importantes mudanças em curso no Brasil, a dinâmica etária é visível. De fato, é uma característica bem marcada em muitos países além do Brasil. Entre 18 e 24 anos, na pesquisa realizada em 2022-23, os sem religião/ateus só perdem em proporção para os católicos — que totalizam 43%, enquanto os sem religião/ateus, 21%. Nesta mesma faixa de idade, os evangélicos pentecostais são 15%, e os não pentecostais, 13%. Fenômeno idêntico acontece para aqueles que têm entre 25 e 34 anos de idade. Neste grupo, em 2022-23, os sem religião/ateus somam 23%, os católicos 37%, os evangélicos pentecostais 21% e os não pentecostais 10%. Note-se que os que não professam religião e não acreditam em Deus aumentam da primeira para a segunda faixa de idade, assim como os evangélicos pentecostais, justamente quando cai a proporção de católicos, o que reforça a hipótese de que uma fatia dos jovens socializados no catolicismo tende a deixar sua religião no início da vida adulta. Portanto, não apenas houve uma expansão significativa dessas populações (protestantes e sem religião), como também seu crescimento no futuro parece estar quase garantido, condicionado pela substituição de gerações ao longo do tempo.

Quais são os outros motores da mudança

Evangélicos das diferentes denominações e pessoas sem religião/ateias vêm sistematicamente minando a manutenção do catolicismo em todos os grupos sociais do país. Além do efeito de substituição geracional na mudança religiosa, há outros fatores sociais e demográficos que analisaremos em seguida.

Escolaridade e religião

Desde 2002, os evangélicos estão mais presentes nas escolaridades que vão até o ensino médio completo e caem junto ao grupo que concluiu o grau superior. Por outro lado, as pessoas sem religião/ateias são francamente minoritárias até aqueles que concluíram apenas o ensino fundamental I, 4% e 5% em 2002 e 2022-23, respectivamente; e aumentam bastante no grupo que completou o nível mais elevado de escolarização, 11% e 23% em 2002 e 2022-23. Note-se que a proporção só é menor do que os 38% de católicos. Entre os que concluíram ou fizeram uma parte do ensino médio, os sem religião/ateus totalizaram 16% em 2022-23, mais do que os 11% de evangélicos não pentecostais e pouco menos do que os 19% de evangélicos pentecostais.

Conforme a escolaridade progride, a tendência é o aumento do grupo que não professa religião alguma, e o efeito da escolaridade, quando submetido aos testes estatísticos apropriados, é significativo e não depende de outros motivos. Porém, o abandono da religião vem sendo influenciado por outros fatores para além da escolaridade, e pode ser constatado pelo crescimento deste grupo, que duplicou de 5% para 10% junto a quem concluiu ou fez algum ano do ensino fundamental II, e aumentou de 7% para 16% dos brasileiros adultos que fizeram o ensino médio. Ou seja, em vinte anos, apenas no nível mais baixo de escolaridade não houve aumento dos sem religião.

Local de residência e religião

As pessoas com escolaridade mais alta estão espalhadas por todo o país, porém, a proporção delas aumenta à medida que se caminha das cidades menores para as grandes. É nestas que a economia é mais complexa e a oferta de empregos que demandam níveis de formação mais elevados tende a ser maior, assim como a oferta de vagas no ensino superior. É justamente nas cidades com mais de 500 mil habitantes que está a maior proporção dos sem religião/ateus: em 2022-23, este número foi de 20%, menor apenas do que os 40% de católicos. Conforme diminui o porte das cidades, cai também a proporção dos sem religião/ateus: 15% nas localidades de 100 a 500 mil habitantes, 10% nas cidades com população entre 25 e 100 mil e 9% nas cidades abaixo de 25 mil moradores. Entre 2002 e 2022-23, houve redução de 24 pontos percentuais dos católicos nas cidades com mais de 500 mil habitantes, o crescimento dos sem religião/ateus nestas localidades foi de doze pontos, e na soma dos dois tipos de evangélicos houve aumento de seis pontos. Os 6% restantes vieram do crescimento das religiões de matriz africana: umbanda e candomblé.

Se o catolicismo é minado nas grandes cidades pelo crescimento dos sem religião/ateus, é nas cidades médias acima de 25 mil e abaixo de 500 mil moradores que a religião católica sofre mais com o aumento dos evangélicos. Considerando tanto evangélicos pentecostais quanto não pentecostais somados, nas cidades de 25 a 100 mil habitantes eles cresceram dezessete pontos percentuais, e aumentaram quinze pontos quando se passa para municípios com 100 a 500 mil moradores. Vale notar que é nos municípios pequenos, com população máxima de 25 mil habitantes, que houve menor perda de católicos, redução de dezoito pontos percentuais. Nestas localidades, 63% da população adulta é católica segundo a pesquisa de 2022-23. Assim, o catolicismo vem perdendo fiéis em cidades de todos os portes, mas a perda é menor justamente nas localidades com menos habitantes, nos chamados "grotões" do Brasil. Os sem religião/ateus vêm aumentando em todas as cidades, porém de maneira mais acentuada nos grandes centros, nas cidades com mais de 500 mil habitantes, sejam elas capitais ou localizadas em regiões metropolitanas. Por fim, os evangélicos também vêm crescendo em todos os tamanhos de cidades, porém de maneira mais rápida nas cidades de tamanho médio.

Cor, raça e religião

Um dado sobre o perfil dos grupos religiosos que merece destaque é a maior participação relativa dos pardos nas religiões evangélicas pentecostais. No Brasil de 2022-23, como já mencionado, os pentecostais representavam 18% da população adulta, porém, dentre os pardos, há 21% de fiéis. Já na parcela de cor e raça preta, a força relativa dos católicos é que chama a atenção, com 54% de pessoas pretas que se identificam como católicas contra 50% de católicos em toda a população. O mesmo acontece com os sem religião/ateus, que estão relativamente mais presentes junto às pessoas de cor preta. Passemos a abordar essas informações.

O vínculo com diferentes religiões aparenta ter relevância para compreendermos o aumento das pessoas que se autodeclararam pretas na comparação entre as duas pesquisas. Afirmamos isso porque o crescimento dos pretos foi de seis pontos percentuais junto aos católicos, doze pontos entre os evangélicos não pentecostais, e sete pontos em outras religiões. No caso do último grupo, a variação está relacionada ao aumento da adesão ao candomblé e, principalmente, à umbanda. Quanto aos evangélicos não pentecostais, é possível que o grande aumento de pretos tenha sido influenciado por fatores não religiosos, tais como classe social ou região de residência, conforme observamos adiante. Nem sempre, quando se trata de analisar sociedades, mudanças são mais relevantes que continuidades, uma não mudança foi de suma importância: em que pese o grande crescimento dos evangélicos pentecostais, a proporção de pretos em tal grupo ficou estacionada dentro da margem de erro. De acordo com a PESB 2002, e realizando os testes estatísticos que controlaram as variáveis sociodemográficas relevantes, naquele ano, a proporção dos que se autodeclararam pretos foi menor dentre os evangélicos pentecostais.

Um resultado relevante que diz respeito à adesão às religiões tem a ver com o que aconteceu com os pardos nos vinte anos que separam as duas pesquisas. Em 2022-23, detectamos que a proporção dos que se consideram pardos é maior entre os evangélicos pentecostais. Isso foi realizado por meio de análises estatísticas que controlam o impacto de outros fatores, portanto, a forma adequada de avaliar causa e consequência. Em 2002, a mesma modalidade de análise indicou que não havia preponderância de pardos em nenhum grupo religioso.

A nova fase do cenário religioso brasileiro

A partir da segunda metade do século XX, no Brasil, a religião passou a funcionar gradualmente como um mercado de compra e venda, deixando de se assemelhar ao antigo modelo de cidadania ao nascer, no qual a adesão à religião da família era a norma e as pessoas mantinham essa filiação ao longo de toda a vida. A analogia com um mercado econômico parece-nos útil para descrever e analisar o novo contexto brasileiro, esse território desconhecido a que nos referimos antes. No contexto capitalista, o mercado de bens econômicos é uma esfera de competição produzida, mantida e expandida por empreendedorismo. Os empreendedores são pessoas ambiciosas e inovadoras, movidas pelo desejo de expandir seus negócios e obter lucro; para terem sucesso num mercado aberto, dependem da inovação e da diferenciação de produtos ou serviços. Portanto, concentram-se em atrair consumidores para seus produtos ou serviços e criar uma clientela cada vez maior. Empreendedores assumem riscos, assim como esperam colher benefícios. Os economistas argumentam que à medida que os empreendedores obtêm sucesso, o próprio mercado se torna mais diversificado e até mais forte. Com o passar do tempo, os serviços ou bens econômicos se tornam cada vez melhores ou mais atraentes, agradando mais aos consumidores ou incrementando a sua procura. Voltaremos a essa analogia mais tarde.

No momento, é suficiente observar que a desestabilização da expectativa de ser católico, conforme visto com a probabilidade decrescente de sua manutenção ao longo da vida, é principalmente resultado da desoficialização do catolicismo como religião de Estado e, portanto, da criação, pouco a pouco, de um novo contexto para a dinâmica de um mercado aberto de serviços espirituais, em que a escolha individual — em contraposição à dos progenitores e ascendentes — ganha importância junto com o empreendedorismo religioso. A religião não é mais um status atribuído, mas sim um status alcançado. Isso representa uma mudança significativa no cenário religioso. Aqueles que deixaram de ser católicos escolheram, guiados por seus próprios motivos, um empreendimento espiritual ou um rebanho alternativo disponível no mercado religioso. Também podem ter optado, por vontade própria, não se considerarem filiados a nenhuma religião.

Variações em crenças e práticas religiosas

As práticas e crenças culturalmente prescritas, que orientam membros das respectivas comunidades religiosas, são essenciais para compreender o que vem acontecendo no Brasil. As diferenças nas práticas e crenças das religiões refletem subculturas que surgem em parte de mudanças nas redes de adesão religiosa estruturadas pelo empreendedorismo religioso, e que produzem diferentes perspectivas sobre o supra-humano. A título de ilustração do efeito dessa fragmentação do mundo religioso, imaginemos um país onde os cidadãos sigam a mesma religião e compartilhem a mesma crença em poderes supra-humanos, algo como uma ideologia religiosa comum, ou uma maneira de explicar os eventos humanos e o propósito da vida. Embora essa sociedade jamais tenha existido plenamente, podemos situá-la por volta de 1600 na Inglaterra (protestante) ou em algumas regiões dos Estados Papais (católicos). Nesse contexto, é útil utilizar a metáfora do "dossel sagrado" proposta pelo sociólogo Peter Berger, que representa uma ideologia religiosa compartilhada por toda a comunidade, dissipando incertezas e inseguranças existenciais e sociais. Berger introduziu essa metáfora para explicar como a modernidade contribuiu para a desintegração desse dossel, promovendo a erosão das crenças e pressuposições antes amplamente compartilhadas sobre o mundo e o sobrenatural. Com isso, o antigo elemento que unificava a compreensão humana diante de uma realidade incerta e complexa foi fragmentado.

Complicando um pouco a metáfora, a desintegração do dossel não significa que as crenças e práticas culturalmente prescritas tenham desaparecido. Em vez disso, o que antes era imaginado como algo único se fragmentou em subgrupos culturais, cada um com crenças e práticas religiosas variadas. De fato, Berger logo reconheceu que a fragmentação é capaz de tornar algumas identidades religiosas ainda mais salientes. Para representar a nova realidade, mas com a manutenção de culturas religiosas robustas e distintas, alguns estudiosos usam outra metáfora, o guarda-chuva sagrado, ao descrever um contexto de diversos subgrupos culturais pequenos com base na religião. Nesse cenário, a compreensão do mundo depende do guarda-chuva sob o qual as pessoas se reúnem para cultivar uma identidade e uma comunidade. Assim, a diversidade de orientações religiosas seria a variedade de guarda-chuvas que representam redes de pessoas mais próximas, mas que interagem intensamente. O anterior mundo religioso-cultural ao qual o indivíduo estava associado, provavelmente por laços frouxos, é fragmentado por projetos novos, alguns até antagônicos de formação cultural de laços fortes que prescrevem identidades, práticas e crenças diferentes e contrastantes.

Distintas práticas religiosas

As práticas religiosas desempenham um papel essencial na caracterização das diferentes comunidades, bem como das suas crenças e identidades sociais associadas. Alguns estudiosos, entretanto, argumentam que avaliar a religiosidade das pessoas apenas pela contagem ou frequência de participação em atos religiosos específicos não é um método adequado. Isso ocorre porque as práticas religiosas prescritas podem variar amplamente entre as religiões: algumas são públicas e visíveis, por vezes realizadas de forma bastante expressiva, enquanto outras são privadas, discretas e interiorizadas. Além disso, há quem sustente que a essência da religião está em uma atitude ou disposição frente ao sobrenatural, uma maneira específica de se relacionar com forças transcendentes que vai muito além da simples contagem de atos ou rituais. Ainda assim, conforme indicam os dados da PESB, existem diferenças claras nas práticas adotadas por pessoas afiliadas a religiões distintas.

A prática de oração em casa

Muitas culturas religiosas prescrevem a prática privada da oração em casa. A PESB perguntou a todos os entrevistados, incluindo aqueles que se autodeclararam ateus ou sem filiação religiosa "Com que frequência o(a) sr.(a) reza ou faz orações em casa?", e apresentava as seguintes categorias de resposta: várias vezes por dia, uma vez por dia, algumas vezes por semana, menos de uma vez por semana, e nunca. Os resultados mostram uma variação importante entre as categorias de filiação religiosa e, também, ao longo do tempo. Olhando brevemente para as opções de resposta mais alta e mais baixa, em 2002, os evangélicos pentecostais responderam que rezavam mais em comparação com outras filiações, com 57% dessa população rezando algumas vezes por dia, enquanto 24% dos católicos afirmaram o mesmo. Os evangélicos não pentecostais e os indivíduos da nossa categoria "outras religiões" responderam ambos 44%. Dentre os que se autoidentificaram como não tendo qualquer filiação religiosa, 22% rezavam várias vezes por dia, próximo do nível dos católicos naquele ano.

A mesma pergunta foi feita em 2022-23, e captamos mudanças em todos os grupos, mas em direções diferentes. Vinte anos mais tarde, 32% dos católicos responderam que rezam algumas vezes por dia, um aumento de quase dez pontos em relação a 2002. O número de pessoas sem religião e de outras religiões também aumentou ligeiramente em 2022-23 em comparação a 2002. Contudo, menos evangélicos pentecostais (50%) e não pentecostais (40%) responderam em 2022-23 que rezavam várias vezes por dia. Esta diminuição da prática de rezar várias vezes ao dia entre os protestantes não passou despercebida, e voltaremos ao tema em breve.

Os que afirmam nunca rezar estão, obviamente, no outro extremo do espectro da prática da oração. Curiosamente, este nível de oração manteve-se estável ao longo do período de vinte anos para as cinco categorias. No entanto, o nível global de pessoas que nunca rezam foi, sem muita surpresa, mais elevado para os sem religião: 22% e 24% (empate técnico) em 2002 e 2022-23, um resultado muito maior que em todas as outras categorias. Já afirmamos anteriormente que não ter religião não é o mesmo que não ser religioso. No entanto, há um segmento significativo da categoria dos não filiados que rejeita a prática da oração, entre os quais se encontra a maioria dos que se autorrotulam ateus.

A prática de frequentar a igreja

A PESB perguntou também sobre a frequência da participação em serviços religiosos, como missa, cultos ou outras reuniões religiosas públicas. Os cristãos e os judeus conhecem bem um "dia santo" semanal ou um dia de descanso: o domingo para os primeiros e o sábado para os segundos. Os muçulmanos consideram geralmente a sexta-feira o dia para uma reunião de oração, embora não seja um dia santo ou de descanso, como nas tradições judaico-cristãs. A percentagem mais elevada dos que responderam participar de reunião pública uma vez por semana em 2022-23 foi a dos católicos, com 40%; 29% dos evangélicos pentecostais responderam que frequentavam um serviço religioso semanalmente, e os evangélicos não pentecostais atingiram a marca de 24%. No caso daqueles que pertencem à categoria "outras religiões", 24% frequentam serviços religiosos semanalmente, enquanto 30% dos sem religião frequentam serviços religiosos uma vez por semana.

A percentagem mais elevada de católicos que frequentam a igreja semanalmente, em comparação com evangélicos, pode refletir a ênfase histórica do catolicismo na frequência semanal da missa, explicitamente prescrita pela cultura católica. No entanto, o fato de uma minoria de católicos cumprir a prescrição não é surpresa. Como já foi referido, se todos os indivíduos que se identificam como católicos tentassem ir à missa todos os domingos, não haveria espaço físico nas igrejas nem padres suficientes para acolher os fiéis.

Numa perspectiva temporal, a percentagem de católicos que assistiam à missa uma vez por semana aumentou de 2002 (29%) a 2022-23 (40%). Os evangélicos pentecostais também registraram aumento entre 2002 e 2022-23, 19% e 29%, respectivamente. Em contraste, os evangélicos não pentecostais registraram um impressionante decréscimo na frequência semanal aos serviços religiosos, de 36% em 2002 para 24% em 2022-23. Como abordaremos mais adiante, é bastante difícil explicar esta mudança dentre os evangélicos não pentecostais.

Lembremos, no entanto, que "uma vez por semana" não era a opção de resposta com maior frequência. Há filiações religiosas que podem se reunir para serviços públicos mais do que uma vez por semana e, de fato, esta prática prescrita pelas subculturas das categorias de filiação é o que mais as diferencia, e a mais notória diferença é entre a prática católica e a protestante. Enquanto apenas 9% dos católicos diziam frequentar uma reunião religiosa pública mais do que uma vez por semana em 2002, 65% dos evangélicos pentecostais e 40% dos evangélicos não pentecostais diziam o mesmo.

Esses resultados mostram como as práticas culturalmente prescritas das diferentes filiações podem variar bastante. Alguns católicos podem assistir à missa diária, uma vez que a maior parte das paróquias com um padre residente celebra uma missa todo dia. No entanto, trata-se de um costume e de uma oportunidade raros. A razão para as missas diárias tem mais a ver com a obrigação sacerdotal de as celebrar diariamente do que com o interesse dos paroquianos leigos em frequentá-las. Em contrapartida, para muitos protestantes evangélicos, as noites de quarta-feira são reservadas para o culto público, para além do domingo, e alguns evangélicos podem também frequentar outros tipos de atividades públicas durante a mesma semana, como grupos de oração. Só se pode imaginar a integração, a coesão e até mesmo a semelhança de ideias que ocorrem quando os indivíduos se reúnem várias vezes por semana, por vezes durante horas a fio, para cultivar suas práticas religiosas, crenças e identidades, uma dinâmica de laços fortes a que voltaremos em breve no que diz respeito à força das fronteiras do grupo.

Um ângulo surpreendente que os dados da PESB revelaram é quando comparamos o nível mais elevado de participação em serviços religiosos — várias vezes por semana — em 2002 com os resultados de vinte anos mais tarde, em 2022-23. Talvez sem surpresa, os católicos que expressam este nível mais intenso de participação permaneceram baixos, mas estáveis durante este período, com 9% em 2002 e 12% em 2022-23. Considerando-se a margem de erro da pesquisa, não houve aumento nem diminuição. Em contraste significativo, os pentecostais que responderam que frequentavam um serviço religioso público mais do que uma vez por semana caíram nove pontos percentuais, de 65% para 56% em vinte anos. Os evangélicos não pentecostais permaneceram estáveis, de 40% para 43%. A queda substancial nas práticas do protestantismo evangélico pentecostal no nível mais alto — várias vezes por semana — vai de encontro ao senso comum quando vista ao lado do aumento da proporção de brasileiros que reivindicam essa filiação protestante no mesmo período. Além disso, notamos que a porcentagem de evangélicos pentecostais e não pentecostais que relataram orar várias vezes ao dia também caiu. Voltaremos a esse achado contraintuitivo, mas talvez possamos inicialmente especular que parte do fervor religioso, medido pelas duas práticas centrais prescritas pela cultura evangélica, tenha diminuído ao longo do período, mesmo sabendo que o número de adeptos aumentou substancialmente e que eles se tornaram socialmente menos marginalizados.

Quando abordamos o nível de prática religiosa a partir dos dois tipos principais, a oração em casa e a frequência a serviços religiosos públicos, notamos claramente que a religiosidade mais ativa é característica dos protestantes e mais ainda dos evangélicos pentecostais do que dos não pentecostais. Notamos também algo surpreendente: aumento da assiduidade religiosa na oração e na frequência dos serviços religiosos entre os católicos e diminuição entre os protestantes. É possível que muitos leitores achem bastante estranho, por isso, para ajudar a entender melhor o nível de prática religiosa dentre as diferentes denominações, trazemos mais algumas questões e análises.

Os grupos de oração e outras práticas religiosas

Em 2002, apenas 26% dos evangélicos não pentecostais participavam de grupos de oração; a proporção subiu para 42% em 2022-23. No caso dos pentecostais, o crescimento em duas décadas foi ainda maior, passou de 27% para 49%. Os católicos também passaram a participar mais de grupos de oração, porém, de acordo com a tradição de sua prática religiosa, muito menos do que os evangélicos, crescendo de 11% para 20% em vinte anos.

Para demonstrar as diferenças em níveis de assiduidade religiosa entre católicos e não católicos, juntamos as inúmeras perguntas sobre diversas práticas religiosas, tais como participação em grupo jovem, encontro de casais, estudo bíblico, ensaios musicais, manutenção do templo, catequização e evangelização, trabalho social e comunitário etc., e as utilizamos para dividir a população adulta brasileira em três grupos segundo sua assiduidade às igrejas ou templos: os muito fervorosos e praticantes, os medianamente assíduos e os pouco praticantes. Como esperado, em 2022-23, 8% dos católicos eram muito praticantes; a proporção foi de 22% para os não pentecostais e de 30%

para os pentecostais. No caso destes, a assiduidade duplicou em vinte anos: em 2002, somente 15% dos pentecostais pertenciam ao grupo dos mais religiosos.

Em 2002, os evangélicos frequentavam em menor proporção seus templos para grupos de oração, estudos bíblicos, ensaios musicais, manutenção do local, evangelização, trabalho social, festas e lazer e outras atividades. Em 2022-23, aumentou a proporção de evangélicos que afirmavam participar desse conjunto de práticas. Os católicos também reportaram ter se tornado mais ativos nestes vinte anos, porém seguem em níveis mais baixos do que os protestantes. O que se viu no Brasil não foi apenas o aumento da proporção e do número absoluto e proporcional de evangélicos, mas combinado com isso, o aumento de sua participação nos serviços e em outras práticas prescritas por sua religião. Os evangélicos cresceram e apareceram.[4]

Surpreendentemente para alguns, dentre os que afirmaram não ter religião e os ateus, em 2022-23, 19% foram classificados como praticantes, proporção que não se alterou muito em duas décadas, pois, em 2002, esse grupo era de 18%. Ou seja, os sem religião/ateus não se consideram pertencentes a esta ou àquela tradição religiosa, porém, frequentam assim mesmo atividades em igrejas ou templos e fazem orações em casa.

Crenças religiosas nas diferentes religiões

Outro aspecto particularmente relevante quando comparamos diferentes religiões são as suas crenças compartilhadas, isto é, as premissas culturalmente prescritas sobre poderes supra-humanos. Há duas delas que muitas pessoas associam às religiões abraâmicas: a natureza das escrituras sagradas e a visão sobre o destino. Esses conceitos são bastante familiares para a maioria dos praticantes religiosos, embora talvez sejam denominados de outra maneira. Vale mencionar que eles podem ou não ser relevantes para outras religiões praticadas no Brasil.

Deve-se notar que, quando se pede aos indivíduos que respondam a perguntas sobre crenças religiosas, o relevante não é o "acerto" ou o erro de suas respostas. Em vez disso, o que fazemos é entrar na esfera da teologia popular, no mundo das crenças contextuais dos indivíduos acerca da natureza dos poderes sobre-humanos. Do ponto de vista da ciência social e da análise de fenômeno religioso, não há nenhuma crença que tenha mais probabilidade de ser "verdadeira" do que outra. Por exemplo, é mais provável que esteja correto que existe *um* deus, *mais do que um* deus, ou apenas um deus, mas *em três pessoas*? Como cientistas sociais, esta questão não nos compete. De acordo com a sociologia da religião, a percepção dos indivíduos sobre o que é verdade e o que é heresia (ou mesmo estranho) depende, em grande medida, de sua adaptação a um determinado meio cultural formado por crenças e práticas religiosas.

Os estudiosos da religião podem, no entanto, conhecer as posições oficiais sobre certas crenças de cada uma das religiões estabelecidas, especialmente quando estão escritas, como acontece frequentemente em documentos e declarações administrativas e teológicas. Por conseguinte, podemos referir-nos a crenças associadas a uma ou outra filiação religiosa e até especular sobre as suas derivações ou consequências. Ao mesmo tempo, sabemos que as crenças oficiais das organizações religiosas e as dos seus adeptos nem sempre coincidem. No entanto, quando se trata de investigar cientificamente a sociedade, somos agnósticos em relação à verdade religiosa ou à heresia e, evidentemente, à existência de poderes supra-humanos.

A natureza das escrituras sagradas

Exploramos agora aquela que é provavelmente a principal crença ou premissa que anima o atual mercado religioso no Brasil: a de que o supra-humano se faz conhecer no formato da palavra escrita. Os especialistas no estudo comparativo das religiões usam o conceito de "escritura sagrada" para se referir a esse modo de acessar o supra-humano (ou melhor, a percepção dele). A maioria das religiões modernas mais conhecidas reconhece textos específicos como sagrados, canônicos e essenciais para a sua fé. Exemplos disso são a Bíblia cristã, o Alcorão muçulmano, os textos Shruti hindus, o Livro de Mórmon da Igreja de Jesus Cristo dos Santos dos Últimos Dias e a Torá judaica. Os adeptos destas religiões acreditam que os seus respectivos textos contêm verdades sagradas ou a sabedoria relativa aos poderes supra-humanos.

O conceito religioso de "revelação" nos ajuda a explicar o que se entende por textos sagrados. As religiões acima mencionadas acreditam que os seus textos sagrados são o meio pelo qual os poderes supra-humanos se revelaram — deram-se a conhecer — a si próprios e a seus preceitos. Trata-se apenas de um modo entre muitos outros possíveis, como na oração, na comunhão do pão e vinho da missa, nas tradições dos antepassados, no amor ao próximo, na cura de doenças ou no falar em línguas.

As escrituras sagradas de algumas fés contemporâneas podem remontar a milhares de anos.[5] As religiões diferem no que diz respeito à forma como os textos sagrados surgiram e como devem ser interpretados. A interpretação correta da Bíblia, por exemplo, tem sido, desde os primeiros séculos do cristianismo, motivo de debate, conflito e até de perseguições e guerras. Foi somente no século IV da era cristã que os líderes dessa religião decidiram quais seriam os textos canônicos, isto é, aqueles que deviam ser legitimamente considerados parte da escritura sagrada dentre os muitos que circulavam nas comunidades cristãs dos séculos II a IV.

Surpreendentemente para alguns, ler a Bíblia ou ter a Bíblia nas casas dos crentes não foi uma prática religiosa entre cristãos por quase 2 mil anos de sua existência. Foi somente após a invenção da imprensa, em 1440, que a Bíblia como livro impresso se dispersou gradualmente, embora muito lentamente, fora do âmbito do clero e das elites, e para além das celebrações litúrgicas. Tampouco existia até a época moderna a Bíblia no vernáculo, ou seja, escrita no idioma falado em um determinado território. Aliás, isso não era relevante, pois o mundo era formado por uma esmagadora maioria de analfabetos. A título de ilustração, em 1800, apenas cerca de 11% da população mundial era alfabetizada. Com a industrialização e a urbanização, a escolarização se disseminou gradualmente. Mas foi apenas em meados do século XX que a maioria da população mundial passou a ser alfabetizada. Diante disso, fica claro que a Bíblia como elemento de devoção privada entre os cristãos é um fenômeno muito recente.

Em que pese a disseminação da Bíblia ser um fato moderno, ela vem se tornando um dos mais sérios elementos de discórdia entre os cristãos. A questão mais polêmica e que com frequência tem dilacerado comunidades e famílias no último quarto de século diz respeito à maneira correta de adorar a Deus conforme revelado pela Bíblia. A dinâmica de nosso mercado religioso gira em torno da definição e implementação de projetos de formação de identidade religiosa que muitos veem como uma competição de soma zero que separa o trigo do joio, os salvos dos condenados. Mais uma vez, embora nunca tenha havido uma unidade concretizada de crença e prática em nenhuma sociedade, o cultivo e o florescimento em larga escala de campos ideológicos opostos entre os cristãos, com base em reivindicações concorrentes e profundamente antagônicas sobre a verdadeira religião, são algo novo para nós. As divisões são reais, embora alguns possam ver esse processo como uma graça salvadora ou uma ruptura necessária para a própria salvação muito mais do que fragmentação desanimadora e desnecessária do frágil e sagrado dossel do país.

A PESB fez a seguinte pergunta aos entrevistados: "Na sua opinião, o que é a Bíblia?" Havia quatro opções de resposta, dentre as quais o entrevistado deveria escolher a que mais se alinhava com suas crenças religiosas: "a palavra de Deus, e toda ela deve ser considerada verdade divina, palavra por palavra"; "a palavra de Deus, mas nem toda ela deve ser considerada verdade divina, palavra por palavra"; "a palavra de Deus, mas escrita por homens"; "não é a palavra de Deus, mas um livro escrito por homens". Na verdade, esta é uma questão complicada até para os teólogos. Para além do conteúdo espinhoso da pergunta, o formato apresentava opções não necessariamente excludentes, o que possivelmente aumentava o seu grau de dificuldade. Contudo, as respostas se resumiam a três questões centrais: se a Bíblia contém a revelação divina (se é a palavra de Deus); em caso afirmativo, se cada uma das palavras do texto é verdadeira no sentido literal e, por fim, quem a escreveu.

Quando essa pergunta foi feita pela primeira vez, na pesquisa de 2002, observamos uma grande diferença entre católicos e protestantes: 57% dos católicos escolheram a primeira opção contra aproximadamente 85% dos evangélicos. Entre os protestantes, os pentecostais fizeram-no a uma taxa superior à dos não pentecostais, 91% e 82%, respectivamente. Os classificados como "outras religiões" e os que responderam não ter religião escolheram essa resposta em níveis mais baixos, 49% e 40%, respectivamente. Embora a pergunta fosse difícil e a maioria dos cristãos (católicos, evangélicos não pentecostais e pentecostais) digam que acreditam que a Bíblia é a revelação divina e que cada uma das suas palavras é verdadeira no sentido literal, o padrão de respostas também revelou uma divisão profunda e não surpreendente entre católicos e não católicos.

Em 2022-23, houve uma mudança inesperada na distância que separava católicos e protestantes. Embora não tenha havido um aumento substancial ao longo dos vinte anos na visão da Bíblia como a palavra de Deus e que é literalmente verdadeira palavra por palavra entre os protestantes ou aqueles sem filiação religiosa, a percentagem de católicos que concordaram com essa resposta aumentou substancialmente, de 57% para 71% em 2022-23. Ou seja, nossos resultados indicam que os católicos têm cada vez mais uma perspectiva de *literalismo bíblico* e, assim, convergiram para a visão dos protestantes. Trata-se de um resultado impactante do ponto de vista dos estudos religiosos, mas talvez não o seja do ponto de vista sociológico.

Os estudiosos da religião sabem que o literalismo bíblico não faz parte da doutrina católica em relação à erudição e interpretação bíblicas, tampouco do protestantismo tradicional. De fato, o literalismo bíblico é uma abordagem interpretativa recente. Embora o papel e a interpretação da Bíblia tenham feito parte dos cismas da Reforma Protestante do século XVI, a articulação do literalismo bíblico e da inerrância (o fato de a Bíblia ser totalmente verdadeira em todas as suas passagens e em tudo que ensina) na sua forma radical tem raízes nos movimentos fundamentalistas, pentecostais e evangélicos dos EUA do século XX. Ainda que seja rejeitado pela maioria dos protestantes convencionais nos EUA de hoje, o literalismo bíblico continua sendo abraçado pelos movimentos religiosos pentecostais e evangélicos do país. De acordo com a sondagem Gallup de 2017 nos EUA, apenas 21% dos católicos e 30% dos protestantes apoiam a ideia de que a Bíblia é a verdadeira palavra de Deus e deve ser tomada literalmente, palavra por palavra.[6] Por isso, não deixa de ser surpreendente que 57% dos católicos brasileiros tenham concordado com isso em 2002, e que 71% tenham feito o mesmo em 2022-23.

De fato, o literalismo bíblico não foi uma questão relevante na mentalidade católica durante a maior parte da história brasileira, pois suas origens não são católicas e estão localizadas no hemisfério norte. No entanto, quando o literalismo bíblico se tornou talvez a principal arma dos movimentos religiosos cismáticos no Brasil, os católicos foram pegos de surpresa. Os leigos católicos tiveram que enfrentar em suas famílias, bairros e até mesmo na política uma "doença" (metafórica) importada e desconhecida para eles, contra a qual não tinham imunidade. Para enfrentar a forte maré da certeza absoluta do literalismo bíblico defendido por meio das redes sociais e pelas bocas de atores estatais como a bancada evangélica, o corpo político católico respondeu tornando-se mais parecido com a minoria religiosa vociferante e conhecedora dos modernos meios de comunicação. O que vimos nesse período foi uma espécie de isomorfismo institucional inverso. É assim que hoje, entre a maioria dos cristãos que, no total, constituem a maior parte do Brasil, a ideologia religiosa fundamentalista e radical do literalismo bíblico é mais do que apenas uma corrente dominante, tornando-se equivalente a ser brasileiro. Nesta ótica, a cabeça religiosa do brasileiro teria se tornado crescentemente fundamentalista.

Afirmar que a Bíblia é literalmente verdadeira, palavra por palavra, é uma premissa insustentável na perspectiva da doutrina, tradição e prática católicas e protestantes convencionais contemporâneas. Tanto a doutrina católica quanto a doutrina protestante tradicional defendem que a Bíblia é de fato a palavra de Deus, mas não no sentido literal, palavra por palavra. Na sua doutrina, encontramos a frase "a palavra *inspirada* por Deus"; esta formulação pode ser vista como um contraste com a palavra *literal* de Deus. No entanto, como palavra inspirada de Deus, acredita-se que estes textos comunicam ou revelam verdades sagradas essenciais para as comunidades de fé. Como já foi referido, são considerados um modo de revelação, para muitos o mais privilegiado, mas não a revelação na sua totalidade.

A partir das tradições católica e protestante nas suas doutrinas oficiais, a mais concordante das quatro opções de resposta relativas às opiniões sobre a Bíblia seria que esta é *a palavra de Deus* (embora não literalmente palavra por palavra) e que *foi escrita por homens*. E, provavelmente, a última parte da opção de resposta — *escrita por homens* — tenha parecido insustentável para os brasileiros no contexto cultural atual. Para eles, se a Bíblia é palavra de Deus, seria então de autoria de Deus. No entanto, algumas religiões no mundo sustentam que as suas escrituras têm uma autoria diretamente divina, distinta da autoria humana inspirada. O Alcorão é um exemplo clássico disso. Os muçulmanos acreditam que os seus textos foram revelados diretamente por Deus (Alá), por intermédio do anjo Gabriel, ao profeta Maomé. Este nunca teria escrito pessoalmente tais revelações, pois era analfabeto, como a maioria dos homens da sua época e contexto cultural. Os seus companheiros registraram posteriormente por escrito o conteúdo que Maomé recitava oralmente. Assim, para os muçulmanos, a autoria do Alcorão é literalmente divina e não humana.

O que mais os brasileiros poderiam imaginar quanto à autoria ou origem da Bíblia senão que ela tenha sido escrita por seres humanos? De que outra forma poderia ter surgido? Segundo as doutrinas oficiais da Igreja Católica e das igrejas protestantes convencionais, os livros da

Bíblia foram, sim, escritos por diversos autores humanos ao longo de vários séculos, sob inspiração divina. Na tradição católica, sustenta-se que alguns desses textos do Novo Testamento foram escritos por apóstolos de Cristo ou por seus seguidores mais próximos, embora a autoria exata de vários textos permaneça historicamente debatida pelos estudiosos.

Os textos originais do Novo Testamento foram redigidos em grego koiné, língua comum na região mediterrânea daquela época, apesar de Jesus e seus discípulos falarem principalmente aramaico, como sugerido por várias passagens das Escrituras. É provável que alguns dos discípulos tivessem ao menos um conhecimento básico ou limitado do grego koiné, já que essa era a língua usada para o comércio e para comunicação com não judeus (gentios) da região. No entanto, o grego certamente não era a língua materna da maioria deles, especialmente daqueles provenientes da Galileia rural.

Quanto ao hebraico, era uma língua sobretudo litúrgica e acadêmica utilizada nas sinagogas e por elites religiosas e intelectuais judaicas. Embora a maioria da população judaica da Palestina se comunicasse principalmente em aramaico, não é improvável que muitos judeus frequentadores assíduos das sinagogas tivessem alguma familiaridade básica com o hebraico litúrgico, mesmo que limitada.

Há 2 mil anos, o mundo era analfabeto, com exceção de algumas elites sociais, administrativas e religiosas. As tradições orais e cartas enviadas às primeiras comunidades cristãs eram inicialmente transmitidas e posteriormente registradas à mão, geralmente em rolos de papiro. Os textos considerados importantes eram copiados repetidamente por escribas ao longo do tempo, resultando em diferentes níveis de precisão e variações textuais devido aos erros inevitáveis na reprodução manual. Por volta do século IV, os textos bíblicos originais, redigidos em grego koiné, começaram a ser traduzidos sistematicamente para o latim. Essa tradução, especialmente a realizada por Jerônimo, conhecida como *Vulgata*, tornou-se a versão oficial utilizada ao longo dos séculos seguintes no mundo cristão ocidental.

Assim, os católicos, os ortodoxos orientais e os cristãos protestantes convencionais defendem que a Bíblia não foi escrita literalmente por Deus, nem pelo Filho de Deus, nem por anjos. Segundo essas tradições cristãs, os textos bíblicos teriam autores humanos que, acredita-se, estavam integralmente inspirados por Deus ao longo do processo de redação, sendo assim capazes de transmitir verdades sagradas e revelação divina por meio dos escritos. Durante vários séculos, esses textos sagrados, que sobreviveram e posteriormente foram considerados canônicos, foram gradualmente reunidos e passaram a ser lidos em voz alta nas liturgias cristãs, geralmente em línguas não vernáculas, para congregações compostas majoritariamente por pessoas analfabetas.

Dito isso, por que a maioria dos cristãos brasileiros não compartilha a noção de que a Bíblia é a palavra de Deus, quando na verdade foi escrita por homens? Uma resposta plausível, de uma perspectiva sociológica, é que houve um processo de deificação das escrituras sagradas em um contexto de cisma religioso e proselitismo de oposição (aos católicos), em um mercado de identidades religiosas percebidas como cada vez mais relevantes. O uso do discurso e das práticas do literalismo bíblico por empresários religiosos muito poderosos e experientes em mídia, alguns dos quais são membros do Congresso Nacional, agentes do Estado em todos os níveis de governo e porta-estandartes dos verdadeiros crentes, teve claramente um impacto poderoso sobre a teologia popular. Novas questões e crenças foram criadas, bem como novos demônios e heresias. O produto mais vendido no mercado religioso brasileiro é a incerteza apocalíptica ou o medo existencial. Os empresários religiosos oferecem àqueles que sentem esse tipo de medo ou àqueles cujos medos eles mesmos criam a segurança de um livro literalmente verdadeiro, palavra por palavra, oferecendo-lhes a salvação de acordo com a palavra literal desse livro divino. E, claro, enfatizam uns textos supostamente literais, ao mesmo tempo que menosprezam ou contradizem outros na ótica de literalismo.

Crenças sobre o destino

Uma segunda crença que está no centro de muitas religiões ou comunidades de fé é que Deus ou, dependendo da religião, outros poderes supra-humanos, desempenha um papel crucial nos destinos dos seus seguidores e talvez até de todos os seres humanos. A questão remete para a vida cotidiana dos indivíduos, no passado e no presente, mas sobretudo no futuro. Muitos cristãos e indivíduos de várias religiões acreditam que todas as coisas estão, até certo ponto, nas mãos do poder supra-humano, que é o objeto central da religião. A questão fundamental, porém, é até que ponto?

A PESB perguntou aos brasileiros suas visões acerca do destino. Quatro frases foram lidas e o entrevistado indicou com qual delas mais concordava: "As pessoas não podem mudar nada na sua vida, todo o seu destino é decidido por Deus"; "Deus decide o destino, mas as pessoas podem mudar um pouco do seu destino"; "Deus decide o destino, mas as pessoas podem mudar muito do seu destino"; "Não há destino, as pessoas decidem tudo sobre a sua vida".

Em 2002, 33% dos católicos responderam que tudo está nas mãos de Deus e que não podemos mudar nosso destino. Os evangélicos não pentecostais responderam de forma semelhante aos católicos, com 31%. Curiosamente, os que se identificaram como não tendo religião e os de outras religiões responderam de forma semelhante, ambos com aproximadamente 20%, refletindo um nível significativamente mais baixo de crença na inalterabilidade do destino de cada um. O mais importante, no entanto, foi a crença dos evangélicos pentecostais: exatamente metade afirmou em 2002 que Deus controlava tudo.

Relativamente à total descrença no destino controlado por Deus, houve alguma variação entre os que expressaram filiação religiosa. No extremo inferior, 8% dos evangélicos pentecostais escolheram esta opção, também escolhida por 15% dos católicos e 16% dos evangélicos não pentecostais. Os que menos acreditavam na ideia de destino eram os sem religião, 41%. Vale sublinhar, todavia, que, mesmo entre os indivíduos que se autodenominavam como não tendo religião, cerca de 40% acreditavam que parte do seu destino estava nas mãos de Deus.

Depois de vinte anos, essa situação pouco se modificou. Observamos que os católicos expressaram um nível modestamente mais elevado de crença no destino controlado por Deus em 2022-23 quando comparado com 2002; já os evangélicos não pentecostais e pentecostais expressaram níveis modestamente mais baixos de crença em um destino sob controle total de Deus. Nenhuma das categorias religiosas registrou níveis mais baixos de descrença no destino, embora os aumentos tenham sido apenas modestos.

Se alguma coisa sobressaiu como curiosa é o (pequeno) aumento dentre os católicos na crença em um destino sob controle absoluto de Deus, que passou de 33% em 2002 para 37% em 2022-23, aproximando-os da posição defendida pelos evangélicos pentecostais em 2022-23 (44%). O resultado pode representar uma resposta religiosa adequada a um mercado de crenças em plena ebulição, influenciado por visões não ortodoxas em relação às que são dominantes nas doutrinas do protestantismo tradicional e do catolicismo.

De fato, pode ser um pouco complicado tirar conclusões sólidas desta pergunta, uma vez que o significado do princípio religioso do destino varia e não é claro o que os entrevistados entendem por este termo em função de suas diferentes filiações religiosas. Tal como acontece com muitos debates de base teológica, os fenômenos ou crenças que parecem contraditórios à primeira vista podem simplesmente ser apreciados como mal compreendidos ou como mistérios divinamente sancionados. Um exemplo disso é a aceitação da noção de que cada indivíduo possui livre-arbítrio ao lado da noção de que tudo é preordenado ou conhecido por Deus. Há, realmente, filiações religiosas contemporâneas que acreditam que um pequeno grupo de indivíduos está predestinado ao céu ou mesmo a um trono no céu (com base na referência aos 144 mil escolhidos no Livro do Apocalipse), e outros nascem predestinados ao inferno. Max Weber argumentou que a origem do capitalismo pode ser encontrada na ideia de predestinação defendida pelos primeiros protestantes calvinistas. Eles acreditavam que uma pessoa nascia salva ou condenada (ou seja, predestinada), não tinha controle de seu destino. Weber afirmava que a mobilidade econômica ascendente, da qual dependia o nascimento do capitalismo, foi produzida inadvertidamente por estes crentes enquanto tentavam manifestar a si próprios e à comunidade que estavam entre os salvos. A mobilidade ascendente era um dos sinais de que se estava entre os escolhidos antes do nascimento; por isso, prosperar economicamente acalmava a profunda ansiedade que sentiam perante a dilacerante e inevitável incerteza acerca de seu destino.

Como nossos dados ilustram, as crenças dos brasileiros sobre predestinação variam substancialmente. No entanto, as crenças sobre livre-arbítrio e destino podem estar se formando lentamente ao longo das linhas de afiliação religiosa. Essas diferenças e essas crenças ainda não são tão salientes quanto outros motivos de divisão entre os cristãos, como a literalidade da Bíblia.

Note-se que os sem religião não necessariamente abandonaram as crenças religiosas. Por exemplo, em 2022-23 nada menos do que 37% daqueles que disseram não ter religião concordam que a Bíblia é a palavra de Deus e tudo deve ser considerado verdade divina palavra por palavra; outros 20% dizem que a Bíblia é a palavra de Deus, mas nem tudo deve ser considerado verdade divina palavra por palavra, e apenas 42% disseram que se trata de um livro escrito pelos homens. As pessoas sem religião que consideram a Bíblia a palavra de Deus são fortes candidatas a cultivar uma religiosidade privada e individual, sem vínculo com uma determinada igreja ou templo. Vale recordar que já mostramos que em 2022-23 apenas 24% dos sem religião afirmaram que nunca rezam ou fazem orações.

Religião, pauta de valores e políticas públicas

Um dos debates mais importantes no Brasil em tempos recentes gravita em torno de políticas públicas que tendem a ser influenciadas pela assim chamada "pauta de valores". Porte de armas, aborto e descriminalização das drogas se tornaram questões que dividem, orientam o voto e o comportamento político mais geral. A PESB perguntou a visão dos brasileiros sobre estes temas e aqui abordamos como a afiliação a diferentes religiões condiciona a opinião das pessoas. Como realizado anteriormente, nossa análise aborda as diferenças e similitudes entre católicos, evangélicos não pentecostais e evangélicos pentecostais.

Legalização do comércio de drogas e criminalidade

Perguntamos se a legalização do comércio de maconha e do comércio de todas as drogas ajudaria ou não a reduzir algumas modalidades de crime. De modo geral, tanto em 2002 quanto em 2022-23, a maioria dos brasileiros considera que crimes como homicídios, assaltos e lavagem de dinheiro aumentariam se esse comércio fosse legalizado. Entretanto, há algumas diferenças interessantes entre os fiéis das diferentes religiões, com pequenas mudanças ocorridas em vinte anos. Embora longe de ser maioria, 21% dos católicos em 2002 e 26% em 2022-23 acreditam que a legalização do comércio da maconha ajudaria a diminuir certos crimes. Entre os evangélicos não pentecostais, os que acreditam que haveria redução na criminalidade aumentou de 18% para 28%. Merece destaque que em 2022-23 católicos e não pentecostais empataram tecnicamente quanto a essa visão. Os evangélicos pentecostais em 2002 eram quase dez pontos percentuais menos propensos a concordar com a possibilidade de diminuição de crimes do que os católicos, com apenas 12% acreditando nessa possibilidade, proporção que aumentou para 18% em 2022-23. Quando perguntados com relação a todas as drogas e seus efeitos sobre a criminalidade, as mudanças ao longo do tempo foram ainda mais modestas, passando de 14% para 19% entre católicos contra 10% de evangélicos pentecostais e não pentecostais em 2002 e 11% em 2022-23.

Sexo antes do casamento

Quando perguntados sobre *mulheres* fazerem sexo antes do casamento, 59% dos católicos em 2002 e 64% em 2022-23 eram a favor. Evangélicos não pentecostais responderam de modo muito similar aos católicos a esse respeito, com 54% em 2002 e 57% em 2022-23, concordando com a possibilidade. Já entre os evangélicos pentecostais, há uma diferença mais marcante: em 2002, apenas 29% eram favoráveis a que mulheres fizessem sexo antes do casamento, número que aumentou para 46% em 2022-23, mas que permaneceu significativamente menor do que o obtido para as demais denominações religiosas. Quando perguntados sobre *homens* fazerem sexo antes do casamento, 67% dos católicos em 2002 e 58% em 2022-23 se mostraram favoráveis; embora tenha ocorrido uma queda de dez pontos percentuais entre as duas pesquisas, tal proporção abrange a maioria dos católicos. Entre evangélicos, ao contrário, houve uma tendência de aumento em favor de homens fazerem sexo antes do casamento, subindo de 49% para 54% entre não pentecostais (no limite da margem de erro) e de 34% para 42% entre pentecostais.

Casamento entre pessoas do mesmo sexo

Outro tema em que há grande disparidade entre os diferentes grupos religiosos. A pergunta foi apresentada aos entrevistados enfatizando-se que o casamento legal implicava que casais homossexuais teriam pela lei do país os mesmos direitos que casais heterossexuais. Dentre os católicos, em 2002 apenas 37% eram a favor e em 2022-23, o apoio subiu para 61%, aumento de mais de vinte pontos. A proporção é bem diferente entre evangélicos. Junto aos não pentecostais, 24% eram favoráveis em 2002, subindo para 42% em 2022-23, expressivo aumento de dezoito pontos percentuais, mas que não atingiu a maioria desse segmento religioso. Dentre evangélicos pentecostais, a mudança foi mais modesta: em 2002, apenas 16% eram a favor e tal apoio subiu para 28% em 2022-23. Em suma, três em cada quatro evangélicos pentecostais são contra a união legal de pessoas do mesmo sexo.

Aborto

A interrupção da gravidez é outro tema que separa os fiéis das diferentes religiões. Quando perguntados se fazer um aborto é *sempre* errado ou se depende da situação, 27% dos católicos em 2002 consideravam sempre errado, subindo para 31% em 2022-23 (diferença no limite da margem de erro). Entre os pentecostais, 45% consideravam a prática do aborto sempre errada, apresentando leve queda (também no limite da margem de erro) para 42% em 2022-23. Um padrão muito distinto é encontrado entre os não pentecostais: apenas 16% consideravam o aborto sempre errado em 2002, valor que mais do que dobrou em 2022-23, passando para 38%.

As denominações também diferem quando o aborto é contextualizado em função de situações específicas. Por exemplo, em 2022-23, perguntados se o aborto deveria ser legal quando há chances de o bebê nascer com deficiências (nesse caso, ele já é), 46% dos católicos e 34% dos evangélicos não pentecostais e pentecostais foram a favor da legalidade. Os valores representaram uma redução do apoio à descriminalização do aborto, pois, em 2002, 56% dos católicos, 60% dos evangélicos não pentecostais e 41% dos pentecostais acreditavam que o aborto deveria ser permitido para tal situação.

Quando se passa para o aborto na situação em que a vida da mãe estaria em risco, em 2022-23 a maioria dos fiéis de todas as religiões apoiava sua legalidade: 70% dos católicos, 66% dos evangélicos não pentecostais e 58% dos pentecostais. Mais uma vez, o apoio caiu depois de vinte anos: em 2002, abrangia 79% dos católicos, 88% dos evangélicos não pentecostais e 66% dos pentecostais.

Outra situação em que grande parte dos entrevistados concorda com a interrupção da gravidez é quando resulta de um estupro: 59% dos católicos, 55% dos não pentecostais e 50% dos pentecostais apoiavam em 2022-23 a legalidade do procedimento nessa circunstância. Em 2002, praticamente o mesmo percentual de católicos (57%) e de pentecostais (44%) concordavam com a interrupção da gravidez em caso de estupro. Entre os não pentecostais, houve uma queda de quase dez pontos, pois o apoio era de 63% em 2002.

Os três cenários, que envolvem má-formação fetal, risco de morte para a mãe e estupro, são os que apresentam menor rejeição dentre as três principais denominações religiosas. Ainda assim, só em uma delas o risco de vida da mãe obteve apoio de mais da metade dos fiéis cristãos brasileiros.

Por outro lado, a rejeição à descriminalização do aborto é muito grande nas circunstâncias que dizem respeito à escolha da mulher, isto é, quando não envolve situação de saúde ou violência. Assim, a legalização do aborto nos casos em que a mulher escolhe não ter mais um filho foi apoiada em 2022-23 por somente 20% dos católicos, 14% dos não pentecostais e 11% dos pentecostais. Tais percentuais demonstram ligeiro aumento nos vinte anos estudados e certa estabilidade na diferença entre as denominações, pois, em 2002, a permissão legal ao aborto nestes casos era, respectivamente, 15%, 9% e 8%.

Um padrão de respostas muito parecido emergiu quando os brasileiros foram confrontados com a legalização do aborto nas situações em que a família é muito pobre e não tem condições de sustentar mais um filho. Em 2002, 23% dos católicos, 14% dos não pentecostais e 11% dos pentecostais concordavam com o aborto legal em tais casos; os números foram, em 2022-23, 22% dos católicos, 13% dos não pentecostais e 14% dos pentecostais. Considerando a margem de erro das pesquisas, não houve variação.

O que as visões de mundo sobre a pauta de valores dos fiéis de diferentes religiões indicam constitui um cenário complexo. De modo geral, os católicos são menos conservadores do que os evangélicos. Por exemplo, em torno de vinte pontos percentuais separam os evangélicos pentecostais dos católicos quando o tema é sexo antes do casamento. Ainda que de modo geral os evangélicos não pentecostais tendam a ficar entre os católicos e os pentecostais em termos de conservadorismo, na média, estão mais próximos de seus irmãos pentecostais. Vale ressaltar algumas diferenças entre os temas estudados. Por um lado, houve diminuição do conservadorismo em todas as religiões nas visões sobre homossexualidade e acerca de práticas sexuais antes do casamento tanto para homens quanto para mulheres, inclusive com visões mais igualitárias dos gêneros. Por outro lado, o conservadorismo sobre a legalização do aborto aumentou.

Existe ou não um voto evangélico?

Um dos temas mais debatidos pela crônica política brasileira e pelos estudiosos do tema é o impacto dos evangélicos na política. A comunidade evangélica não só corresponde a uma fatia cada vez maior do eleitorado brasileiro como também tem sido recorrente e crescente a eleição de lideranças de afiliação a essas religiões para cargos públicos. Há, além disso, os constantes acenos de candidatos não evangélicos a tal eleitorado, com exemplos muito variados do espectro político, desde Jair Bolsonaro — que, embora se declarasse católico, era figura de proa em vários eventos evangélicos e, em um ato de carnavalização religiosa, foi batizado no rio Jordão, em Israel, pelo pastor Everaldo — até Geraldo Alckmin, Fernando Haddad, Dilma Rousseff e Michel Temer, que fizeram questão de estar presentes na inauguração do Templo de Salomão, da Igreja Universal do Reino de Deus, em São Paulo, em culto comandado pelo próprio Edir Macedo, que adotou o figurino de "ancião do templo" naquela cerimônia.

Políticos são a oferta e o eleitorado representa a demanda. Assim, o outro lado da moeda diz respeito à existência de um "voto evangélico". Afinal, caso um grupo demográfico numeroso e crescente tenda a votar de forma relativamente coesa, muito provavelmente passará a ter influência relevante sobre os rumos políticos do país. No caso brasileiro, não apenas o crescimento da "Bancada da Bíblia" no Congresso é uma evidência clara desse processo como também a escolha em 2021 de um ministro para o Supremo Tribunal Federal (STF), André Mendonça, sob o argumento de professar a religião evangélica.

As eleições presidenciais de 2018 e 2022, nas quais Jair Bolsonaro concorreu, foram marcadas pela maneira explícita como o candidato direcionou parte de sua campanha para o público evangélico, utilizando mensagens, conteúdo e estética que agradavam esse segmento do eleitorado. Os dados da PESB permitiram avaliar a efetividade dessa comunicação e responder à pergunta que intitula essa seção. Como o voto da eleição de 2022 se concentrou nas figuras de Lula e Bolsonaro, com outros candidatos apresentando desempenho bastante ruim, os votos declarados a eles são adequados para analisar a divisão religiosa.

Em 2022-23, nada menos do que 22% dos católicos declararam ter votado em Bolsonaro no primeiro turno e 21% no segundo. Os votos católicos declarados em Lula foram 60% no primeiro turno e 65% no segundo. Junto aos evangélicos não pentecostais, 43% declararam voto em Bolsonaro no primeiro turno e 46% no segundo. Já dentre os pentecostais, 46% declararam voto no candidato da direita no primeiro turno e 44% no segundo. O voto em Lula no primeiro turno foi de 30% entre os pentecostais e de 31% entre os não pentecostais, e no segundo turno foi de 34% e 32%, respectivamente. Finalmente, dentre os sem religião, o voto declarado em Bolsonaro no primeiro e no segundo turno foi de 23%, e em Lula, de 46% e 48%.

Esses resultados não são surpreendentes, pois condizem com o que tem sido amplamente divulgado a respeito, inclusive logo após o pleito a partir da avaliação dos dados das pesquisas públicas: evangélicos, em suas diferentes denominações, tenderam a votar mais em Bolsonaro do que em Lula. Entretanto, há dois aspectos que merecem ser realçados. O primeiro é a incrível estabilidade dos números apresentados acima. As diferenças entre primeiro e segundo turnos, para todos os grupos, é muito pequena, dentro da margem de erro, ou seja, não há diferença real entre os dois turnos na tendência a votar em um ou outro candidato para nenhuma das denominações religiosas. É importante salientar que a PESB 2022-23 foi iniciada após o segundo turno e a grande maioria dos questionários foi aplicada em 2022-23, portanto, após os dois turnos da eleição. Assim, é possível que tal estabilidade seja resultado de um efeito memória entre os respondentes que, ao tentarem lembrar seu voto em um turno, tenham projetado a mesma escolha para as duas rodadas da eleição.

O segundo ponto muito importante a ser mencionado é que, de acordo com os dados da PESB, a preferência por Lula entre os católicos e os sem religião foi proporcionalmente maior do que a preferência por Bolsonaro entre todos os evangélicos. Em uma conta rápida, na eleição de 2022, os evangélicos foram 50% mais propensos a votar em Bolsonaro do que em Lula, mas os católicos foram quase 200% mais propensos a votar em Lula do que em Bolsonaro.

A eleição de 2022, assim como a de 2018, foi marcada pela forte presença de lideranças evangélicas alinhadas à campanha de Jair Bolsonaro e tal fato se refletiu nos dados que apresentamos anteriormente. Mas essa não foi a primeira eleição presidencial na qual o eleitorado evangélico apresentou uma tendência maior de votar em determinado candidato. A primeira PESB, realizada em 2002, permitiu avaliar o que ocorreu já no início do século XXI. Antes de passarmos aos dados, é importante ressaltar uma diferença entre as duas pesquisas.

Como dito antes, a PESB 2022-23 foi realizada *após* os dois turnos da eleição de 2022. A PESB 2002, por sua vez, foi realizada *antes* do primeiro turno, de sorte que os respondentes poderiam ainda estar definindo a forma como de fato votariam na eleição. De todo modo, tendo a intenção se convertido ou não em votos reais, os resultados a seguir abrem uma janela para entender o voto entre diferentes grupos religiosos àquela época. Outra diferença é que, na eleição de 2002, os dados da PESB indicaram maior dispersão dos votos; no momento em que a pesquisa foi realizada, quatro candidatos eram competitivos: Lula, José Serra, Ciro Gomes e Anthony Garotinho, sendo este último uma liderança evangélica e, portanto, de grande interesse para nossa análise.

Em 2002, 35% dos respondentes católicos declararam intenção em votar em Lula, 22% em Serra, outros 22% em Ciro e apenas 7% mencionaram que votariam em Garotinho. Quando passamos para os resultados entre evangélicos, fica evidente o voto religioso. Dentre os não pentecostais, 9% declararam intenção de votar em Serra, 18% em Ciro, 28% em Lula e 27% em Garotinho. Junto aos evangélicos pentecostais, houve empate em 13% tanto para Serra quanto para Ciro, 24% para Lula e impressionantes 37% para Anthony Garotinho. Vale lembrar que na época não havia as mídias sociais. Em suma, entre os não pentecostais, houve empate técnico entre Lula e Garotinho, mas os evangélicos pentecostais já demonstravam sólida preferência por candidatos abertamente alinhados com sua vertente do cristianismo. Quando comparados aos católicos, os evangélicos não pentecostais eram quatro vezes mais propensos a declarar voto em Garotinho; entre os pentecostais, a tendência ficou acima de cinco vezes.

É fato que, como demonstrado antes, há importante variabilidade nas tendências de votos entre os evangélicos. Na eleição de 2022, pelos dados da PESB, os católicos formaram um bloco mais coeso de eleitores do que os evangélicos, tanto pentecostais quanto não pentecostais. Entre os evangélicos, embora Bolsonaro tenha obtido vantagem confortável, a discrepância a seu favor foi menor do que a vantagem de Lula entre católicos. É importante notar, todavia, que a maior parte das entrevistas da PESB 2022-23 foram feitas *após* os atos de vandalismo de 8 de janeiro de 2023, com sua avassaladora e longa repercussão midiática negativa e, por isso, é possível que muitos eleitores alinhados a Jair Bolsonaro tenham se sentido envergonhados de dizer que tinham votado nele. Ainda assim, Bolsonaro claramente foi a preferência do eleitor cristão não católico. Mais importante do que isso foi o fato de que, já em 2002, evangélicos pentecostais preferiram desproporcionalmente um candidato identificado com sua religião e, entre os não pentecostais, isso também ocorreu, ainda que em menor intensidade.

A filiação religiosa certamente não é o único fator que condiciona o voto, mas é, sem dúvida, um fator relevante. Como mencionamos, há lideranças religiosas que agem estrategicamente de forma a terem impacto nos resultados de uma eleição. As práticas com fins políticos e eleitorais entre lideranças religiosas foi captada em uma ampla pesquisa de apoio à PESB por telefone que realizamos no início de 2024.

Nesta pesquisa, perguntamos se um padre ou pastor, em uma missa ou em um culto, realizaram as seguintes ações: falou de política, pediu voto para algum candidato, ou apresentou um candidato em cerimônia religiosa.

Os resultados foram claros e eloquentes. Com relação a falar de política durante missa ou culto, metade dos evangélicos pentecostais e não pentecostais disse que tal prática já havia acontecido, enquanto esse número foi de 38% entre católicos praticantes e 27% entre não praticantes (a pesquisa telefônica fez tal diferenciação entre católicos). Sobre pedir voto para um candidato, 41% dos evangélicos pentecostais e 27% dos não pentecostais afirmaram tal prática, comparado a 15% entre católicos praticantes e 17% entre não praticantes. Quando o assunto foi apresentar candidato durante cerimônia religiosa, um terço dos evangélicos em geral disse que isso já havia acontecido em culto, enquanto 17% dos católicos praticantes e 13% dos não praticantes disseram o mesmo. Tais resultados mostram de maneira clara que pastores e lideranças religiosas evangélicas são *muito mais propensos* a usarem espaços e eventos religiosos para disseminação de ideias políticas e pedir votos do que o clero católico.

Nossos dados revelam que os evangélicos não pentecostais e pentecostais constituem sim um voto diferente dos católicos e dos sem religião. Os pentecostais tendem a ser mais coesos do que os não pentecostais. Todavia, não é possível afirmar que a coesão seja total ou esteja próxima disso. Afinal, como dito anteriormente, o voto tem inúmeros condicionantes. É inegável que os eleitores evangélicos têm, com o passar do tempo, se tornado cada vez mais propensos a votar em candidatos alinhados com suas denominações. Além disso, lideranças evangélicas têm usado os espaços e as ocasiões religiosas de maneira ativa com a finalidade de arrebanhar apoio político e votos de seus seguidores. Esses fatos, somados à recente expansão do pentecostalismo no Brasil, mostram que as lideranças evangélicas têm agido com sucesso para formar e obter um voto evangélico e torná-lo uma força política real no país.

Explicando a mudança religiosa por meio da dinâmica do mercado

Nossos dados mostraram de forma inequívoca a crescente fragmentação do dossel sagrado do Brasil rumo a uma sociedade de guarda-chuvas sagrados (empresas religiosas com subculturas ideológicas) composta, principalmente, de inúmeras congregações denominacionais e independentes de evangélicos pentecostais e não pentecostais. O catolicismo também ocupa espaço nesse cenário, mas de forma muito diferente do que já foi. A cobertura católica durante a maior parte da era colonial, toda a era imperial e os primeiros cem anos da República perdeu sua integridade e abrangência. O catolicismo, que já foi sinônimo de ser brasileiro, tornou-se, nas últimas décadas, apenas mais uma organização religiosa (um guarda-chuva sagrado e não um dossel) que fornece produtos religiosos em um mercado movimentado, sem poder unir e proteger os fiéis eficientemente contra campanhas de proselitismo ou da desfiliação religiosa. De 2002 a 2022-23, nossos dados sugerem que o catolicismo perdeu 30% de sua participação, enquanto o evangelismo pentecostal e não pentecostal aumentou sua participação no mercado em cerca de 80%. No entanto, o maior aumento em termos percentuais foi dos que se disseram sem religião, 133%. Como se explica esta transformação tão significativa?

Conversão e mudança de religião

Na pesquisa nacional telefônica de apoio à PESB, perguntamos questões elaboradas com a finalidade específica de compreender melhor a conversão e a mudança de religião para além do que foi possível com as duas pesquisas nacionais separadas por vinte anos, qual seja, o entendimento da mudança por faixa etária, escolaridade, tamanho do município, cor e raça e outros fatores sociodemográficos. Sabemos que a maioria das mudanças sociais ocorre em função de várias causas, particularmente quando se trata de crenças. Estas não dependem apenas do perfil da população, mas também das estratégias das organizações religiosas, como o proselitismo, o empreendedorismo religioso, a difusão de discursos apocalípticos, a formação de redes sociais com laços fortes e outros elementos semelhantes. A amostra da pesquisa telefônica realizada em 2024 foi de 2 mil entrevistas. Assim, o tamanho das várias subpopulações de afiliação religiosa diferiu um pouco da pesquisa domiciliar. No entanto, a diferença não afetou as análises.

A pesquisa telefônica mostrou que muitos brasileiros mudaram de religião nos últimos dez e cinco anos, e até mesmo nos últimos 12 meses a contar da realização do estudo. Essa informação permite inferir que a categoria descritiva de afiliação religiosa é fluida, e a conversão de adultos nesse ritmo, acelerada e bastante recente no contexto brasileiro. Vale recordar que a religião era historicamente estável entre gerações: crianças eram socializadas em uma tradição religiosa pela família estendida e permaneciam nela quando se tornavam adultas. Nada menos do que 35% dos brasileiros afirmaram ter deixado o catolicismo, que se presume ter sido a religião de sua infância. Quando alguém deixa de ser católico, os dados sugerem três direções predominantes: evangelismo pentecostal, evangelismo não pentecostal ou sem religião.

Porém, surpreendentemente para alguns, os dados também mostram que cerca de 16% dos brasileiros adultos tinham deixado o evangelismo pentecostal e, 8%, o não pentecostal. Os dados revelam que eles não se juntaram ao catolicismo; em vez disso, mudaram entre igrejas evangélicas pentecostais e não pentecostais ou deixaram de se identificar com qualquer afiliação religiosa (a quantidade de respondentes que mencionaram as religiões de matriz africana não permitiu um cálculo robusto do percentual). A mudança entre afiliações evangélicas, sejam pentecostais ou não pentecostais, é geralmente chamada pelos sociólogos de "troca de afiliação religiosa" e não de conversão. Isso é porque o ato de passar por uma conversão religiosa, em termos sociológicos, geralmente implica uma transformação bem significativa na maneira como a pessoa se entende e se relaciona com os demais na sua comunidade, e em sua cosmologia, crenças e práticas religiosas e sociais. Por exemplo, quando uma pessoa sai do catolicismo ou do candomblé para uma igreja evangélica, o conceito de conversão pode descrever bem a radicalidade que isso significa. No entanto, as mudanças entre as diferentes formas de ser evangélico são geralmente menos radicais ou totalizantes e, então, o conceito sociológico de troca de filiação se encaixa melhor.

A pesquisa telefônica de apoio à PESB teve algumas questões inovadoras e reveladoras. Uma delas perguntava àqueles que mudaram de religião na idade adulta o que os havia motivado. Os resultados foram bastante interessantes, ainda que sejamos cautelosos em sua interpretação por causa do número de respostas reduzido em função do filtro da pergunta. A principal razão mencionada para deixar a antiga religião foi porque ela professava crenças com as quais a pessoa não concordava ou não acreditava. Esse motivo é bastante interessante do ponto de vista sociológico. Os estudiosos entendem que as crenças não costumam levar um indivíduo a deixar sua afiliação e ingressar em outra. Em vez disso, ele é primeiro convidado para uma nova afiliação e, progressivamente, forma novos laços sociais. O senso de pertencimento vem primeiro e as crenças vêm depois. Denomina-se esse processo de conversão de "pertencer antes de acreditar". À medida que o indivíduo vai participando da nova religião, é apresentado a um novo conjunto de crenças ao mesmo tempo que é socializado nas críticas às demais religiões, que incluem a que ele deixou. Lenta e progressivamente, ele constrói uma visão diferente de seu passado religioso, o que é chamado de "reconstrução biográfica".

Diante disso, um mecanismo essencial que pode estar afetando o grande volume de conversões das últimas duas décadas é a vulnerabilidade ou suscetibilidade dos indivíduos a experiências de pertencimento. Parece haver uma abertura cada vez maior para identidades sociais recém-descobertas. Assim, a pesquisa telefônica perguntou aos entrevistados se eles haviam sido convidados a ingressar em uma nova religião e 50% dos brasileiros responderam afirmativamente: 33%

desses convites ocorreram no ano anterior à realização da pesquisa. Além disso, para os evangélicos pentecostais, 42% relatam que alguém os levou à nova religião. Isso mostra que a motivação dos pentecostais é muito comunitária, envolvendo relacionamentos sociais. Talvez o contexto contemporâneo brasileiro esteja particularmente repleto de oportunidades e projetos alternativos de formação de identidade. Nossa pesquisa sugere que o evangelismo é o principal deles e seu crescimento por meio do envolvimento pessoal é uma chave para seu sucesso. Portanto, a vulnerabilidade do brasileiro a novas identidades sociais e a enxurrada de convites intensos e persistentes a uma personalidade cristã "nascida de novo" contribuem, sem dúvida, para o grande volume de conversões religiosas.

Além de termos perguntado por que as pessoas deixaram sua antiga religião, indagamos também o que as levou a aderir à nova fé. De uma perspectiva sociológica, o forte senso de pertencimento e os laços sociais intensos nas comunidades evangélicas são cruciais para entender seu apelo. Entretanto, a maioria dos entrevistados declarou que aderiu à nova religião "para ser salvo". Como a maioria das conversões é para o evangelismo, vamos parar um pouco para entender por que os convertidos apresentaram tal motivo.

Sem dúvida, uma mensagem padrão dos atores religiosos que rompem com a religiosidade estabelecida e que, como empreendedores, procuram construir novas comunidades é o apocalipticismo, ou seja, o alarme de que o fim dos tempos (ou a segunda vinda de Jesus) está próximo e deve ser temido. É a crença na urgência da conversão devido aos altos custos — como a morte eterna — de não a fazer. As igrejas evangélicas brasileiras são, em geral, comunidades religiosas com altos limites, especialmente a variante pentecostal; sua lógica de altos custos *versus* altos benefícios a caracteriza assim. Se a socialização religiosa intergeracional for normativa, convencer as pessoas a rejeitarem a tradição de fé dos pais é pedir muito, ou seja, tem um custo elevado, que implica romper com a família e os amigos mais próximos, abandonar tradições ancestrais, assim como crenças e práticas culturais arraigadas. Esses altos custos muitas vezes podem ser justificados ou atenuados, talvez, pelo mais alto dos benefícios, mesmo além da realização de experiências de pertencimento, ou seja, a certeza da salvação quando o dia do ajuste de contas estiver próximo.

A resposta majoritária dos convertidos ao evangelismo sobre o motivo pelo qual aderiram a esse movimento vibrante — "para serem salvos" — reflete, sem dúvida, a pregação apocalíptica dos líderes religiosos. Muitos deles são designados na sociologia da religião como "líderes carismáticos": destacam-se pelo dinamismo pessoal, especialmente pela capacidade oratória e até supostas capacidades para falar em línguas e curar doenças. Os seus sermões são carregados da urgência do momento, baseados em textos bíblicos selecionados a dedo em função do literalismo, e prenunciam um dia de julgamento próximo. Anunciam profecias bíblicas segundo as quais o fim chegará como um ladrão na noite e os verdadeiros crentes serão separados dos falsos. Além disso, eles "sabem" que isso está prestes a acontecer, pois os sinais da época estão claros: caos social e corrupção, desvios sexuais, adoração de ídolos, pecado e blasfêmia desenfreados, todos obra do diabo e de seus demônios. As pessoas têm uma escolha a fazer imediatamente: escrever o seu nome no Livro da Vida (fazer-se evangélico) ou sofrer a perdição eterna.

Como essa mensagem se torna tão transformadora e autêntica nas profundezas da alma dos convertidos? Por que as pessoas que já são religiosas estariam em risco, mesmo que o dia de julgamento esteja próximo? Por que os católicos, que já são cristãos, estariam destinados à perdição eterna? É aqui que um terceiro elemento de muitas organizações religiosas de alto limite se torna essencial: a demonização de outras religiões. Considerar as tradições religiosas de origem africana como obra do demônio costuma ser uma brincadeira de criança para os cristãos puristas que nasceram de novo. São muitas as acusações contra a falsidade de todo o edifício das tradições religiosas africanas, centradas em estranhos seres supra-humanos (os orixás) e ritos mágicos. A demonização dos cristãos católicos exige esforço adicional.

Ainda assim, os temas que povoam os sermões dos projetos de formação de identidade de líderes evangélicos são facilmente ressuscitados de despertares evangélicos anticatólicos de outros lugares e épocas da história: adoração de ídolos, veneração de pessoas mortas, consumo fantasioso ou até canibal de carne e sangue, além da devoção a Maria. O Jesus do discurso apocalíptico é ciumento e vingativo.

A demonização dos outros, no entanto, é uma estratégia bastante fraca quando pregada no vácuo, mas faz seu trabalho de conversão de forma eficiente dentro de reservatórios de forte pertencimento. Como sociólogos, sabemos que as crenças são sempre relacionais, especialmente as novas. Quando algo novo é apresentado a nós, buscamos sua confirmação por meio de outras pessoas. Na dinâmica das redes sociais de laços estreitos, das quais os novos movimentos religiosos de limites elevados são um exemplo, a confirmação comunitária é essencial e poderosa. Mas quando a crença é uma questão urgente de vida ou morte e é transmitida por um líder carismático de reconhecido zelo e poder espiritual, as condições para a conversão amadurecem.

O crescimento dos "sem religião"

Se a atração por experiências de significante pertencimento é central no processo de um católico deixar sua religião de nascimento para se tornar evangélico, o processo é outro para os que deixam de se classificar como católicos e se tornam "sem religião". Para esta mudança, as crenças podem ser sim um fator determinante. Em alguns momentos e épocas, a Igreja Católica pode ser progressista, como se verifica na sua doutrina social que prega os direitos dos trabalhadores e defende o sindicalismo, na sua opção preferencial pelos pobres e no apoio aos sem-terra. No entanto, como instituição antiga, ela demonstra pouca flexibilidade em relação a certas crenças que carrega como legado do passado e que atualmente se chocam com muitos católicos, especialmente os mais jovens e as pessoas menos conservadoras. Dois exemplos são a exclusão das mulheres do sacerdócio e a desaprovação da homossexualidade. Para as pessoas que agora se dizem "sem religião", o conservadorismo cultural ou até político da Igreja Católica poderá ter tido impacto na decisão de não mais se identificarem com a instituição. No entanto, isso não significa abandonar algumas práticas e crenças religiosas católicas, que formam um eixo central da cultura mesma do brasileiro, mas deixar de se sentir formalmente afiliado à sua igreja de origem.

Há também outros fatores que podem afetar a tendência de mudança de católicos para "sem religião". Nossos dados mostram que experiências negativas com um pároco podem resultar no abandono do catolicismo. Os indivíduos podem se considerar consumidores de bens religiosos e sentir que têm opções e possivelmente até merecem mais atenção. Pode ser que os católicos, acostumados a conversar apenas com uma secretária durante sua visita à paróquia ou, na melhor das hipóteses, com um padre apressado, tenham passado a querer mais atenção espiritual, demanda essa motivada por um número maior de razões. Devido à escassez de padres, receber mais atenção pode demorar demais e pedir atenção tende a produzir uma interação negativa, levando à insatisfação com a Igreja. Além disso, os escândalos da Igreja que inundam os programas de notícias e as mídias sociais também podem levar as pessoas a sentirem a necessidade de se distanciar da instituição.

Estas experiências ou reações negativas costumam ter um impacto ainda maior no contexto da rápida confessionalização, conceito que descreve os momentos na história em que o universalismo religioso, ou um único dossel sagrado, cede lugar ao particularismo sectário, aos cismas e à formação de identidades religiosas alternativas e antagonistas. Parece lógico, em um país onde quase todo mundo é católico, que não seja necessário distinguir-se como católico. O forte sentimento de um "nós" só surge na presença de um "eles" ameaçador. Identificar-se como católico só se torna importante quando um número cada vez maior de pessoas em suas redes sociais, ou por meio de discursos e manifestações públicas cada vez maiores, começa a problematizar a questão. Num mercado competitivo, são motivadas a identidade e a lealdade ao produto; no que diz respeito à religião e sob a dinâmica competitiva, as forças motivadoras (empreendedores religiosos novos e ambiciosos) podem gradualmente produzir a sensação de que todos temos de ser algo (uma afiliação religiosa definida em oposição a outra afiliação) ou, se não estiverem prontos, optar por não pertencer a nenhuma religião, temporária ou permanentemente.

Além disso, e certamente relacionado com o impacto negativo que certas crenças católicas conservadoras têm sobre um número significativo e crescente de católicos que optam pela classificação "sem religião", os estudiosos argumentam que as sociedades contemporâneas estão passando por um processo de secularização. Isto significa que as pessoas vão atribuindo menos importância à religião no ambiente privado e público, e em particular aos líderes religiosos. A secularização é um termo que se ajusta bem à situação de muitos países europeus tradicionalmente católicos, mas também às nações protestantes. Processos de secularização estão presentes em países das Américas. O Uruguai é um caso em que a proporção de pessoas que se identificam como "sem religião" é particularmente elevada: 40%. O processo de secularização do Uruguai tem uma história mais longa em comparação com fenômenos semelhantes em outros países latino-americanos como o Brasil. Além disso, o processo de secularização histórica daquele país não teve de enfrentar o ressurgimento religioso evangélico e pentecostal. Como resultado, não se assistiu à fragmentação nacional observada no Brasil. O Uruguai é secularizado, mas mantém uma identidade católica, ainda que fraca no que se refere à cultura. Portanto, o que o nosso país está a atravessar, com consequências em muitas frentes e dimensões da vida social, é a combinação do intenso crescimento de religiões conservadoras e combativas com a secularização. A questão óbvia é: como pode isto acabar?

Por que o Brasil está se tornando protestante?

Muitos fatores se combinaram para proporcionar o período excepcional de fluidez de afiliação religiosa, ou de conversão, que caracteriza o Brasil contemporâneo. Argumentamos anteriormente sobre a relevância de três elementos que vêm tendo importância formidável para a conversão ao evangelismo, particularmente na sua forma pentecostal: a atração pelo senso de pertencimento, a urgência do momento presente em face do fim dos tempos e a demonização do outro. Conforme mencionado, a história e a teoria social ensinam que a centralidade dos empreendedores religiosos, percebidos como possuidores de zelo e poderes extraordinários (Jesus foi um deles), é condição *sine qua non* na criação de períodos de despertares religiosos. É claro que sabemos que isolar esses elementos específicos pode parecer um pouco reducionista e que as organizações evangélicas (pentecostais e não pentecostais) variam muito. Por isso, nosso argumento sempre tem como premissa a sabedoria da famosa condição: "todas as demais coisas mantidas constantes." Com isso em mente, mencionamos alguns outros elementos definidores do momento atual.

Embora inúmeros movimentos evangélicos em crescimento adotem a urgência do apocalipticismo, é irônico que muitos deles também se caracterizem por defender a teologia da prosperidade. O evangelismo muitas vezes parece ter o poder de criar um senso elevado de pertencimento, a partir do qual as pessoas sentem que finalmente alcançaram mobilidade de status: em meio ao *zeitgeist* de sua nova identidade social, elas se sentem "alguém" em vez do deprimente "ninguém" anterior à conversão. Segundo a teologia da prosperidade, o que também propicia a troca de status identitário de "ser ninguém" para "ser alguém" é a promessa de troca de status de outra natureza — o socioeconômico. Segundo essa ideologia religiosa, nosso Deus é um Deus bom e generoso que deseja a prosperidade material de seus seguidores. Basta acreditar em Jesus como seu Senhor e Salvador pessoal e confiar nas suas bênçãos. Esse Deus abençoa não apenas os seus na vida futura com a felicidade eterna, mas também com coisas materiais consideradas boas nesta vida terrena.

Os discursos do apocalipticismo e da prosperidade podem parecer contraditórios, mas no evangelismo a diversidade de abordagens atende a públicos específicos. Embora o pentecostalismo esteja mais presente dentre pessoas de nível socioeconômico mais baixo, há congregações e líderes carismáticos que enfatizam as bênçãos mundanas para os que já levam uma vida próspera. Nessas congregações, há pouquíssimas menções aos textos bíblicos que proclamam repetidamente que o rico, no dia do julgamento, merece a exclusão do Reino prometido. Em última análise, talvez os discursos aparentemente incompatíveis de julgamento iminente e prosperidade não se sobreponham com frequência na mesma congregação, mas a possibilidade de coexistência é maior em períodos de mudanças religiosas radicais. Ainda mais em uma sociedade altamente fragmentada por inúmeros guarda-chuvas sagrados de cosmologias desconectadas e abalada por intempéries e tempestades sempre ameaçadoras, mas onde o sol sempre acaba brilhando.

Vamos direto ao ponto

Se tivéssemos de dar a nossa opinião sobre o principal fator que levou o Brasil a deixar de ser o maior país católico do mundo para se tornar fragmentado e ter hoje a maior população pentecostal do mundo, recorreríamos à metáfora do mercado. Em um mercado contemporâneo, o que predomina é a competição entre empresas que oferecem os mesmos tipos de produto ou serviço. Para reduzir a complexidade da nossa narrativa, vamos direcionar o foco para a modalidade mais vibrante do evangelismo — o (neo)pentecostalismo — e compará-lo ao modelo católico. A partir daqui, destacamos as diferenças entre os "modelos de negócios" da Igreja Católica e da Igreja Evangélica Pentecostal (imaginada somente como uma empresa) e as duas como competidoras no mesmo mercado por opção (o pentecostalismo) ou por força (o catolicismo). Recorrendo a vários estudiosos, designamos o modelo empresarial católico de "manutenção institucional" e o pentecostal de "envolvimento". Como concorrentes no mesmo espaço, podemos estruturar nossa análise como uma exploração de seus distintos objetivos, incentivos e probabilidades de sucesso.

Com relação aos motivos, começamos com a Igreja Católica. Podemos tratá-la de certa forma como um monólito devido à sua estrutura monárquica absoluta e única de unidade sob a liderança do sucessor da Cátedra de São Pedro no bispado de Roma. Os estudiosos argumentam que a Igreja Católica é a instituição contínua mais antiga do Ocidente. De seus 2 mil anos de história, cerca de quinhentos foram no Brasil, onde ser brasileiro e ser católico historicamente pareciam se sobrepor. Nossos dados mostram, no entanto, que no início da terceira década do terceiro milênio o Brasil não é mais majoritariamente católico. Do ponto de vista da Igreja Católica institucional, isso representa uma tragédia de proporções épicas.

A Igreja Católica continua, sem dúvida, a ser o "jogador" mais poderoso no mercado religioso contemporâneo do Brasil, mas não é um competidor feliz. Não entrou na competição por opção própria. Durante séculos, reinou suprema no mesmo território que agora está sendo progressivamente ocupado por protestantes e, possivelmente, de forma irreversível. Nesta situação de perdas contínuas, sua meta corresponde ao modelo de negócios de manutenção institucional: curar as feridas e, no mínimo, manter-se firme em termos do número de membros. A Igreja Católica é enorme em tamanho, mas antiga em sua estrutura e incapaz ou sem vontade de se voltar para algo mais ambicioso, como o crescimento, conforme discutiremos mais adiante. Ela não tem outra escolha a não ser entrincheirar-se para cortar as perdas e sobreviver.

Em contraste, o pentecostalismo segue uma estratégia de mercado mais contemporânea e bem estudada pelo seu sucesso: o modelo baseado no envolvimento ou engajamento. Sua meta é o crescimento ou a expansão por meio da criação de conexões pessoais entre a liderança e os membros, e ênfase na participação ativa, senão intensa, de leigos nas atividades da igreja. Através da divulgação e da ênfase na participação, o modelo cria redes de laços sociais fortes que retêm os membros atuais e se mostram atraentes e convidativos para novos adeptos. Como disse o famoso pregador evangélico dos EUA T. D. Jakes, "o evangelicalismo é uma indústria em crescimento, e seu produto [Jesus] é tão bom que quase se vende sozinho". No entanto, o produto não se vende sozinho de fato, mas depende do que é fundamental para o sucesso no mercado contemporâneo: inovação e marketing de produtos por empreendedores dedicados. A meta do modelo de engajamento para o crescimento das instituições religiosas, portanto, geralmente se concentra em empreendedores religiosos talentosos. Eles são personalidades autosselecionadas cujo sucesso geralmente se baseia em habilidades oratórias e carisma pessoal, que são testados e avaliados para atrair um conjunto cada vez maior de seguidores leais. Ou seja, enquanto o objetivo da Igreja Católica é reduzir perdas, o objetivo do modelo pentecostal é infligir essas perdas, ou seja, crescer vencendo em um jogo de soma zero.

Como diferem as motivações por trás das estratégias institucionais contrastantes, o modelo de manutenção institucional da Igreja Católica e o de envolvimento pentecostal? O objetivo relativamente modesto da Igreja Católica de estancar a perda de membros, ou seja, de manter o *status quo*, revela a fragilidade de seu legado. Embora a instituição possa desejar crescimento, que neste caso significaria atrair ex-membros de volta à Igreja, à semelhança de um funcionário mais velho que foi sistematicamente sobrecarregado e permanentemente mal remunerado, a Igreja Católica não tem força nem incentivo para fazer mais do que aquilo que atualmente tem de fazer. A liderança, em todos os níveis da Igreja Católica, depende de seu clero, que é composto por homens celibatários, altamente educados, selecionados por si mesmos e com longa formação em seminário. Suas vidas giram em torno da prestação de bens e serviços religiosos centrados nos sacramentos: a celebração da eucaristia e a realização de batismos, casamentos, confissões, unções de enfermos e funerais.

No entanto, como reza um conhecido poema: "Há muito fruto, mas há poucos trabalhadores; ó Pai, envia trabalhadores para o campo." Nunca houve, nem há, sacerdotes suficientes no Brasil para realizar as tarefas a que se destinam. Como administradores dos sacramentos de uma massa de católicos já esmagadora, como poderia alguém imaginar que o clero católico nas paróquias (como trabalhadores) desejasse crescimento? A acumulação de riqueza não é um incentivo; os sacerdotes auferem salários bastante modestos e, geralmente, levam uma vida modesta e até solitária. De fato, os sacerdotes que pertencem a ordens religiosas (franciscanos, jesuítas, dominicanos etc.) têm a obrigação de professar voto de pobreza. O status simbólico de um padre católico, ou seja, sua legitimidade ministerial perante os fiéis, não muda substancialmente se aumentar o número de paroquianos. Ele possui o que os sociólogos chamam de "carisma de cargo" ou "carisma institucional": legitimidade reconhecida por ser ordenado padre por um bispo e não por suas características pessoais. Além disso, o número reduzido de seminaristas e padres missionários enviados do estrangeiro para o Brasil significa que o clero do lugar está envelhecendo. Voltando à analogia do funcionário idoso de uma grande empresa, sobrecarregado e mal remunerado, não lhe resta nada para oferecer.

Quais são os incentivos que fazem com que o modelo de negócio da igreja pentecostal baseado no envolvimento constitua uma "indústria de crescimento"? Em um mercado plural e competitivo, os empreendedores impulsionam a inovação e a mudança nos padrões de consumo. Eles assumem riscos para obter recompensas claras: melhoria simbólica e socioeconômica de seu status. Argumentamos que o elemento-chave do modelo empresarial pentecostal é a liderança carismática, bem remunerada (ou, pelo menos, algo melhor do que o que auferiam antes de se tornarem pastores) nas congregações locais. Embora seja muito difícil tornar-se pastor líder de uma igreja, aqueles que o conseguem acabam se transformando. O sucesso é a única opção. Eles têm de atrair, impressionar, trabalhar constantemente e convencer as pessoas de que são abençoados por Deus e eleitos para liderar e proporcionar bens espirituais. Só por meio do processo de se fazerem ver como possuidores de dons extraordinários é que podem se institucionalizar, criar comunidades capazes de sustentar o líder e edificar seu entorno. O elemento-chave para tal é o dízimo ou doações. É essencial ter entradas contínuas de fundos para realizar a missão que Deus confiou ao pastor. Por conseguinte, o incentivo para crescer é óbvio: mais fiéis, mais fundos e estatuto simbólico e socioeconômico ascendente para o pastor.

Qual é a probabilidade de a Igreja Católica conseguir atingir sua meta aparentemente modesta de reduzir as perdas quando comparada com a meta do pentecostalismo, de crescimento exponencial? Diante da atual concorrência agressiva no mercado, parece que a única forma de a Igreja Católica ter sucesso seria adotar um modelo baseado no envolvimento. Entretanto, essa possibilidade é reduzida ou inexistente. No Brasil, há cerca de um padre para cada 4,5 mil católicos[7] — numa estimativa muito conservadora, pois pressupõe que todos os padres exerçam o trabalho pastoral em uma paróquia, o que está longe de corresponder à realidade. Entre os pentecostais há aproximadamente um pastor para cada 230 fiéis.[8] Suponhamos que um investidor tivesse de aplicar seu dinheiro em uma empresa religiosa com maior probabilidade de satisfazer seus fiéis por meio do envolvimento pessoal de uma só pessoa. Seria em uma empresa que a pessoa tenta atender 4,5 mil indivíduos ou em uma empresa que atende apenas 230 pessoas? Sem dúvida, é a última que ganha a competição.

Conclusão: o futuro a Deus pertence

Os autores deste capítulo têm algumas divergências com relação ao que pode acontecer no Brasil nos próximos vinte anos. A principal convergência é a contínua perda de força da religião católica. Acreditamos, como nossos dados mostram, que ela continuará perdendo adeptos. No terreno da divergência, a principal diz respeito à força crescente ou não dos evangélicos. Há razões para crer que tanto pentecostais quanto não pentecostais aumentarão seu contingente proporcional e absoluto, e terão influência ainda maior na política, nas crenças e na cultura dos brasileiros. Vimos que o modelo de engajamento dos evangélicos produz muito sucesso e crescimento no mercado religioso. Assim, um movimento dessa natureza pode permanecer e conquistar mais e mais adeptos. Por outro lado, e aí está a divergência, nossos dados também revelam que o segmento dos sem religião aumentou muito e tende a continuar aumentando. Quanto mais jovem a faixa de idade, maior a proporção dos sem religião. À medida que as gerações mais velhas forem substituídas, o Brasil como um todo se tornará ainda menos religioso do que nos últimos vinte anos. Assim, é possível que o aumento da proporção de pessoas sem religião seja compensado pelo crescimento dos evangélicos. No entanto, esta probabilidade não é totalmente clara, dado que, quanto mais jovem a faixa etária, maior a proporção de evangélicos, especialmente pentecostais. Então, para onde vai tudo isso?

Abordaremos essa questão por meio de algumas especulações e avaliando dois caminhos divergentes representados por países latino-americanos: Uruguai e Guatemala. Na América Latina, o Uruguai é o país com maior proporção de pessoas no segmento sem religião, e a Guatemala, com a maior fatia de evangélicos.

O caso uruguaio é claramente aquele sobre o qual os acadêmicos argumentariam que os processos de secularização criaram um contexto religioso sem igual na América Latina. Alguns levantamentos estimam que quase 50% dos uruguaios se autodenominam como sem religião. Uma possível causa disso pode ter sido a separação histórica entre Igreja e Estado no país realizada em 1917. Entretanto, o Brasil também proclamou formalmente essa separação, e até mesmo antes, em 1889. Porém, a separação entre Igreja e Estado no Uruguai foi parcialmente produzida por um forte movimento anticlerical no final do século XIX. No Brasil, essa mudança foi motivada principalmente pela transição para o republicanismo. Além disso, embora o Brasil tenha proclamado a separação entre Igreja e Estado, a Igreja Católica continuou a desfrutar dos favores do Estado brasileiro durante praticamente todo o período republicano. Assim, parece que os caminhos dos dois países quanto a essa transformação foram claramente diferentes.

A Guatemala também proclamou a separação entre Igreja e Estado muito cedo, antes mesmo do Uruguai e do Brasil, em 1879. Entretanto, a secularização não foi tão significativa em termos de tendências de não afiliação religiosa. Hoje, apenas cerca de 5% dos guatemaltecos se consideram sem religião. Embora existam vários motivos, a Guatemala, assim como o Brasil, não teve um movimento anticlerical semelhante ao do Uruguai. Portanto, o Brasil e a Guatemala mantiveram relações entre a Igreja e o Estado mais interligadas do que o Uruguai, o que pode sugerir que o caminho atual do Brasil tenderá a se tornar mais parecido com o da Guatemala do que com o do Uruguai.

Além disso, uma segunda variável também pode ser muito importante aqui — a presença e o crescimento do evangelismo, especialmente o pentecostal na Guatemala, mas não no Uruguai. Ao contrário da Guatemala, o Uruguai não teve um influxo de missionários evangélicos norte-americanos. O Uruguai era mais secular, urbano, pequeno, com níveis mais altos de alfabetização e educação do que seus pares. A ausência da confessionalização, ou fragmentação, do cristianismo no Uruguai é parcialmente explicada pela relativa ausência de um "outro" evangélico competitivo (e apoiado pelos EUA). Em sua maioria, os uruguaios se consideram católicos, pelo menos culturalmente, embora sintam menos pressão em direção à confessionalização particularista e mais conforto na não afiliação. Em contraste, a Guatemala é um dos países que têm sido impactados de forma agressiva por esforços missionários evangélicos originários dos EUA.

Hoje, aproximadamente 45% dos guatemaltecos se dizem protestantes, em sua maioria evangélicos pentecostais. Um exemplo flagrante dos pungentes esforços evangélicos dos EUA é o casamento entre Igreja e Estado na Guatemala oficialmente secular, em 1980, na figura do general, pastor pentecostal e presidente do país Efraín Ríos Montt. As missões políticas e militares de Montt inspiraram-se significativamente nas visões e ideologias dos televangelistas e atores políticos dos

EUA, Jerry Falwell e Pat Robertson. O discurso do Estado, os anúncios públicos e a repressão militar encontraram sua base cristã no general, no pastor e no presidente. O contexto guatemalteco foi, portanto, terreno fértil para o processo de fragmentação da identidade religiosa, em grande parte devido ao apoio financeiro, ideológico e missionário dos Estados Unidos. Nada semelhante ocorreu no Uruguai.

O passado e o presente do Brasil parecem alinhar-se mais com o da Guatemala do que com o do Uruguai. O evangelismo e os esforços missionários dos EUA prosperaram bastante no Brasil. De fato, a maioria dos elementos pentecostais do Brasil tem as suas raízes, teologia, estilos de adoração e estratégias de proselitismo confessional baseados no pentecostalismo norte-americano. Atualmente, as nossas igrejas pentecostais e não pentecostais não dependem tanto das igrejas norte-americanas como antes.

Talvez a característica mais importante que aproxima Guatemala e Brasil seja a fusão político-religiosa. Embora o Brasil ainda não tenha um pastor evangélico ou pentecostal autodeclarado militante como presidente, o país é, na América Latina, vanguarda no que se refere à simbiose entre Estado e Igreja, com a institucionalização da bancada evangélica e de seu poder político cada vez maior. Há muitos pontos sobre os quais poderíamos nos concentrar em relação à crescente *sacralização* do Estado brasileiro através dessa bancada legislativa, e ela serve bem como indicativo do caminho que o Brasil está trilhando em direção à ampla confessionalização religiosa e o crescente poder da identidade pentecostal. Os órgãos legislativos federais do Brasil estão cada vez mais fragmentados pela militância religiosa dos evangélicos pentecostais e não pentecostais. A característica universalista, na maioria das vezes não explícita, dos legisladores federais, seu catolicismo cultural, não existe mais. A institucionalização e o crescimento da bancada evangélica produzem, e ao mesmo tempo refletem, um processo de confessionalização militante. Além disso, vários dos deputados federais e senadores são, como Ríos Montt, também pastores religiosos do evangelismo e pentecostalismo. Eles exercem, portanto, grandes poderes espirituais e políticos.

Em um livro recente sobre a Reforma Protestante na Inglaterra, *Heretics and Believers: A History of the English Reformation* [Hereges e crentes: uma história da Reforma Protestante], Peter Marshall aponta um detalhe relevante: "Henrique VIII abriu uma caixa de Pandora de pluralidade, permitindo que os reformadores 'evangélicos' apresentassem os seus desígnios — frequentemente persuasivos, mas invariavelmente divisivos — perante o público inglês." Pode-se argumentar que o detalhe, por si só, fornece pistas sobre os próximos vinte anos do Brasil em termos de religiosidade nacional. A bancada evangélica, composta por reformadores religiosos militantes, alguns dos quais ocupam o cargo de pastor e legislador, está a apresentar um caso divisivo de sacralização e fragmentação diante do público brasileiro. É difícil especular sobre futuras mudanças na religiosidade do Brasil sem colocar sua institucionalização no centro de tudo. O Estado brasileiro e sua população enfrentam agora uma coexistência necessária com esses reformadores, atores estatais que colocam a missão religiosa de construir o futuro de um Brasil "nascido de novo" como prioridade de vida, ideologia e legislação.

Em suma, nossos dados são claros ao delinear as forças concorrentes no mercado religioso do Brasil, o declínio do catolicismo e a ascendência de dois polos, ambos especialmente salientes e atraentes para os jovens brasileiros, o evangelismo e a não afiliação religiosa. A combinação dos dois polos diferencia o Brasil do Uruguai e da Guatemala, o primeiro sem o despertar religioso evangélico e o segundo sem a secularização. Talvez seja a bancada evangélica a sacralização do Estado pelo Brasil (imperfeitamente), reminiscente da fusão político-religiosa da Guatemala na pessoa de Ríos Montt, que pode fazer a balança pender a favor do alinhamento do Brasil com o caminho guatemalteco e afastá-lo da trajetória uruguaia.

Ao recorrermos a um ditado popular com a afirmação bem-humorada de que "o futuro a Deus pertence" queremos dizer que a divergência entre os autores desse capítulo quanto ao Brasil se tornar uma nação evangélica ou um país secularizado será definida por fatores difíceis de serem previstos. A comparação com dois pequenos países da América Latina serve para ilustrar e refletir sobre trajetórias possíveis, aproximando o Brasil mais com o país da América Central e não com nosso vizinho do Cone Sul. Por outro lado, alguns dados das pesquisas de 2002 e 2022-23, em particular a comparação entre faixas de idade, quanto a não afiliação religiosa, parece indicar a força da dinâmica do atual processo de secularização no Brasil.

O gráfico a seguir mostra que 10% dos jovens de 2002 que tinham entre 18 e 24 anos se diziam sem religião ou ateus; a proporção dos jovens dessa mesma faixa de idade que se consideraram assim em 2022-23 saltou para 21%. O crescimento dos sem religião e ateus também foi bastante significativo na faixa de idade que vai de 25 a 34 anos; eles eram 8% em 2002 e passaram para 23% em 2022-23. Sabemos também que o crescimento relativo dos sem religião é mais veloz nos níveis de escolaridade mais elevados, ensino médio e superior, do que nos níveis mais baixos. Isso indica, a princípio, que se o nível escolar formal dos brasileiros continuar sua lenta trajetória de aumento, o resultado será o crescimento proporcional maior dos sem religião.

O fato é que no Brasil contemporâneo há forças atuando a favor do crescimento dos evangélicos e do aumento dos sem religião/ateus. Não custa enfatizar que essas forças concorrem para a redução dos católicos: é majoritariamente deste grupo, como já dissemos, que saem os evangélicos e os não afiliados. Há hoje um cabo de guerra em que de um lado está a ação política e religiosa divisiva de pastores e figuras públicas evangélicas e do outro os fatores que empurram a secularização, como o aumento dos níveis de escolarização. A imprevisibilidade do futuro do Brasil quanto às suas crenças religiosas tem a ver com a dificuldade de avaliar qual dos dois lados do cabo de guerra conseguirá atrair mais os futuros ex-católicos. É o que parece estar nas mãos de Deus.

Gráfico 1. Sem religião e ateus por idade e por época: 2002–2022-23

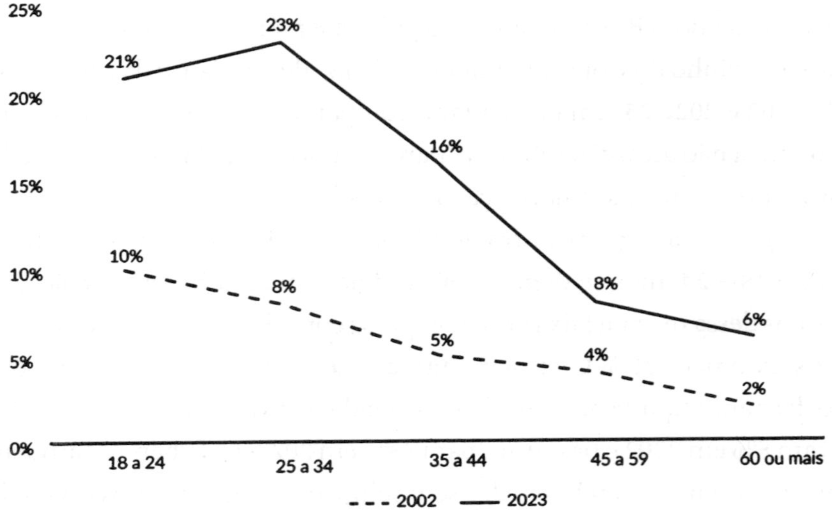

2. Brasil: maioria de pardos e pretos (e poucos negros)

com Fabrício M. Fialho e Stanley R. Bailey

Eu não sou africano, eu não
Nem norte-americano
Ao som da viola e pandeiro
Sou mais o samba brasileiro

Candeia

Nas últimas décadas, a percepção dos brasileiros sobre sua cor de pele ou raça passou por uma mudança profunda. A proporção de pessoas que se consideram brancas caiu drasticamente, enquanto o número de pessoas que se autodeclaram pretas e pardas aumentou. Entender a magnitude dessas mudanças na autoclassificação é um desafio, especialmente porque os estudos ainda tratam raça como uma característica individual inerente e inalterável.

Precisamos ir além da compreensão do conceito de raça como algo fixo. A ciência há décadas argumenta que a raça não reflete desígnios naturais ou divinos. É uma noção socialmente construída e, consequentemente, sujeita a mudanças ao longo do tempo e do espaço. Pode ser obstinadamente persistente, mas não é fixa. Além disso, os estudiosos reconhecem que a noção socialmente construída de raça não é um fenômeno aleatório ou individual, mas resultado de dinâmicas sociais e políticas que constroem a maneira como as pessoas veem a si mesmas e aos outros.

Essas estratégias, que chamamos de projetos de formação racial, são impulsionadas pela política em seu sentido mais amplo. Os projetos visam influenciar na distribuição de bens materiais e simbólicos frequentemente associados pelos atores políticos à cor ou à raça. Como as disputas de poder são inerentemente dinâmicas, projetos de formação racial e percepções racializadas inevitavelmente mudam com o tempo. Além disso, intelectuais e líderes de movimentos sociais podem propor ou estimular tais projetos. Entretanto, o poder do Estado é, sem dúvida, incomparável e mais significativo.

O fato de que o conceito de cor ou raça é uma noção socialmente construída pode ser facilmente ilustrado a partir de figuras públicas que mostram como a classificação está longe de ser consenso. Em 2002, a norte-americana Halle Berry foi premiada com o Oscar de melhor atriz por sua atuação como Leticia Musgrove no filme *A última ceia*. Na época, a mídia dos Estados Unidos (e do Brasil) noticiou que era a primeira vez que uma atriz negra ganhava o tão honroso e desejado prêmio. No entanto, para uma expressiva fatia de brasileiros, seria difícil considerar Halle Barry negra. Seria o mesmo que afirmar que a cantora pop Anitta também é negra — afinal, ao menos em imagens públicas, ambas têm cor de pele e traços semelhantes. Na verdade, é possível que a brasileira tenha a pele mais escura do que a norte-americana. Esse exemplo mostra como conceitos de cor ou raça podem variar dependendo do contexto em que as pessoas são socializadas, de onde vêm e da época em que vivem.

Uma hipótese para compreender as profundas mudanças na autoclassificação racial dos brasileiros é que refletem novos ou renovados projetos de formação racial em vigor ao longo desses vinte anos, quando o discurso público sobre raça e racismo ganhou visibilidade. Esse fenômeno deve-se, em parte, à crescente mobilização da sociedade civil, especialmente de organizações do movimento negro, cuja militância e projetos originais vêm de longa data, mas ganharam ressonância especial a partir da década de 1970. Além de combater o racismo, essas organizações têm defendido o fortalecimento da subjetividade racial a partir de uma visão binária, que categoriza as pessoas apenas como negras (de ascendência africana) ou brancas (de ascendência europeia), escanteando o fato de que há mistura de ascendência. Mostraremos que a força renovada do projeto de setores do movimento negro nos últimos vinte anos teve peso proeminente na sociedade brasileira, resultado, em grande medida, de seu diálogo construtivo com o Estado e até mesmo de sua incorporação por ele.

No entanto, tão ou mais importante para a grande mudança de classificação por cor ou raça foi o novo projeto de formação racial do próprio Estado brasileiro, em que políticos e gestores públicos de todas as instâncias de governo passaram a dar atenção e espaço sem precedentes a questões referentes à raça ou cor e ao combate ao racismo. Em março de 2003, logo no início do primeiro mandato presidencial de Lula, o Poder Executivo criou a Secretaria de Políticas de Promoção da Igualdade Racial após uma mudança na estrutura administrativa do governo federal, feito marcante que não deve passar despercebido. Desse modo, o governo pôde avançar com seu projeto de formação racial. Ao mesmo tempo, iniciaram-se em várias universidades públicas projetos cuja finalidade era o estabelecimento de cotas raciais. Em 2012, o Poder Legislativo aprovou a Lei de Cotas, que garantiu, nas 59 universidades federais e em 38 institutos federais de educação, a reserva de 50% das vagas a partir de critérios sociais *e* raciais. No mesmo ano, o Poder Judiciário considerou constitucional a política de cotas étnico-raciais. No sistema de justiça criminal, a repressão aos crimes de racismo e injúria racial passaram a ter mais importância, com punições mais duras. Não resta dúvida de que as várias transformações na administração estatal no que se refere à cor e raça da população foram de grande relevância na mudança da autoclassificação de cor e raça dos brasileiros.

Projetos de formação racial bem-sucedidos buscam influenciar as visões de mundo e ações dos indivíduos e das coletividades em várias dimensões. Isso é fundamental, caso o objetivo seja criar raízes e efetuar mudanças sociais materiais e simbólicas. Um projeto racial emergente constitui uma interpretação alternativa do mundo em que se vive, do *status quo*, e aqueles que o defendem atuam para debater, influenciar e implementar de forma ativa e persistente a interpretação que têm da sociedade. Trata-se de um caminho difícil e tortuoso, pois eles precisam lidar com um terreno organizacional repleto de diferentes interpretações históricas já existentes. Fica assim estabelecida uma luta de poder entre um novo projeto, seja do Estado brasileiro ou de setores do movimento negro (ou de ambos), e o senso comum já existente. O resultado do conflito entre diferentes ideologias e estratégias é sempre aberto, contingente e imprevisível.

Antigos projetos de formação racial continuaram em vigor nos vinte anos abrangidos pelas duas pesquisas, moribundos em alguns aspectos e vivos em outros. Dois deles, com pressupostos antagônicos, são particularmente significativos: o branqueamento e a mestiçagem.

O projeto de branqueamento racial, que remonta ao final do século XIX e início do século XX, baseava-se na visão pseudocientífica que defendia a superioridade dos "genes brancos" e a inferioridade dos "genes negros". Era como se dissessem que "embora as populações negras e mestiças predominassem no Brasil, nem tudo estava perdido". A mesma biologia racial pseudocientífica teorizava que, na presença de grandes populações mestiças, a superioridade dos genes europeus prevaleceria ao longo das gerações, diluindo a genética inferior de tal forma que, com o tempo, surgiria um futuro mais branco e, portanto, mais esperançoso. A ideia de "melhorar a raça" está retratada no quadro *A redenção de Cam*, de Modesto Brocos, em que a avó negra agradece aos céus porque sua filha mestiça deu à luz uma criança de pele branca. Dessa forma, o Brasil poderia se tornar um país moderno, como os países da América do Norte e da Europa que teriam se viabilizado em função da superioridade da genética branca.

Por outro lado, em nítido contraste, o projeto de mestiçagem, que ganhou força a partir dos anos 1930, rejeitou a superioridade da raça branca e sua associação exclusiva com a modernidade. Esse projeto viu a força e a singularidade dos brasileiros — um povo novo, formado pela miscigenação e distinto de suas matrizes africanas, europeias e indígenas — e seu caminho para a modernidade justamente na crescente mistura racial, que resultaria, com o passar do tempo, na predominância biológica e sociocultural do assim chamado "moreno".

Em meados do século XX, a biologia da raça perdeu prestígio, em parte devido à sua associação com o nazismo, mas também em razão dos avanços científicos que desafiavam suas premissas. As raças biológicas deixaram de ser consideradas os blocos de construção das sociedades modernas. No entanto, seus legados e crenças ainda persistem em instituições, estruturas de poder e mentalidades, perpetuando desigualdades que podem fortalecer ou enfraquecer diferentes grupos sociais e assombrar tanto os vivos quanto as gerações futuras. Como resultado, no início do terceiro milênio, Estados e sociedades continuam a lutar contra os fantasmas do passado.

Conforme nossos dados mostram, novos projetos de formação racial revigorados estão produzindo mudanças significativas. Veremos qual foi o impacto na maneira de pensar dos brasileiros em relação aos projetos de setores do movimento negro e do Estado. Além de mudanças na terminologia usada para a classificação racial, examinaremos as percepções dos brasileiros sobre sua ancestralidade e outras visões de mundo que parecem ter sido afetadas nesse curto período (do ponto de vista histórico), como discriminação racial, políticas de cotas, interseção entre raça e voto, presença e peso dos preconceitos e estereótipos raciais. Mostraremos que várias forças sociodemográficas contribuíram simultaneamente para a mudança na classificação de cor e raça e podem ter levado a outras concepções como as mudanças geracionais que afetaram a classificação étnico-racial durante essas duas décadas, o local de residência, o nível de escolaridade e até mesmo a afiliação religiosa. Ficará evidente que o Estado brasileiro, em sua abordagem racial, teve grande impacto nas visões de mundo dos brasileiros quanto aos principais pilares da questão no país.

A mudança na abordagem racial do Estado

Pode-se afirmar que o novo projeto de formação racial do Estado brasileiro teve como ponto de partida o governo de Fernando Henrique Cardoso (1995-2003) — e foi em 2002, justamente no último ano de seu segundo mandato, que realizamos a primeira PESB. Formado em sociologia, FHC iniciou sua carreira como professor e pesquisador na década de 1950 na Universidade de São Paulo (USP). Sua especialidade inicial, curiosamente, foi a sociologia das "relações raciais", e seu primeiro livro, *Cor e mobilidade social em Florianópolis: aspectos das relações entre negros e brancos numa comunidade do Brasil Meridional*, publicado em 1960, baseou-se em uma pesquisa que resultou em sua tese de doutoramento.

Fernando Henrique Cardoso, antes de se tornar mundialmente reconhecido por seus escritos sobre a teoria da dependência, foi um estudioso que se especializou em raça e discriminação. É provável que essa experiência biográfica tenha influenciado a decisão de seu governo de abrir as portas do Estado brasileiro para um projeto alternativo de formação racial. Entretanto, tal mudança de rumo não aconteceu de forma isolada, pois naquele mesmo período já havia crescente mobilização de setores do movimento negro e aumento de suas demandas. O então presidente Fernando Henrique se comprometeu explicitamente a manter diálogo com o movimento negro, algo que nunca havia ocorrido na história do Brasil. Em decisão marcante e seminal, em 20 de novembro de 1995, no aniversário de trezentos anos da morte de Zumbi dos Palmares, o presidente oficializou Zumbi como herói nacional.

Em outro evento igualmente importante, durante uma conferência internacional sobre multiculturalismo e racismo, realizada em

Brasília, em 1996, Fernando Henrique disse no discurso de abertura: "Queremos afirmar... a existência de diferentes raças no Brasil." Suas palavras naquele dia foram para comemorar a diversidade do país, mas também, e em primeiro lugar, para deixar claro o fracasso do Brasil em viver de acordo com a ideia utópica de democracia racial. Ainda que não tenha nomeado quais eram as diferentes raças às quais se referia, talvez porque, como estudioso, as considerasse óbvias, ele estava escrevendo a primeira frase de um novo capítulo da história que dizia ser a *raça* um eixo crucial da estrutura social do país. Fernando Henrique admitia explicitamente, por meio de sua fala, que as *raças*, como divisões claramente demarcadas, não tinham sido centrais no discurso ou na administração do Estado desde a Proclamação da República, no final do século XIX. Aliás, o próprio Fernando Henrique disse em entrevista ao jornalista Roberto Pompeu de Toledo, que resultou no livro *O presidente segundo o sociólogo*, que "[...] raras vezes faço um discurso sobre o Brasil que não fale da multiplicidade de raças. Não creio que tenha havido na história outro presidente que tenha insistido tanto nisso". Foi Fernando Henrique quem nomeou, pela primeira vez na história da República, um indivíduo consensualmente reconhecido como negro para ocupar um cargo de ministro de Estado: Pelé.

A nova perspectiva adotada por aquela presidência passou despercebida pela grande maioria dos brasileiros, até porque não existia nenhuma política pública concreta nessa área que pudesse ter impacto na vida das pessoas. No entanto, pode-se argumentar que havia uma nova orientação no governo em relação às chamadas relações raciais. Comparada aos governos anteriores, a presidência de Fernando Henrique foi a mais receptiva ao projeto de formação racial de setores do movimento negro. Embora muitas vezes adotasse a linguagem binária deste projeto racial, dividindo a população entre brancos e negros, o próprio presidente não estava totalmente convencido de que o Estado deveria sustentar tal abordagem de identidades raciais. Para muitos, especialmente para o Estado, a suposta ambiguidade racial do Brasil era considerada um dos símbolos da brasilidade e, até mesmo, sua essência. Na conferência de 1996, ao fazer uma avaliação crítica das relações raciais no Brasil, Fernando Henrique disse:

> Não devemos, não obstante, exagerar nessa crítica e autocrítica. Se é verdade que existe um lado de hipocrisia, há outro lado que é de abertura. Convivemos com essa ambiguidade [de cor ou raça] na nossa formação cultural. E é preciso tirar o proveito dessa ambiguidade. Não sei se será por temperamento, mas não gosto das coisas muito cartesianas. Acho que as coisas mais ambíguas são melhores. Quando não existe muita clareza, talvez seja mais fácil. Muitas vezes a clareza separa demais.

Por essa fala, estava explícito o compromisso do Estado brasileiro em dialogar com o movimento negro, mas sem rejeitar a ambiguidade racial, posição que mudou a partir de 2003, já no primeiro governo Lula. O primeiro presidente do PT iniciou seu governo equiparando a ambiguidade racial com o próprio racismo. Ao comentar as estatísticas oficiais de classificação racial, Lula afirmou:

> Um [recente] levantamento do IBGE demonstra que apenas 6% dos brasileiros se reconhecem negros [na verdade, o IBGE utiliza o termo "preto"]. Não há sintoma mais dramático de racismo numa sociedade do que induzir um homem e uma mulher a negarem a sua própria identidade. Enquanto persistirem injustiças que levem alguém a preferir a invisibilidade do que admitir sua origem, o Brasil não conseguirá erguer-se como nação forte e soberana.

Com Lula, houve uma inflexão significativa: a subjetividade racial binária passou a ser valorizada e a raça se tornou uma identificação social clara e central, sem ambiguidade, adotada pelo Estado brasileiro como elemento fundamental de construção de uma sociedade mais justa e igualitária. Lula sugere, como reproduzido anteriormente, que as raças existem em um nível ontológico ou biológico, implicando que todo brasileiro tem uma "verdadeira raça" que deve ser reconhecida e aceita.

Durante seus dois primeiros mandatos (2003-2011), essa orientação foi constantemente ampliada e fortalecida, especialmente ao integrar setores do movimento negro ao governo, em vez de apenas dialogar com ele. Já mencionamos a grande inovação institucional representada pela criação, em 2003, da Secretaria de Políticas de Promoção da Igualdade Racial, que posteriormente se tornou Ministério — um dos poucos órgãos desse nível no mundo dedicado ao fortalecimento da identificação racial e à luta antirracista. O governo Dilma (2011-2016) deu continuidade ao projeto de formação racial estabelecido por Lula e nem mesmo os dois anos de governo Michel Temer e os quatro de Bolsonaro foram suficientes para mudar significativamente o curso das políticas governamentais.

Veremos que nem sempre os movimentos sociais e o Estado, mesmo atuando conjuntamente em uma só direção, alcançam todos os seus objetivos. Se, por um lado, a população brasileira passou a se classificar com menos ambiguidade no que diz respeito à cor e à raça, por outro, as categorias usadas pelos cidadãos passaram a espelhar cada vez mais as categorias raciais oficiais do Estado, particularmente as de uso administrativo, como as utilizadas em certidões de nascimento, pesquisas oficiais e censos. É verdade que, para o Estado brasileiro, delimitações mais claras de categorias de cor ou raça se tornaram parte integrante da luta antirracista. Aliás, uma ampla literatura especializada sobre o tema sugere que os Estados desempenham, por meio de suas políticas e práticas, papel central na percepção racial que seus cidadãos têm de si mesmos e dos outros. Mesmo reconhecendo a enorme importância do movimento negro, é fundamental também admitir que o Estado tem uma capacidade inigualável de fazer com que algumas fronteiras sociais pareçam mais *naturais* do que outras. Os Estados que associam a classificação racial dos indivíduos ao acesso a oportunidades e recursos têm nas mãos um poderoso instrumento que influencia e molda a forma como as pessoas se veem em termos de cor e raça.

O olhar do governo na classificação de cor e raça

A pergunta crucial feita aos brasileiros no âmbito da PESB, e que sustenta a nossa análise das mudanças ocorridas entre 2002 e 2022-23, é simples, direta e familiar: "Qual é a sua cor ou raça?" Ela é conhecida de todos os brasileiros porque há muito tempo é aplicada em diversas situações, dentre as quais os censos, as pesquisas amostrais e o preenchimento de alguns documentos oficiais. Todavia, aqueles que respondem a tal pergunta não podem, ao menos em contextos oficiais ou burocráticos, usar suas próprias palavras para se identificar. Na maioria das vezes, é apresentada ao respondente uma *pergunta fechada* — um formato no qual a pessoa entrevistada deve escolher como resposta uma das opções que lhe são apresentadas — na qual só se pode obviamente escolher uma dentre cinco categorias possíveis: preto, pardo, branco, indígena ou amarelo. Denomina-se essa forma de diferenciar as pessoas *classificação governamental*, pois ela tem sido amplamente utilizada, com poucas exceções ao longo de décadas, pelo governo brasileiro.

Foi-se o tempo em que o entrevistador, nas pesquisas oficiais, simplesmente atribuía uma cor ou raça do entrevistado e a anotava sem consultá-lo. Essa maneira de atribuir tal característica é chamada de *heteroclassificação*. Ela foi utilizada até quando o governo considerou suficiente para suas finalidades administrativas apenas o olhar do entrevistador. Atualmente vigora no Brasil o entendimento de que é um direito dos cidadãos dizerem qual a sua cor ou raça, o que é chamado de *autoclassificação*.

Hoje existe consenso, tanto entre especialistas quanto entre líderes da sociedade civil, de que a raça é, na verdade, uma construção social e multidimensional — em outras palavras, o resultado de vários fatores que vão muito além da percepção que uma pessoa tem de si mesma — que pode ser vivenciada ou compreendida de diferentes ângulos e em diferentes contextos. Afinal, embora a maneira como nos vemos possa ser importante, a forma como outras pessoas nos veem também é crucial, pois pode adquirir significado ou relevância por meio de atos de inclusão ou exclusão: por exemplo, a forma como alguém nos classifica racialmente, em certos contextos sociais, pode ser determinante para a possível prática de um ato de discriminação. Além disso, classificações feitas por instituições como o Estado também são fundamentais para entender inclusão e exclusão social: basta pensar, por exemplo, em como as pessoas consideradas legalmente não brancas na África do Sul durante o *apartheid* eram impedidas pelo poder público de ocuparem bons empregos.

Os especialistas argumentam que o poder simbólico e material do Estado é tal que, mesmo quando há discrepância entre a visão que o Estado e o povo têm de si mesmos em termos raciais ou étnicos, o projeto de formação racial de um Estado pode moldar a autopercepção e a classificação de seu povo para que se alinhem à perspectiva estatal, de certa forma começando a espelhar a visão racial que o Estado tem de seus cidadãos. Consideramos que a classificação governamental cresceu em importância e impacto em como cada brasileiro se classifica ao longo das duas décadas estudadas.

A PESB identificou que em 2002, dentre as cinco categorias de raça e cor que fazem parte da classificação oficial, 46% dos brasileiros disseram ser brancos. Em 2022-23, a proporção de pessoas que se classificaram como brancas caiu quinze pontos, para apenas 31%. Esse declínio é substancial. Como argumentamos adiante, parece que a autoidentificação como branco perdeu seu antigo significado. A branquitude e o embranquecimento, embora tenham sido um projeto de formação racial do final do século XIX e início do século XX para a sociedade brasileira, perderam legitimidade devido ao fortalecimento do projeto antirracismo e de afirmação de identidade racial de pessoas negras. A autoidentificação como branco parece ter perdido atratividade, ao menos nas situações de pesquisa e coleta de dados sobre raça e cor. Em termos sociológicos, alguns brasileiros *mudaram* de categoria racial ou de cor, nesse caso, deixando de se considerar brancos e passando a se classificar como pardos. Esse foi, aliás, o caso de Flávio Dino, que governou o estado do Maranhão entre 2015 e 2022. Quando eleito governador de estado pela primeira vez, em 2014, seu registro de candidatura trazia a classificação *branco*, enquanto nas eleições posteriores sua raça ou cor foi declarada como *parda*. Os indivíduos podem optar por se autoclassificar de forma diferente ao longo do tempo por vários motivos, conforme discutiremos mais adiante neste capítulo. No entanto, como mostramos, a tendência notável ao longo desses vinte anos foi o escurecimento, a opção de passar de branco para pardo e de pardo para preto.

Os dados das duas pesquisas mostram que os pretos aumentaram de 11% da população, em 2002, para 16%, em 2022-23. É um aumento ainda mais substancial em termos proporcionais do que a diminuição da autoclassificação como branco. Parte de sua importância decorre do fato de que o termo *preto* é historicamente estigmatizado. Nesse sentido, o aumento dessa autoclassificação pode ser tomado como um processo social oposto ao que representa a diminuição da autoclassificação como *branco*, que tem sido um termo simbolicamente privilegiado ao longo da história. Faz sentido trazer à discussão a hipótese de que nossos dados sugerem uma mudança dramática na conotação da subjetividade *preta*: da estigmatização histórica para a valorização contemporânea. Nossos dados indicam — permitamo-nos o uso do termo — uma forte *pretização* da população ou, para quem preferir, uma crescente aceitação da *pretitude* entre os brasileiros.

A porcentagem geral de indivíduos que optaram pela autoclassificação como *pardo* também aumentou nas duas décadas que separam as pesquisas: de 34%, em 2002, para 48%, em 2022-23. Ou seja, nossos dados sugerem que em 2022-23 quase metade da população brasileira considerava ocupar o espaço intermediário entre o branco e o preto, de não ser nem branco nem preto. Semelhante à *pretização*, embora em uma escala proporcionalmente menos dramática, até porque a base inicial era maior, parece haver uma crescente *pardização* dos brasileiros, ou um aumento da *parditude*.

O significado do termo *pardo*, entretanto, permanece um tanto ambíguo. Historicamente, a palavra *pardo* não fazia parte do conjunto de termos usados no cotidiano de brasileiros e brasileiras para se referirem à cor de pele, de si próprios ou de outras pessoas. O termo era usado no dia a dia apenas para se referir à cor de um tipo específico de papel; em outras palavras, fora do âmbito de documentos e registros que utilizam a classificação oficial, *pardo* nunca havia desfrutado de popularidade. No entanto, muitos, se não a maioria dos brasileiros, hoje apontariam seu significado como sendo o de *mistura racial ou de ascendência*. Nesse sentido, se havia a necessidade de uma categoria para designar indivíduos com múltiplas origens ancestrais, talvez o termo *moreno* tivesse sido uma escolha mais adequada, próxima dos termos usados cotidianamente.

A cor ou raça da população brasileira, segundo a classificação governamental, por meio da bem conhecida pergunta fechada, portanto, mudou muito em vinte anos: houve redução significativa de quem se identifica como branco e aumento igualmente importante de pretos e pardos. Essa transformação não parece ter sido resultado dos mecanismos demográficos clássicos, fertilidade ou mortalidade diferentes entre distintas populações, como teria de ser se a raça fosse uma característica individual imutável. Ao contrário, nossos dados sugerem um processo de *entrada* e *saída* de categorias de raça ou cor, ou seja, uma proporção da população que se autoclassificou como branca em 2002 saiu dessa classificação e provavelmente entrou, em 2022-23, na categoria mais próxima, a parda.[1]

Os dados também indicam que alguns indivíduos que se autoclassificaram como pardos em 2002 saíram dessa categoria e entraram na categoria pretos em 2022-23.

Fica evidente pelos dados da PESB que houve um substancial "escurecimento" da população, caminhando, portanto, em direção contrária ao embranquecimento racial que caracterizou o projeto histórico das elites do Brasil. É possível que o Estado, ao se posicionar de maneira mais contundente em relação ao tema, mudando sua abordagem e falando sobre as categorias raciais estigmatizadas e combatendo o racismo, tenha colaborado para o realinhamento da população. O poder simbólico e material do Estado pode realmente ter alterado os cálculos da relação custo-benefício que os brasileiros fazem e impactado a visão de sua própria cor ou raça. Ao mesmo tempo, o trabalho do movimento negro para combater o racismo, promover a conscientização e a construção de uma identidade social foi fator importante no processo de "escurecimento" apontado pela pesquisa.

Tanto os dados da PESB como os do censo do IBGE apontam um aumento de pardos e pretos e a diminuição dos brancos. Todavia, há divergências em suas contagens sobre a composição de cor ou raça nesses vinte anos. No censo de 2000, os pretos eram 6%, os pardos 39% e os brancos 54%; na PESB 2002, as respectivas proporções foram de 11%, 34% e 46%. Em 2022-23, ocorreu o mesmo fenômeno: enquanto o censo disse haver 10% de pretos, 45% de pardos e 44% de brancos, a PESB apontou que as respectivas proporções eram de 16%, 48% e 31%. Adicionalmente, os dados da PESB nas duas rodadas da pesquisa também indicaram mais indígenas e amarelos do que o IBGE identificou nos censos realizados nos anos próximos aos de nossa pesquisa. Ou seja, a PESB sistematicamente indicou haver menos brancos no Brasil e mais pretos e pardos, assim como amarelos e indígenas. Há três possíveis explicações para esse fenômeno.

A primeira diz respeito às diferenças entre os questionários. O censo é feito com base em um formulário muito curto quando comparado com o da PESB. O questionário ampliado do censo dura aproximadamente 15 minutos, e o básico, apenas 5. Além disso, as questões versam sobretudo a respeito de informações acerca dos moradores — sexo e idade, identificação étnico-racial, informações sobre a religião que professa ou se não tem religião, nível educacional, situação no mercado de trabalho e rendimento, dentre outras — e sobre características do domicílio — se, por exemplo, é servido por rede geral de água e esgoto. O questionário da PESB dura mais de uma hora e aborda diversos outros temas antes das perguntas sobre cor e raça — temas como jeitinho, cumprimento da lei, intervenção do Estado na economia, visões de mundo hierárquicas, fatalismo, familismo, patrimonialismo, sensação de segurança, avaliação da polícia. Ou seja, quando os entrevistados começavam a responder sobre cor e raça eles já tinham pensado por cerca de 30 minutos sobre temas genuinamente sociais e brasileiros. Sabe-se que a estruturação de questionários tem impacto no resultado de uma pesquisa, e há vasta literatura especializada sobre o tema. Assim, acreditamos que o questionário da PESB motiva os entrevistados a refletirem melhor, ainda que intuitivamente, acerca dos assuntos de sua vida social diária.

Além disso, é possível que esse método de pesquisa tenha propiciado um ambiente favorável a uma relação de maior confiança com o entrevistador, importante para que os entrevistados ficassem mais à vontade ao tratar de assuntos delicados, ainda mais quando comparado a uma entrevista rápida realizada por um representante do governo, algo mais intimidador. Questionários com duração mais longa, aplicados face a face e no domicílio, que foi o caso de nossas duas pesquisas, facilitam a construção de uma camaradagem transitória entre entrevistador e entrevistado, possibilitando a obtenção de respostas mais de acordo com as visões que cada um tem de si mesmo e das questões apresentadas. Trata-se de uma hipótese bastante razoável, que poderia ser testada com desenhos de pesquisa específicos para tal objetivo.

A terceira explicação tem a ver com quem responde à entrevista. No caso da PESB, cor e raça é sempre daquele que foi entrevistado, enquanto nos censos do IBGE, o entrevistado diz qual é sua cor ou raça, mas também indica a mesma característica dos demais moradores do domicílio. Vários pesquisadores acreditam que há toda sorte de imprecisão quando alguém relata a cor ou raça de outras pessoas, ainda que sejam familiares ou moradores do mesmo domicílio, e, possivelmente uma imprecisão sistemática: a de relatar que outra pessoa é negra só se ela tiver a pele muito escura. Se isso acontecer no censo, o IBGE acaba subestimando a proporção de pretos no Brasil. O fato é que quando se comparam as estatísticas da PESB com os dados do censo sobre cor ou raça, duas informações coletadas de maneira diferente estão sendo confrontadas. Há forte evidência nos dados de que a diferença na forma de coleta pode ter importante papel em explicar as discrepâncias entre a PESB e o IBGE, em favor da PESB. Ademais, outras pesquisas realizadas no Brasil no começo dos anos 2000 e na década de 2020 obtiveram, considerando a margem de erro de cada uma delas, resultados sobre a composição de cor dos entrevistados muito próximos aos obtidos pela PESB.

Vale acrescentar outra possível fonte de discrepância entre os dois levantamentos. Em 2022, o IBGE adicionou uma instrução aos entrevistados que se declarassem amarelos, com o objetivo de explicar que a opção significava que eram descendentes de asiáticos. Ou seja, apenas para essa pergunta sobre cor ou raça o IBGE instruiu os respondentes que ajustassem sua autoclassificação ao que o governo considerava ser o correto em termos da relação entre cor, raça e ancestralidade. É como se os respondentes brancos tivessem sido instruídos que suas respostas indicavam que eles tinham vindo da Europa, os pretos da África e os pardos de ancestrais dos dois continentes.

O IBGE decidiu fazer isso em 2022 porque, no censo anterior, muitos entrevistados do Nordeste que se autoclassificaram como amarelos haviam sido considerados pelo órgão oficial de estatística e pesquisa do Estado como pardos. Ou seja, a rigor, para muitos respondentes que se declararam amarelos em 2022, o entrevistador opinou que sua cor ou raça estava errada. É curioso que o órgão tenha afirmado na apresentação dos resultados de cor e raça do censo que o conceito de *raça* era uma categoria socialmente construída, e não um conceito biológico, e que as cinco respostas possíveis poderiam ser compreendidas pelo entrevistado de forma variável. O IBGE afirma reconhecer o direito dos indivíduos de se identificar segundo seu próprio entendimento, de acordo com as diretrizes da ONU. Entretanto, os entrevistadores que representavam o instituto intervieram "corrigindo" a autoidentificação de um segmento de indivíduos que não se alinhava com a visão do projeto racial do Estado (ou o "olhar do Estado"). Por fim, vale registrar que no caso da PESB não havia nenhuma instrução adicional para qualquer respondente, a cor ou raça escolhida por cada um deles foi a que ficou registrada nos dados da pesquisa.

A classificação espontânea

A classificação governamental de cor ou raça tem, como já vimos, cinco possíveis opções para os brasileiros. Pode-se argumentar que ela não necessariamente agrada a quem responde a tais pesquisas ou preenche documentos administrativos como certidão de nascimento e ficha de matrícula escolar. Além disso, muitos acadêmicos e militantes do movimento negro não concordam que as categorias branco, pardo e preto sejam as melhores para capturar a dinâmica e a diversidade racial do país. Segundo essa visão, os termos preto e pardo são herança de um projeto racial antigo e, portanto, dificultam até hoje a construção de um Brasil mais moderno. Aliás, isso é explicitado pelo já citado discurso de Lula em 2003.

É importante lembrar a distinção que apontamos anteriormente entre Lula e Fernando Henrique com base em suas declarações públicas. Fernando Henrique acreditava que a ambiguidade racial poderia ser utilizada para a construção de uma sociedade mais igualitária e fraterna. Em contraste, Lula via essa ambiguidade, especificamente a escolha de autoclassificação como pardo em vez de preto, como sinal de racismo e, portanto, de ignorância ou atraso desses indivíduos.

A fim de evitar eventuais resultados de pesquisa impostos de cima para baixo, isto é, de quem elabora o estudo para quem o responde, a PESB contemplou em seu questionário o anseio brasileiro de dizer espontaneamente qual sua cor ou raça, sem ter que se sujeitar a um conjunto predefinido de termos com apenas cinco opções de resposta. A primeira pergunta feita a todos os entrevistados foi simplesmente "Qual é a sua cor ou raça?". Essa modalidade é denominada pergunta aberta ou espontânea. Um de seus objetivos, talvez o principal, é entender a visão que as pessoas têm de si mesmas quando pensam sobre certo assunto. Aliás, a vida cotidiana e as interações sociais no Brasil estão repletas de alusões à cor ou raça das pessoas. Uma pergunta aberta possivelmente explora a dimensão racial mais íntima da identidade de cada um.

Já foram feitas várias pesquisas no Brasil que lançaram mão do formato aberto de pergunta, dentre as quais o exemplo mais citado é o de um levantamento realizado pelo IBGE em 1976, quando os respondentes utilizaram mais de duzentos termos para descrever sua cor ou raça. Apesar da grande variedade de respostas, a maioria optou por se descrever com os rótulos mais familiares na época: preto, pardo, moreno, negro e branco. Os dados da PESB 2002, pouco mais de 25 anos depois daquela pesquisa, demonstraram que essas mesmas cinco categorias somaram 92% das respostas espontâneas sobre cor ou raça da população. Passados mais vinte anos, os dados da PESB 2022-23 mostram que 98% dos brasileiros se autoclassificaram de forma espontânea usando ainda as cinco categorias. A diminuição do número de categorias e a concentração em apenas algumas delas nas respostas espontâneas marcam uma crescente redução na complexidade do pensar sobre cor ou raça no contexto de pesquisa. Assim, embora a dinâmica de identificação racial no Brasil ainda possa ser considerada um tanto ambígua em relação a alguns outros contextos internacionais, como o dos Estados Unidos e o da África do Sul, cada vez mais os brasileiros aparentam preferir um número reduzido de categorias, apenas cinco delas, sendo que duas não fazem parte da classificação oficial do governo.

Tabela 1. Qual a sua cor ou raça — resposta espontânea

	2002	2022-23
Branca	43%	32%
Morena	24%	6%
Parda	15%	44%
Negra	7%	6%
Preta	3%	10%
Total	92%	98%

Fonte: Pesquisa Social Brasileira (2002, 2022-23).

Além da redução do número de termos mencionados ocorrida ao longo de duas décadas, entre as duas pesquisas da PESB, a mudança nas porcentagens das cinco principais categorias desse período é impressionante. Em 2002, 43% da população adulta se considerava branca; em 2022-23, esse número caiu para 32%, uma redução de onze pontos percentuais, pouco menos de um terço. Por outro lado, a população adulta que se classificava como parda passou de 15% para 44%, um aumento de 29 pontos percentuais, quase 200%! Também houve aumento entre os que se declararam pretos, de 3% para 10%, um acréscimo de pouco mais de 200%

Algo claramente mudou ao longo de vinte anos alterando a aceitação das categorias pardo e preto como termos espontâneos preferidos e reduzindo significativamente o valor das categorias branco e moreno. O predomínio da dinâmica de "escurecimento" e a diminuição da dinâmica de "embranquecimento" reforçam os resultados que apresentamos anteriormente para a pergunta tradicional, a de formato fechado que apresenta a classificação do governo nas opções de resposta. As mudanças entre 2002 e 2022-23 indicam que a identificação dos brasileiros de sua raça ou cor de maneira espontânea (no contexto de pesquisa) tem se tornado cada vez mais semelhante às categorias oficiais do Estado, como continuaremos a argumentar a seguir, espelhando sua visão administrativa.

Morenidade e negritude

Um dos resultados mais importantes e significativos da PESB talvez tenha sido a redução dos que espontaneamente escolheram o termo moreno como sua cor ou raça: de 24%, em 2002, para apenas 6% vinte anos depois. Em contrapartida, a escolha por negro permaneceu estável — variou dentro da margem de erro da pesquisa, de 7% para 6%. É um resultado eloquente a respeito da concepção dos brasileiros em relação a essas duas categorias, que, a propósito, muitos acadêmicos e ativistas consideram os símbolos maiores de dois projetos incompatíveis e concorrentes de formação racial: ambiguidade e afirmação negra, morenidade e negritude.

O termo moreno, embora não faça parte do censo, é emblemático da fluidez do sistema brasileiro e vem sendo utilizado como rótulo de autoidentificação e identificação dos outros na interação social diária. O moreno pode ter significados muito abrangentes, incluindo pessoas de pele clara com cabelo e olhos pretos, alguém de ascendência mista e até mesmo aqueles com pele escura. É possível que parte de sua popularidade se deva ao fato de permitir que os brasileiros minimizem diferenças raciais: "Somos todos morenos por aqui." Expressões como essa foram comuns e pareciam se referir a uma identidade abrangente, não limitada por especificidades raciais rígidas.

No entanto, nas últimas duas décadas, o termo "moreno" passou a ser questionado e evitado pelo Estado, pela academia e pelos movimentos sociais. Isso ocorreu por três motivos principais:

1. Na academia, o termo "moreno" é uma referência de cor ambígua, que poderia dificultar a análise estatística da estratificação racial ou de cor.

2. No governo, "moreno" talvez minimize distinções raciais ou de cor essenciais para a administração estatal da população, enquanto sua cor ou raça.

3. No movimento negro, "moreno" pode ser um obstáculo à adoção da visão binária de raça e da categoria "negro" como termo abrangente para todos os afrodescendentes.

Em contrapartida, numerosos acadêmicos e agentes estatais e do movimento negro consideram a afirmação do termo "negro" e sua capacidade de definir certas fronteiras raciais um passo necessário para a mobilização política e social contra a exclusão racial, bem como para documentar, monitorar e combater a discriminação e a desigualdade. "Moreno" é, em grande medida, a antítese de "negro" nesta visão ou projeto de formação racial.

O colapso da escolha espontânea de moreno como termo preferido para raça ou cor no contexto da pesquisa é de fato comemorado por alguns que relacionam o fato à morte do mito da democracia racial. Eles consideram que o mito promove a negação da discriminação racial e rejeita a "verdadeira raça" branca ou negra. De fato, moreno parece ter sido relegado à lata de lixo da história, pelo menos da história escrita sob a perspectiva desses atores acadêmicos, estatais e do movimento negro. No entanto, esse termo, embora talvez não seja tão popular quanto antes, ainda é usado com bastante frequência na interação social cotidiana entre muitos brasileiros. Sob a perspectiva do projeto racial binário, a ignorância do povo brasileiro sobre sua "verdadeira raça" parece teimosamente persistente.

Além disso, se o apagamento de moreno em contextos, discursos e pesquisas oficiais for vivenciado como derrota decisiva da ambiguidade racial que há muito tempo impede a construção de uma sociedade caracterizada por relações raciais modernas (leia-se: binárias) no Brasil, então o crescimento exponencial e a consolidação da categoria pardo devem ser vistos por alguns como algo irônico. Será que pardo seria o novo moreno e parditude a nova morenidade? O tempo dirá.

A categoria negro representa um projeto de formação racial cujo objetivo é corrigir o mascaramento das relações raciais binárias no Brasil, de acordo com a visão dos movimentos negros e de seus apoiadores. Segundo essa perspectiva, os negros formam o grupo racial majoritário, que inclui todas as pessoas não brancas com graus variados de ancestralidade africana manifestada fenotipicamente. O afro-brasileiro, tal como utilizado por estudiosos que optaram pela terminologia racial binária, seria o equivalente brasileiro da categoria afro-americano comum nos EUA.

Embora muitos esperem que o uso da categoria negro se torne mais amplo, ela não é o termo oficial do censo e seu uso permanece relativamente esparso entre os brasileiros quando se trata de autoclassificação. Os dados da PESB mostram que ele permanece menor em face das demais categorias, especialmente quando se espera, de acordo tanto com as demandas de setores do movimento negro quanto com a nova posição do Estado brasileiro sobre as dinâmicas raciais, que ele ganhe lastro popular e abarque mais da metade da população brasileira. Em suma, negro parece ser mais uma classificação atribuída de cima para baixo do que o termo preferido pela população, mais uma instância de heteroclassificação que de autopercepção. Isso explica em parte o título do capítulo. Se a cantora Anitta tivesse sido entrevistada em alguma das nossas duas pesquisas, é possível que ela não fizesse parte da pequena proporção de pessoas que espontaneamente se classificou como negra. Por fim, não custa repetir que seu uso permaneceu estacionado praticamente na mesma posição durante os movimentados anos que separaram as pesquisas.

Os dados da autoclassificação racial espontânea em 2002 e 2022-23 sugerem algumas conclusões importantes:

- tendência de redução da multiplicidade de rótulos de cor ou raça de amplo uso;

- propensão marcante à diminuição da autoclassificação branca;

- não crescimento da autoidentificação como negro;
- debacle do uso de moreno; e
- crescimento meteórico da popularidade dos termos pardo e preto, antes estigmatizados, como preferidos da população.

Em função dos resultados e devido à oportunidade que tivemos de realizar uma pesquisa telefônica nacional durante a elaboração deste texto, em fevereiro de 2024, com 2.002 entrevistas, apresentamos aos entrevistados os termos oficiais da classificação administrativa do governo brasileiro e perguntamos se faltava algum rótulo. Exatos 33% afirmaram que sim. Em seguida, perguntamos a esse grupo o que faltava e cada respondente podia dar mais de uma resposta. O termo moreno foi mencionado em 32% das respostas; mestiço, em 26%; misturado, em 17%; negro, em 10%; e 15% para outras denominações. Fizemos o mesmo questionamento de outra maneira: no final do questionário, as pessoas foram perguntadas sobre sua cor ou raça de acordo com os cinco termos oficiais. Após se autoclassificarem, perguntamos se estava faltando algum termo. Neste caso, 20% disseram que sim (redução relevante se comparada aos 33% que inicialmente responderam que faltava sem terem que se classificar). Dentre esses, e também podendo fornecer mais de uma resposta, para 30% faltava *moreno*; para 28%, *mestiço*; para 15%, *misturado*. Outros 8% disseram faltar negro e 20% mencionaram outras denominações. Note-se que não houve diferença significativa entre as duas modalidades de pergunta quanto aos rótulos considerados ausentes na classificação oficial. Em ambos os casos, os brasileiros dizem sentir falta de algum termo que melhor abranja a mistura de cor ou raça que não seja unicamente pardo.

Além disso, na mesma pesquisa telefônica, apresentamos os tradicionais rótulos preto, pardo e branco, além de negro e moreno, e perguntamos para cada um qual dos termos era utilizado em casa com a família, no bairro, na rua ou no trabalho, isto é, nas situações corriqueiras do dia a dia. O mais citado foi moreno, mencionado por 54% dos brasileiros, seguido por branco (43%), negro (33%), preto (30%) e, por último, pardo (apenas 25%). Esse resultado revela que moreno, mesmo com a menor utilização do termo como resposta espontânea em situações de pesquisa, continua largamente empregado pelas pessoas para se referirem umas às outras na vida diária. Uma parcela significativa de brasileiros, portanto, considera que falta na classificação oficial do governo uma categoria que melhor represente mestiçagem.

Como o brasileiro vê a cor de pele: a classificação de fotografias

Haverá quem considere que as mudanças até agora constatadas em relação à cor ou raça dos brasileiros reflitam possíveis mudanças nas percepções da cor de pele e sua associação com certas categorias raciais. Por exemplo, é comum ouvir brasileiros afirmando que uma pessoa que seria considerada branca no Nordeste é vista como parda na região Sul. De fato, como raça e cor de pele são construções sociais, a forma como os brasileiros percebem o contínuo de cor na distinção entre branco, pardo ou preto não é estática. Pode ser que as pessoas tenham mudado sua visão acerca dessas denominações, considerando alguns tons de branco como pardo, assim como pardos mais escuros em 2002 viessem a ser considerados pretos duas décadas depois. A PESB permite que essa hipótese seja testada, pois traz informações sobre as percepções de cor da população por meio de uma lente única: a classificação por foto-referência observada. Trata-se de uma metodologia rara, robusta e talvez globalmente inédita ao ser utilizada nacionalmente em duas pesquisas separadas por vinte anos.

Nas duas pesquisas, os entrevistados receberam as mesmas fotos: oito homens com diferentes cores de pele. O leitor poderá encontrá-las no anexo ao final deste capítulo. Foi solicitado que as pessoas os classificassem usando três das categorias oficiais: preto, pardo e branco. As fotos foram selecionadas propositalmente para variar em outros marcadores de fenótipo, como o formato do nariz e da boca, a cor dos olhos e o tipo de cabelo. Para atenuar o possível impacto de características além do fenótipo, como sinais que indicassem profissão ou classe social, todos os indivíduos usavam a mesma camisa e o mesmo fundo azul. Na imagem 1 do Anexo, a grande maioria dos brasileiros (cerca de 90%) classificou, nas duas versões da pesquisa, as pessoas das fotos 1, 7 e 8 como brancos; e os das fotos 4 e 5 como pretos. A maioria das opiniões também coincidiu na classificação das pessoas das fotos 2, 3 e 6 como pardos, mas em um nível de concordância um pouco menor, variando entre o máximo de 88% e o mínimo de 72% (considerando essas três fotos e as duas pesquisas). Além disso, quando comparamos a rotulagem das oito fotos entre 2002 e 2022-23, há uma notável manutenção da classificação ao longo do tempo.

Em resumo, as categorias que os brasileiros usam — preto, pardo ou branco — para classificar os mesmos oito indivíduos em função da cor de pele praticamente não mudou após duas décadas. Os indivíduos que os brasileiros classificaram como pardo, preto ou branco em 2002 permaneceram classificados da mesma forma em 2022-23.

Qual a sua cor? Utilizando a foto-referência

Após classificar as pessoas nas fotos como preto, pardo e branco, os entrevistados foram questionados sobre qual indivíduo fotografado tinha a cor ou raça mais semelhante à sua. Chamamos isso de autoclassificação com referência à foto.

Em 2002, 10% disseram que sua cor ou raça era a mesma das fotos 4 ou 5 (preto); em 2022-23, essa proporção aumentou para 15%. Aqueles que indicaram as fotos 1, 7 ou 8 (branco) eram 42% em 2002, e 33% em 2022-23. Portanto, as proporções dos que se autoclassificaram na

PESB, de acordo com a pergunta clássica utilizada no censo, como pretos ou brancos, são muito próximas, dentro da margem de erro, das proporções dos que se disseram parecidos com as pessoas das fotos que a grande maioria classificou como pretos e brancos.

Aqueles que disseram que sua cor ou raça era mais semelhante às das fotos 2, 3 ou 6 (pardo) foram 47% e 51% em 2002 e 2022-23, respectivamente. Em contraste gritante com a coincidência entre a autoclassificação como preto e branco no formato governamental e a medida referenciada por foto em 2002 e 2022-23, houve diferença relevante em 2002 entre a proporção dos que se autoclassificaram como pardos, de acordo com a categorização governamental, 34%, e a proporção que referenciou as fotos 2, 3 e 6 (pardo) como mais semelhantes à sua própria cor ou raça, 48%. Esse desalinhamento entre a classificação do governo e a raça ou cor referenciada por foto com relação aos pardos *não* ocorreu em 2022-23; pelo contrário, houve simetria significativa entre as duas medidas para pretos, pardos e brancos nesta rodada da pesquisa. Nosso entendimento é que a autoclassificação com referência à foto é uma maneira bastante robusta de se obter a visão que cada um tem de sua cor ou raça. É indireta e imperceptível para o entrevistado, o que alguns especialistas chamam de *medida não invasiva*, e que talvez por isso mesmo pode ter captado com mais precisão a proporção de pardos em 2002, quando esse rótulo, e também o de preto, eram muito mais estigmatizados do que depois de duas décadas. Portanto, já em 2002 as pessoas se consideravam mais pardas do que qualquer pesquisa da época, com outro método de levantamento de dados, nos permitia tomar conhecimento.

Como os entrevistadores classificaram os entrevistados: a raça observada

Há outra dimensão racial ou de classificação de cor que nossa pesquisa captou de forma inovadora: a classificação dos entrevistados pelos entrevistadores. A PESB foi, em suas duas edições, uma pesquisa domiciliar e presencial, com questionário longo e complexo. Ao final de cada entrevista, todos os entrevistadores foram solicitados a responder várias perguntas, inclusive se o entrevistado era preto, pardo ou branco. Conceituamos essa medida de cor ou raça como *dimensão observada*. Em 2002, os entrevistadores classificaram 11%, 43% e 46% dos entrevistados como preto, pardo e branco, respectivamente; em 2022-23, essas proporções foram 13%, 54% e 32%. Estes resultados sugerem a robustez de nossas conclusões quando utilizamos a classificação governamental: leve aumento de pretos, grande aumento de pardos, e redução significativa de brancos.

É possível objetar que o entrevistador, ao classificar a cor ou raça do respondente, já estaria influenciado por sua resposta anterior. A despeito do treinamento dado aos entrevistadores sobre como proceder durante a realização da entrevista, a possibilidade de influência não pode ser totalmente descartada. Todavia, é importante frisar que, entre a autoclassificação do entrevistado e a classificação do entrevistador, por observação, vários outros temas foram longamente abordados durante a entrevista e talvez os entrevistadores já houvessem esquecido a autoclassificação feita pelo entrevistado. Outro aspecto que não pode ser desconsiderado é que o entrevistador não é, necessariamente, uma tábula rasa: os entrevistadores também carregam consigo seus próprios critérios e entendimentos para a classificação racial deles mesmos e de outros indivíduos. O ponto central aqui, como mencionado no parágrafo anterior, é a forte confluência nas dinâmicas de mudança na classificação racial no país por diferentes pontos de percepção — a própria e a de outrem.

A cor dos brasileiros: as quatro formas de medir

Já apresentamos os resultados de várias medidas ou dimensões de cor ou raça capturados por ângulos inéditos, interessantes e inter-relacionados. Nesta seção, concentramos ainda mais nossa análise nas quatro formas de medir abordadas. Conforme dito anteriormente, tornou-se consenso entre estudiosos e pesquisadores afirmar que raça é uma construção multidimensional e, sendo assim, é fundamental avaliar o alinhamento entre suas várias dimensões para entender melhor a importância das demarcações raciais em determinada sociedade. Eles também levantam a hipótese de que a sobreposição ou concordância substancial entre diferentes medidas de cor ou raça indica fronteiras raciais visíveis e bem-definidas; por outro lado, a discordância ou desalinhamento entre diferentes medidas indica fronteiras raciais mais fracas ou ambíguas. Antes de avaliar a clareza ou ambiguidade das fronteiras de cor ou raça no Brasil, cabe recordar brevemente quais foram as quatro medidas levadas a cabo pela PESB:

- autoclassificação em pergunta aberta sobre a cor ou raça: *identificação ou resposta espontânea*;

- autoclassificação nas categorias oficiais do censo do IBGE, preto, pardo, branco: resposta limitada à *classificação do Estado*. No caso da tabela a seguir, os percentuais das três categorias foram recalculados ao excluir amarelos e indígenas;

- autoclassificação com referência a oito fotografias: *autoclassificação pelas fotos*;

- classificação dos entrevistados pelos entrevistadores como preto, pardo ou branco: *classificação observada*.

Em 2002, a variação na classificação preto nas quatro medições foi mínima e sugere uma estimativa composta desta cor de aproximadamente 10%. Vale notar que no caso da resposta espontânea, para esta análise, foram somadas as classificações preto e negro nas duas rodadas da pesquisa. Também, dentre as várias medidas de cor ou raça, houve baixa variação nas estimativas do tamanho da categoria social branco. Uma estimativa composta sugere que os brancos eram, na época, cerca de 45% da população. Para pardos, entretanto, a variação foi substancial quando consideramos todas as maneiras de medir. O maior desalinhamento entre as múltiplas medidas, no caso dos pardos, ocorreu principalmente devido a um fator entre os quatro analisados: a resposta espontânea de cor ou raça. A baixa estimativa de pardos na dimensão espontânea sugere que, na época, havia desconexão entre os termos de cor ou raça preferidos pelos brasileiros e as categorias usadas pelo Estado. Deixando de lado a mensuração espontânea, uma média simples das outras três medidas indica que a categoria social parda compreendia cerca de 43% dos brasileiros adultos em 2002. De modo geral, os resultados de 2002 sugerem um nível robusto de alinhamento das medições com relação às categorias branco e preto; em outras palavras, houve o que pode ser considerado *consenso social* em torno do significado dessas classificações e sobre quais indivíduos poderiam ser chamados assim. Por outro lado, o desalinhamento da estimativa de pardos por meio da medida espontânea sugere certa ambiguidade em relação ao significado dessa categoria.

Os resultados da PESB 2022-23 são muito semelhantes aos de 2002 em relação à baixa variação entre as medidas para a classificação branco e preto. Em contraste com 2002, entretanto, houve um nível muito mais alto de concordância entre as medições com relação à classificação pardo. Enquanto em 2002 nossos dados apontavam alguma ambiguidade na dinâmica geral da classificação racial do Brasil devido ao desalinhamento entre tais medidas, essa ambiguidade praticamente acabou vinte anos mais tarde. Os dados sugerem consenso social em 2022-23 com relação ao entendimento do brasileiro sobre o significado e a participação das três categorias do censo, uma acomodação à visão administrativa do Estado sobre cor ou raça.

Tabela 2. A cor dos brasileiros segundo quatro medições diferentes em 2022-23

	Resposta espontânea	Classificação do governo	Autoclassificação pelas fotos	Classificação observada
Branca	32%	33%	33%	32%
Parda	44%	50%	51%	54%
Preta	16%	17%	15%	13%

Fonte: Pesquisa Social Brasileira (2002, 2022-23).

Além disso, ao comparar os níveis de alinhamento das medições em 2002 e 2022-23, nossos resultados indicam que, nesse período, *as fronteiras de cor ou raça se tornaram significativamente mais salientes entre os brasileiros*. Ou seja, as evidências aqui apresentadas mostram a necessidade de se reavaliar o entendimento tradicional que afirma serem nebulosas as fronteiras de cor ou raça no Brasil — se assim foi no passado, cada vez menos o é no presente. É importante lembrar, no entanto, que a dinâmica da classificação racial ou de cor capturada em pesquisas pode não estar muito alinhada com seu uso nas situações do dia a dia, na família, no bairro e local de trabalho, assim como em espaços públicos.

Além da redução da ambiguidade de cor ou raça ao longo do tempo, a comparação das estimativas compostas de 2022-23 com as estimativas compostas de 2002 confirma uma mudança contundente na demografia da cor do Brasil. Tal estimativa para a população preta aumentou de 10% em 2002 para 15% em 2022-23, ou seja, um crescimento de 50% sobre a base inicial. A estimativa composta para o segmento branco diminuiu drasticamente, de aproximadamente 45% em 2002 para 33% em 2022-23. Por fim, a estimativa composta para pardos, em comparação a 2002, se estabilizou ao longo do tempo em aproximadamente metade de toda a população brasileira graças, principalmente, ao grande aumento daqueles que optaram por se autoclassificar como pardos na medida espontânea em 2022-23.

Nossas análises sustentam algumas conclusões robustas, novas e importantes sobre a classificação étnico-racial em 2002 e 2022-23, e, comparativamente, sobre as tendências, incluindo a mudança da cor ou raça no Brasil:

- documentamos forte diminuição da classificação como branco, por um lado, e aumento da classificação como preto, por outro;

- fornecemos evidências sólidas do aumento de aceitação da categoria pardo que antes era altamente impopular na autoclassificação espontânea;

- percebemos, e isso chamou nossa atenção, a crescente visibilidade e precisão dos limites entre as categorias branco, preto e pardo. A nitidez das distinções por cor ou raça aumentou ao longo das duas décadas estudadas, indicando redução de ambiguidade na dinâmica racial que historicamente caracterizou os brasileiros. O mais interessante é que pudemos perceber e documentar uma dinâmica em que as categorias raciais usadas pelos cidadãos começam a refletir ou espelhar cada vez mais as categorias raciais usadas e endossadas pelo Estado;

- identificamos queda na relevância da categoria moreno como termo preferido para autoclassificação no contexto da pesquisa, ainda que seu uso diário permaneça elevado. Quando refletimos sobre a história do Brasil a partir do governo Fernando Henrique, acabamos nos dando conta de que o quase desaparecimento do *moreno* não surpreende. Ativistas do movimento social e estudiosos das relações raciais o associam a uma visão deletéria do mito da democracia racial e adoção equivocada da mestiçagem, considerada causa e consequência da negação da discriminação racial e tentativa consciente de se dissociar da ascendência africana. A partir da integração de ativistas dos movimentos sociais e acadêmicos das relações raciais nas burocracias estatais, o uso do termo moreno tornou-se um anátema no discurso público sobre questões de cor ou raça;

- constatamos, no que diz respeito à autoclassificação como preto, que embora tenha crescido proporcionalmente, muito por conta de sua base inicial ter sido pequena, a importância em relação às demais cores ou raças permanece baixa, sugerindo relativa desconexão entre a percepção da população acerca de si mesma e a adoção da visão binária promovida por setores do movimento negro, pelos acadêmicos e por agentes estatais nessa área.

Em resumo, os dados da pesquisa indicam que depois de transcorrido um quarto do século XXI, a autoidentificação como branco se torna menos predominante e a categoria parda, remédio amargo para o movimento negro, se consolidou. É preciso agora utilizar um microscópio analítico e empírico para olhar mais de perto o que preto, pardo e branco significam para a população e por que a mudança em duas décadas foi grande. Começaremos com a pergunta fascinante *de onde eles vêm* para entender quais são suas percepções.

De onde vêm seus antepassados?

De acordo com acadêmicos e especialistas ocidentais, a pedra angular das construções sociais étnico-raciais é a ancestralidade: o reconhecimento da ligação com uma determinada geografia por meio de antepassados ou ancestrais conhecidos ou desconhecidos. O conceito de ancestralidade em relação aos esquemas étnico-raciais é extremamente reducionista, pois com frequência limita a geografia relevante a um determinado *continente* e a caminhos seletivos de linhagem, materna ou paterna, assim como à omissão da ancestralidade múltipla.

A relevância das antigas geografias continentais como âncoras ancestrais de máxima importância para a ciência da época tem a ver com a visão geopolítica da diversidade humana enraizada na ciência naturalista do século XVIII no Ocidente. Já se entendia que o *Homo sapiens sapiens*, que somos nós, a humanidade moderna, era a única subespécie sobrevivente da espécie *Homo sapiens* do gênero *Homo*. Entretanto, em meados do século XVIII, alguns cientistas naturalistas convergiram para uma taxonomia adicional que consistia em quatro subespécies de *Homo sapiens sapiens*: *H. s. asiaticus*, *H. s. europaeus*, *H. s. afer* e *H. s. americanus*.

A classificação em subespécies, já rotundamente descartada pela nossa ciência atual, foi produto da política colonialista europeia daquele século e dos seguintes, quando a classificação hierárquica dessas supostas subespécies era utilizada para justificar suas práticas coloniais. Obviamente, o *H. s. europaeus* ocupava o degrau mais elevado, e o *H. s. afer*, o mais baixo. Embora os avanços da ciência e as abordagens decoloniais contemporâneas tenham desmantelado inteiramente essas subdivisões raciais dos *H. s. sapiens*, elas continuam a dominar a cognição humana e a estruturação social como consequência de seu uso na política ao longo de vários séculos. A propósito, o caso dos EUA — um dos exemplos mais claros da dinâmica de classificação racial ocidental — serve para contrastar com o Brasil e permitir uma melhor compreensão do que ocorre aqui.

Nos Estados Unidos do século XX, os quatro tipos raciais eram comumente considerados subespécies na ciência, para o governo e na sociedade civil. Isso persiste até hoje, com algumas ressalvas, é claro. Além das quatro divisões raciais, a sociedade americana está em processo de construção de um quinto elemento ou *raça* em sua hierarquia social: a hispânica. De forma um pouco diferente e confusa, o quinto grupo é registrado como *étnico* no censo dos EUA, mas é racializado por meio de projetos de exclusão e inclusão como parte do *pentágono racial* daquele país, e, às vezes, articulado em cinco divisões de cor de pele — branca, amarela, preta, vermelha e *brown* (marrom) —, associadas respectivamente àqueles com antepassados oriundos da Europa Oriental, do sudeste da Ásia, da África subsaariana, indígenas da América do Norte e da América Latina.

Apesar da intensa movimentação populacional e miscigenação ao longo dos séculos, certas regras de classificação histórica nos EUA permitiram conexões duradouras com geografias racializadas primordiais, algumas delas *de jure*. A principal é a *regra da hipodescendência* ou *regra de uma gota de sangue*. A *one-drop rule* é relativa aos afro-americanos no pentágono racial dos EUA ou, simplesmente, *negros*. A propósito, é justamente devido a essa visão construída historicamente nos EUA que Halle Berry foi considerada a primeira mulher *negra* a ganhar um Oscar de Melhor Atriz. Por exemplo, as instruções para os recenseadores do censo de 1930 nos EUA documentam um momento histórico importante na solidificação da *regra de uma gota de sangue* e de sua capacidade de organizar a miscigenação da população. De acordo com as regras daquele censo, "uma pessoa com sangue misto de branco e negro deve ser registrada como negra, não importa quão pequena seja a porcentagem de sangue negro. Tanto os negros quanto os mulatos devem ser registrados como negros, sem distinção".

O conceito pseudocientífico de sangue é um substituto para os tipos raciais primordiais e, em uma sociedade mergulhada na pseudociência da superioridade branca e da miscigenação degenerada, a principal estratégia nos EUA foi criar e manter a noção de pureza racial branca e estender o status de escravizado aos filhos de homens brancos com mulheres negras escravizadas. Mesmo após a abolição da escravatura e até meados do século XX, o casamento de "*negroes*" americanos com americanos brancos era proibido por lei.[2] De acordo com a mentalidade puritana e com o apoio dos melhores "cientistas raciais" dos EUA, o cruzamento entre "brancos" e "negros" só poderia produzir negros, uma vez que seus descendentes estariam contaminados ou poluídos com "sangue negro". Em alguns estados do sul dos EUA, durante a era Jim Crow — que começou nas últimas décadas do século XIX e continuou em certos lugares até as últimas décadas do século XX —, uma pessoa documentada como tendo apenas 1/32 de ascendência africana — o equivalente a ter um tetravô negro e 33 tetravós brancos — era legalmente negra e podia ser classificada à força como tal. Até hoje, no sistema racial naturalizado nos EUA, uma mulher branca pode ser mãe biológica de um filho negro, mas é impossível uma mulher negra ser mãe biológica de um filho branco. A lógica da contaminação negra do sangue continua organizando as divisões raciais nos EUA.

A regra da hipodescendência se cruza com outra regra americana de ancestralidade racial, a da hiperdescendência. Ela diz respeito aos nativos americanos — historicamente também chamados de *índios* ou, de forma depreciativa, *peles-vermelhas* — e pode ser igualmente ilustrada com uma instrução aos recenseadores de 1930: "uma pessoa com sangue misto de índio e negro deve ser considerada negra, a menos que o sangue índio predomine e o status de índio seja geralmente aceito na comunidade."

Assim, a hipodescendência — em que *qualquer pessoa com porcentagem de sangue negro, não importa quão pequena seja, é negra* — só pode ser superada pela hiperdescendência — em que há uma alta porcentagem de *sangue indígena*. Ainda hoje, a classificação indígena legal e *autêntica* é reconhecida em leis federais e tribais por meio de especificações de *quantum de sangue*: os índios "legítimos" possuem carteiras de identidade com essa quantidade registrada. Além disso, não são poucos os estudos que documentam que a ascendência por meio do sangue (ancestralidade) supera o fenótipo e a cor percebida. Isso não quer dizer que cor e fenótipo não sejam importantes, pois tanto ascendência quanto fenótipo são partes integrantes do pentágono racial dos EUA.

Essa visão e estruturação da diversidade se manifesta em várias partes do mundo, e, no caso do Brasil, algumas das (falsas) variedades do *Homo sapiens sapiens* são sempre relembradas popularmente, em particular quando está em tela o mito da origem nacional baseado na mistura de três raças: o *H. s. europaeus*, o *H. s. afer* e o *H. s. americanus*. Uma hipótese para o caso brasileiro é a de que essas *noções de divisões ancestrais seguiram proeminentes na dinâmica brasileira de classificação de cor ou raça*. Sabemos, contudo, que o projeto de formação racial do movimento negro ou da *negritude* tem uma visão binária semelhante, ao tratar a questão da ancestralidade africana, ao sistema americano de hipodescendência, isto é, caso uma pessoa tenha algumas poucas características que indiquem a ancestralidade africana, então ela é negra. A diferença é que, no caso brasileiro, não há referência ao sangue, mas sim a traços físicos, em particular à cor de pele; de resto, o modelo binário foi importado dos Estados Unidos de maneira abrangente.

Foi exatamente por isso que as duas rodadas da PESB perguntaram aos brasileiros de onde eles achavam que seus antepassados tinham vindo. É extremamente importante interpretar as respostas sob a ótica de como os brasileiros *percebem* a si mesmos e a sua ancestralidade, e não como uma questão de genética. Em suma, ninguém responde a essas perguntas com base em exames de DNA.

Em 2002, 10% dos brasileiros disseram ter ancestrais da Europa, proporção que subiu para 14% em 2022-23; quanto a Portugal, foi 23% em 2002 e variou na margem de erro para 25% duas décadas mais tarde; os que mencionaram ancestrais da África passaram de 13% para 23%; de indígenas brasileiros, de 16% para 30%; e, digno de registro, ancestrais do Brasil, que já tinham sido elevados em 2002, aumentaram de 52% para 72%. Curiosamente, nos EUA, responder a uma pergunta sobre ancestralidade dizendo que seus antepassados vieram do próprio país seria interpretado como racismo se a pessoa não tivesse alguma documentação que pudesse provar sua linhagem vinculada aos povos nativos norte-americanos, ou seja, àqueles que habitavam a região antes da ocupação dos colonos. Por outro lado, as pessoas com ínfima ancestralidade nativa (ou que alegam ter alguma) e portadores de aparência percebida como predominantemente europeia podem ser alvos de troça, como foi o caso da senadora Elizabeth Warren, que havia se declarado descendente de nativos norte-americanos, embora exames de DNA não tenham indicado a possível presença de tais antepassados há mais de cinco ou seis gerações.

As percepções dos entrevistados da PESB sobre sua ascendência também variaram de acordo com a classificação como branco, pardo e preto. Em 2022-23, nada menos que 30% das pessoas brancas se consideravam de origem portuguesa — essa proporção foi de 25% para pessoas pardas e 12% para pessoas pretas. No caso dos brancos, ela permaneceu estável em relação a 2002, aumentou para os pardos (sete pontos percentuais) e diminuiu para os pretos (cinco pontos).

Em 2002, 5% dos brancos diziam ser de origem africana — essa proporção mais do que dobrou, aumentando para 12% em 2022-23; no caso dos pardos, os que diziam ser de origem africana permaneceu estável, variando de 18% para 20%; entre os pretos, aumentou de 41% para 51%. Em outras palavras, no Brasil de 2022-23, metade das pessoas que se classificam como pretas e 80% das que se classificam como pardas não consideravam que seus ancestrais tinham vindo da África.

A origem indígena brasileira é mencionada em 2022-23 por 20% das pessoas brancas, 35% das pessoas pardas e 33% das pessoas pretas, todos os percentuais foram muito maiores do que os de 2002. Portanto, os pardos se consideram mais descendentes de indígenas do que de africanos.

Em 2022-23, 79% dos pardos consideravam que tinham ancestrais do Brasil, mais do que os 69% de pretos e 63% de brancos, que disseram o mesmo. Vinte anos antes, essas proporções eram significantemente mais baixas, 62%, 59% e 42%, respectivamente.

Esse tipo de pergunta, "de onde vieram seus antepassados", permite que cada entrevistado dê respostas múltiplas. Portanto, o normal é que a soma das respostas totalize mais do que 100%. No caso dos brancos, quando somamos as porcentagens de origens provenientes do Brasil, dos indígenas brasileiros, da África e de Portugal, a proporção alcançada em 2002 foi de 85% e em 2022-23 subiu para 125%. Isso significa que as pessoas passaram a se ver de forma diferente, mais plural, pelo menos em relação a seus antepassados. A mesma soma para os pardos foi de 118% em 2002 e 159% em 2022-23; os pretos obtiveram 137% e 165%, respectivamente. Nas três populações de cor ou raça, nos vinte anos que separam as duas pesquisas, a pluralidade da ancestralidade aumentou bastante. Na mente dos brasileiros, temos antecedentes vindos de mais lugares e culturas do que tínhamos no passado.

Vale antecipar um inédito paradoxo se considerarmos tudo o que vem ocorrendo na dinâmica da identificação de cor ou raça no Brasil que apresentamos até aqui: à medida que as fronteiras de cor ou raça se tornaram mais visíveis e o número de rótulos diminuiu, essa mesma população passou a ter uma visão mais nebulosa e mista, menos clara e definida, de sua ancestralidade, que é teoricamente a principal fonte do conceito de raça.

Não é tarefa simples entender as tendências opostas de aumento da nitidez dos limites de cores simultaneamente ao aumento da indefinição das divisões ancestrais. É possível que outra pergunta da PESB ajude a destrinchar esse enigma.

Por que você escolheu essa cor ou raça?

Depois de se classificarem no formato do governo, os entrevistados foram questionados: "Por que o(a) senhor(a) escolheu essa cor ou raça?" Essa pergunta única e direta vai ao cerne de como os brasileiros entendem sua subjetividade racial. Além disso, ao comparar suas respostas ao longo dos vinte anos que separam as duas pesquisas, podemos, sem dúvida, avançar em nosso objetivo de explicar as mudanças nas tendências de classificação.

Os três motivos mais comuns mencionados em ambos os períodos, 2002 e 2022-23, foram:

- cor da pele;
- ascendência/antepassados;
- documentos oficiais.

Em 2002, 42% atribuíram sua escolha de categoria de cor ou raça à cor da pele, 20% à ascendência e 10% ao registro, certidão de nascimento ou outro documento oficial. Vinte anos depois, a porcentagem daqueles que escolheram explicar sua classificação racial por meio da ascendência caiu drasticamente, para apenas 10%, *metade* da porcentagem de 2022-23. Em contraste, com direção totalmente oposta, o percentual dos que justificaram sua classificação racial por meio dos documentos oficiais *mais que dobrou* em 2022-23, chegando a 23%. A porcentagem de pessoas que se referem à cor de pele para explicar sua classificação também aumentou, mas apenas ligeiramente, para 47% em 2022-23. Em suma, a cor da pele foi o motivo mais importante que os brasileiros utilizaram para justificar a escolha da categoria racial ou de cor em ambos os períodos e de maneira crescente.

Os três motivos somados — cor da pele, ancestralidade e documentos oficiais — totalizaram 72% em 2002 e 80% em 2022-23. As demais razões se dividiram, em 2022-23, em percentuais pequenos, pelas respostas cor da mãe (5%), cor do pai (3%) e traços físicos que mencionavam cor da pele em conjunto com cor dos olhos, ou boca, ou nariz, ou cabelo. Ou seja, em *todas* essas respostas havia menção à cor da pele.

Além dessas mudanças gerais, houve uma variação interessante entre brancos, pardos e pretos. Brancos e pardos não diferem muito em relação ao peso das três justificativas. Em 2022-23, 28% dos brancos e 27% dos pardos responderam que suas escolhas de categorias de autoclassificação foram motivadas principalmente pelos documentos oficiais — esses respectivos resultados eram 10% e 14% em 2002. Além disso, 45% de ambas as categorias, brancos e pardos, explicaram sua escolha com referência à cor de pele em 2022-23 — esses resultados eram respectivamente 46% e 40% em 2002. Ou seja, os pardos passaram a se referir um pouco mais à sua cor de pele. As semelhanças nas respostas de brancos e pardos contrastam substancialmente com as respostas de pretos: em 2002, 40% disseram que sua escolha de cor ou raça foi por causa da cor de pele — em 2022-23, essa proporção aumentou notavelmente para 62%. É interessante que em 2002, na comparação com os brancos, os pretos faziam menos referência à cor de pele como justificativa para sua cor ou raça e apresentavam proporção idêntica aos pardos nesse resultado. Em suma, em 2022-23, as pessoas que se autoclassificam como pretos passaram a dar um valor substancialmente maior à sua cor de pele do que em 2002, tanto na comparação de pretos com eles mesmos no tempo, quanto confrontando com as respostas de brancos e pardos na pesquisa mais recente.

Portanto, a explicação mais importante que os brasileiros deram para sua escolha de cor ou raça foi a cor de pele. No entanto, esse resultado não é uma novidade quando comparado ao formidável aumento em duas décadas da relevância dos documentos oficiais e à diminuição igualmente notável da relevância da ascendência. Essas mudanças são impressionantes em sua magnitude e simetria e por isso demandam explicação.

Explicando a mudança de cor dos brasileiros

Novos projetos raciais como o do movimento negro no Brasil não se enraízam da noite para o dia em um terreno vazio e recém-arado. Pelo contrário, precisam lidar com projetos antigos e duradouros que, por isso, têm raízes profundas, troncos pujantes e folhagem abundante, tais como são os projetos do branqueamento e da mestiçagem. Foram muitos os acontecimentos políticos, econômicos e culturais das duas décadas que separam as pesquisas de 2002 e 2022-23. Tomados em conjunto, eles tiveram imenso impacto na maneira como os brasileiros passaram a ver sua própria cor ou raça e a de seus concidadãos, foram os *efeitos do período*. Mostraremos que eles influenciaram de maneira seletiva os brasileiros em função de suas características sociodemográficas, dentre as quais gênero, idade, escolaridade, região do país, tamanho da cidade e, surpreendentemente, afiliação religiosa. A depender do segmento sociodemográfico a que um ou outro brasileiro pertença, ele ou ela é, foi ou será mais ou menos afetado pelos projetos raciais tanto do movimento negro quanto do Estado brasileiro — aliás, os dois fatores fundamentais que compõem os efeitos do período.

Ser preto no Brasil

O aumento de pretos entre 2002 e 2022-23 foi de cinco pontos percentuais, de 10% para 15%. Ou seja, essa foi a média nacional. O tamanho dessa categoria de cor ou raça aumentou acima da média entre os homens, em sete pontos percentuais; e entre as pessoas com 60 anos ou mais, em dez pontos. Foi notável também o crescimento da proporção de pretos nos dois níveis mais altos de escolaridade e nas cidades de médio e grande porte: cresceu doze pontos entre pessoas com ensino superior completo e nove pontos entre indivíduos que vivem em cidades com mais de 500 mil habitantes. A região de residência também foi importante: a autoclassificação como preto aumentou acima da média entre indivíduos que vivem nas regiões Centro-Oeste e Sudeste, em seis e nove pontos, respectivamente.

Até mesmo a religião aparenta ter relevância para compreendermos o aumento na classificação preta: o crescimento foi de seis pontos percentuais entre católicos, doze pontos junto aos evangélicos não pentecostais e sete pontos em outras religiões. No caso do último grupo, a variação está relacionada ao aumento dos vínculos com o candomblé e, principalmente, com a umbanda. Quanto aos evangélicos não pentecostais, é possível que o grande aumento de pretos tenha sido influenciado por fatores não religiosos, tais como classe social ou região de residência, conforme observamos a seguir. Um dado de suma importância: em que pese o grande crescimento da afiliação dos evangélicos pentecostais, a proporção de pretos em tal grupo ficou estacionada dentro da margem de erro, não houve mudança. Trata-se de um fenômeno que demanda explicação.

De acordo com a PESB 2002, e realizando os testes estatísticos que controlaram as variáveis sociodemográficas relevantes, naquele ano a proporção dos que se autodeclararam pretos foi menor junto a quem tinha concluído a faculdade ou universidade do que aqueles com 60 anos de idade ou mais, na região Sul, e aos evangélicos pentecostais. Como já sabemos, em 2022-23, a proporção de pretos aumentou muito, acima da média nacional, nos dois primeiros grupos mencionados. O que ficou inalterado foi a situação da região Sul e a dos pentecostais.

De fato, levando em conta o resultado da pesquisa de 2022-23 e de posse das mesmas análises estatísticas apropriadas para essas informações, podemos dizer que a proporção de pessoas que se declararam pretas estava mais associada a três fatores principais: local de residência, sendo maior em capitais; região, permanecendo menor no Sul; e religião, permanecendo menor entre evangélicos pentecostais. Inserindo o aumento da autoidentificação como preto no contexto de projetos raciais concorrentes, a importância da residência nas capitais sugere uma ligação com o projeto racial do movimento negro. As capitais tendem a ser propícias à mobilização do movimento e sua interseção com, por exemplo, ONGs que defendem agendas semelhantes. Além disso, o fato de o nível de autoidentificação preta ser significativamente mais baixo no Sul apoia a plausibilidade de uma dispersão desigual da influência do movimento negro, até porque nessa região se destaca a força da imigração europeia de diversas nacionalidades, particularmente alemã e italiana.

Embora nossos dados sejam claros quanto ao aumento de pretos em todo o país, junto aos evangélicos pentecostais houve variação de dois pontos percentuais para baixo nessa categoria de cor ou racial, que também se manteve significativamente menor quando comparada com sua presença em outras denominações religiosas. Trata-se de uma mudança mínima, dentro da margem de erro da pesquisa, e que indica estabilidade. Acreditamos que dois fatores possam explicar esse fenômeno. Primeiro, estudiosos da religião no Brasil apontam que os evangélicos pentecostais formam organizações denominadas de *altamente demandantes*: são muito visíveis e exigem grande dedicação de tempo e energia. Essa modalidade de organização produz em seus membros uma identidade social que chamamos de *identidade principal*, pois ofusca as demais possíveis identidades e, ao fazer isso, se torna fundamental para o senso individual de si mesmo e dos outros. Adicionalmente, no contexto dos pentecostais, a identidade organizacional é simultaneamente uma identidade moral: ela cria no participante uma percepção de superioridade ou supervalorização de si mesmo enquanto alimenta a visão de inferioridade ou subvalorização a respeito dos não membros. A formação da identidade desse grupo religioso funciona da seguinte maneira: "Você está dentro ou fora; se estiver dentro, você é um de nós; se estiver fora, você precisa se tornar um de nós; se não se tornar um de nós, você está morto para nós."

Esse nível extremamente demandante de formação de identidade, de dedicação e segregação, como muitas outras interações da vida social, pode ser visto como algo positivo ou negativo. Olhando com as lentes de quem participa do grupo, nada menos do que isso deveria ser esperado dos seguidores de Jesus, aquele que salva. Porém, sob o ângulo dos não membros, a identidade de alta demanda é considerada uma forma de alienação que, com frequência, pode até resultar no enfraquecimento ou rompimento de laços de amizade, ou mesmo abalar as relações no âmbito da família. Portanto, outras identidades sociais perdem valor e espaço. Sendo assim, o projeto racial do movimento negro de priorizar, incorporar e representar a ancestralidade ou raça como o cerne da identidade do preto tem grande dificuldade em criar raízes em participantes do movimento evangélico pentecostal, pois o fortalecimento ou a priorização da identidade racial entra em conflito direto com a identidade principal, a religiosa.

O segundo fator, mais visível, especialmente na mídia, deriva da demonização das religiões de matriz africana, de suas crenças, ritos, personagens e costumes. A demonização parece não ser igualmente praticada por evangélicos não pentecostais e católicos. Porém, a perseguição às religiões com influência africana também contribui para a formação da identidade moral dos evangélicos pentecostais. Foi apenas depois de sua expansão e fortalecimento, em particular nas regiões do país com uma presença maior da população preta, que denúncias de violação de terreiros de candomblé e umbanda passaram a ocupar com frequência o noticiário político e policial. Várias evidências para além desse tipo de perseguição corroboram nossa análise, incluindo a cruzada contra o Carnaval. Por exemplo, em 2020, o então prefeito da cidade do Rio de Janeiro, Marcelo Crivella, também bispo da Igreja Universal do Reino de Deus, uma das mais influentes denominações pentecostais, sempre teve uma relação distante e fria com as escolas de samba que culminou com o corte da subvenção que a prefeitura concedia a elas para desfilar no Sambódromo. Em apoio à decisão de Crivella, o então vereador Otoni de Paula, evangélico pentecostal, discursou na Câmara de Vereadores afirmando que "o Carnaval do business, da indústria, da Marquês de Sapucaí, se tornou culto aos orixás, guias e caboclos com dinheiro público. Despacho é cultura, galinha preta na esquina é cultura, cachaça pra orixá é cultura. Só não é cultura quando fala de evangélico. Se é [por motivo] religioso, Crivella tem que cortar 100%".

De volta aos dados, para o Brasil como um todo, nota-se que a influência do movimento negro para vincular identificação preta com ancestralidade africana parece não ter, ao menos nos vinte anos estudados, influenciado de maneira evidente aqueles que, em princípio, seriam potencialmente interessados nesse projeto. Aliás, embora os projetos raciais do Estado e do movimento negro convirjam em muitos elementos, o ângulo explícito de construção da identidade com base no pressuposto da ascendência africana está muito mais claramente ligado ao movimento negro. No entanto, em 2022-23, metade das pessoas que se classificaram como pretas declararam que seus ancestrais não vieram da África. Embora a porcentagem de pessoas que se consideraram pretas e reconheceram a ascendência africana tenha aumentado dez pontos percentuais, não representou grande crescimento em termos relativos. Além disso, a identificação com outras ascendências também aumentou e, em alguns casos, relativamente mais.

O impacto do projeto racial do movimento negro na autoclassificação como preto se torna ainda menos evidente quando sabemos, conforme dados já mostrados anteriormente, que os indivíduos que se autoidentificam como pretos não têm uma visão monoancestral de si mesmos em relação à sua cor ou raça. O binário racial do projeto — branco e europeu *versus* negro e africano — não reconhece nem apoia qualquer ambiguidade ou meio-termo entre as duas categorias raciais. Portanto, a dinâmica divisória resultante do projeto racial do movimento negro, ou certamente de segmento relevante dele, se assemelha àquela inscrita no censo de 1930 dos EUA: uma divisão baseada na ideia de que qualquer indício perceptível de mistura populacional entre *raças* de descendência europeia e africana levaria o indivíduo em questão a ser considerado africano ou negro em sua integralidade.

No entanto, as pessoas que se identificam como pretas no Brasil são muito semelhantes à maioria dos outros brasileiros e têm uma perspectiva multidimensional da ancestralidade: 4% dizem que têm ancestrais vindos da Espanha, mesma proporção que indica ancestrais vindos da Itália; 6% dizem que têm ancestralidade europeia; 9% mencionam a América do Sul; 12% consideram que seus ancestrais são de Portugal; 33% dizem que têm ancestralidade indígena; e 69% dizem que têm ancestralidade brasileira. Portanto, a ideia de uma identidade racial ou de cor baseada em divisões monoancestrais, segundo a regra de hipoascendência, não é uma característica da dinâmica racial do povo preto brasileiro, em contraste com a construção da negritude e da branquitude nos EUA.

Além disso, se o projeto da negritude tivesse realmente tido impacto na população, não haveríamos de constatar, na pergunta aberta ou espontânea sobre cor ou raça, o aumento significativo na preferência por preto e pardo, como acabou acontecendo. Em vez disso, devido à crescente visibilidade e influência do movimento negro, teríamos esperado o aumento no termo preferido por seu projeto racial: o autorreconhecimento como *negro*, o que não ocorreu. A porcentagem de todos os brasileiros que optaram por se classificar como negro na pergunta aberta variou em um ponto percentual para baixo, de 7% para 6%, o que está dentro da margem de erro da pesquisa. De acordo com a visão e o projeto racial do movimento negro, cerca de 60% dos brasileiros são negros, a soma de pretos e pardos. Porém, essa concepção de país não se reflete em nossos dados e, portanto, no título deste capítulo. Aliás, vale lembrar que as informações aqui apresentadas tratam exclusivamente do que os entrevistados responderam, o que muitos talvez chamem de "a voz do povo". Como ficou claro pelos dados de nossa pesquisa — assim acreditamos —, há desacordo entre as implicações narrativas e práticas do esquema racial baseado na ancestralidade defendido pelo movimento negro e o senso comum da população adulta em relação à cor, raça e ancestralidade.

Além disso, quando aqueles que se classificaram como pretos foram perguntados por que se veem dessa forma, relativamente poucos disseram ter sido por causa de sua ascendência e, de fato, essa proporção caiu bastante entre 2002 e 2022-23, de 18% para 11%. Tal variação contradiz a proposição de que o projeto racial monoancestral do movimento negro está influenciando significativamente a dinâmica da classificação preta. Por outro lado, como já mostramos, a justificativa cor de pele cresceu no mesmo período de 40% para 62% junto aos que se consideram pretos. Adicionalmente, a contribuição do movimento negro para a crescente autoidentificação preta durante esse período não deve ser subestimada. Já mostramos o aumento de cinco pontos percentuais (de 11% para 16%) da autoclassificação preta entre 2002 e 2022-23. Nesse sentido, o aumento dessa autoidentificação pode ser tomado como oposto do que é representado pela diminuição da autoidentificação como branco, termo historicamente privilegiado.

Nossos dados indicam grande mudança na conotação da subjetividade preta: da antiga estigmatização para a valorização contemporânea. Embora esse fenômeno se deva bem mais à diminuição do estigma da cor de pele do que à ascendência, a afirmação histórica e incansável da negritude realizada pelo movimento negro ao longo de várias décadas é marcante. Ela certamente está entrelaçada com o projeto racial do Estado em mais do que apenas iniciativas políticas. Ainda que a premissa básica da negritude, a hipótese sobre a importância singular e crescente da ascendência africana para a cor ou para a subjetividade racial, não tenha sido confirmada, a importância singular e crescente do preto como cor é muito evidente. No Brasil do século XXI, o preto e a *pretitude* avançaram muito.

Nesse sentido, cabe registrar que não é recente no Brasil a preferência popular pelo uso do termo preto, em vez de negro, na referência às pessoas. É possível que uma pesquisa quantitativa abrangente dedicada a compilar nomes de celebridades, artistas, grupos musicais e outras atividades profissionais que ocupam muito a mídia revele que o uso do termo negro é mais amplo do que preto e *nego*. Contudo, uma breve procura na internet mostrou que, dentre os nomes mais frequentes, o grupo Raça Negra é uma exceção. Um dos mais renomados intérpretes de samba-enredo de todos os tempos é conhecido por Neguinho da Beija-Flor. Neguinho do Samba foi o percussionista baiano a quem se atribui a criação do samba-reggae e a disseminação e forte adoção da percussão na música local. Uma das jogadoras brasileiras de futebol que atuou na mesma seleção brasileira da superpremiada Marta era a Pretinha. A cantora Alcione é conhecida pelo apelido de Marrom. Um dos filhos de Martinho da Vila é o cantor Preto Ferreira. Existem várias bandas que recorrem ao preto: Preto de Luxo, Preto no Branco, além do cantor Preto Viana (ator também), Preto Kedé, o cantor gaúcho Alemão Preto, o técnico de cor branca Preto Casagrande e, para finalizar, o cantor evangélico Moreno em Cristo. Segundo nossa avaliação, dificilmente haverá um cantor evangélico pentecostal de sucesso com o nome Preto ou Negro em Cristo, justamente porque a vinculação às igrejas dessa denominação parece colocar em segundo plano identidades que não sejam a religiosa.

Ser pardo no Brasil

Vimos anteriormente que a proporção de brasileiros pardos cresceu, ao longo de duas décadas, de 47% para 51% da população total. A mudança foi proporcionalmente menor do que o crescimento de brasileiros pretos, e no limite da margem de erro, mas há detalhes adicionais que apresentamos aqui indicando que a subjetividade do pardo mudou e se solidificou de maneira significativa durante esse período, sendo uma delas seu caráter *autônomo* e *legítimo* em face das duas outras categorias.

A proporção de pardos cresceu acima da média nacional entre mulheres, dezenove pontos percentuais; nos dois níveis intermediários de escolaridade, dezoito pontos para os que concluíram o ensino fundamental e dezessete para os que concluíram o ensino médio; quinze pontos na região Centro-Oeste e vinte na região Norte; nas cidades com menos de 25 mil habitantes, dezessete pontos percentuais e 21 nas cidades com 25 mil a 100 mil habitantes; e, por fim, quinze pontos entre católicos e dezoito entre evangélicos pentecostais.

O perfil estatístico para 2022-23 indica que, ao controlar as características sociodemográficas, a proporção dos que se consideram pardos é maior dentre os que concluíram o ensino fundamental em comparação com os que têm níveis mais altos de educação, junto às mulheres e aos evangélicos pentecostais, e é menor no Sul. Em 2002, a mesma modalidade de análise indicou que os pardos eram significativamente menores no Sul e junto a quem tinha de 45 a 59 anos de idade, e maiores no nível mais baixo de escolarização formal, que sequer tinham concluído o ensino fundamental. Naquele ano, não havia preponderância de pardos em nenhum grupo religioso.

A maior probabilidade de se identificar como pardo entre os evangélicos pentecostais pode sugerir uma ligação entre essa afiliação religiosa e a *desetnicização*, processo pelo qual a consciência de identidade étnica na interação social é enfraquecida. Como vimos anteriormente, estudiosos mostraram em outros contextos nacionais que pertencer a uma organização religiosa chamada de altamente demandante tende a produzir uma *identidade principal* ou um *status mestre* ao longo das linhas religiosas, e, como consequência, outras identidades, como a identificação étnico-racial, acabam enfraquecidas. Adicionalmente, nas décadas que separam nossas pesquisas, as duas categorias sociais, pardo e evangélico pentecostal, se fortaleceram bastante. A crescente pujança das igrejas evangélicas pentecostais e sua intenção explícita de influenciar a cultura e as instituições, trabalhando como se fossem um movimento social, fazem de suas ações parte do que denominamos "efeito do período". Assim, vale aqui registrar uma questão que, no momento, está em aberto: saber se esse movimento social religioso tem (ou não) um projeto intencional de desetnicização ou se o favorecimento da classificação como pardo é apenas consequência não intencional dessa prática religiosa.

Avaliando o aumento da autoidentificação como pardo do ponto de vista dos dois projetos raciais ora concorrentes ora convergentes, o do Estado e o do movimento negro, não conseguimos encontrar elementos que sustentem a noção de que o crescimento de pardos tenha conexão clara com o projeto racial do movimento negro. A categoria pardo sempre foi um anátema para o movimento negro, pois não se encaixa em sua visão binária de relações raciais. A literatura sobre o tema sugere que o uso do termo negro em situações não estruturadas, como em diálogos no dia a dia da família, no trabalho e em situações públicas, é maior entre pessoas com escolaridade formal mais elevada, justamente os que estão mais expostos aos discursos desse movimento. Aliás, nossa pesquisa telefônica apresentou evidências que contrariam essa visão da literatura especializada; no dia a dia, os seis rótulos que testamos não apresentam diferenças de uso relevantes em função do nível escolar.

Além disso, levando em conta a percepção de ancestralidade, a possível influência do projeto racial do movimento negro está distante das visões de quem se considera pardo. Em 2022-23, 80% dos que se classificaram como pardos não mencionaram a África quando perguntados sobre sua ancestralidade, resultado idêntico, dentro da margem de erro, ao obtido em 2002. Do ponto de vista do projeto racial do movimento negro, trata-se de algo desalentador. Adicionalmente, os pardos consideram ter múltiplas linhas ancestrais: 79% afirmaram Brasil, 35% indígena brasileiro, 25% Portugal, 12% América do Sul, 10% Itália, 8% Europa, 4% Alemanha e 4% Espanha. Indo além, com relação à preferência pela categoria negro, menos de 2% dos que se classificam como pardo no formato fechado de pergunta optaram por negro no formato aberto; em 2002, pelo menos 5% dos pardos preferiram o termo negro no formato aberto. Ainda que essa variação tenha ocorrido dentro da margem de erro, ela certamente não é satisfatória quando avaliada sob a perspectiva da influência do movimento negro.

De 2002 para 2022-23, quando perguntamos aos pardos o que mais motivou a escolha do termo para a autoclassificação, a menção a um documento oficial como certidão de nascimento aumentou de 14% para 27% (praticamente dobrou), cor da pele subiu de 40% para 45%, e antepassados caiu de 13% para 6% (menos da metade). Essa informação corrobora a crescente importância da cor da pele e dos registros do governo e a cadente relevância da ancestralidade para o grupo de cor e raça majoritário no Brasil.

Talvez a mudança mais reveladora em relação às preferências de cor ou raça seja que, em 2002, apenas 40% dos indivíduos que se classificaram como pardo no formato governamental de pergunta optaram por classificar-se como pardo no formato aberto; em 2022-23, essa porcentagem subiu para 80%. Está claro que podemos sugerir fortemente que *as categorias preferidas dos brasileiros passaram a refletir (ou espelhar) as categorias administrativas do Estado ao longo das duas décadas estudadas*. Nesse sentido, podemos afirmar que nossa hipótese inicial é apoiada pelos dados da PESB, ou seja, está claro que o novo projeto racial do Estado teve forte impacto nas mudanças, com a subjetividade dos pardos se modificando tendo como referência a cor ou *parditude*, e não a raça ou *negritude*. Aliás, não por acaso as maiores proporções de pardos se encontram nas regiões Norte (69%), Nordeste (58%) e Centro-Oeste (51%), áreas com forte presença originária indígena. Além disso, o Norte tem a menor proporção de pessoas que mencionaram que seus antepassados vieram da África, apenas 13%, menos até do que os 15% que disseram isso no Sul. Sabemos que a tendência de afirmação autônoma e legítima de quem se considera pardo não é o objetivo perseguido pelo movimento negro. Cada vez mais brasileiros que optaram por essa cor ou raça associam seus antepassados a múltiplas origens e dizem que se classificaram assim por causa de sua cor de pele. Parece que estamos diante do brasileiro típico, no sentido de mais frequente: ser pardo é ser misturado e originário da terra que habita.

Ser branco no Brasil

Em sete dos onze segmentos em que houve aumento acima da média na autoclassificação como pardo, houve redução também acima da média como branco: entre mulheres, com diminuição de dezessete pontos percentuais; jovens de 18 a 24 anos, com queda de dezoito pontos; de 45 a 59 anos, com queda de dezenove pontos; até o ensino fundamental II e o ensino médio, onde as reduções foram, respectivamente, de impressionantes 21 e vinte pontos percentuais; em cidades com 25 a 100 mil habitantes e entre católicos, com redução de dezesseis pontos. Os outros três grupos que sofreram redução significativa na autoclassificação como branco foram os de ensino superior e os que vivem no Sudeste, ambos com dezessete pontos, e os evangélicos não pentecostais, com vinte pontos. A redução por segmento que cravou com a média nacional aconteceu na região Centro-Oeste, quinze pontos a menos. É importante observar que os brancos sofreram redução em *todos* os segmentos sociodemográficos analisados.

Na análise estatística para 2022-23, controlada pelas variáveis sociodemográficas relevantes, a maior proporção de pessoas classificadas como brancas estava no Sul, e as menores proporções, no Norte e na faixa de escolaridade dos que concluíram o ensino fundamental. Para a pesquisa de 2002, essa mesma análise indicou que os brancos eram significativamente maiores no Sul e menores no Norte e Nordeste, mais presentes junto a quem tinha o grau superior completo e menos junto à escolaridade mais baixa, proporcionalmente maiores entre os mais velhos e menores entre evangélicos pentecostais.

Uma mudança que nos chamou atenção foi a drástica redução de pessoas da base da pirâmide social na autoclassificação branca: houve evidente "escurecimento" da forma como elas veem sua cor de pele. Uma hipótese razoável é a de que a intensificação do combate ao racismo, amplamente apoiado e divulgado pelas principais mídias do país, somada ao esforço do Estado brasileiro em ampliar as cotas raciais no acesso à educação superior e ao emprego, e a luta dos movimentos sociais para que as pessoas não tenham vergonha de se reconhecer como são (ou como os movimentos sociais as reconhecem), tenha motivado aqueles com escolaridades mais baixas a mudar a forma como percebem sua cor ou raça. Os vinte anos que separam as duas pesquisas foram fortemente marcados por inúmeros eventos e tendências que vão desde críticas persistentes ao racismo policial, passando pelo grande aumento de apresentadores, atores e jornalistas pardos e pretos nas emissoras de televisão, até a proliferação de itens de consumo direcionados especificamente para pessoas de cor de pele preta, parda e não branca em geral. Vale mencionar, a título de exemplo, o enorme sucesso da empresa Beleza Natural, voltada para o público de renda mais baixa, que se apresenta como a maior rede de salões de beleza especializados em cabelos crespos, cacheados e ondulados.

Nossos dados são eloquentes quanto ao que aconteceu no Brasil entre 2002 e 2022-23; a redução do número de pessoas que se consideram brancas e o aumento dos que se consideram pardos foi resultado do que se convencionou denominar mudança racial. Aliás, não faltam exemplos, sendo um dos mais célebres o já mencionado Flávio Dino, que, quando ocupava o cargo de ministro da Justiça do terceiro governo Lula, foi indicado e se tornou ministro do STF. Em 2014, quando foi eleito governador pela primeira vez, em sua ficha de identificação junto ao Tribunal Regional Eleitoral de seu estado (TRE-MA), o então candidato se declarou branco; na eleição seguinte, sua cor ou raça declarada no mesmo documento oficial passou a ser parda. Esse é um caso que se tornou notório, porque os documentos eleitorais estão publicados na página da internet dos TREs. Jamais saberemos, todavia, que pessoas fizeram essa mesma mudança de autoclassificação ao responder o questionário dos censos do IBGE. O que temos certeza é que, nos últimos vinte anos, milhões de brasileiros fizeram o mesmo que Flávio Dino.

O aumento do número de pessoas que se autoidentificam como pardas foi bastante generalizado, e, por isso, não revelou um padrão demográfico que sugerisse a influência de movimentos sociais, como no caso dos pretos. O declínio geral da autoidentificação branca também pode ser difícil de vincular à crescente importância do antirracismo e da promoção da ancestralidade africana. Entretanto, é possível imaginar que a mobilização antirracista tenha gerado um ambiente novo, minando o valor histórico ou a vantagem simbólica associada à categoria de cor ou raça branca. Essa visão pode ser reforçada se acharmos que o projeto racial do Estado teve impacto relevante na redução do valor material da categoria branca ao mesmo tempo que aumentou o da categoria parda, pelo menos em registros e documentos administrativos cada vez mais utilizados, por meio da política de cotas, a fim de mitigar a má distribuição de recursos materiais, como são os casos da educação superior e de várias áreas do mercado de trabalho.

Mudança nos mitos de origem nacional

O manual de entrevista do Censo Demográfico de 2022 apresentava aos entrevistadores um quadro sobre cor ou raça esclarecendo que branca era a resposta para a pessoa que se declarasse branca; preta para a pessoa que se declarasse preta; amarela para a pessoa de origem oriental, japonesa, chinesa, coreana etc.; parda para a pessoa que se declarasse parda ou que se identificasse com duas ou mais opções de cor ou raça, incluindo branca, preta, parda e indígena; e, por fim, indígena para a pessoa que se declarasse indígena ou índia, tanto a que vivia em terras indígenas quanto a que vivia fora delas, inclusive em áreas quilombolas. Enquanto o censo estava sendo realizado, em setembro de 2022, durante o governo Bolsonaro, a Empresa Brasileira de Comunicação, órgão oficial do governo federal, em uma matéria intitulada "Censo 2022: entenda como declarar a sua raça", orientou os leitores da seguinte maneira: "São cinco opções: branca, preta, parda, indígena ou amarela, que no caso são descendentes de asiáticos, como japoneses, chineses ou coreanos. Os pretos são descendentes dos africanos, e brancos, dos europeus. Os pardos são frutos da miscigenação dessas etnias."

Interessante que essas instruções não considerem que amarelos possam também ser resultado da mistura de asiáticos de diferentes origens e que pardos sejam resultado exclusivo da mistura de pretos e brancos.

As classificações étnico-raciais teoricamente necessitam, de modo geral, fazer referência a alguma percepção de uma ancestralidade marcante. Brancos são dessa cor ou raça porque eles ou alguns de seus antepassados vieram da Europa. Por outro lado, pretos no Brasil tendem, em sua esmagadora maioria, a ser descendentes de pessoas escravizadas trazidas da África. A referência à ancestralidade também acontece nos EUA e na África do Sul, países corriqueiramente comparados com o Brasil quando se trata de relações étnico-raciais. Isso não ocorre por acaso, uma vez que a ancestralidade das pessoas ou os seus antepassados são o que as tornaram diversas em termos de cor ou raça.

Chegamos aqui a um raro e interessante paradoxo, e talvez um dos achados mais importantes propiciados pela PESB em 2022-23 quando comparada com a PESB 2002: a cabeça do brasileiro caminhou na direção de demarcar de forma cada vez mais clara e evidente as categorias de cor ou raça, segundo as categorias do governo; porém, passou a ter uma visão crescentemente ambígua e plural para ancestralidade, justamente o elemento que teoricamente confere sustentação aos esquemas raciais. Acreditamos que os dois principais "efeitos do período" entre as pesquisas, o ativismo antirracismo e as políticas públicas governamentais voltadas para essa questão, ajudam a explicar por que em duas décadas a população passou a utilizar termos menos variados de cor e raça no contexto de pesquisas e a se concentrar mais no uso do preto, pardo e branco. Nesse sentido, o Brasil efetivamente experimentou o efeito das decisões e ações da burocracia governamental em sua dinâmica classificatória. No entanto, o paradoxo surge, provavelmente, a partir de uma resistência brasileira contra a personificação ou reificação das categorias administrativas do Estado. No período que separa as duas pesquisas, os brasileiros fortaleceram seu mito de origem nacional, uma mistura de "raças", ou, dito de outra maneira, de populações originárias, mensurada pelo aumento do número de ancestrais e particularmente pela crescente preferência em perceber a ancestralidade como oriunda do próprio Brasil. Logo, a população brasileira rejeitou o dito "O que é bom para os EUA é bom para o Brasil", isto é, não aderiu à ideia hegemônica de cor e raça daquele país sustentada por origens primordiais continentais e regras rígidas e arbitrárias de divisões ancestrais de hipoascendência para negros e hiperascendência para indígenas.

A maior visibilidade e clareza dos limites de cor ou raça, antes bem mais ambíguas, como era o caso da ampla utilização da categoria moreno nas pesquisas, ocorre com a mistura de várias ancestralidades. Passadas duas décadas, a cabeça do brasileiro sabe claramente como se definir em termos de cor ou raça, vendo-se cada vez mais pelo espelho do Estado. Não obstante, a ironia é que há uma mistura de origens compreendida como brasileiro. A brasilidade se distancia do esquema cognitivo tradicional de cor ou raça que forja linhas muito definidas pelo fogo de ancestrais primordiais e imutáveis ao longo dos séculos e, talvez, dos milênios, para aceitar a diversidade a partir de uma ancestralidade predominante, a de brasileiro, misturada a vários países e continentes.

Outro paradoxo pode ser identificado quando notamos que simultaneamente à redução da autoclassificação como moreno no contexto da pergunta de formato aberto, a preferência expressa pelo termo negro permaneceu estacionada no patamar de apenas um dígito, justamente durante um período em que muito se falou sobre o Brasil ser um país de maioria negra. Por um lado, a diminuição da preferência pelo termo moreno pode ser vista como um passo adiante no projeto de formação de cor — a *parditude* — associado com a classificação administrativa do Estado; por outro, a dificuldade de uso do termo negro na autoclassificação dos brasileiros e o baixo nível de reconhecimento da ascendência africana por parte de pardos, pretos e até mesmo negros, podem ser interpretados como indicação de que o projeto do movimento negro e da negritude não atingiu todos os seus objetivos, ao menos ao longo dos vinte anos que separam as duas pesquisas.

Em sua conta no Instagram, a ativista Beatriz Bueno (@parditude) discute a necessidade de se reconhecer a parditude e a mestiçagem no Brasil. Seu argumento vai em direção oposta à proposta de endosso da negritude advogada por setores do movimento negro.

A democracia racial nunca existiu para a população (ao menos desde os anos 1990)

É possível que o tema mais importante do Brasil nas últimas décadas seja o das chamadas relações raciais. Tanto os atores estatais quanto os movimentos sociais destacam há anos, diuturnamente, o papel da cor e da raça na estruturação de uma sociedade profundamente desigual. É evidente que uma expressiva fatia da elite dirigente do país, e de outras elites, como a empresarial, intelectual e jornalística, já aceita a visão de que cor e raça são uma grande barreira para a melhoria de vida de pretos e pardos. Todavia, uma questão em aberto é se a população brasileira também reconhece (ou não) a desvantagem estrutural dos não brancos em nossa sociedade. A questão é importante porque os indivíduos que reconhecem a discriminação racial e a desvantagem estrutural teoricamente têm maior probabilidade de apoiar políticas públicas que enfrentem tal problema, como é o caso das cotas raciais. Assim, a visão que as pessoas têm sobre a desigualdade baseada em cor ou raça é crucial se quisermos avaliar as chances de sustentação e o avanço de políticas que promovam maior igualdade.

Há quem considere que essa desigualdade sempre foi alimentada pelo mito da democracia racial, frequentemente associado ao projeto racial de mestiçagem que supostamente tem em seu cerne a crença na ausência de discriminação no Brasil. Em outras palavras, um dos aspectos mais perniciosos do senso comum marcado pelo mito da democracia racial seria a negação do racismo pelos que acreditam em tal mito. Além disso, pesquisadores e atores do movimento negro apontam que a negação da discriminação racial por parte do público contribui para a relativa tibieza de mobilização e participação da população nos movimentos sociais antirracistas, bem como para a ausência de uma subjetividade racial robusta como *negro* por parte das pessoas que eles consideram afro-brasileiros. Porém, várias pesquisas de opinião pública já revelam há tempos que a caracterização dos brasileiros como negacionistas da discriminação precisa ser revista.

Uma das informações mais eloquentes quanto a isso, frequentemente desconsiderada por muitos formadores de opinião, foi obtida em 1995 por meio de uma extensa pesquisa de abrangência nacional realizada pelo DataFolha. Nela, os entrevistados foram questionados:

> Os negros no Brasil foram libertados da escravidão há cerca de 100 anos. Na sua opinião, quem é o maior responsável pelo fato de a população negra ainda viver em condições piores do que a população branca? O preconceito e a discriminação

> que existem entre os brancos contra os negros? Ou o fato de os negros não aproveitarem as oportunidades que estão disponíveis para eles?[3]

Essa pesquisa, em função do ano de realização, pode ser considerada uma janela para o senso comum racial brasileiro logo no início da mudança do discurso oficial quanto a esse tema, iniciada na presidência de Fernando Henrique Cardoso. Assim, seus resultados são um retrato robusto de como o brasileiro pensava quando toda a sociedade, inclusive expressivos segmentos de sua elite, estava profundamente enredada pelo antigo e tradicional mito da democracia racial.

Os dados da pesquisa não sustentaram a ideia de que a população vivia mergulhada nesse mito: a maioria esmagadora de brancos e não brancos (72%) culpou a discriminação pela situação desvantajosa dos negros na sociedade. Perguntas correlatas em pesquisas estaduais realizadas em São Paulo em 1986 e no Rio de Janeiro em 2000 mostraram resultados notavelmente semelhantes. Além disso, quase uma década e meia após o início da mudança de paradigma no Brasil, a porcentagem de pessoas que percebem a discriminação racial no país permaneceu mais ou menos constante. Em 2010, a pesquisa social do Barômetro das Américas fez a seguinte pergunta em uma amostra nacional no Brasil: "O(a) senhor(a) acha que os negros são tratados muito melhor, melhor, igual, pior ou muito pior do que os brancos?" Cerca de 72% dos brasileiros responderam que os negros no Brasil eram tratados pior ou muito pior do que os brancos. Assim, a velha suposição acadêmica de que os brasileiros negam a discriminação e estão imersos no mito da democracia racial não é verdadeira quando se pergunta à população o que ela pensa sobre o assunto nas pesquisas de opinião pública.

Embora todas as pesquisas feitas desde pelo menos 1990 revelem que os brasileiros sempre tiveram plena consciência da discriminação, a mudança na orientação do Estado em relação à raça não parece ter sido causada pela pressão ou influência pública direta e generalizada. Em vez disso, os estudos apontam para o papel fundamental da união de atores do Estado e de movimentos sociais, acompanhados por atores internacionais e de organizações não governamentais. De fato, o principal evento que talvez tenha influenciado de forma mais clara a mudança rumo a políticas públicas direcionadas para cor e raça no Brasil foi a participação conjunta do Estado e dos movimentos negros na Conferência Mundial das Nações Unidas contra o Racismo, ocorrida entre 31 de agosto e 8 de setembro de 2001, em Durban, na África do Sul. No entanto, a participação nesse evento e a subsequente renovação do fervor antirracista no país, em vez de terem sido claramente lideradas pelo Estado, foram possíveis em grande parte devido à implacável pressão exercida pelos atores do movimento negro. A conferência e as muitas reuniões preparatórias serviram para abrir o acesso político, reunindo atores governamentais e do movimento social, como nunca antes tinha ocorrido: isso promoveu a legitimação das queixas e demandas do movimento negro em relação ao lugar da raça na sociedade brasileira.

A ação afirmativa e os pretos, pardos e negros

A crescente importância da classificação administrativa de cor e raça foi resultado, em parte, da institucionalização da política de ação afirmativa do Estado voltada para as populações preta e parda. É possível que isso tenha contribuído para a queda do uso do rótulo *moreno* na autoclassificação espontânea da pergunta aberta, assim como para o meteórico crescimento de pardo na mesma questão. Ou seja, estamos afirmando que possivelmente cor e raça (na classificação governamental) ocasionalmente passavam despercebidas nos registros oficiais e administrativos, porém, após o estabelecimento e a disseminação da política de cotas, o preenchimento dessa informação passou a ser tratado com mais atenção.

Os atores do Estado brasileiro que historicamente evitavam a questão racial na esfera pública começaram a promover e aprovar políticas raciais (ou segundo a cor) afirmativas. Os primeiros casos ocorreram no Ministério do Desenvolvimento Agrário (setembro de 2001), seguido pelo Ministério da Justiça (dezembro de 2001) e pelo Ministério da Cultura (agosto de 2002). A primeira legislação racial no ensino superior foi aprovada em outubro de 2001 em duas universidades estaduais do Rio de Janeiro. No ano seguinte, a Universidade Estadual da Bahia também adotou a política de cotas raciais. Vale registrar que não coincidentemente esses fatos foram posteriores à abertura dada ao tema pela presidência de Fernando Henrique Cardoso e à participação do país na conferência sobre antirracismo de Durban: é possível dizer, seguindo a pioneira formulação de Edward Telles em seu livro *Race in Another America: The Significance of Skin Color in Brazil*, que houve uma "transformação pós-Durban" na política pública no Brasil.

Lula se tornou presidente em 2003 e solidificou as estruturas de acesso às políticas públicas raciais que passaram a unir atores do Estado e dos movimentos sociais. A desconexão histórica entre o Estado e o movimento negro que começou a ser desfeita no governo de Fernando Henrique foi ainda mais sacudida com Lula. Dentre as muitas iniciativas relacionadas à raça propostas em várias áreas, talvez a conquista política mais importante até aquele momento tenha sido a adoção de cotas raciais em universidades públicas. Inicialmente encampada em nível estadual, a histórica Lei de Ensino Superior do Estado do Rio de Janeiro de 2001 afirmava: "fica estabelecido que haverá uma cota de até 40% para as populações parda e negra no preenchimento de vagas em nível universitário na Universidade Estadual do Rio de Janeiro e na Universidade Estadual do Norte Fluminense."

A linguagem da legislação foi alterada em 2003 de *pardo e negro* para somente *negro*, o que acabava por induzir quem se autoclassificava como pardo a se considerar negro para efeitos de elegibilidade para a política. A política de cotas de 2004 da Universidade de Brasília é outro exemplo, ao literalmente afirmar: "Para concorrer às vagas reservadas pelo sistema de cotas para negros, o candidato deve ser de cor parda ou preta, declarar-se negro e optar especificamente pelo sistema de cotas para negros."

Note-se que, nesse caso, as políticas públicas raciais que utilizam a categoria negro em um esquema dicotômico, quando confrontadas com um senso comum racialmente tripartido em razão da existência do pardo, podem ser desafiantes. O movimento negro e os agentes do Estado optaram por classificar os brasileiros de acordo com a noção de raça baseada na hipoascendência. Essa decisão concebe ancestrais distantes, difusos e múltiplos como singulares e duradouros, e aceita a premissa de que um indivíduo visto como tendo qualquer ancestralidade africana deve ser classificado exclusivamente como africano, ou seja, negro. Essa é uma replicação de fato e *de jure* da instrução do Censo dos EUA de 1930, com sua busca por uma imaginária pureza racial branca: "uma pessoa com sangue misto de negro e branco deve ser registrada como negra, não importa quão pequena seja a porcentagem de sangue negro. Tanto os negros quanto os mulatos devem ser registrados como negros, sem distinção." Entretanto, a população brasileira utiliza uma paleta de múltiplas cores e não vincula as diferenças de cor da pele a divisões ancestrais singulares ou a entendimentos dicotômicos de cor ou raça.

A partir de 2008, o formato da legislação racial tornou-se cada vez mais institucionalizado, usando o esquema ternário do IBGE: branco, pardo e preto. Há algumas leis que incluem o termo negro. Porém, ainda que governo, acadêmicos e ativistas definam negro como a soma de pardo e preto, todos os documentos do governo priorizam a utilização dos termos de cor do IBGE. Um dos usos desses rótulos, talvez tão importante quanto pouco visível, tem a ver com a socialização das crianças já a partir de sua mais tenra idade. Em 2004, uma portaria do governo federal orientou as escolas a colocarem na ficha de matrícula de seus alunos o campo cor e raça. Um dos objetivos era prepará-las para o Censo da Educação Básica que ocorreria no ano seguinte. As opções de resposta eram as cinco categorias utilizadas no censo. Em 2007, em torno de 40% das crianças, com a devida declaração do responsável ou apresentação de um documento comprobatório, a certidão de nascimento como o principal deles, declarou sua cor ou raça. Essa proporção cresceu continuamente, atingindo 67% em 2015. O mais interessante é que no ano de 2020 nada menos do que 70% das crianças de 0 a 3 anos de idade tinha sua cor ou raça registrada na ficha de matrícula escolar. Ou seja, o projeto racial do Estado começa a ser implementado durante os primeiros passos de socialização da criança como brasileiro. Assim, embora tivesse ocorrido no início dos anos 2000 um movimento em direção ao uso do termo racial dicotômico *negro* na autoclassificação dos beneficiários de políticas de ação afirmativa, com o passar do tempo, a aplicação dos termos do IBGE tornou-se cada vez mais presente — talvez até mesmo como um selo do endosso estatal — através do uso de seu modo oficial de coleta de dados sobre o assunto. Não por acaso argumentamos ao longo do texto, baseados nos dados da PESB, que, entre 2002 e 2022-23, os brasileiros se consolidaram aos olhos do Estado como brancos, pardos e pretos.

Deve-se considerar que o uso de categorias raciais para discriminar e administrar a exclusão de pessoas ao acesso a determinados bens e serviços pode ter um efeito contrário não planejado, o de servir como fator preponderante para a construção de uma identidade racial que venha a ser mobilizada na luta antirracista. Segundo o cientista político Anthony Marx, em seu livro *Making Race and Nation*, publicado em 1998:

> os Estados desempenham um papel central na imposição dos termos de dominação oficial, com consequências não intencionais. A exclusão oficial por raça legitima essas categorias como uma forma de identidade social. No curto prazo, essa exclusão beneficia os incluídos e prejudica os outros. Mas, a longo prazo, a exclusão institucional pode consolidar ainda mais a identidade subordinada e incentivar a mobilização e o protesto.[4]

O uso da cor ou raça para excluir pode, portanto, fortalecer a classificação racial; da mesma maneira que ocorre com a utilização de cor ou raça para incluir ou enfrentar e mitigar a exclusão.

Os dados que já apresentamos sugerem que a decisão do Estado brasileiro de adotar políticas voltadas para cor e raça usando a linguagem do IBGE (categorias de cor) em vez da linguagem do movimento negro (categorias de raça) teve importantes consequências na autoclassificação e identificação da população. Argumentamos que as políticas inclusivas do Estado, em oposição às políticas excludentes mencionadas, criam as próprias categorias de identificação abordadas na legislação. Segundo o sociólogo francês Pierre Bourdieu em seu livro *Coisas ditas*, "para mudar o mundo é preciso mudar os modos de criação do mundo, ou seja, as operações práticas pelas quais os grupos são produzidos e reproduzidos".

Nesse sentido, os Estados nacionais são criadores de mundo por excelência. Assim, considerando-se a sucessão de acontecimentos históricos, talvez seja possível afirmar que o Estado brasileiro criou as políticas antirracistas de cotas antes que a formação da identidade negra caracterizasse os brasileiros não brancos como *negros*, a fim de mobilizá-los para combater o racismo. As categorias institucionais escolhidas e usadas pelo Estado são as de cor e não a categoria racialmente afirmativa de negro. Sem dúvida, a luta política que o Estado e o movimento negro estão travando é profundamente antirracista. Entretanto, o caso brasileiro é único e original, pois sugere que o antirracismo não exige que o Estado primeiro crie uma identificação racial robusta ao longo das linhas demarcadas pelo próprio racismo, como acontece nos EUA e na África do Sul.

Ainda que a criação e adoção da legislação antirracista tenha sido de alguma maneira surpreendente para muitos ativistas e acadêmicos, o Brasil vem se tornando pouco a pouco um exemplo global de políticas públicas de combate ao racismo. A população brasileira, supunham alguns acadêmicos de maneira até relativamente arrogante, estava mergulhada na mistificação da mestiçagem e no conto de fadas da democracia racial; faltava ao povo consciência racial, expressa na inequívoca e sólida forma de autoidentificação como negro. Tais acadêmicos e ativistas consideravam que a população era responsável por sua condição em função do negacionismo que cultivava sobre discriminação racial e acerca de sua verdadeira raça negra. Nossos dados, triangulados com pesquisas realizadas em anos anteriores, mostram claramente que o povo brasileiro sempre teve forte consciência da discriminação racial e da importância de combatê-la. Mais do que isso, revela que o apoio a políticas antirracistas é semelhante entre brancos, pardos e pretos. Isso indica que muitos acadêmicos e ativistas se enganaram ao atribuir à população as visões racistas da elite brasileira — erro que talvez seja resultado de um viés que conferiu muito peso à maneira de pensar das elites e pouca importância aos valores e percepções do povo. Além disso, os brasileiros não podem ser responsabilizados pela desigualdade racial com base na negação de sua verdadeira raça como negros simplesmente porque não existe uma raça *verdadeira*, exceto nas reflexões discriminatórias do racialismo naturalista das nações mais ricas e dos (pseudo) cientistas raciais do século XIX.

A luta antirracista tornou-se mundialmente a marca registrada do experimento brasileiro, mas ela se baseia em uma população que se vê através das lentes da cor, da intermediação, da ambiguidade e da multiplicidade ancestral, e não de uma abordagem binária baseada na ideia de raça dada pela hipodescendência africana e a pureza da branquitude, tal qual o modelo dos Estados Unidos. É o que nossos dados mostram. Isso é tão acidental quanto novo; e não faz sentido o ponto de vista (equivocado, ao que tudo indica) das teorias defendidas por estudiosos e ativistas de relações raciais do final do século XX e início do século XXI, que culpavam o povo (muitos ainda culpam) por um atraso no combate ao racismo na virada do terceiro milênio. Responsabilizar o povo pelas mazelas do Brasil é algo que vem de longe: há cerca de um século, as teorias da época consideravam o povo degenerado justamente em função da miscigenação.

O apoio às cotas raciais no Brasil

Antes de mostrar o apoio social à política de cotas com os dados das pesquisas de 2002 e de 2022-23, vale mencionar outros estudos que buscaram fazer o mesmo em diferentes anos.

Em 2000, uma pesquisa realizada em todo o estado do Rio de Janeiro e coordenada por um dos autores desse capítulo fez a seguinte pergunta:

> No Brasil, há poucos estudantes negros nas universidades. Algumas pessoas acreditam que, para mudar essa situação, o governo deveria reservar vagas para negros nas universidades públicas. Outras pessoas acreditam que a reserva de vagas para negros pelo governo colocaria outras pessoas em desvantagem. Em qual afirmação o senhor acredita?[5]

Surpreendentemente, a maioria dos habitantes do estado era a favor das cotas raciais: 55%. Outras pesquisas abordaram essa questão e elas também revelaram que o apoio à ação afirmativa era, de modo geral, muito alto. Uma delas, realizada em 2013 pelo Instituto Brasileiro de Opinião Pública e Estatística (Ibope), revelou que 64% dos brasileiros eram a favor de cotas raciais para negros em universidades públicas.

Nas duas rodadas da PESB foram feitas várias avaliações acerca do apoio às políticas públicas de ações afirmativas. Uma delas utilizou o procedimento de amostra dividida: metade dos entrevistados respondeu a três perguntas que mencionavam ajuda especial a pessoas negras e a outra metade, com o mesmo perfil, respondeu às mesmas questões, porém, sobre ajuda a pessoas pobres. Todas as medidas envolviam uma ação governamental: facilitar a construção de fábricas em áreas onde a maioria dos moradores eram negros (ou pobres), investir mais em escolas nestes locais e, por fim, bolsas de estudo para jovens negros (ou pobres) que tirassem boas notas. Já na pesquisa de 2002, a menor proporção de apoio a políticas dessa natureza para negros foi de 79% nas perguntas sobre escolas e fábricas, e, em 2022-23, a menor proporção de apoio foi de 74% para fábricas. As mesmas perguntas feitas com a categoria pobre resultaram no apoio a tais incentivos sistematicamente maior nas duas pesquisas, em torno de dez pontos percentuais. No caso dos grupos sociais, negros e pobres, os altos percentuais não se alteraram com o passar do tempo. Talvez a conclusão mais importante a partir desses dados seja a de que as políticas de ação afirmativa, já em 2002, desfrutavam de grande apoio, que se manteve estável ao longo de vinte anos mesmo após debate com argumentos contrários e favoráveis.

Apresentando o cartão com as oito fotos de pessoas cuja cor de pele e traços variavam, a PESB também questionou qual delas merecia conseguir um bom emprego público por meio de reserva de vagas (ver imagem 2 do Anexo). Como nas duas rodadas da pesquisa as fotos foram as mesmas, os resultados podem ser comparados. Em 2002, a pessoa da foto 8 era apontada como a que menos merecia ter acesso a esse tipo de política pública, com 25% de apoio. A variação entre o resultado obtido para essa foto e as fotos 1, 7, 6 e 2 foi de apenas cinco pontos percentuais. Relembramos que as fotos 8, 1 e 7 eram de pessoas consideradas brancas pelos brasileiros, enquanto as fotos 6 e 2, pardas. Vale ainda notar que, em 2002, o terceiro pardo, o da foto 3, tinha apenas nove pontos percentuais a mais de apoio do que os três brancos para que fosse contemplado por essa política compensatória. Ou seja, o diferencial de apoio à política de cotas para brancos e pardos era pequeno no início do século XXI, ainda mais quando comparamos ao que aconteceu vinte anos mais tarde.

Em 2022-23, a distância entre o apoio ao branco da foto 1 (33%) e ao pardo da foto 3 (52%) atingiu dezenove pontos percentuais, praticamente duplicou. Os dados mostram que a diferenciação entre brancos e pardos aumentou não apenas quando se comparam essas duas fotos; à medida que se passa do menos branco (foto 7) para o menos pardo (foto 6) já há aumento de apoio, fora da margem de erro da pesquisa, o que não existia em 2002. Os resultados indicam que os brasileiros passaram a diferenciar mais entre brancos e pardos quando o que está em jogo são políticas públicas de ação afirmativa. É possível interpretar essa mudança como consequência das ações do Estado para o aumento da institucionalização do pardo como beneficiário de ações afirmativas.

Se, por um lado, a distância entre brancos e pardos aumentou em duas décadas, com os brasileiros se tornando mais favoráveis a que os pardos sejam crescentemente contemplados com acesso a empregos públicos de qualidade por meio de reserva de vagas, por outro, a distância entre pardos e pretos ficou estabilizada, uma vez que todas as alterações ocorreram dentro da margem de erro da pesquisa. Em outras palavras, para efeito do apoio à política de ação afirmativa, pardos e pretos se distanciaram conjuntamente dos brancos, atraindo maior apoio social a que sejam contemplados pelas cotas.

Merece também destaque o fato de que, em 2002, exatos 5% dos brasileiros consideravam que todas as pessoas das oito fotos mereciam conseguir um bom emprego público por meio da reserva de vagas, enquanto, em 2022-23, a proporção foi de 19%. Essa mudança pode ser interpretada de várias maneiras. A primeira e mais óbvia é o aumento da legitimidade das cotas raciais em todos os segmentos sociais. Na situação estruturada de pesquisa, quando em 2022-23 uma pessoa ouviu a menção à reserva de vagas no meio de um bloco de perguntas sobre cor e raça, intuitivamente passou a achar — em maior proporção — que todos a mereciam, independentemente de sua aparência racial. Mais do que legitimidade, isso pode indicar também aprovação à medida. Uma segunda interpretação tem a ver com o nível de escolaridade formal: o apoio a cotas é de 23% entre os respondentes no nível mais baixo, aqueles que não concluíram o ensino fundamental II, e cai até 11% no mais elevado, o ensino superior completo. Isso pode indicar tanto uma compreensão diferente das pessoas menos escolarizadas sobre a política de cotas quanto seu desejo de serem contempladas por ela em função de sua posição social desvantajosa. Neste último caso, corrobora o aumento de sua legitimidade e aprovação. Porém, mesmo para os mais escolarizados, o apoio para que as cotas sejam acessíveis a todos também cresceu em vinte anos, o que igualmente indicaria o sucesso dessa política pública.

Nas duas décadas que separam as pesquisas também se destacou o expressivo aumento de apoio às cotas junto a brancos e pardos. Em 2002, a média de apoio dos brancos considerando-se as oito fotos era de 34% e passou para 47% em 2022-23; os pardos saíram de 38% para 52%

e os pretos de 42% para 51%. Levando em conta a margem de erro das pesquisas, o nível de apoio em 2022-23 é o mesmo para os três grupos, mas não era em 2002, quando os pretos apoiavam significativamente mais do que os brancos. Isso indica que em vinte anos de política de cotas raciais, seu crescente apoio igualou as preferências de brancos, pardos e pretos. A sociedade, portanto, não é dividida quanto à cor e raça se o assunto for a política pública de cotas raciais.

Estereótipos e preconceito de cor ou raça

A PESB buscou avaliar as percepções dos brasileiros a respeito da sociedade quanto à posição que indivíduos com diferentes cores de pele ou raça ocupam e como são vistos. Foi realizada uma bateria de 17 perguntas que os entrevistados respondiam tendo em mãos um cartão de oito fotos. A ideia era que olhassem para as fotos e dissessem, escolhendo apenas uma delas, qual daquelas pessoas parecia ser um advogado, um professor de ensino médio, um motorista de táxi, um porteiro, um varredor de rua, um carregador, um engraxate, o que tem menos oportunidade, o mais pobre, o que tem mais estudo, o que tem modos mais educados, o mais honesto, o mais inteligente, um criminoso, o mais preguiçoso, o mais malandro e o que dá mais jeitinho. Havia como opção de resposta espontânea dizer *nenhum deles* e *não é possível responder olhando apenas a foto*, e a soma das duas respostas gravitou em torno de 10% em cada uma das duas pesquisas.

Os inúmeros casos de racismo, cada vez mais amplamente noticiados no Brasil, acontecem porque as pessoas têm concepções preestabelecidas sobre os indivíduos baseadas em vários sinais, muitos deles relacionados à aparência, mas não apenas. Às vezes é difícil distinguir, para efeitos analíticos, o que é preconceito do que é estereótipo. Em uma definição simples, o estereótipo se manifesta quando colocamos indivíduos em segmentos ou lhes atribuímos certos comportamentos e valores por serem autodeclarados, ou percebidos, como membros de determinados grupos. O estereótipo é, portanto, uma simplificação e generalização da realidade social — por exemplo, quando dizemos *todo membro de um determinado grupo social se comporta de uma certa maneira*. Já o preconceito está associado ao julgamento que fazemos de tais segmentos e dos indivíduos que consideramos a eles pertencentes — que ocorre, por exemplo, quando pensamos *este comportamento de membros desse grupo é muito ruim*. Os dois conceitos se aproximam, talvez até mesmo se amalgamem, toda vez que essas caixinhas são julgadas por nós de maneira positiva ou negativa. Aliás, é difícil imaginar que não ajamos assim e que na maioria dos casos tenhamos uma visão neutra de grupos sociais e indivíduos. Qualquer que seja o caso, estereótipo ou preconceito, a visão que se tem de uma pessoa é intuitiva e não está fundamentada em um "pós-conceito", isto é, em informações detalhadas que possamos obter sobre ela. Indo além de uma definição popular, os estereótipos ou preconceitos são generalizações que, quando se consolidam e acabam naturalizados, tornam-se difíceis de ser modificadas até mesmo em função de muitas evidências e experiências posteriores, o que configuraria um pós-conceito.

O estereótipo nacional de que a Inglaterra (indivíduo) é um país chuvoso (caixinha) pode não se fundamentar na leitura de estatísticas meteorológicas, mas sim em uma generalização espontânea, possivelmente de origem desconhecida. O estereótipo existente em alguns países de que todo brasileiro (indivíduo) tem samba no pé (caixinha) é uma generalização que desconsidera que nem todo brasileiro sabe sequer dançar. Essa visão tem uma origem desconhecida — talvez criada por algum *gringo* (outro estereótipo aplicado a turistas vindos do exterior) que tenha visitado o Brasil durante o Carnaval. Porém, tal reputação se consolidou e ganhou autonomia, passou a funcionar devido a um mecanismo afetivo, não lógico. Assim, se um alemão sambar com maestria será dito que aquilo foi possível depois de muitas e muitas aulas, afinal, alemães têm *cintura dura*, mas um brasileiro sambar com maestria seria encarado como simples consequência de sua nacionalidade.

Nunca faltarão fatos que confirmem estereótipos, ao passo que exemplos contrários tenderão a ser ignorados: ficará configurado o que psicólogos chamam de *raciocínio motivado*. Ao lidar com evidências que contradizem o estereótipo, afirmamos para nós mesmos que aquilo foi uma exceção. É justamente por ser algo afetivo que estereótipos e preconceitos estão relativamente protegidos de evidências que os refutem e são difíceis de serem combatidos. Eles podem ser plausíveis, estarem baseados em meias-verdades, em casos isolados ou em premissas e evidências totalmente falsas, mas tendem a sobreviver se não acarretarem consequências negativas para quem os cultiva.

Quando pensamos em como uma sociedade é estruturada, percebemos que algumas visões estereotipadas contêm elementos reais. Tomemos, por exemplo, o caso das profissões. A PESB solicitou aos brasileiros que associassem sete ocupações de status diferentes a cada uma das oito fotos já citadas. Sabemos que as estatísticas de mercado de trabalho no Brasil indicam maior presença de pessoas de cor branca nas profissões de mais elevado prestígio e maior remuneração, enquanto as de cor preta estão nas de menor valor social e menor remuneração. Ser advogado no Brasil resulta, na maioria das vezes, em residir nas áreas mais nobres das cidades, ter plano privado de saúde, colocar os filhos em escola particular e viajar de férias para o exterior. Por outro lado, ser varredor de rua ou engraxate significa estar fadado a morar na periferia ou em um bairro pobre, ter que utilizar os serviços públicos de saúde e educação e muitas vezes ser obrigado a trabalhar sem descanso anual, a fim de ter algum dinheiro a mais. Aliás, tem sido uma das grandes lutas do movimento negro no Brasil mudar esse estado de coisas e, nesse sentido, a política de cotas para empregos públicos bem remunerados e que exigem grau superior completo é um grande avanço.

Estatísticas do mercado de trabalho refletem uma realidade visível no cotidiano das pessoas, seja em seus bairros, cidades ou locais de trabalho. Infelizmente, a maioria dos brasileiros se acostumou a ver a predominância de pessoas brancas em posições de alto status social, como políticos, médicos, juízes e engenheiros, em comparação com indivíduos pardos e pretos. Assim, uma pesquisa que apresente um cartão de fotos com brancos, pardos e pretos e pergunte qual deles parece ser alguém com determinada ocupação irá captar um estereótipo ou preconceito fundamentado em algo que os brasileiros experimentam em seu dia a dia. Por isso, ao sermos questionados sobre a aparência de um advogado, não é surpreendente que a maioria mencione brancos mais frequentemente do que pretos e pardos. Da mesma forma, nos acostumamos a associar profissões como engraxates e garis a pessoas negras.

Para efeito de análise consideramos, dentre as oito fotos utilizadas na pesquisa, apenas seis. Os dois pretos das imagens 4 e 5, os pardos das fotos 2 e 3 e os brancos dos retratos 1 e 8 (ver imagem 3 do Anexo). Escalas de pesquisas têm, em geral, o número ímpar de pontos. No caso da PESB, em sua seção sobre cor e raça, o método das fotos lançou mão de oito pontos (fotos). Isso aconteceu porque em seus primórdios, no início dos anos 2000, quando foi realizado o pré-teste do questionário, verificou-se que a pessoa branca da foto 7 era considerada pelos entrevistados aquele que mais tinha aparência de nordestino (um estereótipo). De fato, na primeira rodada da pesquisa, ele foi o mais mencionado como originário dessa região. Assim, para a avaliação dos estereótipos ou preconceitos de cor e raça decidimos retirá-lo da análise, pois a origem regional poderia ter impacto na visão que as pessoas teriam dele (foi por causa dele que a escala não foi ímpar, de sete fotos, a fim de manter um branco nordestino na pesquisa). Já a pessoa parda da foto 6 foi retirada porque, dentre os três pardos, ele é, segundo os entrevistados, tanto em 2002 quanto em 2022-23, o menos pardo. Foi o que apresentou as maiores proporções de respostas "branco" quando questionamos sobre sua cor ou raça.

Os resultados demonstraram que os estereótipos e preconceitos dos brasileiros sobre ocupações estão alinhados com as informações do mercado de trabalho, que indicam predominância de brancos nas profissões mais bem remuneradas e de pretos e pardos nas funções de menor prestígio social. Os dois indivíduos brancos das fotos 8 e 1, somados, foram os mais mencionados como advogados e professores de ensino médio. Por outro lado, os dois indivíduos pardos dos retratos 2 e 3, somados, foram os mais citados como motoristas de táxi e porteiros, e, apenas em 2022-23, também como lixeiros, o que significou que eles ultrapassaram os pretos na associação com essa profissão, que estava empatada em 2002. Além disso, os dois indivíduos pretos das fotos 4 e 5, junto com os dois pardos, foram os mais mencionados (com empate técnico dentro da margem de erro da pesquisa) como carregadores e engraxates, exceto em 2002, quando os pretos foram significativamente mais associados à função de engraxate do que os pardos.

Nossos resultados indicaram, portanto, que os brasileiros associam as melhores profissões aos brancos e as de menor remuneração e prestígio social aos pretos e pardos na estrutura ocupacional de seu país. Houve uma mudança que se destacou entre 2002 e 2022-23 e que corrobora a perda de prestígio dos brancos como categoria de autoclassificação e o aumento da preferência por pardo e preto como cor e raça: os brancos foram menos citados nas profissões de advogado e professor e mais mencionados nas demais ocupações. Na soma das proporções, em 2002, os brancos das fotos 1 e 8 foram considerados advogados e professores, respectivamente, por 48% e 36% dos brasileiros. Os números caíram para 35% e 28% em 2022-23. Nessas duas ocupações, pardos e pretos subiram um pouco. Essas mudanças ocorreram em todos os segmentos de cor ou raça entre os respondentes, ou seja, tanto brancos quanto pardos e pretos modificaram suas visões sobre as ocupações. Em outras palavras, é possível dizer que há associação entre uma escala de prestígio social e as variações de cor de pele; e também é possível dizer que a associação entre as duas dimensões perdeu força no Brasil entre as pesquisas.

Não podemos descartar a hipótese de que os entrevistados, ao responderem em 2022-23, tenham pensado na possibilidade de serem considerados racistas pelos entrevistadores, o que poderia explicar a diminuição da associação de brancos com carreiras de maior prestígio e o aumento das menções a pretos e pardos nessas ocupações. Quando isso ocorre, o entrevistado vê no entrevistador a representação da sociedade e, para evitar constrangimentos, responde de acordo com o que acredita que a sociedade gostaria de ouvir. Embora não possamos descartar essa possibilidade, admitimos que outros dados de nossas duas pesquisas, como já demonstrado, corroboram uma mudança real na percepção das pessoas sobre brancos, pardos e pretos. Ademais, mesmo que a hipótese de respostas influenciadas pela expectativa social seja plausível, ela só poderia ser validada por meio de estudos metodológicos específicos. Além disso, é possível que essa variação reflita uma efetiva mudança na estrutura ocupacional do país.

O mercado de trabalho muda de maneira bastante lenta e, no caso das percepções sociais, essa mudança precisa ser assimilada e consolidada no pensamento coletivo. Entre 2002 e 2022-23, ocorreram transformações nessa direção que podem ter sido percebidas por uma fatia da população. No entanto, a principal razão para a diminuição da presença de brancos nas respostas relacionadas às profissões de maior prestígio pode estar ligada à combinação de dois fenômenos: o aumento da visibilidade de pessoas pardas e pretas na mídia, como jornalistas, apresentadores de noticiários, protagonistas de novelas, além de sua maior presença em propagandas, anúncios televisivos e nas redes sociais, e a persistente atuação dos movimentos sociais em destacar a desigualdade de cor e raça nas ocupações e lutar contra essa assimetria.

Além das profissões, os entrevistados foram questionados sobre qual daquelas pessoas parecia ter mais estudo. Como era de esperar, os dois brancos somados pontuaram 49%, em 2002, e 40%, em 2022-23, sendo muito mais associados a essa característica do que pardos (8% e 11%) e pretos (17% e 25%). Vale destacar que, já em 2002, os pretos eram significativamente mais identificados com esse atributo do que os pardos, e essa diferença se ampliou em vinte anos.

Uma pergunta que pode ser considerada por alguns correlata a essa questionava quem tinha modos mais educados. Novamente, a soma dos dois brancos foi mais elevada do que a dos dois pardos e dos dois pretos, mas apenas em 2002: 44%, 9% e 21%, respectivamente. Duas décadas mais tarde, esses resultados variaram para 28%, 16% e 32%, indicando claramente melhoria da visão sobre pardos e pretos e piora significativa da visão sobre brancos em relação a seus modos.

Duas perguntas feitas nessa bateria têm relação com a hierarquia de profissões e nível educacional, ou seja, como a sociedade é vista atualmente: qual deles parece ser o mais pobre e qual parece ter menos chances e oportunidades na vida? No que diz respeito à pobreza, pretos e pardos são considerados absolutamente semelhantes: na soma das duas fotos de pardos e das duas de pretos, cerca de 35% dos brasileiros os identificaram como os mais pobres, enquanto os brancos pontuaram aproximadamente apenas 5%. Ou seja, brasileiros de todos os segmentos sociais consideram que a pobreza é uma condição que afeta pretos e pardos de maneira semelhante, mas que atinge muito menos os brancos. Isso reflete um estereótipo ou preconceito que está em consonância com a realidade, reforçando a evidência de que o suposto mito da democracia racial não afetou a percepção do povo brasileiro sobre o racismo. Por outro lado, e aqui temos um resultado que exige reflexão, ao identificar aqueles com menos chances e oportunidades na vida, 50% dos brasileiros entrevistados mencionaram os dois pretos, 20% mencionaram os pardos e apenas 7% citaram os brancos. As proporções foram as mesmas, na margem de erro, em 2002 e 2022-23. A falta de oportunidades, diferentemente da pobreza, é algo muito mais presente na vida dos pretos, menos acentuada entre os pardos e quase inexistente para os brancos.

A primeira indicação óbvia de nossas informações é que, para a maioria dos brasileiros, os brancos desfrutam de uma posição social privilegiada: têm as melhores profissões e mais estudo, não são vítimas da falta de oportunidades e não são pobres. Pretos e pardos estão associados às profissões de menor renda e prestígio, além de serem pobres. A diferença entre eles diz respeito às oportunidades; os brasileiros consideram que há realmente uma grande distância que coloca os pretos em uma situação bem pior que os pardos. Essa imagem, estereótipo ou preconceito, demanda explicação.

É possível que, na cabeça dos brasileiros, ter oportunidades esteja relacionado à inteligência e honestidade, características em que os pardos menos pontuam. Apenas cerca de 10% dos brasileiros consideram os dois pardos mais inteligentes, enquanto os dois pretos alcançaram a proporção de 21%, em 2002, e de 29%, em 2022-23. Já os brancos foram vistos como os mais inteligentes por 42%, em 2002, e 34%, em 2022-23. Em outras palavras, a piora da imagem dos brancos em relação a esse atributo resultou apenas na melhora da visão sobre os pretos, enquanto os pardos permaneceram na mesma posição desvantajosa que já ocupavam em 2002. No que diz respeito à honestidade, os pardos somados totalizaram 14%, em 2002, e 19%, 2022-23, enquanto os brancos caíram de 30% para 20% e os pretos subiram de 26% para 39%. Mais uma vez, a queda na percepção positiva dos brancos favoreceu mais os pretos do que os pardos.

É provável que a drástica variação negativa no estereótipo de honestidade associado aos brancos tenha sido influenciada por duas décadas de escândalos de corrupção, culminando na Operação Lava Jato. Durante esse período, políticos e empresários brancos, ricos e socialmente privilegiados foram sistematicamente expostos na mídia, investigados, julgados, condenados e presos, o que contribuiu para a deterioração das suas imagens.

Esse resultado é reforçado pela pergunta sobre quem parece ser um criminoso, e as menções aos dois brancos aumentaram de 8% para 18% em vinte anos, curiosamente correspondendo aos mesmos dez pontos percentuais perdidos em termos de honestidade. O papel do movimento negro também parece relevante nas mudanças que desfavorecem os brancos; o discurso constante sobre o racismo praticado por brancos contra negros e a crescente visibilidade desse tema provavelmente contribuíram para diminuir as visões positivas em relação a eles. No quesito "criminoso", os dois pardos ficaram na frente de brancos e pretos tanto em 2002 quanto em 2022-23. Vale destacar que quando essas características são analisadas segundo a cor ou raça dos entrevistados, os brasileiros pardos avaliam os dois pardos das fotos de maneira mais negativa do que os dois brancos e pretos.

De maneira geral, a análise das perguntas sobre inteligência, honestidade e criminalidade revela que pardos têm um estereótipo menos favorável do que brancos e pretos. Sendo assim, é razoável supor que uma parcela significativa de brasileiros acredite que pardos tenham mais oportunidades do que pretos, como os dados indicam, mas não as aproveitem devido à percepção de serem menos inteligentes, mais desonestos e, além disso, terem menos estudo. Embora não possamos identificar as razões originárias que contribuíram para essa imagem, é plausível que a atuação do movimento negro tenha influenciado a diferença entre os estereótipos desses dois grupos.

Como o termo negro é mais frequentemente associado à categoria preto, ambos geralmente definidos pela cor da pele e não pela ancestralidade, pode ser que os movimentos sociais que defendem os interesses dos negros estejam, inadvertidamente, excluindo da luta aqueles que, legítima e autonomamente, se identificam como pardos. É como se esse grupo estivesse sendo colocado em segundo plano no persistente discurso público do movimento negro ao mesmo tempo que é atendido pelo Estado em suas políticas antirracistas graças ao fortalecimento da classificação administrativa fundamentada nas cinco categorias do IBGE.

Em suma, embora os pardos possam melhorar sua condição social à medida que forem contemplados pelas políticas públicas de ação afirmativa, seus estereótipos negativos, em comparação aos pretos (negros), podem permanecer estáveis, como já aconteceu nos vinte anos entre 2002 e 2022-23. Isso é especialmente relevante considerando que a maioria dos brasileiros se autodeclara pardo. Em termos de preconceitos e estereótipos, os resultados das nossas pesquisas indicam que ser pardo no Brasil é mais negativo do que ser preto. Talvez isso pudesse ser modificado se, além do movimento negro, houvesse um movimento pardo antirracista. Contudo, deixando de lado essa afirmação provocativa e passando para a *realpolitik*, para a melhoria dos estereótipos associados aos pardos, talvez seja suficiente que o movimento negro comece a migrar, gradativamente, de sua atual decisão de enfatizar raça e ancestralidade africana e passe a incorporar de vez a cor para contemplar os pardos. A decisão a favor da luta antirracista baseada na perspectiva binária de raça, em vez de ternária de cor, pode estar contribuindo para a manutenção das diferenças nos estereótipos entre pardos e pretos.

O que se observa é que os brasileiros percebem os pretos como os mais prejudicados por motivos estruturais relacionados à forma como a sociedade se organiza, sua história e perfil, certamente devido à herança da escravidão — daí a distância que mantêm em relação aos pardos quando se trata sobre quem tem menos oportunidades. Por outro lado, os pardos são vistos como prejudicados por questões individuais, já que, apesar de terem mais oportunidades que os pretos, acabam sendo tão pobres quanto eles. O estereótipo associado aos pardos não os favorece nas variáveis individuais, como honestidade e inteligência, da mesma forma que beneficia os pretos. Com isso, fica uma pergunta: seria o pardo — um mestiço — percebido como a personificação do *malandro*, um arquétipo social tão brasileiro, a ponto de contribuir para a percepção de que seriam menos honestos?

Para responder à curiosidade acerca das percepções que os brasileiros têm sobre seu próprio país e de si mesmos, a pergunta que questionava qual das fotos parecia representar o "mais malandro", nas duas rodadas da pesquisa, levou praticamente a um empate técnico, dentro da margem de erro, entre todas as oito fotos em 2002 e 2022-23, com empate mais evidente no segundo ano em que a pesquisa foi feita. Isso sugere que o estereótipo da malandragem está democraticamente distribuído entre todas as cores e raças, indicando que ser brasileiro é, de certa forma, sinônimo de ser malandro.

A pretensa diminuição do preconceito racial depois de mais de vinte anos de luta

Ao utilizar três das perguntas exploradas anteriormente — sobre quem parecia ser criminoso, o mais honesto e o mais inteligente —, criamos uma referência ou régua para avaliar a predominância de estereótipos e preconceitos. Acreditamos que essas perguntas expressam de maneira mais adequada o que desejamos entender, pois a interpretação de seus resultados não está sujeita a ambiguidades como está, por exemplo, uma pergunta que ajuda a compreender melhor a visão que as pessoas têm da sociedade ou simplesmente sobre como avaliam os indivíduos. A partir da régua criada com as três perguntas, dividimos os respondentes em três grupos, de acordo com o número de pontos acumulados nas respostas. Denominamos de "muito preconceituosos" aqueles que ficaram no terço superior da pontuação nas três perguntas, e de "pouco preconceituosos" os que ficaram no terço inferior. As pessoas que pontuaram no terço intermediário foram classificadas como "medianamente preconceituosas".

Em 2002, 49% dos brasileiros se enquadravam no grupo dos muito preconceituosos; o percentual caiu para 34% em 2022-23, representando uma redução de quinze pontos. Os pouco preconceituosos aumentaram dez pontos, e os medianamente preconceituosos cresceram cinco pontos.

À luz da expertise acumulada nas ciências sociais, esses resultados podem ser interpretados de duas maneiras distintas. A primeira, mais otimista e considerada pelos autores a mais correta, sugere que a mudança indica uma tendência robusta de diminuição do preconceito na sociedade brasileira, o que, por si só, é um objetivo nobre a ser alcançado em qualquer país. Depois de várias décadas de luta contra o preconceito de cor ou racial, faz sentido concluir que ele tenha diminuído. Porém, há uma segunda interpretação, mais cínica e igualmente plausível, que tem a ver com as condições em que a pesquisa foi realizada.

Uma entrevista também é uma interação social, e, por isso, esses resultados poderiam apenas indicar que parte dos brasileiros está mais cautelosa em expressar opiniões racistas e politicamente incorretas, sem que isso, de fato, represente uma mudança do preconceito na sociedade. Pesquisadores importantes, como David Sears e Donald Kinder, têm mostrado que esse fenômeno ocorre nos Estados Unidos, onde houve drástica diminuição dos que manifestam racismo de forma mais aberta, acompanhada pelo aumento do uso de eufemismos para expressar preconceito contra negros. Embora nem sempre o que acontece nos EUA também se replique no Brasil, em particular no que diz respeito a questões de cor e raça, a segunda interpretação também sinaliza uma mudança antirracista. A crescente tendência de ocultar preconceitos e estereótipos negativos por si só reflete a força dos movimentos sociais e indica que ao menos parte da população começou a pensar duas vezes antes de expressar tais visões. É possível que aqueles que optaram por esconder seu racismo nessas situações também o façam em outras ocasiões, o que representa uma vitória na luta por mais igualdade entre grupos de diferentes cores ou raças.

Um resultado igualmente relevante é que a redução ocorreu na mesma velocidade entre pretos, pardos e brancos. Em 2002, 41% dos entrevistados pretos estavam no grupo dos mais racistas, e 49% de pardos e brancos também. Em 2022-23, as proporções caíram para 31%, 34% e 36%, respectivamente. Pode-se afirmar que pretos sempre foram, e assim se mantiveram, menos preconceituosos do que brancos, ao passo que houve empate técnico, dentro da margem de erro, entre os demais grupos. Todavia, o que esses dados mostram é que, no Brasil, em contraste com o que acontece nos EUA, não há uma ideologia de superioridade racial branca, ao menos quando olhamos para a população como um todo. O curioso, no caso brasileiro, é a presença nada desprezível de indivíduos *de todas as cores e raças* na categoria mais alta de preconceito: embora exista alguma diferença entre pretos e brancos, ela não é grande, e a distância diminuiu no decorrer de duas décadas. O preconceito é igualmente distribuído entre todos os segmentos de cor ou raça, com grande similaridade entre os grupos. Portanto, em contraste com o que acontece nos EUA, a maioria dos brancos não endossa a visão de superioridade racial, e pretos e pardos também demonstram expressar preconceito.

Racismo *versus* classismo: a velha discussão sob a luz de novos dados

Vimos anteriormente que estereótipos e preconceitos de cor ou raça avaliados por meio de determinadas características — positivas e negativas — francamente favorece brancos e desfavorece pretos e pardos. Além disso, quando comparados os dois últimos segmentos, pardos são considerados em situação relativamente pior que pretos. Avançando em nossa análise passamos aos resultados de doze perguntas feitas na PESB que combinaram três cartões de fotos com quatro questões. Os entrevistados receberam uma série de cartões com a imagem de três dos oito homens das fotografias já mostradas anteriormente. Em cada cartão, os três homens eram apresentados com roupas, descrições profissionais e origem geográfica diferentes. O fundo das imagens era azul, enquanto as roupas variaram para representar de forma mais realista as ocupações de cada um. O primeiro cartão mostrava fotos de um homem branco e mecânico de carro, um homem pardo também mecânico de carro e um homem preto e professor de ensino médio (ver imagem 4 do Anexo). Em seguida, foram feitas quatro perguntas:

- Se você não tem filha, gostaria que imaginasse que uma filha sua fosse escolher um desses para casar. Qual deles gostaria que sua filha escolhesse?

- Se você pudesse escolher um desses para dar um emprego de confiança, qual escolheria?

- Se pudesse escolher um desses para ser seu chefe no trabalho, qual seria?

- Se pudesse escolher, qual deles você gostaria que fosse seu vizinho?

As mesmas quatro perguntas foram aplicadas a outros dois cartões de fotos. O primeiro mostrava um homem branco, nordestino, de terno; um homem pardo, também nordestino, de camisa social, professor de ensino médio; e um homem preto, nordestino, mecânico de carro (ver imagem 5 do Anexo). O segundo cartão apresentava um homem branco de camisa social, professor de ensino médio; um homem pardo, de terno, advogado; e, por fim, um homem preto, nordestino, também de terno, advogado (ver imagem 6 do Anexo). O homem branco, o pardo e o preto das fotos foram sempre as mesmas pessoas e buscou-se que a expressão facial de ambos fosse a mais homogênea possível, a fim de não induzir nenhum padrão de respostas.

O objetivo desse método de pesquisa foi avaliar o peso de cada estereótipo ou preconceito nas preferências expressas por nossos entrevistados. Sabemos que, no Brasil, eles existem em relação à cor ou raça, classe social e região Nordeste. Por exemplo, é comum (ou era) nordestinos que migraram para São Paulo e Rio de Janeiro receberem apelidos ou denominações pejorativas. Utilizamos uma moderna técnica de análise, chamada análise conjunta (*conjoint analysis*), com a qual é possível dizer qual o peso de cada estereótipo — raça, classe ou região — na visão negativa que se nutre sobre aquela pessoa. Certamente, haverá quem se pergunte por que as combinações entre raça, profissão e região e não outras. O método que utilizamos gera aleatoriamente um leque de opções, que funciona como amostra de todas as opções possíveis, e é feito assim justamente para atender aos critérios da análise conjunta. Por fim, cabe informar que na dinâmica da pesquisa, os três conjuntos de fotos foram apresentados em sequências diferentes para as duas versões distintas de questionário. A finalidade do procedimento de modificação da ordem dos cartões foi a de evitar algum tipo de viés de resposta que pudesse ser causado com a apresentação de uma sequência fixa das imagens. Em suma, várias medidas foram tomadas para que os resultados das análises levassem a conclusões confiáveis.

O resultado da análise conjunta revelou que em torno de 78% do preconceito identificado em 2002 e em 2022-23 pode ser atribuído à cor ou à raça, aproximadamente 12% à profissão ou classe social e 10% ao fato de a pessoa ser originária do Nordeste. Não houve mudanças significativas ao longo de vinte anos. Os resultados são um passo importante para arbitrar de maneira convincente uma antiga discussão entre aqueles que diminuem o peso do preconceito de cor ou raça argumentando que o classismo é a principal questão no Brasil — isto é, as pessoas nutrem majoritariamente estereótipos negativos em relação aos pobres, independentemente de outras características — e aqueles que enfatizam, como faz o movimento negro, que o preconceito é mais relacionado à cor ou raça do que à classe. Nossa análise revela que o preconceito está predominantemente relacionado à cor ou à raça. Note-se que tivemos o cuidado de incluir um aspecto frequentemente negligenciado em estudos acadêmicos: o preconceito regional contra nordestinos. A análise confirma que ele existe e mostra que sua magnitude é comparável à do preconceito contra pobres.

Outro resultado importante da análise conjunta é a variação regional do preconceito racial ou de cor. Tanto em 2002 quanto em 2022-23, identificamos que ele é menor na região Norte, seguida do Centro-Oeste, ao passo que era maior em 2002 na região Sul. Em 2022-23, a região Sul passou a ocupar o segundo lugar, perdendo o posto de área mais preconceituosa para o Sudeste. Considerando que na região Norte apenas 11% da população se classificou como branca em 2022-23, e que na região Sul os que se autodeclaram brancos foram 58%, é possível dizer que o preconceito de cor ou raça é menor onde há menos brancos e maior onde eles são maioria. Nas duas pesquisas, as regiões Norte e Sul apresentaram, respectivamente, a menor e a maior proporção de brancos. Os resultados revelam algo que, embora pareça evidente após a análise, é significativo: a predominância quantitativa de pretos e pardos, como ocorre na região Norte, que representa 83% da população adulta, atua como forte anteparo contra o preconceito racial ou de cor; em áreas onde eles são minoria, a barreira contra o preconceito é mais fraca.

Quando estereótipo e preconceito se tornam discriminação

Os três conjuntos de três fotos também indicaram, por meio da escolha simples e direta dos entrevistados, que ao longo dos vinte anos estudados o estereótipo positivo associado aos brancos diminuiu, aos pardos se manteve estagnado e aos pretos aumentou. Sem dúvida, esse fenômeno pode ser atribuído, em grande parte, à atuação do movimento negro nas últimas décadas no Brasil. Isso aconteceu mesmo quando adicionamos variações de classe social e de origem regional das pessoas. Ao analisarmos as respostas dos entrevistados para as quatro perguntas relacionadas ao homem branco, ao preto e ao pardo dos três cartões de fotos, observamos que, em 2002, o branco era de longe o preferido como parceiro para o casamento de uma filha, com praticamente 50% de preferência na média das três variações apresentadas aos entrevistados. No entanto, a proporção despencou para apenas 28% ao longo de vinte anos! A diminuição da preferência pelo homem branco resultou em uma pequena melhora na aceitação do homem pardo e em aumento significativo da preferência pelo homem preto para o casamento. Em 2002, o branco já ocupava a terceira posição quando perguntamos sobre a contratação para um emprego de confiança, e, em 2022-23, a situação dele piorou. O pardo teve uma ligeira queda numérica, dentro da margem de erro (o que significa que não houve mudança), enquanto o preto foi o único a ter aumento na preferência. Aliás, ele já liderava em 2002 e consolidou a posição em 2022-23.

Tabela 3. Preferência por preto, pardo ou branco na média das três fotos a fim de:

	Casar a sua filha	Contratar para emprego de confiança	Ser seu chefe	Ser seu vizinho	Média das quatro escolhas
Branco	Era de longe o preferido em 2002. Em 2022-23, ficou em segundo lugar.	O terceiro preferido nos dois anos, perdendo apoio significativamente.	Era o preferido em 2002 e passou para terceiro em 2022-23.	Era o preferido em 2002 e passou para terceiro em 2022-23.	Era o preferido em 2002, caiu 11 pontos e foi para terceiro.
Pardo	O segundo preferido em 2002 e o terceiro em 2022-23.	O segundo preferido nos dois anos, perdendo um pouco de apoio.	O segundo preferido nos dois anos.	O terceiro, caindo para segundo.	Estabilidade nos números e na posição de segundo lugar.
Preto	Era o terceiro em 2002 e passou a ser o preferido em 2022-23.	O preferido em 2002 e 2022-23, ampliando a vantagem sobre os demais.	Era o terceiro em 2002 e passou a ser o preferido em 2022-23.	O primeiro em 2002 e 2022-23, ampliando a vantagem sobre os demais.	Era o terceiro em 2002, subiu 11 pontos e foi para primeiro.
Tanto faz	Em torno de 15% nas duas pesquisas.	Em torno de 10% nas duas pesquisas.	Em torno de 10% nas duas pesquisas.	Em torno de 10% nas duas pesquisas.	Em torno de 15% nas pesquisas.

Fonte: Pesquisa Social Brasileira (2002, 2022-23).

Na pergunta sobre quem os entrevistados prefeririam ter como chefe, as posições do preto e do branco se inverteram: o preto, que era o terceiro em 2002, ocupa a liderança em 2022-23, enquanto o branco caiu para último lugar. A posição do pardo ficou inalterada, permanecendo em segundo. Por fim, perguntamos quem os entrevistados prefeririam ter como vizinho. Nesta última questão, o branco também caiu da primeira para a última posição. O pardo passou de terceiro para segundo lugar, devido à queda do branco, embora a preferência numérica pelo vizinho tenha ficado praticamente inalterada. Já o preto, que ocupava a segunda posição em 2002, lidera em 2022-23.

É preciso refletir com cuidado sobre os resultados, uma vez que indicam melhoria generalizada do estereótipo do preto, piora do estereótipo do branco e estagnação do pardo. Mais do que isso, os dados vão contra a intuição da elite brasileira, formada a partir de suas experiências diárias, que vive em uma bolha composta predominantemente por pessoas brancas e é exposta a um noticiário que — com acerto — confere grande repercussão aos casos de racismo, em particular quando envolvem violência policial. A visão dessa elite, ou de parte significativa dela, é a de que o Brasil é um país profundamente racista, caracterizado por animosidade e atitudes contrárias às pessoas negras, onde pretos e pardos são sistematicamente desprezados e discriminados. Os dados obtidos a partir da situação estruturada em duas pesquisas contradizem, em certa medida, essa percepção predominante no senso comum brasileiro. Precisamos compreender o que está acontecendo.

Em primeiro lugar, já vimos que houve aumento significativo na proporção de pessoas que se autodeclaram pardas e pretas e diminuição das que se autodeclaram brancas. Afirmamos que esse movimento só foi possível em função da perda relativa do status associado à branquitude, algo que historicamente era um privilégio, e, em contrapartida, a valorização recente da *pretitude* e da *parditude*. Portanto, podemos aplicar o mesmo raciocínio aos resultados que mostram melhoria da percepção sobre pretos e piora da imagem dos brancos.

Em segundo lugar, é possível sempre considerar a explicação que mobiliza a resposta estratégica dos entrevistados. Ou seja, a fim de não revelar seu verdadeiro preconceito racial na interação social propiciada pela pesquisa, os respondentes procuraram favorecer o preto e desfavorecer o branco. Novamente, chamamos a atenção para o fato de que se isso aconteceu, trata-se de uma sinalização positiva. Significa que no passado, em 2002, as pessoas estavam mais à vontade para serem preconceituosas até mesmo respondendo a questionários. Se isso mudou depois de vinte anos, indica que elas podem ter passado a esconder esse mesmo preconceito em outras situações.

Em terceiro lugar, podemos argumentar com base nos resultados que a sociedade brasileira é bem menos preconceituosa, ao menos em relação aos pretos, do que parte da elite acredita. Haveria, portanto, um viés de percepção desse segmento que se baseia em sua experiência própria e limitada, sem considerar dados amostrais abrangentes que refletem a população do país. O que nossos dados indicam é que há um Brasil *menos conhecido* e *pouco notado*, para além dos níveis mais altos da pirâmide social, que concebe as diferentes cores e raças de maneira bem menos preconceituosa. A visão de mundo menos racista já aparecia na pesquisa realizada em 2002, e talvez tenha sido deixada de lado pela maioria dos analistas justamente por causa da dificuldade que têm de reconhecer algo que contraria suas experiências pessoais. Em certa medida, devido a esse viés, os dados da pesquisa foram implicitamente considerados *errados* ou *equivocados*, afinal, como seria possível conceber um país menos preconceituoso do que a percepção sugere? Isso se torna ainda mais desafiador quando se passa da experiência pessoal para os dados da estrutura do mercado de trabalho, da pobreza que atinge desproporcionalmente pardos e pretos e da violência policial direcionada a esses grupos.

A cor do voto no Brasil

Em alguns países, a identidade racial e as visões de mundo dos grupos raciais têm implicações significativas na política partidária e eleitoral. Nos Estados Unidos, por exemplo, embora eleitores brancos se dividam entre democratas e republicanos, uma divisão que região e classe social importam, norte-americanos negros têm se alinhado em bloco com o Partido Democrata desde a década de 1960, quando o então presidente Lyndon Johnson assinou as importantes leis que derivaram da eclosão dos movimentos civis. Na vizinha Bolívia, descendentes dos povos nativos que habitam a região desde antes da colonização espanhola tendem a apoiar o MAS, partido do ex-presidente Evo Morales. Do outro lado do Atlântico, na África do Sul, cidadãos negros são contumazes apoiadores do Congresso Nacional Africano desde a época do apartheid. Ao que parece, essa tendência de alinhamento também acontece no Brasil.

A PESB 2002 foi realizada antes do primeiro turno da eleição daquele ano, enquanto a 2022-23 ocorreu após o segundo turno de 2022. Isso significa que na primeira pesquisa perguntamos aos entrevistados sobre sua intenção de voto, ao passo que na segunda perguntamos em quem votaram. É possível que em 2002 vários respondentes tenham mudado de ideia entre o momento de responder ao questionário e o dia da votação. Por outro lado, em 2022-23 há a possibilidade de o eleitor ter esquecido em quem havia votado (pouco provável, mas não impossível), ou optado por não revelar seu verdadeiro voto em função do sentimento de vergonha: seu candidato pode ter sido derrotado ou mesmo apoiado o que ficou conhecido como a tentativa de golpe de 8 de janeiro de 2022-23, um acontecimento amplamente divulgado de forma negativa pela mídia durante o período em que a pesquisa estava em andamento. Nesse caso, ele se comportaria como o torcedor de futebol que desaparece quando seu time passa por uma fase ruim, e reaparece vestindo a camisa do time e fazendo piadas nas redes sociais quando sua equipe está no alto da tabela do campeonato. Vale a ressalva de que isso está muito longe de significar que pesquisas não funcionem ou não sejam confiáveis. Como já foi mencionado, o simples fato de que alguns indivíduos acabem agindo de maneira diferente do que expressam é, por si só, indicador importante sobre aquela sociedade.

Quando analisamos os dados de 2002, à primeira vista, é possível observar correlação entre cor ou raça e preferência eleitoral, principalmente quando comparamos brancos e pretos. Antes das eleições de

2002, 43% dos entrevistados que se autodeclararam pretos disseram que iriam votar em Lula, enquanto apenas 13% deles manifestaram a intenção de votar em José Serra, do PSDB. Por outro lado, brancos e pardos pretendiam votar de forma mais parecida: 20% dos pardos e 21% dos brancos (empate técnico) em Serra, e 32% dos pardos e 33% dos brancos (outro empate) em Lula. Algo bastante curioso ocorreu em 2002: quanto mais clara era a pessoa, maiores as chances de votar em Ciro Gomes: 15% dos pretos, 21% dos pardos e 23% dos brancos. Já a intenção de voto em Anthony Garotinho foi a inversa de Ciro, com 14% dos pretos e pardos e 8% dos brancos. Reexaminaremos esses dados com mais cuidado adiante e veremos o que explicava essas diferenças.

Na pesquisa de 2022-23 — importante lembrar, realizada após a eleição —, houve também relação entre raça ou cor e preferência eleitoral. Analisando as respostas sobre o voto declarado no primeiro turno entre os entrevistados que se identificaram como pretos, 25% foram em Bolsonaro, 53% em Lula, 3% em Ciro Gomes e 2% em Simone Tebet (empate técnico entre Ciro e Simone). Entre pardos, 29% disseram ter votado em Bolsonaro, 49% em Lula e 3% tanto em Simone como em Ciro. Entre brancos, 30% afirmaram ter votado em Bolsonaro, 45% em Lula e, novamente, empate de 3% entre Simone e Ciro. Diferentemente da eleição de 2002, fica claro que raça ou cor não influenciou a preferência por Ciro em 2022, o que mostra que, embora tendo perdido votos em todos os segmentos, Ciro perdeu ainda mais votos entre brancos ao longo de duas décadas. Com relação aos dois principais candidatos de 2022, Bolsonaro e Lula, a autodeclaração de raça ou cor do entrevistado guarda relação com o voto: quanto mais clara a cor ou raça, maior a proporção de votos em Bolsonaro e menor em Lula. A variação foi menor entre eleitores declarados de Bolsonaro: passando de 25% entre pretos para 29% e 30% (empate técnico) entre pardos e brancos. Entre os votos declarados em Lula, a relação foi bem mais contundente: 53% de pretos, 49% de pardos e 45% de brancos, uma diferença constante de quatro pontos percentuais de um grupo para outro e uma importante diferença eleitoral de oito pontos entre brancos e pretos.

Há evidentemente vários outros fatores que podem influenciar a decisão do voto para além da autodeclaração de raça ou cor, mas quando consideramos apenas a dimensão racial, há um padrão de preferência entre eleitores que, embora não revelem diferenças abissais, podem ser decisivas em uma eleição tão apertada como foi a de 2022.

O Brasil na liderança mundial do combate ao racismo

Vimos, com dados bastante robustos, que a população adulta brasileira tem se autoidentificado cada vez mais como preta ou parda em pesquisas sociais, enquanto o número de pessoas que se identificam como brancas vem diminuindo. Além disso, notamos uma diminuição nos estereótipos e no preconceito racial, expressos no contexto da pesquisa, em relação às pessoas pretas. Em contrapartida, a imagem das pessoas brancas piorou, e a avaliação das pessoas pardas permaneceu estável. No entanto, a autoidentificação como negra, no quesito raça e cor, na pergunta aberta ficou baixa em 2002 e não aumentou ao longo de vinte anos. Por isso, o título deste capítulo faz referência a "poucos negros". O termo moreno, tão popular em 2002, caiu drasticamente ao longo de vinte anos; mas nossa pesquisa telefônica sugere que ele continua sendo frequentemente preferido em contextos menos formais, como no tratamento entre vizinhos.

Na mesma pergunta aberta, observamos aumento acentuado na preferência pelo termo pardo. A mudança significa que a proporção de pessoas que se autoclassificam livremente como pardas em 2022-23 se alinha mais estreitamente com a proporção registrada na pergunta fechada do governo, o que não era o caso em 2002. Isso se deve, em parte, ao fato de que o Estado passou a exigir a classificação pardo ou preto para distribuir recursos específicos e sugere que se autoidentificar como pardo agora tem legitimidade e autonomia, o que nunca existiu antes. Portanto, pode-se imaginar que as práticas do Estado disciplinaram a população no uso de rótulos raciais para espelhar sua própria visão administrativa. Boa parte da suposta ambiguidade racial que ainda existia em 2002 evaporou em vinte anos com a redução do número de rótulos e com o alinhamento em perguntas cruzadas dos termos que os brasileiros usam para se autoclassificar.

Mostramos que a principal razão para a escolha da cor ou raça pelos brasileiros, pelo menos no contexto de pesquisa, é a cor de pele, seguida pela documentação oficial, como certidões de nascimento. Os brasileiros também nos disseram que seus ancestrais vieram de muitos lugares, cada vez mais diversificados, e principalmente do Brasil (em contraste com as antigas divisões continentais que persistem em alguns contextos, como nos EUA, e imaginadas como singulares, apesar de séculos de migração e mistura populacional), mas que, mesmo assim, as linhagens ancestrais são menos relevantes hoje para explicar sua cor ou raça. Além disso, nossos dados mostraram que a sociedade reconhece claramente o racismo, argumentando que os mais pobres e aqueles com menos educação e oportunidades na vida são os pardos e pretos. O forte reconhecimento da existência do racismo foi claramente identificado pela população nos vinte anos cobertos por nossas pesquisas (2002 e 2022-23) — talvez seja por isso que o povo brasileiro apoie cada vez mais as políticas públicas afirmativas de cotas raciais.

Indo um pouco além dos dados, sugerimos que as transformações nas atitudes e formas de autoclassificação e compreensão da identidade racial foram impulsionadas por dois grandes motores: o Estado brasileiro e o movimento negro, ou aquilo que chamamos de projetos de formação racial. Afirmamos que a adoção das cotas raciais em inúmeras políticas públicas, com o incansável e legítimo discurso dos movimentos sociais denunciando o racismo, as desigualdades que prevalecem em relação à raça e à cor e a necessidade de reparações efetivas, resultaram em perda de prestígio da categoria branca e valorização das autoclassificações pardas e pretas. O fenômeno explicaria tanto o crescimento dessas autoclassificações quanto a diminuição dos estereótipos negativos associados aos pretos e o crescimento associado aos brancos. Mostramos que, por essa razão, as políticas de combate ao racismo no Brasil, atualmente reconhecidas como exemplo de sucesso no mundo inteiro, foram adotadas e estão sendo aprovadas pela população, mesmo sem que ela tenha adotado a visão binária tão característica dos EUA. Essa, de fato, é uma genuína originalidade brasileira.

Vale aqui tratar brevemente da desigualdade social e da pobreza à luz do que vem ocorrendo na mudança de percepções sobre cor ou raça no Brasil. Rittel e Webber, dois acadêmicos da área de planejamento urbano, escreveram em 1973 um artigo com o árido título *Dilemmas in a General Theory of Planning*, no qual dividiram os problemas entre *wicked* (arredio, rebelde, malicioso) e *tame* (domável, domesticável). Tomemos um exemplo de cada: a varíola e a pobreza, ambos problemas grandiosos e difíceis de serem resolvidos. A varíola, ao longo da história da humanidade, contaminou e matou milhões de pessoas. Para ficarmos apenas na segunda metade do século XX e com os dados apresentados no livro *The Cambridge World History of Human Disease* (organizado por Kiple e citado por Sophie Ochman e Max Roser em *Why Are There Differences Between Reported And Estimated Cases Of Smallpox?*),[6] em 1967, o número de infectados variava entre 10 e 15 milhões de pessoas. O último caso registrado da doença aconteceu em 1977. Acredita-se que a varíola tenha sido a única doença contagiosa efetivamente erradicada da face da Terra. Embora a varíola, assim como a maioria das doenças contagiosas, seja um problema grave — tal como visto na pandemia de Covid-19 iniciada em 2020 —, é um desafio que pode ser controlado. Especialistas em saúde pública se reúnem para debater, pesquisar e chegar a um consenso sobre as melhores medidas de combate a esses vírus. Por outro lado, a redução da pobreza apresenta um cenário bem diferente, em que consenso e ação efetiva são muito mais difíceis de alcançar.

Adotar ações contra a pobreza não é o mesmo que controlar uma pandemia em dois anos. Ambos são problemas de grande magnitude, mas a pobreza é um problema rebelde e malcomportado (*wicked*): especialistas não conseguem se reunir em torno de uma mesa e decidir qual o melhor caminho para reduzi-la. Isso ocorre em boa parte porque cada um que lida com essa questão traz consigo noções preconcebidas muito arraigadas acerca de como definir a pobreza e suas causas. Na verdade, ao contrário do consenso sobre o caráter destrutivo da doença, alguns economistas e políticos nem sequer consideram a pobreza necessariamente ruim. Não é incomum nos EUA, por exemplo, que especialistas e políticos vejam a desigualdade social como um óleo para a máquina do crescimento econômico, ao mesmo tempo que associam a igualdade social ao maligno socialismo; outros até veem a pobreza como parte do desígnio divino, citando as escrituras em que Jesus comenta "que os pobres terão o Reino dos Céus", ou que, segundo a teologia da prosperidade, o pobre carrega a culpa por sua pobreza ao não reconhecer Jesus como Senhor e Salvador.

Mesmo que, de forma mágica, os especialistas conseguissem chegar a algum nível de consenso, suas respostas seriam aceitas por parte da população e da classe política e rejeitadas por outra, com base em suas concepções e crenças. Cada indivíduo tende a preferir que seja adotada a política pública que mais se alinha à sua visão sobre a questão. Ou seja, a visão política e moral das pessoas pode criar compromissos que dificultam a percepção direta dos problemas, o que contribui para a dificuldade em enfrentá-los. Cada especialista só é capaz de definir problemas rebeldes (*wicked problems*) em relação às suas próprias soluções preconcebidas, que, por sua vez, são moldadas pelos valores que os influenciam e por suas visões sobre o que constitui uma sociedade boa e justa. Portanto, divergências raramente são resolvidas por esses especialistas. De forma geral, eles tornam o problema ainda mais difícil, pois quanto mais estudos são realizados acerca da pobreza, tanto à direita quanto à esquerda, mais argumentos são postos na mesa para alimentar a discordância.

O preconceito racial, o racismo, a discriminação, os estereótipos baseados em cor ou raça são, assim como a pobreza, problemas rebeldes. Os movimentos negros destacam e combatem incansavelmente a desigualdade racial, que se caracteriza pela imensa proporção de negros vivendo na pobreza. Eles afirmam, com razão, que esses níveis de desigualdade são consequência da história, da ação de pessoas e do peso de estruturas racistas, tanto do presente quanto do passado. Além disso, argumentam que a situação das pessoas negras pouco melhorou durante o período em que o Brasil valorizou a miscigenação e a mistura populacional, ao mesmo tempo que negava a discriminação por meio da ideologia da democracia racial.

A partir dessa leitura, tanto da história quanto do presente, os movimentos negros apontam a mestiçagem, a democracia racial e a ambiguidade racial como parte de um projeto racial racista. Acreditam que as injustiças históricas e ainda existentes que pesam sobre os ombros dos negros poderão ser atacadas somente depois que os brasileiros passarem a se entender de maneira binária: negra e branca. O Estado brasileiro, por outro lado, ao menos de forma prática, por meio do uso de um critério de classificação que mantém as categorias administrativas parda e preta, diverge da preferência do movimento negro nesse tema. Essa divergência é uma das características mais importantes de um *wicked problem*.

As evidências que apresentamos aqui, coletadas a partir da escuta da população brasileira, mostram que tanto as ações do movimento negro quanto as do Estado brasileiro alcançaram parcialmente seus objetivos. A proporção de brasileiros que se autodeclaram pardos e pretos aumentou, o estereótipo negativo em relação aos pretos diminuiu e o apoio às cotas raciais cresceu. Tudo isso aconteceu sem que os brasileiros passassem a se considerar exclusivamente negros ou brancos, seguindo o conceito de raça criado pelos EUA e adotado por eles. É importante lembrar que para a maioria das pessoas, que não compartilham dessa visão binária nem estão engajadas como o movimento negro, o rótulo *negro* opera mais como uma referência à cor do que à raça, e está mais associado à categoria *preto*.

Uma nova PESB a ser realizada em 2042 ou 2043 poderá trazer inúmeros resultados. Vale especular à luz do que vimos aqui quais seriam eles, o que seria mais provável. Imaginemos que algumas condições venham a ser mantidas pelos próximos vinte anos. Primeiro, que o Estado mantenha a classificação administrativa preto, pardo e branco.

Aliás, ela está se expandindo cada vez mais e se tornou obrigatória até para as crianças, a partir do momento em que se matriculam pela primeira vez em uma escola.

Além disso, a política de cotas raciais não sofrerá retrocessos significativos porque seu apoio, como a própria PESB demonstrou, é crescente. Essa política pública exige que as pessoas se autoclassifiquem segundo as categorias do Estado brasileiro. Por outro lado, o movimento negro caminha para manter a defesa do projeto racial binário e, assim, enfatizar o termo negro referenciado à África (constituído por todas as pessoas que apresentam algum traço considerado africano) em oposição ao termo branco referenciado à Europa (constituído por todas as pessoas que não apresentam nenhum traço considerado africano).

Vale lembrar que a concepção ou visão binária da diversidade humana não vem da natureza, não é um fato biológico com base empírica. Tem sua origem na visão norte-americana protestante anglo-saxã (i.e., proveniente da Inglaterra), dos séculos XVIII-XIX.[7] A população dos EUA mantém amplo "consenso ontológico" sobre a fronteira entre negritude e branquitude. O consenso supõe uma conexão direta entre as subpopulações raciais do Novo Mundo e as divisões continentais primordiais chamadas de ancestrais. O consenso também supõe que as subpopulações são derivadas de populações ancestrais "puras". No entanto, essa conexão é construída de forma diferente para as raças negras e brancas do Novo Mundo. Diante da miscigenação da população ao longo do tempo, ou seja, quando um indivíduo de suposta ascendência europeia "pura" tem filhos com um indivíduo de suposta ascendência africana "pura", a ascendência africana predomina na prole, enquanto a ascendência europeia se torna invisível, obscurecida ou até mesmo perdida. Esse processo se repete *ad infinitum* ao longo dos séculos, à medida que descendentes são excluídos da raça branca, supostamente "pura", de um dos pais, e integrados na raça negra imaginada do outro pai, cuja pureza ancestral se torna uma questão irrelevante ou até mesmo ofensiva.

Diante do que ocorreu nos últimos vinte anos, um resultado extremamente improvável numa nova rodada da pesquisa seria o aumento da proporção de pessoas que se autoclassificam como brancas e a redução de pretos e pardos e as consequências disso, como, por exemplo, melhoria do estereótipo dos brancos. O que torna essa possibilidade muito pouco factível é justamente a necessidade de ocorrer junto com a valorização da branquitude um contexto de combate persistente ao racismo. Porém, não é tão improvável assim que os brancos se estabilizem em torno de 33%, tal como indicado pelos dados de nossa pesquisa. Talvez em um patamar um pouco menor do que esse, mas dificilmente inferior a 25%. Como argumentamos anteriormente, essas características populacionais étnico-raciais em transformação não estão ligadas à "biologia racial", mas à ideologia racial ou a projetos de formação racial cujas consequências ao longo do tempo são difíceis de prever.

A autoclassificação de pessoas como negras poderá aumentar na pergunta aberta com resposta espontânea, ainda que tenhamos constatado que isso não ocorreu nos vinte anos que separam nossas duas pesquisas, mesmo com a contínua militância do movimento negro em favor da utilização desse termo. Portanto, também não será surpresa se ela permanecer estável. O mais provável, porém, é que a proporção de pretos aumente. Afirmamos isso porque perguntamos àqueles que se autoclassificaram como pardos qual seria a sua escolha se houvesse apenas preto e branco. Em 2002, 53% afirmaram que escolheriam preto e 44% branco — os resultados se alteraram em 2022-23 para 59% e 37%, respectivamente. Trata-se de uma indicação de disposição crescente de um segmento daqueles que se dizem pardos, na ausência da opção pardo, passarem a se achar pretos, ainda que acreditemos que Flávio Dino não mudará novamente sua cor ou raça. Nesse caso, estamos admitindo e reforçando nossa análise segundo a qual ser pardo no Brasil — de alguma maneira sinônimo de mestiço ou misturado — é desfrutar de autonomia e legitimidade e, com muita frequência, estar isento de ter ancestralidade africana.

Consequentemente, os pardos permanecerão majoritários, ainda que parte desse grupo migre em direção à autodeclaração como pretos. Na verdade, é possível que a proporção de pardos se mantenha estável ou até aumente, caso o número de brancos que se reclassificam como pardos supere o de pardos que se identifiquem como pretos. As forças e as contraforças dos projetos de formação racial históricos, contemporâneos e conflitantes abrem espaço para múltiplas possibilidades. Outros projetos de formação de identidade também podem afetar a compreensão étnico-racial, como a adoção crescente e muitas vezes dominante e singular da identidade evangélica. Os possíveis efeitos multidimensionais do evangelismo, que podem variar desde a redução da importância da etnicidade até a demonização da negritude, ainda estão por ser vistos.

Não descartamos a possibilidade de que venha a surgir nos próximos anos um movimento de identidade parda. Os pardos se tornaram muito numerosos e número é poder, ou seja, há um imenso mercado político de pessoas dessa cor ou raça prontas para serem mobilizadas, desde que existam o discurso e os símbolos adequados. Um dos possíveis gatilhos para dar início a isso, não o único nem o principal, mas certamente muito simbólico, são os vetos impostos por comissões de heteroclassificação, cuja maioria era de pessoas pretas, que eliminaram o pleito de pessoas pardas por vagas em universidades dentro do sistema de cotas. Caso um movimento dessa natureza surja, e dependendo de seus desdobramentos, muitas de nossas previsões para a próxima rodada da PESB podem não se verificar.

Quanto ao motivo da escolha da cor ou raça, tendemos a crer que a justificativa da cor de pele se manterá fortemente majoritária, como já era em 2002 e permaneceu em 2022-23, inclusive crescendo, e a que remete aos documentos oficiais, que também deve aumentar. O Estado brasileiro vem reforçando o uso das categorias administrativas em inúmeros documentos. Isso significa que cada vez mais o povo brasileiro se verá diante de registros administrativos nos quais constarão "oficialmente", ou "segundo o olhar do governo", sua cor ou raça, e, como consequência, quando perguntados acerca do tema, terão esses formulários como referência.

A autoidentificação "oficial" por cor ou raça em contextos burocráticos condicionará cada vez mais a maneira como os indivíduos se autoclassificam. Além disso, se o "policiamento" de documentos por suspeita de fraude racial se tornar comum, poderá levar ao aumento da compreensão essencialista rígida de que os indivíduos são corporal e indelevelmente marcados como membros de uma raça distinta, como se fosse por natureza. É provável que isso signifique que a fluidez racial continue a diminuir (ou praticamente desapareça) à medida que a autoclassificação racial consistente aumente por meio do policiamento de fronteiras em todos os contextos, não oficiais (em relação a amigos, hobbies, gostos) e oficiais (tribunais raciais, verificações burocráticas de classificação racial e talvez até mesmo em documentos como carteiras de motorista).

Acreditamos, também, que a justificativa dos antepassados permanecerá tendo pouca importância, em que pese a militância dos movimentos sociais, até porque sua redução foi bastante significativa em duas décadas. Além disso, as políticas de ação afirmativa no Brasil ocorreram sem que a população tenha sido esclarecida sobre a visão primordialista que se refere a continentes. No que tange à menção de países ou continentes como local de origem de seus antepassados, o mais provável é que Brasil, indígena brasileiro, África e Europa continuem aumentando, tal como ocorreu entre 2002 e 2022-23. Há um ponto que vale repetir e enfatizar: a justificativa de local de origem dos antepassados para a cor ou raça escolhida se tornou praticamente irrelevante em 2022-23, pois foi mencionada somente por 10% da população (eram 20% em 2002), e isso aconteceu após um período em que os movimentos sociais enfatizaram muito a importância de que a visão de cor ou raça fosse fundamentada em antepassados primordiais, de acordo com a visão norte-americana.

Ao considerar o caminho seguido pelos EUA e comparando-o com o Brasil, nossa previsão é que a próxima pesquisa não apontará retrocesso nas políticas antirracistas. Entretanto, é importante lembrar que algumas políticas de ação afirmativa foram criadas com datas de validade — e já tiveram sua vigência prorrogada para além do período inicial de dez anos. A ideia era que essas políticas seriam temporárias, com o objetivo de atingir metas específicas. Contudo, é difícil imaginar que a desigualdade racial possa ser mitigada a ponto de esvaziar a necessidade das políticas de cotas. Dessa forma, elas podem se tornar uma característica permanente na sociedade brasileira, coexistindo com suas profundas e persistentes desigualdades raciais e de classe.

Além disso, tudo indica que o Brasil irá se manter como um território pouco apropriado para ideologias explícitas de supremacia branca com amplo apelo — aliás, algo que distingue nosso país —, e tampouco irá ocorrer uma piora no estereótipo negativo dos pretos. O que talvez não mude são os preconceitos associados às pessoas percebidas como pardas, como nossos dados mostraram. A não ser que surja, como mencionado, um movimento de "orgulho pardo" e de defesa de seus direitos. Vale sempre lembrar que a classificação administrativa utilizada pelo Estado brasileiro, sobreposta às políticas de cotas, acaba por incentivar a autoclassificação como parda e também que essa categoria de cor ou raça está ligada a características particulares como a predominância em regiões do país com forte influência indígena. A defesa dos pardos tende a não permanecer como parte do importante discurso público dos movimentos sociais que, de alguma maneira, não os reconhecem como eles se autoclassificam nem associam sua autoclassificação à cor.

As políticas antirracistas que vêm sendo adotadas de forma crescente, e com sucesso, no Brasil têm contado com amplo apoio social, que, inclusive, aumentou ao longo dos vinte anos estudados. No entanto, a relação entre a adoção de uma política pública e a obtenção dos resultados a que ela se propõe não é linear, direta ou imediata. Uma das finalidades da política de cotas raciais é equiparar a situação social de pardos e pretos no Brasil de modo que tais políticas não sejam mais necessárias a médio e longo prazos para reduzir as desigualdades. Espera-se que no futuro não haja diferenças significativas entre as profissões ocupadas por brancos, pardos e pretos, nem quanto aos lugares onde residem e que frequentam nas cidades, entre outros indicadores de desigualdade racial. Apesar de o Brasil estar avançando no combate ao racismo por meio de denúncias, legislação e punições mais duras, assim como pela adoção de políticas raciais afirmativas, *pode ser* que essas políticas enfrentem desafios em termos de impacto real na estrutura socioeconômica, gerando frustrações quanto aos resultados esperados.

Se os estudos comparativos sobre mobilidade social apresentados por Gregory Clark em seu livro *The Son Also Rises* forem válidos também para o Brasil para explicar a ascensão social da parte mais baixa da pirâmide de riqueza e renda em direção ao segmento central, a redução da desigualdade tenderá a ser menor do que as expectativas que tais políticas públicas geram. Nesse sentido, será importante separar com clareza o sucesso do combate ao racismo e das políticas de cotas de um de seus resultados esperados.

Estruturas sociais são complexas e frequentemente criam barreiras à mobilidade social ascendente para a maioria das pessoas, independentemente do sucesso da implantação de políticas específicas. A história recente do Brasil, durante os governos de centro-esquerda de Lula e Dilma, exemplifica essa inércia: apesar de inúmeras medidas de grande alcance terem sido implementadas para combater a desigualdade de renda, os índices mostram que ela permaneceu praticamente inalterada ao longo de mais de uma década.

Nessa linha, o trabalho de Clark sugere, ao estudar sobrenomes em matrículas de universidades de prestígio e em associações profissionais em diferentes países e épocas, que a situação social de tataranetos é muito semelhante ao antepassado que deu origem à sua linhagem, e assim sucessivamente. Os mecanismos que levam à rigidez da estrutura social estão muitas vezes além do alcance das políticas adotadas no Brasil para combater o racismo e as desigualdades sociais que subsistem em função da cor ou da raça. Isso, no entanto, não invalida a importância de tais políticas, nem as torna inócuas — apenas indica que, sozinhas, podem não ser suficientemente poderosas para alterar a estrutura social de maneira perceptível em curto prazo. Ainda assim, elas são e continuarão sendo fundamentais e promotoras de avanços sob inúmeros aspectos, conforme nossos dados indicam. Dentre esses avanços, destacam-se as mudanças nos estereótipos positivos e negativos, elementos fundamentais para uma convivência social em que todas as pessoas se sintam tratadas de maneira igualitária. Sem essa base de respeito e igualdade, futuros passos em direção à justiça e à equidade socioeconômica dificilmente alcançarão sucesso.

ANEXO

Classificação por foto-referência

Imagem 1

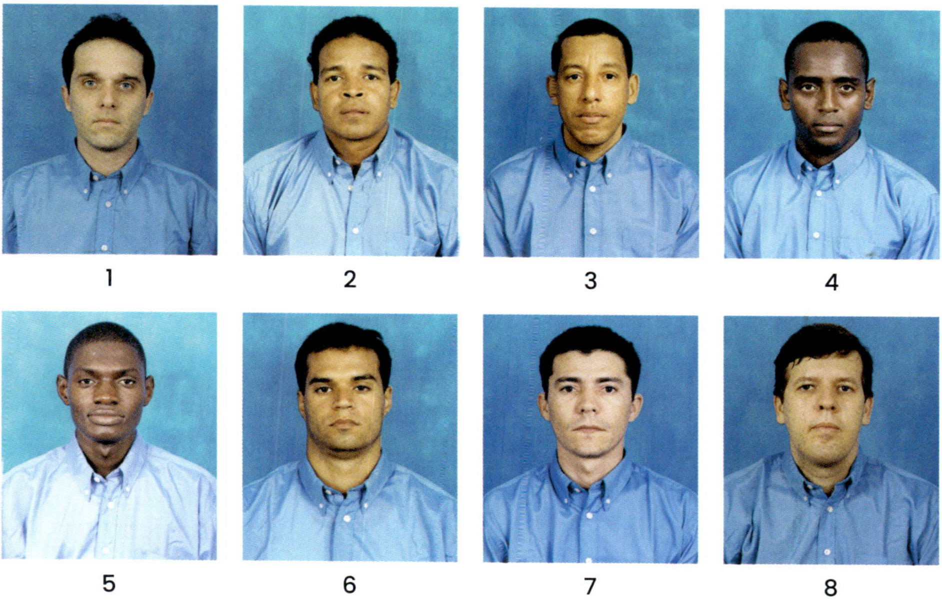

Imagem 2

Qual deles merece conseguir um bom emprego público por meio de reserva de vagas?

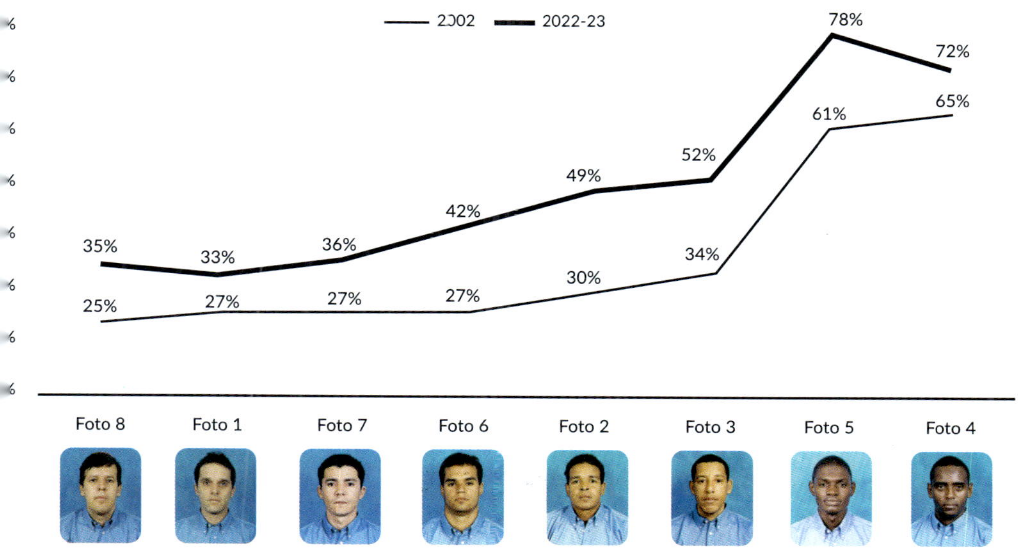

Imagem 3

8

1

2

3

5

4

Imagem 4

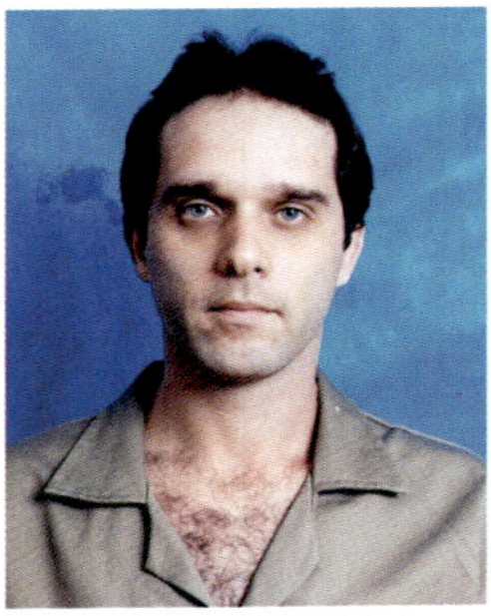

Mecânico de carro

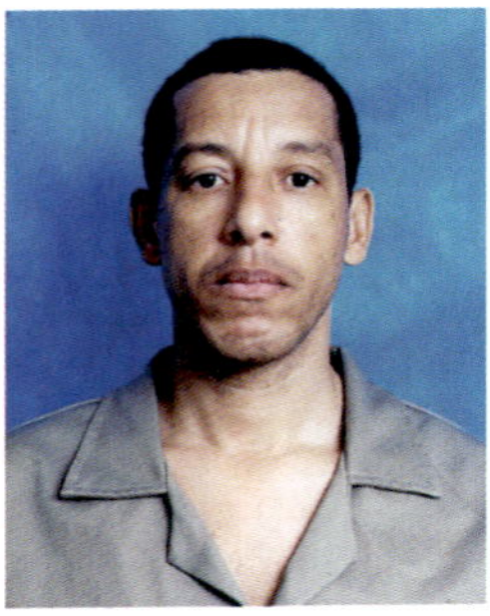

Mecânico de carro

Professor de ensino médio

Advogado nordestino

Professor de ensino médio nordestino

Mecânico de carro

Imagem 5

Professor de ensino médio

Advogado

Advogado nordestino

3. O brasileiro e a lei: como o jeitinho, a falta de confiança e o patrimonialismo nos condenam ao atraso

com Nelson Rojas de Carvalho

É proibido, mas se quiser pode

"O chefe da polícia pelo telefone manda me avisar / que na Carioca tem uma roleta para se jogar" — o verso que retrata a promiscuidade entre o crime e aqueles que deveriam combatê-lo é uma paródia da música "Pelo telefone", de 1916, considerado o primeiro samba a ser gravado no Brasil e cuja autoria é atribuída a Donga. No início do século XX, a ilegalidade do jogo de azar era conhecida e tolerada pela polícia. Naquela época, ninguém poderia prever ou imaginar que essa leniência resultaria em tráfico de drogas, milícias, PCC e diversas outras siglas associadas ao crime, exemplo maior de como é difícil fazer a lei ser cumprida no Brasil.

O que começa com pequenos delitos e ilegalidades pode, de forma incremental e imperceptível no curto prazo, tornar-se, após muitas décadas, algo monstruoso e intratável, uma verdadeira aberração:

territórios inteiros dominados por bandidos, organizações criminosas nacionais com faturamento bilionário e tentáculos espalhados pelo mundo e, o mais importante, a qualidade de vida dos brasileiros afetada pelo medo da morte por meio da ação de delinquentes.

É comum no Brasil o sentimento de grande admiração por países cujos povos são fiéis cumpridores da lei. A régua de avaliação utilizada para nossa própria nação é o quão distante nos encontramos dos Estados Unidos, do Canadá, do Reino Unido, do Japão, da França ou da Alemanha. Nesses países, desde a mais tenra idade, os concidadãos são educados a observar com muita clareza o que é *certo* e o que é *errado*, além de serem ensinados a seguir a lei, pois aprendem que ela define de forma escrita, ou costumeira, os limites entre as duas coisas. Não há em tais países (coincidentemente?) algo que se assemelhe ao "jeitinho", uma de nossas práticas sociais mais conhecidas e disseminadas.

A PESB apresenta muitas perguntas que mediram visões de mundo dos brasileiros e cujo impacto é central na propensão a cumprir a lei. Sabemos hoje como mudou (realmente mudou?) o que pensamos sobre o jeitinho, se o aprovamos ou rejeitamos e o que achamos que essa prática significa. O jeitinho é peça central da zona cinzenta moral que povoa o mundo em que vivemos: o mesmo ato pode estar certo ou errado, a depender da situação. Um primo-irmão do jeitinho é a visão de que determinados crimes podem ou não ser sempre errados. Se um crime é aceitável por causa da situação, então prevalece a ética circunstancial, ou mesmo éticas múltiplas, em oposição a uma ética única e rígida que estabelece o certo e o errado acima de qualquer conveniência ou conjuntura. Aliás, a noção de que parentes e amigos próximos merecem tratamento especial quando comparados a outras pessoas é uma manifestação particular das várias éticas diferenciadas — nesse caso, as relações entre as pessoas acabam por ter mais peso e importância do que o simples e direto cumprimento de regras impessoais. Está-se diante de uma ética relacional.

Existe no Brasil um antigo e permanente conflito entre a clareza do que é certo e errado e o jeitinho; entre a impessoalidade republicana, liberal e fria, e as relações pessoais acolhedoras e *calientes*; entre a admiração por países que fizeram a revolução burguesa e o reconhecimento de que viver neles não seria tão prazeroso quanto desfrutar da sociabilidade do Brasil. Aliás, Tom Jobim sintetizou esse último conflito na famosa frase: "Viver no exterior é bom, mas é uma merda; e viver no Brasil é uma merda, mas é bom."

É no Brasil onde furar fila pode ser justificável e, portanto, considerado certo. O beneficiário desse ato pode vir a ser publicamente confrontado por alguém prejudicado que lance mão dos argumentos da ética universal e impessoal, algo na linha do *a regra é para todos*. A adesão a esse tipo de arrazoado está longe de ser consenso, até porque qualquer um pode *passar por necessidade* e se alguém estava furando a fila era porque precisava. O argumento universal ressoa, com frequência, como falta de compreensão ou de tolerância, como frieza diante das agruras que afetam a vida de qualquer um de nós. Consequentemente, o chefe da polícia tem lá suas razões para aceitar o funcionamento da roleta, a ilegalidade, pois, afinal, ela gera empregos sem os quais muitas pessoas não teriam meios de vida. Ainda mais em um país onde os cassinos são proibidos, mas há apostas de todo tipo em corridas de cavalo, partidas de futebol, resultados de eleições e até mesmo em várias modalidades de loterias estatais, patrocinadas, evidentemente, pelo mesmo Estado que proíbe os cassinos.

Considerar o Brasil *uma bagunça* quando se pensa na adesão às leis faz sentido se o parâmetro for a régua que permite admirar os seis países ricos mencionados anteriormente. É possível também inverter o critério de avaliação e utilizar a régua brasileira, que levaria a considerar esses mesmos seis países *sem graça, insensíveis, rígidos* e *sem jogo de cintura*. Voltando à célebre frase de Tom Jobim, talvez seja o caso de admitir que as trajetórias históricas de determinados povos geraram diferenças difíceis de serem transpostas. Nesse sentido, no que diz respeito ao cumprimento da lei, o Brasil nunca será uma Alemanha e vice-versa. É provável que as sementes de tais diferenças tenham sido plantadas há muito tempo, talvez na Idade Média, como argumentam alguns autores, e que suas raízes, depois de séculos de crescimento, sejam muito profundas e difíceis de serem modificadas. Suponhamos que seja verdade.

São muitos os intérpretes do Brasil que assinalaram características semelhantes dos brasileiros àquelas apontadas aqui, e também o livro *A cabeça do brasileiro*. Nomes como Gilberto Freyre, Sérgio Buarque de Holanda, Raymundo Faoro, Oliveira Vianna, Nestor Duarte, Roberto DaMatta e tantos outros, com suas peculiaridades e terminologias próprias, sublinharam a valorização das relações pessoais, a dificuldade de cumprir leis, a grande resistência à impessoalidade e à aplicação universal das regras e a distância entre o Brasil e os países forjados na valorização do indivíduo e de sua interação com seus iguais. O que a PESB propiciou de diferente e de muito relevante foi a mensuração quantitativa de conceitos que permeiam a obra desses pensadores. Mais do que isso, a repetição da pesquisa com o mesmo questionário e desenho amostral, com duas décadas de intervalo, permitiu avaliar que valores e visões de mundo estão mais e menos sujeitos à mudança.

Constata-se aqui, de maneira contundente, a solidez do jeitinho, das éticas múltiplas, da ética circunstancial, de uma visão de mundo patrimonialista, que considera o público uma extensão do privado, ou algo sem dono, que pode ser utilizado a bel-prazer de qualquer um, do amplo apoio à visão de mundo hierárquica sintetizada pela famosa frase "Você sabe com quem está falando?", além de outros valores que formam a visão de mundo dos brasileiros e influenciam a maneira como encaram o cumprimento da lei.

O que nossos dados mostram

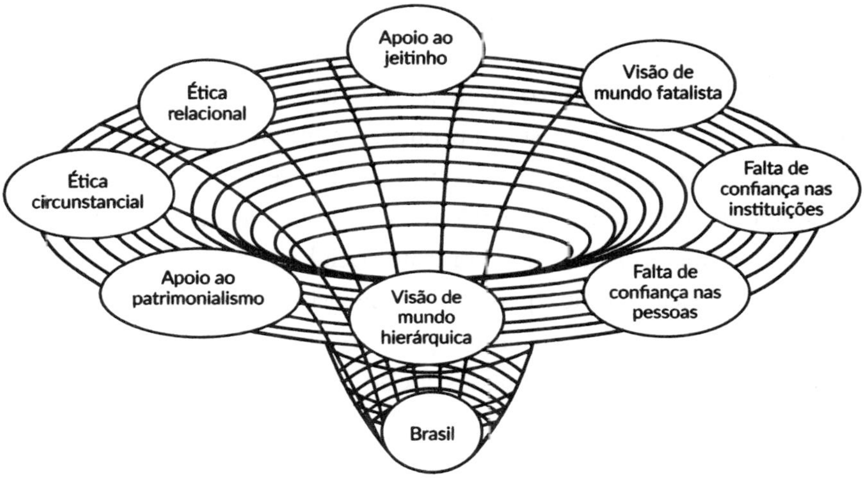

O que liga todos esses conceitos é a relação estabelecida com um *outro* desconhecido e universal. A lei existe por vários motivos, um deles é propiciar a seus cumpridores a devida proteção contra quem não a segue. Por exemplo, pescadores poderão lutar para instituir uma lei que proíba a pesca no curto período de reprodução dos cardumes, a fim de assegurar a manutenção de sua atividade durante todo o ano. Esse é um exemplo baseado em fatos reais, no qual a lei busca impedir que poucos pescadores predatórios prejudiquem uma cadeia inteira da atividade econômica. A lei ou a regra é o cimento que une as pessoas em torno de um interesse comum, e ela é considerada por essas mesmas pessoas resultado de sua decisão. Não por acaso, Alexis de Tocqueville, em sua monumental obra *A democracia na América*, afirma que "ainda que a lei seja malsã, o habitante dos Estados Unidos submete-se a ela, por isso mesmo, sem dificuldade, não somente por ser obra da maioria, mas ainda por ser obra também sua; considera-a do ponto de vista de um contrato do qual é uma das partes".[1]

Ao contrário do que acontece nos Estados Unidos, é comum que no Brasil a lei seja vista como obra de uma elite e de legisladores que a instituem para prejudicar a sociedade e fazer mal ao povo. Assim, não a seguir é um ato de resistência mais do que legítimo. Quando foi estabelecido no município de São Paulo o limite de velocidade de 50 quilômetros por hora, não faltaram motoristas a protestar, com base no argumento de que a regra tinha sido decidida contra seu interesse e sem que fossem consultados. A mudança da lei não foi vista por essas pessoas como tentativa de estabelecer um novo contrato social que melhor protegeria a integridade física de todos, pedestres e motoristas. Não cumprir a regra é deixar de levar em conta o *outro*, o pedestre desconhecido ou os demais condutores também desconhecidos que ao dirigir seus veículos buscaram ficar dentro do limite de velocidade.

"Dar um jeitinho" é uma das formas mais democráticas de não cumprir uma regra, pois é acessível a todos, sejam ricos ou pobres, celebridades ou anônimos. Os dados das duas pesquisas, de 2002 e de 2022-23, mostram que a prática do jeitinho permaneceu sendo extremamente disseminada; passamos por cima do contrato social que estabelece uma regra clara — a fila, por exemplo, que regula o acesso desse *outro* desconhecido e universal a um bem ou, mais frequentemente, a um serviço. A ética relacional estabelece uma hierarquia de *outros*: o *outro* parente e amigo próximo, o *outro* mais íntimo, tem clara prioridade sobre o *outro* anônimo e genérico. Algo semelhante acontece quando é cultivada a visão de mundo patrimonialista, segundo a qual o espaço público pode servir a alguém de forma privada ou, em uma versão mitigada dessa ideologia, o espaço público é considerado terra de ninguém, algo sem dono. É assim também que o bem-estar desse *outro* universal e impessoal, desconhecido, é ignorado quando uma festa continua madrugada adentro com o som nos volumes mais elevados. Por outro lado, pode causar estranhamento se um grupo de vizinhos cuida dos canteiros e das calçadas, ou mesmo limpa a sujeira deixada no chão. Afinal, segundo a visão de mundo patrimonialista, tais cuidados são obrigação única e exclusiva do governo. Ao não considerar o espaço público algo que envolve *todos*, um mundo sobre o qual *todos* são responsáveis, ignora-se o *outro* desconhecido e impessoal.

Nós, brasileiros, concebemos o Estado e a sociedade como duas entidades separadas e apartadas. Vale aqui o contraste com os Estados Unidos, a fim de nos compreendermos melhor. Nas cenas finais do documentário *Virando a mesa do poder*, de 2019, disponível na Netflix, Alexandria Ocasio-Cortez — na época, recém-eleita deputada pelo 14º distrito de Nova York, no Bronx, ainda aguardando assumir o mandato — visita a capital federal, Washington, com seu companheiro. Na frente do Capitólio, ela relata que na sua infância, quando o pai ainda era vivo, tinha estado no mesmo local e ele havia lhe dito, apontando para aquela praça e aqueles prédios: "Tudo isso aqui é seu." É inimaginável que, no Brasil, um pai ou mãe diga o mesmo para seus filhos, apontando para os prédios do Palácio do Planalto, do Congresso Nacional e do STF ao visitar a Praça dos Três Poderes, em Brasília. Se alguém fizer isso será considerado louco ou desconectado da realidade. Esse singelo exemplo mostra como as visões que temos da relação entre Estado e sociedade são construções sociais e, por isso, dependem do tempo e do local, estão vinculadas à trajetória histórica da nação onde fomos educados e socializados.

Brasileiros separam Estado e sociedade e não se sentem copartícipes do governo. Não sendo parte do governo, tampouco são responsáveis por suas decisões, julgam que os políticos têm a obrigação de zelar pelo espaço público, pois, da mesma maneira que as instituições representadas pelos prédios na Praça dos Três Poderes não pertencem a eles, o espaço público também não lhes diz respeito. Veremos aqui que essa visão não mudou em vinte anos, ou, tomando a régua da sociedade liberal e republicana, mudou um pouco — e para pior.

A novidade trazida pela PESB é que vários pensadores clássicos que interpretaram o Brasil estavam certos. Ainda que algumas pequenas mudanças tenham ocorrido — seja na direção que nos aproxima da ideologia liberal e republicana universalista, seja na direção que dela nos afasta —, a força do jeitinho, de éticas múltiplas, da visão de mundo patrimonialista indica que estamos lidando com traços culturais mais permanentes. Quem sabe em 2042 uma nova PESB seja realizada mostrando que estamos errados?

Haverá quem fique surpreso com o fato de que os vários escândalos de corrupção ocorridos nas duas décadas que separam as pesquisas não terem tido impacto significativo nos valores republicanos dos brasileiros. Muitos acreditavam, por exemplo, que a Operação Lava Jato seria educativa; que a investigação, julgamento e condenação de políticos e empresários importantes — incluindo um ex-presidente da República — levariam os brasileiros a abandonar a zona cinzenta moral que tanto prezam, na qual certo e errado dependem das circunstâncias, e os tornariam mais rígidos para rejeitar o errado e abraçar o certo. Lamentamos informar antecipadamente que os dados das pesquisas não referendam essa expectativa. Visões de mundo que envolvem o cumprimento da lei, o trato da coisa pública e éticas diversificadas parecem ser bastante permanentes e pouco sensíveis a coberturas midiáticas que condenam de forma taxativa a corrupção.

Ousamos afirmar que, na verdade, ocorreu o inverso: as operações de combate à corrupção, incluindo a Lava Jato, deixaram-se permear pela mentalidade predominante brasileira. Ou seja, elas não foram universais e impessoais, mas sim seletivas e pouco afeitas a seguir rigorosamente os procedimentos estabelecidos nas leis. Ao que parece, vigorou em tais esforços a velha máxima da política brasileira que prevê tratamento diferenciado: "Aos amigos, tudo; aos inimigos, a lei." Nada disso é surpreendente se considerarmos que juízes, procuradores, advogados e todos os operadores do direito, envolvidos ou não no combate à corrupção política, foram educados em uma sociedade que valoriza o jeitinho e, portanto, a exceção à regra, desde que devidamente justificada pelas circunstâncias.

Diante disso, e do que virá pela frente na descrição e análise dos valores dos brasileiros, haverá quem recorra ao chavão de que "O Brasil não tem jeito". Quem pensa assim tem em mente a régua dos países anglo-saxões, germânicos e nórdicos no que tange ao cumprimento das leis. Quem acredita que o Brasil não tem jeito gostaria que o país se tornasse, ao menos no que diz respeito ao cumprimento de regras, mais parecido com tais nações. Mas é possível que o Brasil se mantenha, quanto aos valores que regem a visão sobre as leis e a ética pública, na mesma trajetória que seguiu até hoje — pelo menos é o que indicam nossos dados. Por isso, talvez não seja o caso de esperar do Brasil aquilo que ele não pode oferecer. A frustração com o país é, com frequência, frustração com nós mesmos, povo brasileiro, com nossa incapacidade de nos ver livres do jeitinho, do artifício para burlar a lei, da corrupção e do crime. Porém, isso está fora de nosso controle. As raízes de tais fenômenos provavelmente foram plantadas há pelo menos um milênio e os obstáculos para modificá-los podem ser de difícil transposição. Se isso for verdade, cabe a nós aceitarmos, não de bom grado, porém, com mais resignação, o que a história nos reservou. Esse exercício se torna menos complicado se passarmos a aceitar mais o pacote completo que parece vir junto de tais características: relações pessoais simpáticas e agradáveis, flexibilidade, amor à mistura e vários outros traços comumente associados ao lado positivo de ser brasileiro. Quem sabe com um pouco de jeitinho isso se torne factível.

Com jeitinho vai

> Já falei pra você que malandro não vacila
> (Já falei pra você que malandro não vacila)
> Malandro não cai nem escorrega
> Malandro não dorme nem cochila
> Malandro não carrega embrulho
> E também não entra em fila
>
> "Malandro não vacila", Bezerra da Silva

Há muitos brasileiros que são contrários à corrupção ao mesmo tempo que recorrem ao jeitinho. Essas pessoas conciliam rigor com flexibilidade moral. O rigor resulta na indignação contra o uso ilegal de recursos públicos para fins privados ao passo que a flexibilidade possibilita, por meio do jeitinho, contornar uma regra em benefício próprio. O jeitinho é ambíguo: pode ser visto como um favor prestado por um funcionário público ao permitir que alguém em extrema necessidade não precise seguir determinados procedimentos para ser atendido, ou considerado uma ação desonesta ao facultar que a pessoa em apuros seja tratada de forma especial. Nesse sentido, o jeitinho não é nem legal, nem ilegal, pode ser mais ou menos aceito, mas tende a ser visto como improviso, como o uso da criatividade para contornar uma situação difícil. Trata-se de uma prática comum e muito conhecida na sociedade brasileira e que divide opiniões. Aquele que é beneficiado pelo jeitinho, aquele que dá o jeitinho, ainda que não o faça corriqueiramente, tende a considerá-lo positivo, enquanto os que evitam ao máximo recorrer a esse expediente tendem a se indignar quando presenciam uma situação na qual alguém é capaz de ser tratado de forma excepcional, sem que precise seguir as regras.

Em 2002, nada menos do que 77% dos brasileiros adultos afirmavam que já tinham dado um jeitinho para alguém. Vinte anos mais tarde, essa proporção foi reduzida em dez pontos: em 2022-23, exatos dois terços dos brasileiros já tinham dado um jeitinho para alguém e um terço não tinha feito isso. Essas proporções e a variação nas duas décadas não são muito diferentes quando a pergunta foi se o entrevistado já havia pedido para alguém dar um jeitinho para ele. O mais interessante é que, quando indagado simplesmente: "Você já deu um jeitinho alguma vez na vida?", 76% responderam afirmativamente, em 2002, e, vinte anos mais tarde, a proporção caiu para 70%.

A desagregação da prática com a atitude em relação ao jeitinho por grupos sociais revela dados que contradizem a visão do senso comum, como a que associa as mulheres a um comportamento mais conservador e menos permissivo no que se refere à transgressão de códigos de conduta. Ao contrário do esperado, em 2022-23, uma fatia quase idêntica de 66% das mulheres e de 68% de homens afirmaram já terem dado um jeitinho para alguém. Também era de esperar que nos setores evangélicos pentecostais, em razão de regras de comportamento mais rígidas, a prática do jeitinho se mostrasse muito mais atenuada do que entre brasileiros católicos. De novo, ao contrário do esperado, evangélicos e católicos se comportam com igual leniência em relação à prática do jeitinho: em 2022-23, 63% e 65% dos brasileiros católicos e evangélicos pentecostais, respectivamente, já tinham, em algum momento de suas vidas, dado algum jeitinho para alguém. Erram aqueles que esperam dos mais velhos um comportamento mais conservador e menos afeito a transgressões: em 2022-23, 61% dos brasileiros com idade superior a 60 anos afirmaram já terem dado um jeitinho, contra 39% que negaram a prática (os percentuais em 2002 foram de 74% e 26%, respectivamente).

Em termos de corte etário, chama a atenção a mudança dos mais jovens em relação ao jeitinho: em 2002, entre os jovens de 18 a 24 anos, esmagadores 85% afirmaram ter praticado o jeitinho; vinte anos depois, em 2022-23, o percentual caiu para 67% — a redução mais significativa em termos de faixa etária. Se outros indicadores confirmarem essa tendência, a suposta situação de anomia de nossos jovens, em razão da precariedade do sistema educacional e de mudança na estrutura da família, estaria longe, portanto, de ser verdadeira. Cabe, finalmente, destacar uma mudança significativa de atitude em relação ao jeitinho por corte de escolaridade: se em 2002 o jeitinho era prática disseminada quase sem variação entre brasileiros mais e menos educados (77% e 74% localizados, respectivamente, na base e no topo da pirâmide educacional afirmavam ter praticado o jeitinho), em 2022-23 houve um recuo expressivo de dezesseis pontos percentuais entre os brasileiros mais escolarizados: entre aqueles com nível de educação superior, 58% declararam ter praticado alguma vez o jeitinho, parcela que correspondia a 74% dos entrevistados em 2002.

A interpretação dessa mudança se presta tanto a visões otimistas quanto pessimistas. Considerando-se o jeitinho como a "sala de espera" da corrupção, tal como apontado em *A cabeça do brasileiro*, a perspectiva otimista irá sublinhar a redução daqueles que praticam o jeitinho. Por outro lado, a perspectiva pessimista irá salientar que uma redução de seis pontos percentuais em vinte anos, em que pese estar na direção correta do ponto de vista do combate à corrupção, é muito tímida.

Nem tão tímida assim foi a diminuição dos que consideram o jeitinho uma prática correta. Em 2002, a soma das respostas sempre certa e certa na maioria das vezes para dar um jeitinho totalizou 50%, ou seja, outros 50% consideravam que dar um jeitinho era sempre errado ou errado na maioria das vezes. Nos vinte anos que separam as duas pesquisas, houve redução de dezesseis pontos percentuais: em 2022-23, somente 34% consideravam certo dar um jeitinho, ao passo que 66% passaram a dizer se tratar de uma prática errada. Mais importante, a proporção dos que dizem ser sempre errada cresceu de 18% para 29%.

Há algo intrigante e que merece uma breve reflexão: o número dos que consideram errado dar um jeitinho aumentou quase três vezes mais (dezesseis pontos percentuais) do que o daqueles que declaram não praticar o ato (seis pontos percentuais a menos). Isso significa que, em 2022-23, uma proporção maior de brasileiros utiliza o expediente do jeitinho mesmo considerando-o errado. Em 2002, vale registrar, 18% diziam que dar um jeitinho era sempre errado e 24% não tinham recorrido a ele, enquanto em 2022-23, exatos 29% consideravam sempre errado dar um jeitinho e 30% não tinham utilizado a artimanha. Aqueles que consideram errado dar um jeitinho na maioria das vezes aceitam o fato de que recorrer à prática pode ser certo algumas vezes. Nesse sentido, em 2022-23, menos do que um terço dos brasileiros adultos consideram essa prática social sempre errada.

A discrepância entre a visão negativa do jeitinho e sua prática, sendo a primeira maior do que a segunda, pode ser explicada como um problema de ação coletiva. Aqueles que o julgam negativamente mesmo assim recorrem ao jeitinho porque *os outros fazem*, *todo mundo faz*, ou ainda *por não haver outra saída*. Essa barreira à mudança foi muito bem expressa em uma famosa frase atribuída ao barão de Itararé: "Restaure-se a moralidade ou locupletemo-nos todos!" Essa máxima sintetiza a dificuldade de se estabelecer uma ação coletiva que seja inovadora, diferente da tradicional. Enquanto for predominante a percepção de que o uso do jeitinho é muito difundido, mesmo aqueles contrários a ele continuarão a praticá-lo. Em termos de mudança social e considerando-se o ideário do respeito à regra e à lei, a direção está correta: para que o jeitinho seja menos utilizado é preciso que antes ele seja mais rejeitado; isso aconteceu nos vinte anos que separam 2002 de 2022-23.

Ainda que cada um de nós tenha uma visão do que é o jeitinho, a bateria de dezenove itens apresentada aos entrevistados solicitando que classificassem entre *favor*, *jeitinho* ou *corrupção* possibilita entender o que o brasileiro considera *dar um jeitinho*. Há quatro situações entre as dezenove que a maioria dos brasileiros considera jeitinho:

- uma pessoa costuma dar boas gorjetas ao garçom do restaurante, para quando ela for de novo não precisar esperar na fila — 59% em 2002 e 55% em 2022-23 classificaram como jeitinho;

- uma pessoa que trabalha em um banco ajuda um conhecido que tem pressa a passar na frente da fila — 55% em 2002 e 51% depois de vinte anos;

- uma mãe que conhece um funcionário da escola passa na frente da fila quando vai matricular seu filho — 50% e 51% em 2002 e 2022-23, respectivamente;

- uma pessoa que conhece um médico passa na frente da fila do posto de saúde — 50% em ambas as pesquisas.

Dois fatos chamam atenção. O primeiro é a grande estabilidade dos percentuais — vinte anos se passaram e a variação foi muito pequena: quatro pontos percentuais nas duas primeiras situações (dentro da margem de erro da pesquisa); um ponto percentual, o que é irrisório, na terceira; e sem variação alguma na quarta. A importância metodológica disso é grande, pois valida internamente a pesquisa, além de demonstrar que a visão sobre o que é o jeitinho é fortemente arraigada na cultura brasileira. O segundo fato é de suma importância: em todas elas há no enunciado da pergunta a palavra fila. Isso significa que para o brasileiro o jeitinho está associado a passar na frente do outro quando se trata dessa forma democrática de organizar o acesso a um recurso escasso. As quatro situações abrangem entretenimento (ir a um restaurante) e ter acesso a serviços financeiros, educação e saúde. As principais dimensões da vida da grande maioria dos cidadãos são reguladas por filas, sejam elas informais, como as filas de elevadores em prédios comerciais, sejam elas formais, como as estabelecidas pela ordem de chegada em atendimentos regulados por senhas em escolas, postos de saúde ou hospitais. Portanto, para o brasileiro, o jeitinho — sempre errado, não custa lembrar, para 29% dos adultos em 2022-23 — é sinônimo de quebrar uma regra que pode ser formal ou informal.

As quatro situações classificadas como favor pela maioria dos entrevistados em 2002 e vinte anos mais tarde foram:

- emprestar dinheiro a um amigo — 90% em 2002 e 90% em 2022-23;
- emprestar uma panela ou fôrma ao vizinho para preparar a refeição — 89% e 88% em 2002 e 2022-23, respectivamente;
- deixar uma pessoa que tem poucas compras passar na frente na fila do supermercado — 66% em 2002 e 71% em 2022-23;
- guardar o lugar na fila para alguém que vai resolver um problema — 62% em 2002 e 57% em 2022-23.

Mais uma vez, a estabilidade da classificação desses casos como favor é espantosa, mesmo depois de passados vinte anos. Além disso, a segunda resposta mais frequente para designar essas situações foi *jeitinho*. *Corrupção* ficou em terceiro lugar, com proporções mínimas.

Novamente, as duas situações de fila (no supermercado e para guardar o lugar) atraíram a classificação *jeitinho* para um mínimo de 23% e um máximo de 36%, isto é, elas ensejaram respostas maiores para jeitinho do que as duas situações nas quais o favor predomina, mas não é mencionada a palavra fila.

Os oitos casos que indicam qual a visão de corrupção do brasileiro adulto, aqueles para os quais a maioria classificou como tal, foram:

- usar um cargo no governo para enriquecer — 90% em 2002 e em 2022-23 consideraram corrupção;
- dar 20 reais para o guarda para ele não aplicar uma multa — 84% em 2002 e 86% em 2022-23;
- pagar menos impostos sem que o governo perceba — 83% em 2002 e 87% em 2022-23;
- pagar um funcionário de uma companhia de energia para fazer o relógio marcar um consumo menor — 85% em 2002 e 82% em 2022-23;
- ter bolsa de estudo e um emprego ao mesmo tempo (é proibido, mas há meios de esconder do governo) — 73% em 2002 e 79% em 2022-23 disseram que é corrupção;
- ter dois empregos, mas só ir trabalhar em um deles — 78% em 2002 e 73% em 2022-23;
- fazer um gato / uma gambiarra de energia elétrica — 74% em 2002 e 75% em 2022-23;
- passar uma conversa no guarda para ele não aplicar uma multa — 53% em 2002 e 62% em 2022-23.

Chama a atenção que nos oito casos não há nenhuma situação de fila. Excetuando-se o último deles, a maioria expressiva os considera corrupção. Mais uma vez, houve uma grande estabilidade das respostas mesmo após vinte anos de mudanças no Brasil. Isso demonstra que favor, jeitinho e corrupção são conceitos muito claros e fortemente enraizados na cabeça dos brasileiros.

Cabe perceber que as situações mais comuns, que podem abranger a maior parte da população, as filas para matrículas em escola, atendimento em unidades de saúde, serviços financeiros e entretenimento gastronômico são consideradas jeitinho, ao passo que situações mais restritivas e específicas, que envolvem o governo, são classificadas como corrupção. Das oito situações consideradas corrupção, apenas duas são muito disseminadas, pois dizem respeito aos serviços de energia elétrica. As que envolvem a utilização de automóvel abrangem, segundo esta mesma pesquisa, menos de 40% da população adulta brasileira. Resumindo, se a pessoa pode lançar mão de um procedimento que quebre uma regra formal ou informal, a prática é carinhosamente considerada um jeitinho. Todavia, se as situações são, de modo geral, raras e dificilmente o indivíduo consegue se imaginar passando por elas, então são consideradas corrupção: "O jeitinho é para mim e a corrupção é para os outros." O renomado humorista Aparício Torelly, o barão de Itararé, tem muito a dizer sobre isso com suas famosas máximas que expressavam reflexões sociológicas acerca do Brasil: "Negociata é um bom negócio para o qual não fomos convidados."

Em algum momento, essa mesma pessoa que dá um jeitinho corriqueiramente em seu dia a dia pode vir a se candidatar com sucesso a um cargo público, ou ainda passar a ter acesso a serviços públicos que anteriormente eram inacessíveis. Nesses casos, quando tiver de lidar com a quebra de regra, seus valores irão lhe sugerir que, se for em seu benefício, não será tão grave assim. Ela saberá que se trata de corrupção para a grande maioria que não está em sua posição, mas não lhe parecerá muito grave quebrar a regra.

É frequente os brasileiros estranharem, quando viajam para outros países, o respeito a normas simples. Por exemplo, circula na internet um vídeo em que, em uma cidade no Japão, um grande número de pedestres aguarda o fechamento do sinal para atravessar a rua, e ninguém pisa na faixa enquanto isso não acontece, mesmo que não haja carro algum na rua. Para o brasileiro médio, que conhece e recorre ao jeitinho, isso não faz sentido algum, significa falta de flexibilidade e discernimento, mostra que o japonês é um *otário*, pois segue uma regra quando não é necessário. Já para o cidadão japonês, que respeita diligentemente todas as normas no dia a dia, será mais fácil continuar fazendo o mesmo caso venha a ser eleito para um cargo público ou quando tiver de lidar com o governo.

Por fim, a ambiguidade na classificação entre favor, jeitinho e corrupção, nos dezenove casos apresentados, se refere a três situações:

- pedir a um amigo que trabalha no serviço público para ajudar a tirar um documento mais rápido do que o normal — 26% consideraram favor, 43% jeitinho e 31% corrupção, em 2002; 20% disseram ser um favor, 45% jeitinho e 34% corrupção, em 2022-23;

- um funcionário público receber um presente de Natal de uma empresa que ele ajudou a ganhar um contrato do governo — 30% consideraram favor, 27% jeitinho e 44% corrupção, em 2002; 23% julgaram como favor, 29% jeitinho e 47% corrupção, em 2022-23;

- conseguir um empréstimo do governo, que demora muito para sair, acionando um parente no governo para liberar o dinheiro mais rápido — 13% dos entrevistados consideraram favor, 45% jeitinho e 42% corrupção, em 2002; 8% favor, 41% jeitinho e 51% corrupção, em 2022-23. Mesmo com a opinião dividida, é interessante perceber que, depois de vinte anos, a maioria passou a classificar essa situação como corrupção.

É digno de registro que a primeira e a terceira situações, nas quais houve maior divisão de interpretação, podem demandar o desrespeito à fila. Tirar um documento mais rápido que o normal e apressar a liberação de um empréstimo, quando possíveis, implicam com frequência infringir a regra que estabelece que quem chega na frente é atendido antes. Porém, no enunciado das duas situações não é utilizada a palavra "fila", e, por outro lado, há a menção de *serviço público* e *governo*. No caso da liberação de um empréstimo que demora a sair e que é acelerado pela intervenção de um parente no governo, houve redução da proporção dos que achavam que se tratava de um favor e o significativo aumento de quem classifica o ato como corrupção. Aliás, como foi dito antes, a maioria em 2022-23 passou a considerar esse procedimento corrupção, ainda que um elevado percentual o considere jeitinho.

Na segunda situação, a do presente de Natal, uma parcela significativa da população considera se tratar de um favor. O resultado demonstra que muitos brasileiros não compreendem os detalhes e pormenores de disputas por contratos governamentais, o que dificulta a eventual rejeição às práticas ilícitas. Para esse grupo, a ajuda para ganhar um contrato foi legítima e legal e o presente foi dado em reciprocidade. Não se concebe aqui o princípio da impessoalidade administrativa. A compreensão dessa situação é fortemente dividida pelo nível escolar, uma vez que 32% daqueles que fizeram até o ensino fundamental I disseram, em 2022-23, que se tratava de um favor; entre os que fizeram o ensino fundamental II, essa proporção cai para 23%; considerando os que concluíram o ensino médio, 14%; e apenas 1% de quem concluiu o nível superior acha que o presente de Natal para um funcionário público que ajudou uma empresa a ganhar um contrato governamental é favor. A forma como a visão dessa situação varia de acordo com os níveis de escolaridade explica, em parte, por que políticos com muitas denúncias de corrupção em seu currículo conseguem ser eleitos com votações expressivas junto aos segmentos menos escolarizados do eleitorado. A ideia sobre o significado de se presentear um funcionário com um presente de Natal é um caso particular que ilustra um fenômeno mais amplo: a dificuldade de compreensão dos negócios governamentais para as pessoas com baixo nível de escolarização.

Cabe destacar que as dezenove situações apresentadas e suas respectivas classificações como favor, jeitinho ou corrupção são o que nos permite compreender a natureza sociológica do jeitinho no Brasil: ele é uma palavra, um conceito, utilizado para contornar algo que poderia ser negativo — não cumprir uma regra. Em todos os países do mundo, há regras que não são cumpridas, porém, no Brasil, esse comportamento recebe um nome de batismo que permite sua aceitação (é provável que existam denominações utilizadas em outras nações que cumpram o papel equivalente ao do jeitinho no Brasil). O fato é que isso abre as portas para o não cumprimento de regras justamente em função de sua ambiguidade. O jeitinho pode tudo: pode estar sempre certo, certo na maioria das vezes, errado na maioria das vezes — o que significa certo algumas vezes — e, por fim, errado sempre. Sabemos que não cumprir uma regra pelo ideário liberal da impessoalidade republicana é sempre errado. Todavia, o jeitinho permite que o não cumprimento de uma regra seja sempre errado apenas para pouco menos de um terço dos brasileiros. Uma proporção pequena diante de dois terços que consideram que descumprir uma regra pode ser, no mínimo, certo em algumas situações e de 70% que já deram algum jeitinho na vida. A ambiguidade do jeitinho não para aqui.

Uma pergunta aberta feita na pesquisa indagou de forma singela: "Na sua opinião, o que é dar um jeitinho?" As respostas foram divididas entre visão positiva, neutra e negativa do jeitinho. Na visão positiva destacaram-se respostas como *ajudar, ser ajudado, fazer a coisa certa, achar uma solução, fazer dar certo, batalhar, ter jogo de cintura, tentar melhorar, se virar, se adaptar a várias situações que podem ocorrer, aceitar o problema, sorrir, ser alegre, se divertir, ser da paz* e *ser compreensivo*. É curioso notar que várias respostas que se enquadraram na visão positiva de dar um jeitinho abarcam o que, com frequência, consideramos ser a brasilidade, como ser capaz de se adaptar, lutar e batalhar, ter flexibilidade, sorrir e ser alegre. Nesse sentido, não é exagero considerar que o próprio jeitinho faça parte dessa brasilidade. Foram classificadas como visões neutras de dar um jeitinho as respostas *gíria*, *linguajar brasileiro*, *ser brasileiro*, *facilitar*, *solução paliativa*, *gambiarra*, *resolver parcialmente*, *improvisar*, *resolver um problema de forma rápida*, *conseguir algo*, *benefício*, *favorecer*, *ser favorecido*, *pagar alguém para ajudar*, *conhecer alguém com influência*, *malandragem*, *ser malandro*, *desenrolado*, *inteligente*, *esperto*, *autocuidado*, *fazer algo*, *fazer de outra forma*, *ser criativo*, *se prevenir*, *se organizar*, *ir com calma* e *pé no chão*. Por fim, consideram-se visões negativas aqueles que responderam *fazer algo errado*, *contra a lei*, *burlar as leis*, *desonestidade*, *corrupção*, *corromper*, *enganar*, *manipular*, *levar vantagem sobre algo ou alguém*, *passar na frente na fila*, *fugir da responsabilidade*, *escapar dos problemas*, *esconder a verdade*, *encobrir*, *fazer malfeito*, *piorar*, *dificultar*, *fazer vista grossa* e *protelar*. Note-se que a equipe que fez essa classificação foi a mesma tanto para a pesquisa de 2002 quanto a de 2022-23, e foi ela também que definiu os critérios. Isso é importante porque haverá quem questione o fato de este ou aquele termo, esta ou aquela palavra estar em uma das três classificações. Será sempre objeto de controvérsia. Porém, ao assegurar a homogeneidade da classificação nas duas pesquisas, é possível detectar se houve ou não mudança no tempo.

Visões sobre o jeitinho	2002	2022-23
Negativa	20%	33%
Neutra	45%	35%
Positiva	32%	36%

Entre as respostas válidas para as três classificações, houve piora da visão sobre o que é dar um jeitinho: 20% tinham visão negativa em 2002; vinte anos mais tarde, a proporção subiu para 33%. Curiosamente, trata-se da mesma proporção daqueles que disseram nunca ter recorrido a esse procedimento e também quase a mesma fatia dos que afirmam que é sempre errado recorrer a ele. A proporção de visão neutra caiu de 45% para 35% no mesmo período e a visão positiva subiu de 32% para 36%. Vale ainda mencionar que, em 2002, exatamente 21% dos brasileiros adultos não responderam ou não souberam o que é dar um jeitinho, proporção que passou para 24% em 2022-23. Em suma, tanto aumentou o desconhecimento acerca do que é dar um jeitinho quanto os que opinaram sobre o tema passaram a ter visões mais extremadas, negativas ou positivas. O crescimento da visão negativa foi muito maior do que o da visão positiva, o que permite afirmar que houve perda de potência do procedimento que flexibiliza e torna mais tolerável o não cumprimento de regras formais e informais. Ainda assim, o número mágico de aproximadamente 30% indica que a grande maioria (70%) tem visão neutra ou positiva do jeitinho, considera-o certo em alguma medida e reconhece já o ter praticado. Trata-se de um contexto social que permanece desfavorável ao cumprimento de regras.

A dificuldade que temos com o cumprimento de regras é imensa; tomemos exemplos de grande impacto público já no século XXI, como foi o caso da emenda constitucional do teto de gastos aprovada no governo Temer. Ela só foi cumprida no início de sua vigência porque havia um patamar alto para acomodar despesas. Nos anos seguintes, o governo e o Congresso passaram a criar exceções, a fim de permitir que fossem realizados gastos inesperados ou mesmo considerados prioritários. No terceiro governo Lula, a regra do arcabouço fiscal, que substituiu o teto de gastos, foi aprovada já com exceções para gastos na saúde e educação. Aliás, não houve estabelecimento de punições duras para descumprimento do arcabouço, clara indicação da pouca disposição dos agentes em obedecer aos limites de despesas estipulados pela legislação.

Outro exemplo é o da regra que estabelece que nenhum salário do serviço público pode ser mais elevado do que os vencimentos dos ministros do STF. No Poder Judiciário, dedicado exclusivamente a zelar pelo fiel cumprimento das leis, o salário médio dos magistrados é muito superior ao teto constitucional. Isso é possível por meio de um jeitinho, pois os órgãos de controle retiraram alguns pagamentos extras dos valores que deveriam estar enquadrados no teto de vencimentos, que até recebem um nome inusitado e simpático, os famosos *penduricalhos*. Algo idêntico acontece no Poder Executivo, quando não considera sujeitos ao teto salarial os pagamentos por participação em conselhos de empresas estatais. Assim, um ministro de Estado pode acumular mais vencimentos para além do salário regular a que tem direito participando desses conselhos e auferindo jetons nada desprezíveis. O Poder Legislativo, por sua vez, define várias verbas como não integrantes dos vencimentos de deputados e senadores, que poderiam também estar sujeitas ao teto de remuneração, acontecendo o mesmo em empresas estatais 100% controladas pelo Estado.

Há quem pense e argumente que são poucos os que conseguem lançar mão de exceções à regra: empresários, políticos, desembargadores e toda sorte de pessoas que detenham renda elevada, riqueza, poder e prestígio. Quando 70% da população adulta afirma que já deu um jeitinho, um dado real, empírico, derivado da PESB 2022-23, é possível dizer que buscar exceções à regra em benefício próprio está muito longe de beneficiar apenas uma parcela pequena da população. O exemplo das leis não cumpridas que colocam limites em gastos e salários do setor público apenas revela que o jeitinho assume muitas facetas, inclusive a do aparente paradoxo de legalizar o ilegal. Ora, conceitualmente não deixa de ser um jeitinho. Aliás, cabe refletir sobre o que é social e individualmente mais grave, dar boas gorjetas a um garçom para na volta ao mesmo restaurante não ter que esperar na fila — o típico jeitinho brasileiro —, ou acumular vencimentos do setor público a ponto de ultrapassar o limite salarial constitucional.

Quanto a essa questão, o raciocínio básico tem a seguinte lógica: uma lei não permite que o ministro da Fazenda, ou qualquer outro ministro, tenha salário mais elevado do que o dos ministros do STF — a lei é cumprida na prática, pois o salário oficial se enquadra nesse quesito, basta entrar na página do Governo Federal: a imensa transparência permite saber o salário de todos os funcionários públicos.

Porém, se esse ministro tem, por exemplo, assento no conselho de uma empresa estatal, dependendo da empresa, sua renda mensal acumulada ficará muito acima do estabelecido pela Constituição para alguém que ocupa o cargo de ministro — mas como pela letra da lei isso não é ilegal, trata-se de um jeitinho. Não será surpresa se esse ministro, antes de ocupar um cargo importante, talvez na adolescência ou início da vida adulta, tenha feito parte dos 70% que declararam ter dado um jeitinho na vida. Sociedade e Estado, representado e representante, estão intimamente conectados, muito mais do que a maioria das pessoas admite e julga perceber.

A análise estatística que explora o impacto da mudança geracional, da idade e da influência do período em que as pessoas vivem foi inconclusiva sobre o jeitinho. Sabe-se que a troca de gerações — quando os mais velhos são substituídos pelos mais jovens —, desde que os mais jovens pensem diferente e tenham outros valores, pode alterar as visões de mundo de uma sociedade inteira. Isso não ocorreu no que tange às duas perguntas analisadas, a que questiona se a pessoa já deu um jeitinho na vida e a que avalia se o jeitinho é certo ou errado. As pessoas que eram mais jovens em 2002, e que gradativamente foram substituindo as mais velhas daquela época, não eram portadoras de uma visão radicalmente diferente do jeitinho a ponto de terem sido responsáveis por qualquer mudança, ainda que pequena. Tampouco há diferenças muito significativas em relação às faixas de idade. Na verdade, em 2022-23, surpreendentemente para muitas pessoas, os mais jovens tinham visão mais positiva do jeitinho e davam mais jeitinho do que os mais velhos. Porém, o que a análise mostra é que essas pessoas poderão passar a nutrir uma visão mais negativa acerca desse expediente ao longo da vida.

Na PESB 2022-23, os dados revelaram que é muito difícil mudar, ao menos no que diz respeito à busca por exceções à regra, permitida pela prática do jeitinho. A redução da proporção de brasileiros que utilizam esse expediente foi equivalente a 0,3% ao ano. Se mantido esse ritmo médio, em 2093 teremos 49% dos brasileiros dando um jeitinho: uma população dividida, na qual metade insistirá em não cumprir a regra quando lhe for conveniente. Nessa esfera de valores e práticas sociais, estamos diante de um povo que caminha devagar. Era de esperar que todos os escândalos de corrupção que assolaram o noticiário e a vida política nacional nos primeiros vinte anos do século XXI, somados aos discursos de crise e decadência de valores que acompanharam esses acontecimentos, tivessem motivado algum tipo de reação moralizante na sociedade. O que a análise estatística dos dados das duas pesquisas revela é que isso não aconteceu — o jeitinho sobreviveu.

Cada cabeça uma sentença: o jeitinho no reino de éticas múltiplas

O jeitinho pode e deve ser entendido como uma categoria que legitima a infração da lei na sua impessoalidade e universalidade, então é de esperar que ele se comunique com um universo moral no qual as regras que delimitam o certo e o errado se mostrem contingentes e careçam de universalidade. De fato, ao confrontarmos os entrevistados com nove cenários que demandavam seu posicionamento moral, somente em três deles verificou-se a convergência dos juízos individuais na direção do que poderíamos chamar de moral única: 98%, 96% e 98% dos brasileiros entrevistados em 2022-23 consideraram errado, respectivamente, estuprar, roubar dinheiro público e arrombar para roubar uma casa na ausência dos moradores — percentuais que se repetem na pesquisa de 2002. A condenação quase unânime do estupro e da apropriação do dinheiro público por parte dos brasileiros é atitude mais do que esperada, já a proteção da inviolabilidade da casa pode estar associada menos à defesa da lei do que ao apego a um privatismo com profundas raízes na cultura brasileira. Só assim se pode entender o paradoxo observado entre a defesa categórica da integridade da casa, de um lado, e a leniência em relação a modalidades diversas de sociabilidade violenta ou conflituosa, de outro.

Em *Sobrados e mucambos*,[2] Gilberto Freyre identificou de forma pioneira a dualidade e oposição entre a casa e a rua, que se construiu como marca do nosso Brasil urbano: se o sobrado aparecia como o lugar de segurança da família patriarcal, a rua — expressão emblemática do espaço público embrionário — era lugar de desprezo e de perigo; literalmente, a rua se configurava como o lixo da casa. Também Roberto DaMatta, em sua interpretação sobre como os brasileiros concebem o espaço público, chama a atenção para a oposição entre a rua — impessoal e desumana, na qual todos estão submetidos às mesmas normas — e a casa — aconchegante, calorosa, afetuosa e repleta de vínculos de hospitalidade e simpatia, fazendo-a uma metáfora do jeito de ser brasileiro.[3] Assim, enquanto a casa é lugar da segurança e da confiança, a rua é lugar de uma sociabilidade precária, própria de um mundo que resiste à estabilidade vinda das normas universais e impessoais, no qual prevaleceu e prevalece a opção pelos resultados erráticos e muitas vezes conflituosos da prática do jeitinho.

Em 2022-23, uma fatia nada desprezível de 40%, 40% e 25% dos brasileiros consideravam certo, dependendo das circunstâncias, respectivamente, xingar, bater em alguém e assassinar uma pessoa — percentuais que praticamente repetem aqueles identificados na pesquisa de 2002, quando 46%, 41% e 23% dos entrevistados admitiam que xingar, bater e matar seriam práticas corretas, dependendo da ocasião. Aqui, cabem duas observações: esse conjunto de práticas conflituosas tem a rua como local privilegiado e certamente indicam a expectativa negativa de parcela significativa dos brasileiros em relação ao mundo público — expresso por essa mesma rua. Ao lado disso, a atitude em relação ao xingamento, à agressão e ao assassinato revela uma moral que se orienta pela circunstância e que, portanto, é infensa a princípios universais que orientam o arcabouço das leis. Não é preciso muito esforço para perceber que a moralidade das circunstâncias anda de mãos dadas com a cultura do jeitinho e com a resistência por parte dos brasileiros à impessoalidade da lei. E, ainda, que, exceto em cenários extremos, como as situações de estupro ou de apropriação de dinheiro público, a moralidade entre os brasileiros não se universaliza.

Nessa bateria de questões, 36% e 30% dos brasileiros afirmaram que, a depender da situação, sonegar impostos e roubar nos supermercados pode não ser errado — percentuais que também repetem aqueles observados em 2002 (à época, 30% e 39% dos brasileiros aprovavam o roubo em supermercados e a sonegação de impostos como práticas eventuais). A atitude em relação ao aborto, entre as nove situações testadas, foi onde o julgamento moral se mostrou mais flexível: em 2022-23, 69% dos brasileiros afirmaram que, dependendo das circunstâncias, a prática do aborto pode ser certa, percentual que em 2002 foi de 72%.

Agrupamos os nove cenários com as respectivas valorações de certo e errado a fim de construir uma régua de ética única — que pode ser alta, média ou baixa —, capaz de classificar os brasileiros em três categorias no que se refere ao comportamento ético: uma pontuação alta de ética única significa que a avaliação ética do indivíduo pouco ou nada varia de acordo com a mudança das circunstâncias; ao contrário, um resultado baixo de ética única expressa que a moral do indivíduo é essencialmente circunstancial; um número médio definiria um indivíduo que mescla avaliações éticas universais com avaliações éticas circunstanciais. De acordo com a pesquisa de 2022-23, o extrato mais significativo é o de brasileiros que se movem num universo ético essencialmente circunstancial — 45% dos brasileiros se acham nessa categoria, contra 37% que pautam sua conduta de acordo com princípios éticos fortes, supostamente capazes de atravessar a variação das circunstâncias. Olhando vinte anos para trás, pode-se dizer que o enquadramento ético dos brasileiros já foi pior: em 2002, nada menos do que 50% dos brasileiros se orientavam por princípios éticos circunstanciais. Se de lá para cá houve um recuo de cinco pontos percentuais na dimensão desse grupo, trata-se ainda do quinhão majoritário, que possivelmente dá o tom do universo ético dos brasileiros. Pelos dados da pesquisa, a ética única quando vigora como princípio assume a feição ora de conservadorismo etário, ora de conservadorismo popular. Com efeito, entre os brasileiros menos escolarizados e entre os mais velhos, 51% e 49%, respectivamente, se orientam por princípios éticos fortes, cenário oposto observado no grupo de brasileiros mais jovens e mais escolarizados, entre os quais 56% e 49%, respectivamente, se movem de acordo com um universo ético fraco, em que os princípios podem ser facilmente sacrificados ao sabor das circunstâncias.

Aos amigos, tudo; aos inimigos, a lei: a força da ética relacional

Uma famosa máxima do mundo social, jurídico e político brasileiro reza que "aos amigos, tudo; aos inimigos, a lei". Trata-se de uma visão que guarda conexão com o jeitinho e com a ética circunstancial: conhecer alguém ou ter um parente que trabalha em alguma empresa ou no governo ajuda a não ter que respeitar a fila em caso de *necessidade*, assim como dialoga com uma ética flexível, afinal, amigos podem e devem ser tratados de forma diversa de inimigos, em particular com a ajuda da lei. A ética que protege amigos e também parentes pode ser chamada de relacional, como já mencionamos, porque confere preferência àqueles próximos, os que têm o privilégio de frequentemente se relacionar conosco.

Em 2002, 28% dos brasileiros afirmaram que com certeza não denunciariam um parente que roubasse comida de um supermercado, e outros 24% disseram que com certeza denunciariam. Nas situações intermediárias — talvez denunciasse e talvez não denunciasse — ficaram, respectivamente, 28% e 20% da população. O mais importante aqui é registrar que esse malfeito realizado por um parente poderia não ser denunciado por nada menos do que 76% de todos os brasileiros. Em 2022-23, a proporção dos que teriam dúvida em denunciar somados aos que com certeza não denunciariam caiu para 66%. Os resultados das respostas para a situação em que um parente rouba remédios de uma farmácia é praticamente o mesmo em 2002 e 2022-23, com variações muito pequenas e todas dentro da margem de erro da pesquisa. Isso significa que pequenos roubos de itens de primeira necessidade realizados por um parente não sensibilizam a grande maioria dos brasileiros a denunciá-lo.

Outras quatro situações de crimes e ilícitos feitos por um parente querido foram apresentadas aos entrevistados: atropelar uma pessoa que acabou sendo hospitalizada; arrombar e roubar um domicílio; realizar um estupro e cometer um assassinato. O atropelamento, em 2002, com certeza seria denunciado por 47% da população e, vinte anos mais tarde, por 67%. O aumento de vinte pontos percentuais foi bastante grande, indicando perda de força da ética relacional. Aliás, esse aumento se verificou em todas as seis situações testadas, mostrando que nas duas décadas que separam as pesquisas a impessoalidade ganhou terreno sobre a pessoalidade, o distanciamento diante de quem perpetra os malfeitos ganhou espaço sobre a prioridade conferida ao relacionamento. Para os brasileiros, o mais grave de todos os crimes é o estupro, pior do que o assassinato, e a denúncia certa no caso desse crime sexual seria feita por 86% em 2002, e 92% em 2022-23. No caso do assassinato, as proporções seriam 73% e 83%, respectivamente.

É possível que haja quem pense que essas respostas não fazem sentido, uma vez que raramente se vê alguém sendo denunciado por um familiar por tais crimes. Visões de mundo guardam, sim, correlação com práticas e comportamentos reais, ainda que a correlação não seja perfeita. O que essas perguntas medem é algo hipotético, tal como em diálogos corriqueiros perguntamos a um amigo ou conhecido como se comportaria se fosse assaltado. A maioria das pessoas diria que não reagiria, ainda que muitos, se submetidos à situação concreta de um assalto, acabassem por esboçar algum tipo de ação contrária ao ladrão. Mas também é fato que reações a assaltos são raras. A mesma lógica se aplica a essa medição; por meio dela é possível afirmar que a ética relacional perdeu força no Brasil nos primeiros vinte anos do século XXI.

Contudo, isso não significa que familiares tenham passado a denunciar ostensivamente seus parentes, mesmo tendo conhecimento de crimes graves cometidos por eles. A perda de força da ética relacional indica que diminuiu a probabilidade de um familiar acobertar um parente em caso de ilícitos considerados graves, ou seja, eles podem continuar sendo feitos, mas precisam estar mais bem escondidos do que no passado. Por exemplo, vai ficando mais distante o tempo em que pais podiam abertamente comentar em casa, diante dos filhos, eventuais malfeitos ou ilícitos que viessem a cometer.

As seis perguntas utilizadas para mensurar a ética relacional foram transformadas em uma única régua para dividir a população brasileira em três grupos distintos. Em 2002, esse indicador apresentou uma pontuação baixa para 43% da população: essa era a proporção dos que menos se orientavam por tal ética. Vinte anos mais tarde, utilizando-se os mesmos parâmetros de análise, esse grupo aumentou para 56%. Por outro lado, 30% tiveram uma pontuação alta na régua de ética relacional em 2002, e 27% uma pontuação mediana. Depois de duas décadas, o grupo que mais se orientava por essa ética caiu para 18%, e o mediano variou para 26%, ficando, portanto, dentro da margem de erro da pesquisa. A utilização das seis perguntas de forma conjunta revela algo importante: a parcela dos brasileiros que cultivam muito a ética relacional caiu doze pontos percentuais e a parcela que menos a cultiva aumentou treze pontos.

É inevitável que chamemos atenção para algo que também diz respeito à utilização do jeitinho e adesão a várias éticas em oposição à visão de mundo que valoriza uma ética única: por um lado, a ética relacional se tornou menos preponderante, mas, por outro, como indicam os resultados para as situações de roubo de alimentos e de remédios, ela é ainda muito forte. O ideal republicano de respeito às regras e tratamento igual perante a lei demanda que a grande maioria da população tenha visão negativa do jeitinho e não o pratique, não relativize se é ou não errado cometer ilícitos, tampouco cogite não denunciar alguém que praticou um crime por ser um familiar ou parente. Nada disso caracteriza o Brasil no primeiro quarto do século XXI. A permanência dessa maneira de pensar, mesmo passados vinte anos, foi igualmente detectada por uma pergunta que solicitava aos entrevistados que escolhessem entre dois enunciados: "a lei deve ser sempre cumprida" ou "ela deve ser cumprida na maioria das vezes". Em 2002, 27% diziam que ela deveria ser cumprida na maioria das vezes e, em 2022-23, essa proporção foi de 25%. A diferença de dois pontos ficou dentro da margem de erro da pesquisa, o que significa que nada mudou em vinte anos.

Essas perguntas são maneiras diferentes de captar o mesmo fenômeno. Como acontece em tudo o que diz respeito à sociedade, a forma de pensar e o comportamento das pessoas têm elementos sistemáticos e, por isso, podem ser explicados. Todavia, há sempre complexidade. Elaborar diferentes perguntas para cercar e compreender o mesmo fenômeno é admitir que essa complexidade não pode ser ignorada. Questionar as pessoas apenas se elas consideram ou não que a lei deve ser sempre cumprida capta uma dimensão da maneira de pensar dos brasileiros; outras dimensões são apreendidas pela bateria de perguntas sobre o jeitinho e pelas medições de diferentes éticas. Uma forma de perguntar é direta; daí por que apenas uma minoria admita que a lei não precisa ser sempre cumprida, ao passo que uma série de perguntas sobre o que é ou não jeitinho, seguida de uma avaliação dessa prática, capta de maneira indireta a disposição dos brasileiros para cumprir a lei. Haverá quem diga que quando um quarto da população adulta brasileira considera explicitamente que a lei deve ser cumprida apenas na maioria das vezes, isso seria suficiente para dificultar a sociabilidade republicana que exige o respeito à lei. Deixamos para cada um a avaliação do impacto dessa proporção no dia a dia de nossa sociedade. Porém, vale imaginar qual seria o padrão de respostas a uma pergunta como essa, se fosse aplicada aos franceses, alemães, ingleses e naturais dos países nórdicos.

O que é público não é de ninguém

No início de junho de 2023, foi noticiado que o então presidente Lula, em seu terceiro mandato, iria fazer a primeira indicação de ministro para o STF utilizando como critério a possibilidade de telefonar para esse ministro depois de ele assumir o cargo. A declaração não causou indignação. Para grande parcela dos brasileiros, que vai além dos partidários de Lula e do PT, o presidente havia sido julgado, condenado e preso sem que o STF houvesse esboçado qualquer reação que lhe tivesse assegurado um julgamento que transcorresse na velocidade normal (tudo aconteceu incrivelmente rápido), seguindo os procedimentos de acordo com o devido processo legal e condizente com a norma que prevê a possibilidade de prisão apenas depois de ter sido julgado em todas as instâncias. Assim, diante de evidências que caracterizavam uma perseguição justamente pelo sistema que, ao contrário, deveria assegurar a justiça, era compreensível que Lula indicasse um ministro do STF de sua confiança pessoal. Ele indicou Cristiano Zanin, que tinha sido seu advogado durante o processo da Lava Jato.

É difícil imaginar que o chefe de governo de algum país europeu rico, dos Estados Unidos ou do Canadá, ao indicar alguém para ser juiz de suas mais altas cortes, declare publicamente que um dos critérios de escolha é a possibilidade de telefonar para essa pessoa. Este até pode *ser* um dos critérios, afinal, todo governante zela por ter juízes constitucionais afinados com sua posição ideológica e nos quais possa confiar. Mas declarar isso publicamente é algo possível apenas em sociedades nas quais a maioria da população goza de uma mentalidade patrimonialista. Utilizar publicamente a imagem do telefonema diz menos sobre Lula e mais sobre o Brasil, pois a maioria dos brasileiros adultos tem essa visão de mundo patrimonial.

A noção de patrimonialismo compreende a ideia da utilização da esfera pública de poder em benefício pessoal, particular ou privado. Diz-se que há patrimonialismo quando um político ou servidor público se vale de seu cargo para satisfazer suas necessidades pessoais. Nesse caso, quem detém o poder o utiliza como se fosse seu patrimônio pessoal, havendo uma simbiose, uma superposição entre o espaço público e a esfera privada. Essa noção pode ser ampliada para além do exercício do poder, e foi exatamente o que a PESB fez ao confrontar a população com diversas questões cuja finalidade era avaliar a força da cultura patrimonialista em sentido amplo, a ideia de que pode existir no Brasil uma visão de mundo predominantemente marcada pela fusão entre público e privado ou, indo além, uma maneira de pensar que relega o que é público ao segundo plano, conferindo prioridade à dimensão privada da vida social.

A seguir, estão as afirmações apresentadas a cada entrevistado, solicitando que ele concordasse ou discordasse delas:

- *Cada pessoa deve cuidar somente do que é seu, e o governo cuida do que é público*: alguém que acha correta esta afirmação é um forte candidato a jogar lixo no chão e a culpar o governo pela má situação da limpeza das cidades. O raciocínio que daí decorre é que os políticos são maus administradores, que deveriam ser mais eficientes ou gastar mais para cuidar do espaço público. A concordância indica que a pessoa não concebe que ela tem responsabilidade pelo bom estado do que é de uso comum. Em 2002, 74% concordavam com essa afirmação; em 2022-23, a proporção subiu para 77%. A variação foi mínima, na margem de erro, e na direção de maior apoio ao patrimonialismo;

- *Se alguém se sente incomodado pelo vizinho, o melhor é não reclamar*: uma pessoa que concorda com essa frase, ao mesmo tempo que evita o conflito, não se comporta no sentido de tornar a sociabilidade no espaço público resultado de um acordo entre duas ou mais partes. Quem não reclama com o vizinho projeta que no futuro poderá fazer algo que incomode o vizinho e tem como expectativa a reciprocidade, isto é, a não reclamação do vizinho. Cada um terá sua oportunidade de incomodar o outro sem oposição, em prejuízo do espaço público, que é compartilhado por todos. Os respectivos percentuais de concordância para 2002 e 2022-23 foram 49% e 50% — não houve variação real;

- *Se alguém é eleito para um cargo público, deve usar o cargo como se fosse sua propriedade particular, em seu benefício*: eis o conceito clássico de patrimonialismo, sempre lembrando que ele lida com uma situação muito distante da vida da população, afinal, uma parcela ínfima de brasileiros já foi eleita ou designada para um cargo público. A boa construção de perguntas exige que algumas delas tenham muita concordância, outras, muita discordância e, também, uma variedade de resultados intermediários. Portanto, por se tratar de algo distante, a maioria acabou por discordar nas duas rodadas da pesquisa: 83% em 2002 e 79% em 2022-23. É interessante que para a situação mais extremada e clássica do patrimonialismo, o nível de discordância tenha diminuído (ainda que na margem de erro);

- *Já que o governo não cuida do que é público, então nenhuma pessoa deve cuidar do que é público*: *quid pro quo* no latim, *tit for tat* no inglês. Essa questão mensura a disposição que os brasileiros têm de dar o troco no governo. Ou seja, se os políticos não fizerem a parte deles, de acordo com o julgamento pessoal sobre o que deve ser feito, então não faz sentido realizar a sua parte cuidando do espaço público. Se o governo deixa as ruas sujas, então cada um está liberado para jogar o lixo no chão. Como a avaliação do papel do governo é subjetiva, pode sempre existir alguém que não considere as ruas suficientemente limpas para justificar fazer a sua parte. Em 2002, 81% discordavam dessa afirmação; e, em 2022-23, a proporção foi para 77%;

- *A pessoa que dá uma festa com som alto não se preocupa com os vizinhos*: trata-se de uma situação na qual muitos brasileiros já estiveram, como responsáveis pelo som alto ou vítimas dele. Conceitualmente, ela abrange as grandes caixas de som ligadas em volume alto em praias lotadas, bares e restaurantes localizados em áreas residenciais, que não cuidam da acústica, assim como escolas de samba que iniciam seus ensaios tarde da noite e varam a madrugada. Em tais casos, aplica-se a máxima "os incomodados que se mudem" — aliás, quem utiliza essa expressão tende a colocar o benefício privado acima do zelo pelo espaço público. A concordância aqui variou de 48% para 51%;

- *Ninguém deve usar as ruas e calçadas para vender produtos*: é a situação do comércio ambulante, do camelô. As ruas reservadas aos pedestres nos centros das cidades são constante objeto de debate, em particular quando ocupadas por muitos vendedores ambulantes, que, por um lado, não têm emprego e precisam vender para sobreviver, e, por outro, prejudicam o comércio tradicional que tem custos que o camelô não tem. É uma situação que confronta a necessidade de sobreviver dos ambulantes com o cuidado pelo espaço público. Em 2002, 60% discordaram; em 2022-23, a proporção foi de 64%;

- *A pessoa que constrói uma casa em um terreno público abandonado não se preocupa com o que é público*: essa é a situação da ocupação de terrenos que, com frequência, resulta em favelas e loteamentos irregulares. Assim como no caso anterior, a visão a favor do espaço público não ser utilizado em benefício particular é confrontada com a necessidade de residir próximo das oportunidades de emprego e a custo baixo. Trata-se de algo comum para quem mora nas grandes capitais de estados e regiões metropolitanas. A discordância em relação a essa afirmação não mudou em vinte anos: foi de 51% para 52%;

- *Um funcionário que trabalha em uma empresa não deve usar o telefone do trabalho para fazer um serviço por fora*: neste caso, o espaço público é o custo que a empresa tem para que seu funcionário desempenhe adequadamente seu papel; e a dimensão privada é a utilização desse espaço para uma finalidade que não diz respeito aos objetivos da empresa, mas tão somente ao interesse particular do funcionário. Discordaram dessa afirmação 42% em 2002; 39% em 2022-23;

- *Alguém que recebe dinheiro do governo brasileiro para ir estudar no estrangeiro, depois de concluir os estudos tem que voltar para trabalhar no Brasil*: há pessoas que receberam bolsa de estudos para se formar no exterior, gastando recursos de todos os contribuintes brasileiros, e nunca mais voltaram para trabalhar no Brasil. Quem discorda dessa frase — 29% em 2002 e 41% em 2022-23 — acha, sim, que o recurso público pode ser utilizado para benefício particular.

Assim, passados vinte anos na história brasileira, e depois de diversos acontecimentos de grande impacto na vida concreta das pessoas e na mídia, tais como aumento do poder de compra e posse de bens duráveis, disseminação do uso da internet e das redes sociais, governos de esquerda, *impeachment*, ascensão ao poder de uma direita doutrinária e radicalizada, polarização política da sociedade, escândalos da Lava Jato, prisão de políticos e muito mais, nada disso teve qualquer impacto relevante na redução da mentalidade patrimonialista dos brasileiros. Na realidade, o apoio da sociedade ao patrimonialismo cresceu no período.

A régua de patrimonialismo, elaborada a partir das nove situações que foram apresentadas anteriormente, indicou que houve aumento da proporção de pessoas altamente patrimonialistas — de 30% para

37% — e redução dos menos patrimonialistas — de 40% para 34%. Parte importante dessa variação se deveu ao aumento de 30% para 41% daqueles que discordam que alguém que receba dinheiro do governo brasileiro para ir estudar no exterior deva voltar para trabalhar no Brasil quando concluir os estudos. Ou seja, uma fatia maior dos brasileiros passou a apoiar o uso de recursos públicos para estudar fora e tirar proveito particular disso, ficando no país estrangeiro. Pode-se especular que isso se deve ao aumento do apoio à mudança para melhorar de vida. Sim, é justamente disso que se trata. Esse apoio desconsidera a importância de considerar o recurso público como público, permitindo que seja utilizado em benefício próprio. A pergunta exige uma escolha entre dois valores, de um lado a melhora de vida de um ente particular e de outro o respeito à lógica da utilização pública do que é público.

Como visto, a concordância com o patrimonialismo embutido na frase "cada pessoa deve cuidar somente do que é seu, e o governo cuida do que é público" aumentou três pontos percentuais em vinte anos. É possível argumentar que se trata de um aumento irrisório, dentro da margem de erro da pesquisa, e será verdade. Porém, ainda assim, mostra que, no mínimo, a visão ficou inalterada. Aliás, a estabilidade da afirmação "se alguém se sente incomodado pelo vizinho, o melhor é não reclamar" foi impressionante: depois de duas décadas, mudou um ponto percentual, ou seja, não mudou nada. Mais impressionante ainda é que depois de dezenas de grandes escândalos de corrupção — a Lava Jato foi apenas o de maior cobertura midiática e o que teve maiores consequências negativas para o mundo político —, houve redução de quatro pontos no percentual de discordância em relação à frase que afirma que "se alguém é eleito para um cargo público, deve usar o cargo como se fosse sua propriedade particular, em seu benefício". Ou seja, as pessoas passaram a apoiar mais o patrimonialismo ao serem confrontadas com uma frase que o mede de maneira nua e crua. Também houve redução, de quatro pontos percentuais, dos que discordam de que "já que o governo não cuida do que é público, então nenhuma pessoa deve cuidar do que é público"; e crescimento de quatro pontos daqueles que discordam de que "ruas e calçadas não devem ser usadas para vender produtos". Ou seja, aumentou o apoio social ao comércio ambulante.

A visão de mundo patrimonialista é tão importante para explicar o Brasil que a pesquisa contou não apenas com uma bateria de perguntas para tratar desse tema, mas também com um questionamento direto e explícito, solicitando aos entrevistados que escolhessem uma das duas frases: *as pessoas devem colaborar com o governo, mesmo se o governo não fizer a sua obrigação de cuidar do que é público* ou *as pessoas só devem colaborar com o governo quando o governo fizer sua obrigação de cuidar do que é público*. Os resultados para os dois anos estão a seguir. Em primeiro lugar, chama a atenção que sob qualquer parâmetro estatístico não houve mudança alguma nesse resultado. Em segundo lugar, nota-se que a maioria dos brasileiros adultos considera que se o governo não fizer a sua parte, então não faz sentido que outros cuidem do que é público.

Visões sobre o espaço público	2002	2022-23
As pessoas devem colaborar com o governo, mesmo se o governo não fizer a sua obrigação de cuidar do que é público	42%	44%
As pessoas só devem colaborar com o governo quando o governo fizer sua obrigação de cuidar do que é público	58%	56%

A ideia de que o povo brasileiro caminha devagar na esfera dos valores não se aplica aos indicadores de mentalidade patrimonialista; segundo esses indicadores, o brasileiro simplesmente não caminha, ficamos absolutamente parados em vinte anos. Isso não significa que será sempre assim, mas certamente é um sinal relevante de que a nossa sociedade apoia ou, pelo menos, faz vista grossa toda vez que a elite política age de forma patrimonial. O nepotismo e a pouca reação que ele desperta — à esquerda e à direita — são manifestações particulares desse fenômeno.

Nos anos de 2022 e 2022-23, em ao menos cinco estados, governadores conseguiram eleger suas respectivas esposas como conselheiras dos tribunais de contas estaduais, enquanto ainda exerciam o cargo ou depois de deixá-lo: no Amapá, em fevereiro de 2022; em Alagoas, em dezembro do mesmo ano; no Piauí, em janeiro de 2023; e em março de 2023, no Pará e na Bahia. Até onde se tem registro, não houve reação alguma por parte de seus eleitores e principais apoiadores. Já o STF, também em 2023, por sete votos a quatro, permitiu que juízes de todos os tribunais possam julgar casos cujos escritórios de advocacia representem clientes que tenham algum parentesco com o respectivo juiz. O STF atendeu a uma ação da Associação dos Magistrados Brasileiros para tornar ilegal um trecho do Código de Processo Civil — ou seja, deu-se um jeitinho na lei para permitir uma prática patrimonialista.

Aliás, existe ainda a combinação clássica entre jeitinho e patrimonialismo. Isso acontece toda vez que há nomeações ou contratações cruzadas, isto é, um político, ou por causa da ilegalidade do ato ou por receio da reação que possa gerar a contratação de um parente, o indica para um colega de profissão fazê-lo, e este, por sua vez, indica o seu respectivo parente para ser contratado como retribuição. Isso evita que haja, formalmente, nepotismo, mas consagra a realização do jeitinho. Todavia, conceitualmente, o público terá sido utilizado em benefício particular. Não cabe aqui condenar moralmente juízes e políticos, pois eles nada mais são do que a expressão de sua sociedade, de seu povo.

O patrimonialismo assume sua forma nua e crua no Brasil quando uma autoridade pública, ministros de Estado, presidentes de poderes ou mesmo os magistrados da mais alta corte utilizam aviões da Força Aérea Brasileira (FAB) para serem transportados entre a capital federal e outras localidades, ou até mesmo para sua cidade originária. Essa prática foi tornada ilegal em 2015 durante o governo Dilma, ficando proibido totalmente o uso de tais voos para a volta ao domicílio. Em 2020, no governo Bolsonaro, a proibição foi flexibilizada, sob a justificativa de que essa modalidade de voo poderia ser utilizada por questões de segurança. Quem conhece os usuários dos voos da FAB sabe que seus beneficiários têm a prerrogativa de levar convidados nessa forma exclusiva de transporte. Trata-se, portanto, de uma espécie de patrimonialismo duplicado, não apenas um recurso público é usado para fins particulares, mas quem o utiliza tem a prerrogativa de escolher outros privilegiados. Quando isso acontece, é comum que o carona convidado possa ficar mais indignado com a lista de convidados, a ausência deste ou daquele amigo, do que com o fato de que a FAB seja utilizada para tais finalidades.

Vale mencionar que enquanto este texto estava sendo elaborado, o governador de São Paulo — o estado mais rico e moderno da federação —, cujo partido é denominado de Republicanos, nomeou para o Conselho Estadual de Educação um empresário que é sócio de uma empresa detentora de contratos com o governo. O nomeado disse não ver conflito de interesses e a Secretaria de Educação afirmou que ele tinha notório saber e grande experiência na área educacional. Os argumentos utilizados estão longe de ser cínicos, seus defensores de fato acreditavam no que diziam. Na verdade, o critério utilizado para julgar se há ou não conflito de interesses e se existe ou não notório saber é pouco rigoroso (como se diz corriqueiramente, "o sarrafo é baixo"). Os valores patrimonialistas estão muito mais presentes do que se imagina. A propósito, o grande pensador liberal francês Alexis de Tocqueville afirma que quanto mais presente é um valor social, menos se nota a sua existência.

Também durante a redação deste livro, o então vice-presidente Geraldo Alckmin sancionou uma lei que passou a obrigar o poder público a divulgar a lista de espera (fila) em creches e no ensino fundamental. Diz textualmente a lei que deve constar da publicação a "ordem de colocação e, sempre que possível, por unidade escolar, bem como divulgar os critérios para a elaboração da lista". A expressão mágica é "sempre que possível". Não sendo viável dar transparência por unidade escolar, abre-se amplo leque de chances para confusões, trocas de nomes e supostos equívocos. Os legisladores decidiram também retirar da proposta original o artigo que obrigava o envio da lista para o Ministério Público (MP) e para o conselho tutelar de cada localidade. Imaginemos que isso tivesse sido mantido e que a maioria dos municípios acabasse por não publicar corretamente essas listas. Neste caso, o MP passaria a ter muitos graus de liberdade para tentar impor às prefeituras as determinações da lei. Os dirigentes eleitos que não cumprissem a obrigação de dar transparência à fila e aos critérios que a estabeleceram ficariam sujeitos à ação de um grupo não eleito de operadores do direito.

Toda elite deriva da sociedade e interage com ela. No que diz respeito à elite emergir de seu mundo, vale parafrasear Arnaldo Antunes em sua música "Saiba": "Todo mundo foi neném / Lula, Bolsonaro e Aécio também / Gilmar Mendes, Carmem Lúcia e Renan / Quem tem grana e quem não tem." Isso significa que todo mundo teve uma família, pais, mães, alguém que o tenha criado, frequentou seu bairro, uma escola, teve amigos de infância e adolescência, isto é, não viveu em uma bolha que o isolasse do convívio com outros brasileiros. É no mundo em que vivemos e somos socializados que aprendemos ditados populares, desenvolvemos nossos gostos musicais e esportivos, adquirimos valores, é nele que aprendemos o que é certo e errado. A mídia é importante, com certeza, mas não é o meio mais afetivo e efetivo de transmitir valores, certamente não mais do que o ambiente da família e do convívio social das pessoas próximas, queridas e admiradas. É nesse meio que os brasileiros são sinalizados, por exemplo, sobre o acerto (ou não) de jogar lixo no chão ou mesmo de não recolher o lixo jogado na rua por outras pessoas. Além de aprendermos por meio de exemplos, somos ensinados a defender nossos comportamentos com argumentos racionais. Quem hoje ocupa cargos importantes, como assentos em tribunais superiores ou posições eletivas nos poderes Legislativo e Executivo, já passou pela mesma socialização que o guarda da esquina, o profissional de saúde, o professor ou as pessoas mais pobres e vulneráveis. Mesmo que não fosse esse o caso, teria de interagir constantemente com seus representados.

Imaginemos agora que, de supetão, talvez por meio da interferência de algum tipo de inteligência artificial, todos os nossos dirigentes passassem a se comportar da maneira mais antipatrimonialista possível, não apoiassem qualquer modalidade de jeitinho, respeitassem todas as leis, sem exceção, e se guiassem exclusivamente por uma ética única. Caso isso fosse feito sem a correspondente mudança de seus representados, eles correriam o risco de cair, de serem depostos em função da imensa pressão de baixo para cima. Dito de outra maneira, policiais, juízes ou políticos escandinavos, nórdicos, germânicos ou mesmo anglo-saxões dificilmente sobreviveriam no ambiente social brasileiro. A sociedade não os toleraria e pressionaria por uma representação condizente com seus valores mais arraigados. Não apenas a elite é produto da sociedade, e caso não seja, terá muita dificuldade em gerenciá-la e governá-la. Alguns podem até mesmo argumentar que Dilma Rousseff, na busca da impessoalidade e de fazer valer a lei, foi a governante que mais se aproximou desse ideal.

Há quem coloque a responsabilidade das mazelas do país em seus dirigentes. Quem assim o faz assume o pressuposto de que o governo ou o Estado podem gerar uma sociedade, podem moldar e direcionar os valores de um imenso contingente de pessoas. A interação entre sociedade e governo parece ser mais complexa do que isso. Não se trata somente de uma via de mão dupla, mas predominantemente de uma via que leva a sociedade a impregnar com suas visões de mundo todos os poros do governo. Aliás, isso é a própria essência da democracia. Uma máquina estatal que seja sensível à sociedade é o que se espera de um "governo do povo, pelo povo e para o povo", segundo a clássica frase que resume a utopia democrática. Quando um político defende em público, por meio de uma analogia, uma ação que pode ser considerada patrimonialista diante das referências do ideário liberal e republicano burguês, tal como Lula fez ao afirmar que desejava um ministro do STF que o atendesse ao telefone, ele nada mais faz do que ser porta-voz de sua sociedade. A propósito, isso é condizente com o fato de Lula sempre ter sido considerado excelente comunicador. Por fim, aqueles que criticam um político por tal comportamento devem antes compreender que isso só é possível em função da sociedade na qual ele foi socializado e com a qual ele interage.

O liberalismo e seus descontentes

As diferenças entre as sociedades foram geradas por suas trajetórias históricas. Nem sempre as instituições impessoais do governo representativo existiram, tampouco constituições nacionais escritas, expectativas de que a lei é universal e aplicada indistintamente a todos, redes de proteção social, universidades, ciência, direitos humanos e liberdade. Tudo isso é cultural e é criação relativamente recente quando consideramos o extenso registro arqueológico da vida social humana. Não só recente, mas característica de uma região específica do mundo, a Europa Ocidental, em particular as regiões do continente ocupadas pelo Império Carolíngeo, tal como argumenta Joseph Henrich em seu livro *The Weirdest People in The World* [As pessoas mais estranhas do mundo]. O que os dados da PESB mostram sobre o Brasil é que sua população não compartilha dos valores que viabilizam o funcionamento do mundo idealizado pela Revolução Francesa ou pelos regimes constitucionais anglo-saxões.

Reconhecer que em todos os países do mundo a lei nem sempre é cumprida não passa de uma platitude. Admitir que em todas as nações a esfera pública é utilizada para benefício pessoal é uma trivialidade. É evidente que tudo de *errado* que ocorre no Brasil também acontece em outros lugares, inclusive nos lugares mais ricos e desenvolvidos. Note-se, porém, que este *errado* depende de um determinado ponto de vista, como salientado até aqui: é a régua liberal, das sociedades burguesas, republicanas, impessoais e igualitárias, nas quais os laços de parentesco são infinitamente mais fracos do que no Brasil e quiçá na América Latina. A pura e simples existência do conceito de jeitinho e de suas derivações — como penduricalhos, gambiarra, baianada, gato de energia elétrica e tantos outros nomes ou expressões simpáticas para denominar o não cumprimento das regras — revela a disposição que os brasileiros têm de prover e de aceitar o tratamento diferenciado em prejuízo do universal. O *errado*, no Brasil, não é tão *errado* assim do ponto de vista do jeitinho, só é do ponto de vista da régua da impessoalidade. Até onde se tem notícia, não há algo equivalente ao jeitinho na Inglaterra, Alemanha, França, Suécia ou Dinamarca. Talvez exista em algum país latino-americano ou nos Bálcãs. O fato é que isso faz muita diferença, pois o jeitinho é a expressão máxima da moral que depende das circunstâncias, e ele domina os corações e as mentes dos brasileiros.

O que temos, como se diz, está tudo junto e misturado: jeitinho, ausência de ética única, presença da ética relacional e apoio à utilização do espaço público em benefício particular. As perguntas mediram todos esses conceitos e apontaram que eles dão o tom do funcionamento do Brasil: ou são predominantes, ou perderam força, mas continuam ainda muito presentes, ou estão suficientemente disseminados para que minem a impessoalidade e a universalidade de procedimentos, ou ainda alguns deles ficaram mais fortes. O fato é que, passados vinte anos, houve poucos sinais de alguma mudança que leve os brasileiros a serem menos brasileiros e mais alemães ou ingleses. O rigor das duas pesquisas e o fato de terem sido feitas integralmente com a mesma metodologia nos permitem fazer essa afirmação. Se nosso objetivo for atingir o ideário liberal característico dos países da Europa, somos um povo que caminha devagar. Para alguns, tão devagar que jamais chegaremos lá. Pode ser. Porém, por outro lado, já estamos em algum lugar, o lugar onde a lei conhecerá exceções, e isso não necessariamente será malvisto, onde o público será tratado em benefício pessoal e não causará indignação. Talvez seja o caso de conviver melhor com esses aspectos de nossa sociabilidade.

O eu e o outro

Roberto DaMatta celebrizou a mentalidade hierárquica da sociedade brasileira por meio da frase que deu título ao livro e se tornou um clássico: "Você sabe com quem está falando?".[4] Ela é utilizada para "dar uma carteirada", para conseguir escapar de uma norma ou lei por meio do prestígio de um cargo importante ou mesmo por conhecer alguém que ocupe um cargo assim. Essa maneira de fugir da autoridade das regras é menos democrática do que o jeitinho, pois exige que se tenha acesso a algum recurso raro: ter posição de elevado prestígio, como a de um juiz ou desembargador, ser um político de destaque ou uma celebridade. Conhecê-los também ajuda a não ter que cumprir a lei, desde que eles digam para a autoridade responsável por fazer valer a regra que você pode ser tratado como exceção justamente por se conhecerem. Por exemplo, no Anexo IV da Câmara dos Deputados, no prédio de dez andares que é sede da maior parte dos gabinetes, há elevadores comuns e elevadores exclusivos dos parlamentares. Se você estiver acompanhando um deles, ou mesmo um ex-deputado, certamente poderá utilizar os elevadores privados. Aliás, considerando que o trabalho legislativo é sempre muito lento, do ponto de vista da eficiência do trabalho, não faz o menor sentido ter elevadores exclusivos, uma vez que a existência deles nada mais é do que a legalização da carteirada: pessoas importantes devem ter direito a privilégios.

A mentalidade hierárquica que caracteriza o Brasil exige uma relação muito distante e subserviente entre o *eu* e o *outro*. Cada um conhece e aceita seu espaço social. Mais do que isso, o *eu* importante e detentor de prestígio, aquele que tem a *carteira* de *autoridade*, tem mais direitos do que o *outro* anônimo, impessoal, genérico e desconhecido. Isso pode ser visto nas inúmeras oportunidades em que esse *eu* não precisa cumprir regras universais, que valem para todos, tem acesso a benefícios exclusivos para quem ocupa sua posição, não está sujeito às várias modalidades de filas, esse procedimento impessoal que ordena o acesso a bens e serviços de maneira democrática. Se o *jeitinho* pode ser utilizado por qualquer um, desde que seja capaz de "chorar miséria", que tenha capacidade de passar uma boa conversa para sensibilizar o interlocutor acerca de sua situação de necessidade, o *você sabe com quem está falando?* é mais inusitado, pois demanda que seu usuário tenha acesso a algo raro, o prestígio. Porém, nos dois casos, o agente, o *eu*, passa a ter acesso a algo que o *outro* não tem: a exceção à regra.

A relação entre o *eu* e o *outro* também é central quando se trata da confiança entre as pessoas, tema que será tratado em breve em mais detalhes por meio dos dados da PESB. Um país como o Brasil, que se move influenciado por uma ética relacional, tende a confiar mais nos parentes e amigos próximos e muito pouco na maioria das pessoas. Quando alguém é perguntado se confia na maioria das pessoas, na verdade o que se está perguntando é se confia em alguém desconhecido, de fora de seu círculo de relacionamento: novamente, temos o *outro* anônimo e impessoal. Há que admitir que o jeitinho, as éticas múltiplas, a ética relacional, a mentalidade patrimonialista, a visão de mundo hierárquica e a confiança entre as pessoas estão interligados pela relação entre o *eu* e o *outro*, e todos dificultam sobremaneira a aplicação da lei no Brasil.

É possível que uma sociedade que muito resista à aplicação universal das regras venha a ser punida pelo crescimento das ilegalidades; talvez seja isso que acontece hoje no Brasil, com a grande abrangência e disseminação de roubos, crimes e de várias formas de burlar as leis. Tudo indica que essa mesma sociedade, como veremos adiante, fica menos tolerante em relação ao não cumprimento da lei, ao menos para o *outro* e em situações de extrema violência, passando a confiar mais e avaliar melhor quem está em contato direto com o crime e a exigir penas mais duras para combatê-lo. Os dados da PESB sugerem que um ponto de equilíbrio implícito e desconhecido para o não cumprimento das leis foi ultrapassado; que sua principal manifestação é a violência de crimes como assassinatos e estupros; e que os brasileiros delegaram para a polícia a obrigação de voltar a fazer valer a lei. Vejamos as evidências desse possível fenômeno.

"Você sabe com quem está falando?" e a servidão voluntária

Um dos primeiros aprendizados de alguém que convive com políticos é que se você deseja ter o respeito deles, é preciso tratá-los com deferência. Isso significa que jamais deve se referir a eles de maneira informal, apenas pelo primeiro nome, por exemplo. Preferencialmente, o tratamento a ser dispensado deve levar em conta o cargo mais elevado que ocupou, jamais antecedido pelo prefixo *ex*. Assim, em uma conversa com um deputado federal que já tenha sido governador, o mais adequado é chamá-lo por *governador*, seguido de seu primeiro nome. Na certidão de nascimento de um dos autores deste texto, lavrada nos anos 1960, o nome de seu pai é antecedido por *doutor*, ou seja, ele foi registrado como filho de um doutor. É comum no Brasil que pessoas diferentes sejam tratadas de formas diferentes: ou de maneira informal e igualitária, por meio da utilização do *você*, ou hierarquicamente, quando o primeiro nome é antecedido por pronomes e termos como senhor, professor, governador, deputado ou outra denominação, dependendo do cargo ocupado. A deferência hierárquica por meio de pronomes de tratamento diz muito sobre nosso país. Aliás, foi Alexis de Tocqueville quem chamou a atenção para a relação entre formas de tratamento e hierarquia social em seu *Antigo regime e a revolução*, quando analisou o uso da palavra *gentleman* na França, Inglaterra e nos Estados Unidos, mostrando que quanto mais democrática a sociedade, maior era a abrangência da utilização desse termo. Esta íntima ligação entre o uso do idioma e a estrutura social foi explorada na PESB.

Perguntou-se aos entrevistados o que deveria fazer um empregado que corriqueiramente se referia ao patrão por *senhor* caso seu chefe lhe dissesse para passar a tratá-lo simplesmente por *você*. O que aconteceu nos vinte anos que separam 2002 e 2022-23 tangencia o inacreditável: os resultados foram rigorosamente os mesmos, ou seja, nada mudou, nem mesmo dentro da margem de erro das pesquisas. Em ambos os levantamentos, 61% dos entrevistados afirmaram que o empregado deveria continuar chamando o patrão por senhor e somente 39% disseram que o empregado deveria passar a chamar o patrão por você. Essa pergunta serve de aproximação para todo e qualquer tratamento reverente que utilizamos em nosso dia a dia. No mesmo período, é muito provável que nada tenha mudado também em relação ao tratamento dispensado às autoridades em face dos cargos que já ocuparam na vida. Nas próprias famílias, dependendo da região do país e da classe social, filhos e filhas se referem a seus pais (e avós) por senhor e senhora. Esses usos da língua indicam que vivemos em uma sociedade que faz questão de marcar as hierarquias. Isso fica igualmente evidente na prática diária da utilização do elevador social e de serviço nos edifícios residenciais espalhados por todo o Brasil.

Foi colocada a seguinte questão para os entrevistados: imagine que os moradores de um prédio digam para porteiros e empregadas domésticas que eles podem utilizar o elevador social. O que eles deveriam fazer? Em 2022-23, 47% responderam que deveriam continuar usando o elevador de serviço e 53% que deveriam passar a utilizar o elevador social. Houve uma mudança grande em relação a 2002, quando 56% dos entrevistados disseram que o elevador de serviço deveria continuar a ser o meio de locomoção e 44% optaram por afirmar que deveria ser o elevador social. Ainda que tenha ocorrido uma mudança de dez pontos percentuais a favor de uma visão de mundo igualitária, vale chamar a atenção para o fato de que a sociedade está praticamente dividida ao meio. Há que registrar que a simples existência do elevador de serviço e o fato de fazermos uma pergunta cujo objetivo é detectar quais pessoas devem usar este ou aquele elevador é evidência de que existe uma grande hierarquia social. Nos países ricos, ou não há elevador de serviço, ou, quando existe, ele é considerado apenas elevador de carga — não foi pensado e designado para o uso de pessoas da base da pirâmide social.

Haverá quem considere que a manutenção de uma rígida e distante hierarquia social só ocorre devido a sua imposição por parte dos principais interessados, aqueles que estão nos degraus mais elevados da hierarquia. Os dados da pesquisa mostram outra realidade: que a visão de mundo hierárquica é mais apoiada por aqueles que estão embaixo do que por quem está em cima. Em 2022-23, 79% dos que tinham concluído até o ensino fundamental I consideravam que os empregados deveriam continuar usando o elevador de serviço (eram 69% em 2002); a proporção foi de 54% para quem tinha feito até o ensino fundamental II, caindo para 41% junto a quem tinha o ensino médio, e apenas 23% para as pessoas com ensino superior completo.

Impor uma hierarquia social é muito custoso e o mais viável é que ela seja aceita pela maioria, em particular pelos mais prejudicados por ela. Trata-se de uma servidão voluntária: os que estão na base da hierarquia social aceitam e apoiam essa estrutura. A pesquisa não teve por finalidade responder os motivos que levam essas pessoas a isso, mas é razoável imaginar que se aplica aqui um ditado muito conhecido por todos: "Manda quem pode, obedece quem tem juízo." Ou seja, a percepção de que a sociedade é caracterizada por uma hierarquia na qual os de cima estão muito distantes dos de baixo, vivem em um mundo bem protegido e que isso é difícil de ser modificado, tende a levar os de baixo a temer a mudança. Faz sentido para eles serem obedientes, a fim de melhor navegar em uma sociedade com tal estrutura.

Para avaliar o nível de aceitação da hierarquia social dos entrevistados, foi apresentada uma questão na qual se afirmava que uma patroa tinha dito para a empregada que ela poderia assistir à televisão na sala junto com ela, perguntando-se em seguida o que a empregada deveria fazer. Em 2002, 59% disseram que ela deveria se sentar no sofá junto da patroa e assistir à TV com ela. Em 2022-23, essa proporção aumentou um pouco, para 63%. A posição mais fortemente hierárquica, assistir TV no quarto de empregada, foi a escolha de 31% em 2002, e de 28% em 2022-23. Outros 9%, nas duas pesquisas, disseram que a empregada deveria assistir à TV na sala com a patroa, mas pegar uma cadeira da cozinha para se sentar. Também nesta pergunta, quanto mais baixa a escolaridade, maior o apoio à situação mais hierárquica, e quanto mais elevada a escolaridade, mais as pessoas tendem a ser contrárias à hierarquia. Esse padrão de respostas permite inferir que em muitos lares brasileiros as patroas oferecem para suas empregadas possibilidades de escolhas mais igualitárias, e as empregadas as rejeitam reforçando nosso diagnóstico de que a aceitação da hierarquia está introjetada nos que estão na base da pirâmide social.

A visão de mundo hierárquica é tão disseminada que penetra em todos os espaços da vida social, adentrando até mesmo no dia a dia da família nuclear. Em muitos países ricos, particularmente nos mais individualistas, a maioridade praticamente obriga que o jovem deixe a casa dos pais para construir sua própria trajetória. Por outro lado, no Brasil, a grande maioria considera que os pais deveriam decidir e dizer se a filha de 18 anos pode viajar com as amigas. Foi essa a resposta de 63% dos entrevistados em 2002, e de 62% em 2022-23. Apenas 37% e 38% dos brasileiros nos respectivos anos disseram que os pais deveriam deixar a filha decidir o que ela quisesse. Revelador da aceitação da hierarquia por parte daqueles que supostamente deveriam ser contra ela é que, em 2022-23, 62% dos jovens de 18 a 24 anos achavam que os pais é que realmente tinham de decidir sobre a viagem da filha maior de idade, proporção apenas um pouco menor do que os 67%, de 35 a 44 anos de idade, e dos 66%, de 45 a 59 anos, que compartilhavam da mesma visão. Adicionalmente, entre as mulheres, 65% das entrevistadas em 2022-23 disseram que os pais tinham de decidir sobre a filha, enquanto 59% dos homens achavam o mesmo.

Uma sociedade com ideologia predominantemente individualista valoriza que as pessoas tenham mobilidade geográfica. Mais do que isso, o individualismo legitima o uso do dinheiro ganho honestamente e aceita que ele possibilite a cada um realizar escolhas que não sejam condicionadas pelas relações sociais. Por exemplo, se alguém enriquece, é amplamente aceito que essa pessoa não fique ligada a seus parentes e amigos, residindo em áreas próximas. Nesse caso, as relações sociais de parentesco ou amizade são menos valorizadas do que a escolha individual. Como no Brasil as relações são mais importantes, inclusive quando hierárquicas, em 2022-23, 74% dos adultos achavam que se um porteiro ganhasse na Mega-Sena, ele deveria continuar morando no mesmo bairro, ainda que em uma casa melhor; apenas 26% disseram que ele deveria comprar uma casa em uma área rica da cidade. Duas décadas antes, essas proporções eram respectivamente de 79% e 21%. Ou seja, houve mudança em uma direção mais igualitária, porém foi muito pequena.

Quando o jeito é se virar, cada um trata de si, irmão desconhece irmão

Como consequência quase inevitável de um mundo público atrofiado, no qual as regras e leis são instáveis e interpretadas ao sabor das conveniências pessoais, vivemos um cotidiano de incerteza e de profunda desconfiança de uns em relação aos outros. Não custa lembrar que a confiança é uma virtude com amplas consequências sobre a qualidade da vida social, política e econômica de qualquer país. Os trabalhos de Robert Putnam, Francis Fukuyama e tantos outros consagrados pesquisadores são categóricos em demonstrar que nos países marcados por maior estoque de confiança vive-se mais, a democracia funciona e a economia tem melhor desempenho. Em países com baixo estoque de confiança, os custos de transação são maiores e há perda imediata de riqueza e prosperidade. Como bem exemplifica Fukuyama em seu livro *Confiança*, o atraso do sul da Itália está diretamente associado ao déficit de confiança que marca a região. Lá, em razão de enormes índices de desconfiança social, as empresas são e serão sempre de âmbito familiar, ou seja, a economia dificilmente alcançará o patamar de uma economia impessoal e de mercado em grande escala. Não é de outro lugar senão do sul da Itália a máxima aparentemente jocosa segundo a qual: "*Só se conhece um homem* depois de se haver gasto uma sola de sapato no deslocamento para sua casa, ou depois de se haver consumido um saco de sal em jantares comuns."

A máxima, ao mesmo tempo engraçada e trágica, quanto às consequências adversas da desconfiança tem origem na Calábria, mas poderia sem nenhuma dificuldade ter sido cunhada em qualquer parte do território brasileiro. Certamente, a maioria dos nossos leitores ficará surpreso ao tomar conhecimento de que o Brasil é o campeão na medição de desconfiança interpessoal na América Latina. Segundo a pesquisa Latinobarómetro de 2020, o Brasil se localizava na lanterninha no quesito confiança interpessoal, atrás de países como Equador, El Salvador, Honduras e Venezuela.[5] Em pesquisa mais ampla, feita pelo World Values Survey, em sua sétima edição e aplicada em dezenas de países, o Brasil se encontra na posição nada confortável de 82º colocado no quesito falta de confiança entre as pessoas, à frente apenas de oito países, entre os quais podemos destacar o Zimbábue, a Indonésia e a Albânia.[6]

Nossa pesquisa traz resultados que vão na mesma direção dos levantamentos internacionais, mas no momento em que ampliamos a lente para o Brasil e comparamos nossas duas pesquisas, a escassez de confiança social que marca os brasileiros se mostra ainda mais preocupante. Em 2022-23, 29% e 58% dos entrevistados declararam, respectivamente, não confiar ou confiar pouco na maioria das pessoas, o que quer dizer que 87% dos brasileiros desconfiam em algum grau uns dos outros. Em 2002, 28% e 57% admitiam, respectivamente, não confiar e confiar pouco uns nos outros, o que perfaz um percentual de desconfiança social de 85%. Isso quer dizer que a desconfiança social deu sinais de crescimento marginal nas duas décadas que separam as pesquisas. Se o mundo do trabalho se localiza na esfera pública, é de esperar forte sentimento de desconfiança interpessoal também aí. De fato, em 2022-23, 28% dos brasileiros declararam não confiar nos colegas de trabalho e 52% admitiram confiar pouco, o que perfaz um percentual de 80% de desconfiança no mundo do trabalho. Em 2002, esses percentuais foram 19% e 52%, respectivamente, o que perfaz um coeficiente de desconfiança de 71%. Nesse caso, a desconfiança entre as pessoas cresceu em vinte anos na quantidade nada desprezível de nove pontos percentuais.

Muitos pensarão que esses números têm por contraface fenômeno semelhante ao designado pelo sociólogo Edward Banfield, que criou o termo "familismo amoral", ou seja, um contexto de grande desconfiança social acompanhado por fortes laços de confiança em relação ao círculo restrito da família e dos amigos. No caso brasileiro, a desconfiança transborda da esfera pública e penetra o círculo da intimidade. Em 2022-23, 19% dos brasileiros declararam não confiar nos amigos, enquanto 55% disseram confiar muito pouco; em 2002, os percentuais foram respectivamente de 16% e 54%, o que significa aumento (na margem de erro) de três pontos percentuais de desconfiança em relação aos amigos. Entre nós, a confiança em quem mora ao lado — o vizinho — é marginal. Em 2022-23, 30% dos entrevistados afirmaram não confiar no vizinho e 49% admitiram confiar muito pouco. Isso quer dizer que 79% das relações de vizinhança entre os brasileiros são marcadas por algum grau de desconfiança. Vale chamar a atenção para o fato de que esses percentuais em 2002 representavam, respectivamente, 24% e 53%, o que perfaz um percentual de 77% de desconfiança entre vizinhos, uma variação de dois pontos percentuais nos últimos vinte anos.

É lógico esperar laços distintos na esfera mais restrita da intimidade — a esfera da família. Em 2022-23, 54% afirmaram confiar muito na família e 24% disseram confiar; 22% dos entrevistados declararam algum grau de desconfiança, mesmo em relação ao círculo familiar. Importa aqui compararmos esses percentuais com aqueles da pesquisa de 2002. Então, 65% dos brasileiros afirmaram confiar muito na família, o que significa que, em um hiato de vinte anos, 11% dos brasileiros deixaram de confiar de maneira absoluta na família. A fatia de 84% dos brasileiros que confiavam de alguma forma na família diminuiu para 78%.

O cientista político e social Albert Hirschman nos lembra de uma importante propriedade das virtudes e dos vícios sociais, como a desconfiança, e seu reverso, a confiança: quanto mais as usamos, mais elas aumentam. Ao contrário do que muitas vezes supõe o senso comum, as relações interpessoais entre os brasileiros, longe de cordialidade, são marcadas por um vício já identificado pelo filósofo Thomas Hobbes no século XVIII como empecilho à boa vida em comum, a saber, a desconfiança mútua. Nos vinte anos que separam as duas pesquisas, esse vício social avançou de forma consistente, mesmo na esfera íntima da família.

Os brasileiros vão além de confiar pouco uns nos outros, eles se movem também em meio a uma desconfiança generalizada em relação às instituições — tanto as públicas quanto as privadas. Como sinal da crise de representação, os partidos políticos e o Congresso Nacional são os campeões da desconfiança entre nós. Em 2022-23, 52% dos brasileiros afirmaram não confiar e 41% declararam confiar pouco em nossos partidos políticos, o que perfaz um total de 93% de entrevistados que não confiam na engrenagem central das democracias representativas. Vale chamar a atenção para a estabilidade desses percentuais, no que se refere à pesquisa de 2002, quando 57% e 37% dos brasileiros declararam, respectivamente, não confiar e confiar pouco nos partidos políticos. Se os partidos políticos ocupam o primeiro lugar no pódio da desconfiança institucional, a medalha de prata é atribuída ao Congresso Nacional. Em 2022-23, 44% dos brasileiros admitiram não confiar no Congresso e 42% afirmaram confiar pouco. Os percentuais pouco se alteraram em relação à pesquisa de 2002, quando 40% e 46% dos entrevistados declararam, respectivamente, não confiar ou confiar pouco no Congresso Nacional.

Não seria descabido esperar que a avaliação negativa de um dos poderes da República se visse compensada por avaliação mais positiva em relação aos outros dois poderes: Executivo e Judiciário. Mas, lamentavelmente, não é isso o que se observa: 70% dos brasileiros expressam clara desconfiança tanto no governo federal quanto no sistema de justiça. Em 2022-23, 22% e 49% dos entrevistados declararam, respectivamente, nenhuma ou pouca confiança no governo federal, percentuais que apresentam estabilidade em relação à pesquisa de 2002, quando 22% e 52% dos brasileiros afirmaram, respectivamente, não confiar ou confiar pouco no governo federal. No que se refere ao sistema de justiça, em 2022-23, 20% e 48% dos brasileiros disseram não confiar e confiar muito pouco, respectivamente; em demonstração de estabilidade, vinte anos antes, 21% dos brasileiros não confiavam na Justiça e 50% confiavam pouco.

No curso da redação do livro, os autores receberam testemunhos de fontes diversas sobre casos que ilustram o nosso enorme déficit de confiança. Um dos casos chegou a nós por um conhecido que confidenciou ter sido passado para trás por um sócio e o litígio não foi resolvido pela Justiça. Rezava o contrato empresarial que uma determinada proporção da receita advinda das vendas realizadas por ele lhe seria repassada. Em um determinado momento do crescimento da empresa, esperançoso de que o responsável pelas vendas decidisse sair da sociedade, o sócio majoritário deixou de fazer os pagamentos previstos em contrato. A partir daí, o conflito foi judicializado e a lentidão da Justiça não permitiu que nenhuma decisão fosse tomada. Ou melhor, a ciência política ensina que *não decidir* é uma *decisão*; depois de sete anos (e aumentando), é assim que o Poder Judiciário vem se posicionando sobre o caso. Quem passa por uma situação como essa tem todos os motivos para confiar menos nas pessoas e nas instituições responsáveis por fazer valer a lei.

Esse caso revela que um pilar importante da confiança entre as pessoas é a expectativa que os indivíduos têm de que a justiça será feita de forma clara e veloz, de acordo com os fatos empíricos apresentados ao juiz, e não ao sabor de doutrinas, interpretações ou procedimentos. São inúmeros os julgamentos que resultam na decisão de não decidir. Para ficar em um exemplo paradigmático, em janeiro de 2023, mês de aniversário de dez anos do incêndio da boate Kiss, no Rio Grande do Sul, que matou 242 pessoas, o júri que condenou os acusados foi anulado pela própria Justiça. Haverá sempre boas e fundamentadas razões tanto para anular quanto para não anular um julgamento, não é isso que esse episódio traz à tona, e, sim, o que isso sinaliza para toda a sociedade. Ele mostra a imensa dificuldade que existe para se decidir acerca de algo simples: avaliar uma situação na qual há centenas de mortos, encontrar os responsáveis por isso e puni-los. É impossível imaginar o sentimento de injustiça de todos os parentes das vítimas: passados mais de dez anos do ocorrido (!!!) e não existirem responsáveis pelo fato; se há, não foram punidos. Esse exemplo, divulgado amplamente por todas as mídias, mostra que não é possível confiar na Justiça, exatamente a instituição que deveria zelar pelo cumprimento de regras e contratos. Sendo assim, então é muito difícil confiar que as pessoas venham a cumprir os contratos estabelecidos.

A atitude dos brasileiros em relação ao quarto poder — a imprensa — consegue se mostrar ainda mais negativa, em termos de confiança, do que aquela expressa em relação ao governo federal e à Justiça. E o que é mais grave, no hiato de vinte anos entre as duas pesquisas, a desconfiança em relação à imprensa ampliou. Ora, se em 2002, 20% dos brasileiros afirmavam não confiar na imprensa e 52% confiavam muito pouco, em 2022-23 esses percentuais se alteraram para 29% e 47%, ou seja, houve um crescimento de nove pontos de desconfiança categórica na imprensa nas duas últimas décadas. A explosão das redes sociais e a perda relativa de espaço dos canais tradicionais de comunicação são acompanhadas, portanto, pelo decréscimo de confiança em relação a esses veículos tradicionais de disseminação de informação.

A avaliação crítica em termos de confiança das instituições públicas poderia sugerir uma situação de efeito gangorra, em que as instituições localizadas no mundo privado — como as empresas e as igrejas — ganhassem legitimidade em um jogo de soma zero. Não é esse o cenário de confiança institucional no caso brasileiro: instituições privadas também estão a carecer de legitimidade. Em 2022-23, 18% e 53% dos brasileiros declararam, respectivamente, não confiar ou confiar pouco nas grandes empresas, percentuais que basicamente repetem aqueles encontrados em 2002: 17% e 55%. Seria legítimo supor que a desconfiança em relação a grandes empresas no Brasil tivesse relação com a imagem de exploração do trabalho por parte delas. Suposição de difícil sustentação no momento em que verificamos que, em 2022-23, 10%

dos brasileiros não confiavam e 46% confiavam pouco nas pequenas e médias empresas, percentuais que, em 2002, correspondiam a 7% e 42%, respectivamente.

Indicador contundente de uma desconfiança social que se projeta também nas instituições do mundo privado é a atitude dos brasileiros em relação à Igreja Católica. Em 2022-23, 21% e 33% dos entrevistados declararam não confiar ou confiar pouco na Igreja Católica; tendo em vista que esses percentuais em 2002 equivaliam, respectivamente, a 14% e 27%, no intervalo de vinte anos entre as duas pesquisas houve aumento substantivo de treze pontos percentuais de desconfiança sobre a Igreja Católica. Não coincidentemente, houve aumento expressivo do número de evangélicos nesse período.

Certamente, a mudança mais importante na atitude dos brasileiros se observa na relação de confiança no braço repressivo e punitivo do Estado: as polícias militar, civil e federal. Inicialmente, cabe notar que no que diz respeito à Polícia Civil e à Polícia Militar, a atitude expressa pelos entrevistados na pesquisa de 2022-23 é de desconfiança em relação a ambas, mas quando se examinam os números da pesquisa de 2002, o quadro é outro. Se em 2002 somente 18% dos brasileiros confiavam e 7% confiavam muito na polícia militar, vinte anos depois, em 2022-23, esses percentuais se alteraram para 25% e 14%, ou seja, houve aumento de quinze pontos da confiança na Polícia Militar. Quadro semelhante se observa em relação à confiança na Polícia Civil: enquanto em 2002, 6% dos brasileiros confiavam muito e 18% confiavam na Polícia Civil, esses percentuais se alteram para 12% e 25% em 2022-23, importando igualmente acréscimo de quinze pontos percentuais de confiança na Polícia Civil. Assim, em vinte anos, a Polícia Civil e a Polícia Militar foram as duas instituições que mais avançaram no quesito confiança por parte dos brasileiros.

Em congruência com o crescimento da confiança nos órgãos de punição, em 2022-23, a Polícia Federal desponta como a instituição em que os brasileiros mais confiam — 20% confiam muito e 33% confiam —, superando a confiança na Igreja Católica. Cabe observar que esse não era o quadro de 2002, quando a Polícia Federal angariava a confiança de uma minoria de 41% dos brasileiros. Se a Polícia Federal hoje é objeto de confiança da maioria dos cidadãos, o mesmo não se pode afirmar em relação aos militares. Em 2022-23, 21% dos entrevistados não confiavam e 41% confiavam pouco nos militares, ou seja, 62% dos brasileiros afirmaram não confiar, em graus diversos de intensidade, nos militares. Ainda que a maioria não confie, vale assinalar que essa desconfiança já foi maior: em 2002, 71% dos brasileiros não confiavam neles — o que significa que houve uma redução de nove pontos percentuais no coeficiente de desconfiança.

Parece equivocado inferir que a valorização da Polícia Federal decorra de seu protagonismo na Lava Jato; se assim fosse, o Ministério Público estaria em lugar semelhante, o que não é o caso. Embora tenha experimentado uma curva de redução nos últimos vinte anos, a atitude predominante dos brasileiros em relação ao Ministério Público é de desconfiança: em 2002, 70% dos brasileiros não confiavam na entidade, percentual que se desloca para 66% em 2022-23.

Punições mais duras e menos ilegais, fatalismo

Em um ambiente de incerteza e instabilidade das regras de um lado, e de desconfiança generalizada de outro, é natural a propensão do brasileiro em caminhar rumo à intensificação do punitivismo. Com efeito, acompanhando o aumento nos coeficientes de desconfiança nas duas últimas décadas, verificamos uma tendência em reclamar penas mais duras em relação a todas as modalidades de crimes praticados — dos menores aos maiores. A pesquisa apresentou aos entrevistados seis modalidades de crime — estupro, assassinato, roubo de carro, arrombamento e roubo de casa, assalto na rua e roubo de dinheiro público — e pediu que indicassem, entre sete possibilidades, a pena mais adequada a cada ofensa da lei: punição somente com reincidência; prestação de serviços à comunidade; cinco anos de prisão; cinco a dez anos de prisão; dez a trinta anos de prisão; prisão perpétua e pena de morte.

Em 2022-23, 27% dos brasileiros demandavam pena de morte para autores de estupro, 38% prisão perpétua, e 18% reclusão de dez a trinta anos. Em 2002, esses percentuais correspondiam, respectivamente, a 20%, 29% e 21%, ou seja, no hiato de vinte anos, houve aumento de dezesseis pontos percentuais entre os brasileiros que defendem as penas mais duras possíveis para estupro. Para o crime de homicídio, em 2022-23, 20% dos brasileiros achavam que assassinos deveriam ser punidos com a pena de morte, 36% com reclusão por toda a vida, e 29% com prisão de dez a trinta anos. Em 2002, esses percentuais foram respectivamente de 17%, 30% e 27%, o que significa que, de lá para cá, onze pontos percentuais de brasileiros migraram para as três faixas mais duras de punição. Depois dos crimes de estupro e de homicídio, a apropriação ilícita de dinheiro público é para o brasileiro o crime que deve ser punido com mais severidade. Em 2022-23, 31% dos brasileiros indicavam reclusão pelo período de dez a trinta anos como a pena adequada para esse crime, enquanto 30% e 6% preferem, respectivamente, prisão perpétua e pena de morte. Em 2002, esses números corresponderam, respectivamente, a 29%, 21% e 6%, indicando que, no espaço das duas últimas décadas, doze pontos percentuais de brasileiros passaram a reclamar punições mais duras para a corrupção.

O vento punitivo que sopra entre nós não se limita aos crimes mais graves como estupro ou homicídio — alcança transgressões com grau mais atenuado de ofensa. No que se refere a assalto na rua, em 2022-23, somente 3% e 10% dos brasileiros admitiam como opção as duas cláusulas penais mais brandas, respectivamente, punição somente para reincidentes e prestação de serviços comunitários; em 2002, os percentuais foram de 6% e 19%, respectivamente, ou seja, doze pontos percentuais de brasileiros migraram nas últimas duas décadas para alternativas penais mais duras. O mesmo padrão se verifica em relação à punição para o crime de roubo de automóveis. Em 2022-23, 3% e 8% de brasileiros concordavam com punições mais brandas — penalização exclusiva do reincidente e serviços comunitários — para esse crime; em 2002, os percentuais foram, respectivamente, de 5%

e 18%, novamente, uma migração de doze pontos percentuais de brasileiros que demandam punição mais vigorosa. Por fim, em 2022-23, 3% e 10% dos brasileiros acreditavam que para punir os crimes de arrombamento e roubo de domicílio era indicado, respectivamente, limitar a punição a reincidentes ou prescrever serviços comunitários ao transgressor; em 2002, os percentuais foram, respectivamente, de 4% e 19%, o que significa que, também em relação a esses crimes, dez pontos percentuais de brasileiros passaram a defender o endurecimento das punições. Tanto em relação aos crimes mais graves e letais quanto aos mais corriqueiros, no hiato entre as duas pesquisas observamos a demanda por medidas penais mais severas, constituindo um indicador de uma sociedade na qual o punitivismo é também um de nossos vetores.

Agregando as sete modalidades de crimes anteriormente apresentadas e as penas possíveis, criamos uma régua de punitivismo com três níveis: alto, médio e baixo. A pontuação alta sugere que as penas escolhidas são sempre as mais severas; a baixa implica, ao contrário, um cenário em que somente as penas mais brandas são indicadas; por fim, a média representa que as penas escolhidas são uma mescla de penas severas e leves. Levando em conta somente os extremos da régua de punitivismo — alto e baixo —, verifica-se que, em 2002, 38% dos brasileiros se enquadravam no nível mais brando de punitivismo contra 28% que se encaixavam no mais alto. Em 2022-23, os percentuais se invertem: 43% dos brasileiros passaram a se enquadrar no nível mais alto de punitivismo contra 21% que ficaram no estrato mais baixo. A evolução do índice aponta para uma transformação clara na sociedade brasileira: ela se tornou mais punitivista e passou a reclamar o endurecimento penal transversal, ou seja, penas mais duras tanto para crimes graves como para pequenos delitos.

Vale destacar que a intensificação do punitivismo — acompanhada do aumento sistemático de desconfiança nas pessoas e nas instituições — não se traduz em um cenário de decadência civilizatória, com autorização de todo e qualquer tipo de violência em relação ao outro. Muito pelo contrário, as duas pesquisas desautorizam a versão baseada na máxima "bandido bom é bandido morto" sobre a atitude da maioria dos brasileiros. A maior parte dos brasileiros, em 2022-23, se declarara contra a violência policial como meio de obtenção de provas. Então, 50% e 20% dos cidadãos achavam sempre errado e errado na maioria das vezes, respectivamente, bater em presos para eles confessarem crimes cometidos, isto é, tortura para obter confissão. Vale grifar que em 2002 46% e 18% dos brasileiros consideravam a prática, respectivamente, sempre errada e errada na maioria das vezes — aumento de cinco pontos percentuais de brasileiros que são contrários à tortura, custe o que custar. Trata-se de um aumento ainda mais expressivo quando se leva em conta, como mostramos, que nas duas últimas décadas cresceu a demanda por penas criminais mais severas. Congruente com tal atitude, em 2022-23, 57% dos brasileiros discordaram que a polícia deveria matar assaltantes e ladrões depois de prendê-los — ou seja, a maioria dos brasileiros não concorda com a máxima "bandido bom é bandido morto", e 21% dos entrevistados consideraram a prática errada na maioria das vezes. Verifica-se aqui, também, no hiato entre as duas pesquisas, aumento de nove pontos percentuais de brasileiros que condenam policiais que matam bandidos porque (supostamente) são bandidos — em 2002, 48% dos brasileiros consideravam a prática sempre errada.

Se um dos marcos do processo civilizatório consistiu na concentração pelo Estado, de forma monopolista, dos meios da violência e da punição, a quebra desse monopólio com a prática da justiça pelas próprias mãos seria um evidente retrocesso civilizatório. Poderíamos suspeitar, no ambiente de baixa confiança em que vivemos e com o vento do punitivismo em popa, que os brasileiros estariam defendendo o retrocesso. Não é, felizmente, o que ocorre. Em 2022-23, uma qualificada maioria de 74% dos brasileiros se posicionou categoricamente contra a prática da justiça pelas próprias mãos. O percentual, que já era alto em 2002 — 72% —, ganhou dois pontos de lá para cá, indicação de uma visão mais civilizada de punição, ainda que dentro da margem de erro das pesquisas.

Cenas de linchamento não são raras nos noticiários, mas cabe chamar atenção para o fato de que a prática se acha também longe de ser aprovada pela maioria dos brasileiros. Em 2022-23, 52% dos cidadãos a consideravam sempre errada, repetindo o mesmo percentual de 2002. Pagar pessoas para matar suspeitos de cometerem crimes, isto é, milícias particulares, recebe o maior percentual de reprovação no grupo de questões sobre punições ilegais: em 2022-23, 82% dos brasileiros condenaram a prática, percentual ligeiramente menor do que aquele verificado em 2002 — 85%. Por fim, levando em conta que o crime de estupro tem enorme repercussão entre nós, salta aos olhos que a quase maioria dos brasileiros — 47% — considere sempre errado um criminoso condenado por estupro ser estuprado na cadeia, percentual que em 2002 correspondeu a 46%. Como conclusão, se há entre os brasileiros altos índices de desconfiança de um lado, e clamor punitivista de outro, essa conjunção não deságua em demandas violentas contra os fundamentos do Estado e da sociedade civilizada.

Embora pouco se confie no governo, de acordo com os resultados da PESB, a busca por ordem se evidencia pelo fato de que a grande maioria dos entrevistados se mostra frontalmente contrária a manifestações contra o governo que firam o princípio da ordem. Por um lado, protestos ordeiros como passeatas, comícios e greves são aceitos, de acordo com a pesquisa de 2022-23, por respectivamente 73%, 71% e 61% dos entrevistados. Por outro, manifestações como bloqueio de estradas, ocupação de prédios públicos e ocupação de terras são condenados, ainda segundo a PESB 2022-23, respectivamente por 77%, 78% e 76% dos entrevistados. A demanda por ordem é mais do que evidente.

No Brasil de hoje ora se exige que o Estado equacione por meio de medidas punitivas os efeitos da desordem, ora se espera que a vida se equacione por meio da intervenção de Deus. Nas duas pesquisas apresentamos aos entrevistados quatro frases com o objetivo de mensurar o grau de fatalismo entre os brasileiros, a saber: *as pessoas não podem mudar nada na sua vida, todo o seu destino é decidido por Deus; Deus decide o destino, mas as pessoas podem mudar um pouco do seu destino; Deus decide o destino, mas as pessoas podem mudar muito do seu destino; não há destino, as pessoas decidem tudo sobre sua vida.* Segundo a PESB 2022-23, somente 19% dos brasileiros se acham descontaminados de fatalismo e acreditam ter plena responsabilidade sobre seus atos e suas vidas — em 2002, o percentual era de 14%; 59% dos brasileiros acham que não podem mudar ou podem mudar muito pouco suas vidas diante de um destino traçado por Deus. Se somarmos ao grupo — majoritário — o percentual de 23% dos brasileiros que, a despeito de identificarem espaço para intervenção do indivíduo, acreditam em destino, deparamos com um percentual nada desprezível de 81% de brasileiros que delegam a Deus o desfecho do que pode ocorrer com as pessoas.

É curioso que na Copa do Mundo de 2006 o técnico da seleção brasileira de futebol, Carlos Alberto Parreira, tenha escolhido a música "Epitáfio", dos Titãs, como inspiração para o time (o refrão dela diz que "o acaso vai me proteger enquanto eu andar distraído"). Na época, esse trecho da canção foi enfatizado como sendo motivacional. A recordação triste é que o gol da seleção francesa que eliminou o Brasil parece ter ocorrido graças a uma distração do lateral Roberto Carlos ao parar para ajeitar seu meião no momento que a bola era alçada na pequena área do Brasil. Três anos mais tarde, o grupo Revelação iria lançar um samba, "Tá escrito", que se tornou sucesso nacional duradouro e espécie de hino na final da Copa Libertadores, na qual o Fluminense se sagrou campeão em 2022-23. A letra diz que "pode acreditar que um novo dia vai raiar, sua hora vai chegar"; mais do que isso, diz também que "é Deus quem aponta a estrela que tem que brilhar". Basta acreditar que o jeitinho irá acabar e brasileiros se tornarão tão cumpridores de regras quanto anglo-saxões, é Deus quem quer. Aliás, o cancioneiro popular brasileiro de sucesso em todos os gêneros está repleto de letras que enfatizam a importância do destino nas mãos de Deus. Como mostram os dados da PESB sobre fatalismo, isso não acontece por acaso.

O Brasil nos trópicos: alegria, alegria, mas a tristeza é senhora

Em 23 de setembro de 1996, Caetano Veloso foi o convidado da noite no programa de entrevistas *Roda Viva*. Um dos participantes, o economista e filósofo Eduardo Giannetti, indagou ao cantor baiano em que medida ele considerava possível um projeto de país capaz de compatibilizar, de um lado, a conquista da civilização e, de outro, a manutenção do que, na visão de Giannetti, os brasileiros teriam de melhor: "a grande alegria e espontaneidade que viria do fundo do coração e a alma iorubá, selvagem e índia que estaria presente em todos nós". Muito embora o economista especulasse sobre a possibilidade de compatibilização do programa civilizatório semelhante ao seguido pelos países do hemisfério norte com nossas idiossincrasias culturais, estava claro que, em sua ordem de prioridades, o coração iorubá deveria vir à frente das normas impessoais e da racionalidade características dos países modernos e civilizados. Deixando nítida sua afeição pelo coração iorubá, Giannetti afirmou que a civilização inevitavelmente entristecia os povos e lamentava que, à medida que o Brasil se civilizasse, "perderíamos pouco a pouco nossa alegria e nossa vitalidade emocional".

Passadas duas décadas do programa, o mesmo Eduardo Giannetti, desta vez questionado em maio de 2018 por Pedro Bial sobre a pergunta feita a Caetano, reiterou seu mal-estar com a civilização — "Nós não queremos ser iguais aos EUA. Nós queremos ser Brasil" — e lamentou o deslocamento de Caetano Veloso, manifesto em outras entrevistas, da leitura de um Brasil tropical marcado pelos bons excessos — local da "alegria, alegria" — para um Brasil da falta — terra onde "a tristeza é senhora". Giannetti reconhece tanto o pessimismo de Caetano quanto os objetos da falta que o impulsionam — déficits civilizatórios do Brasil em comparação ao que a modernidade trouxe para os países do Norte: igualdade de direitos, adesão às normas e ao império da lei, segurança e prosperidade material. Diante do aprofundamento da falta, Caetano, se é correto assim interpretar, migra da sociologia da abundância de Gilberto Freyre, segundo a qual o Brasil tinha mais do que outras nações, para a sociologia da falta, de Sérgio Buarque de Holanda, Raymundo Faoro e Roberto DaMatta, que tomaram como referência do que o país carece em relação à Europa e aos Estados Unidos.

Os temas e resultados da PESB aqui analisados guardam franca correspondência, direta ou indireta, com os elementos idiossincráticos de nossa cultura, que, na visão dos otimistas, não poderiam ser maculados pela modernidade. A alegria e espontaneidade da alma brasileira, identificadas e defendidas por Giannetti, acham-se conectadas a um conjunto de outras práticas aqui descritas e mensuradas nacionalmente: a cultura do jeitinho, o tratamento da coisa pública como algo privado, a orientação ética que se altera de acordo com as circunstâncias e com quem se está falando, a visão hierárquica das relações sociais e, mais grave, o baixíssimo nível de confiança, tanto nas pessoas quanto nas instituições.

Com efeito, o país da alegria e da espontaneidade é aquele em que dois terços dos brasileiros, segundo a PESB 2022-23, admitem que em algum momento da vida deram algum jeitinho para alguém. Como já assinalamos, o terreno da cultura do jeitinho é ambíguo: se em muitos casos trata-se de um favor prestado ou recebido de terceiros, e assim é visto, na maioria das vezes constitui prática criativa, ou, se quisermos, *esperta* de contornar regras sociais, regulamentos ou a própria lei codificada. "Malandro que é malandro não faz fila" é o adágio da cultura do jeitinho, que, para os teóricos do Brasil alegre, como Giannetti, é saudado como expressão única da criatividade de nossa gente. De fato, é uma prática tão única e idiossincrática que, como o termo saudade, não tem tradução para outros idiomas — nem mesmo para o português de Portugal.

Na condição a um só tempo sacrificada e privilegiada, para fins de análise de nossa cultura, um síndico de condomínio confessou aos autores se ver assediado cotidianamente pela cultura do jeitinho — isso porque as regras codificadas nas convenções de condomínio se encontram em tensão permanente com a totalidade dos moradores que se acham imersos, em consonância com a PESB, no mundo do jeitinho: desde a bicicleta interditando a circulação na escada, ao cachorro conduzido no elevador social, passando pelos móveis, carrinhos de criança e entulhos de obra depositados na garagem, vive-se, nesse e em outros condomínios, uma realidade de práticas sistemáticas de quebra da regra em que os moradores acionam ora o subjugado porteiro, ora o sofrido síndico (sofrido por ser aquele que cuida da aplicação impessoal da regra, algo penoso no Brasil), em busca de chancela para uma atitude de caráter excepcional. A aplicação estrita da regra produz desconforto imediato na coletividade.

Não sabem os condôminos ou os que vibram com a cultura do jeitinho como expressão de nossa alma e, especificamente, de nossa criatividade, que se trata de uma forma social capaz de abrigar os mais diversos conteúdos. Do funcionário do banco que dá um jeitinho para atender a um cliente fora do horário ao amigo vereador que dá um jeitinho para matricular o filho na escola, ao magistrado que dá um jeitinho de furar o teto salarial estabelecido pela Constituição por meio dos conhecidos *penduricalhos*, chega-se naturalmente, e com facilidade, ao alto funcionário que dá um jeitinho para uma empresa conhecida sair vitoriosa em uma licitação. Contornar a regra e a lei, prática corporificada no jeitinho, implica a disseminação e legitimação de uma forma social segundo a qual convivem numa mesma semântica a bicicleta que interdita a escada, os penduricalhos do magistrado e a licitação fraudada.

Tanto apologistas das idiossincrasias dos trópicos quanto condôminos não sabem que o jeitinho anda de mãos dadas com uma moral *nebulosa*: para grande parte dos brasileiros não é possível definir o que é certo ou o que é errado sem que antes examine as circunstâncias, de um lado, e os envolvidos, de outro; o julgamento irá variar se em questão estiver um amigo, um parente ou um desconhecido. No Brasil, os princípios morais, universais e abstratos do certo e errado se veem refratados tanto pelas circunstâncias quanto pelas relações pessoais. Segundo os dados da PESB 2022-23, 45% dos brasileiros se movem em um universo ético essencialmente circunstancial e 18% se orientam por parâmetros éticos relacionais. Como ilustração das duas éticas em funcionamento, vale lembrar que enquanto 36% dos brasileiros afirmaram que sonegar impostos, a depender da circunstância, pode não ser errado, 28% dos entrevistados admitiram que não denunciariam um furto em supermercado caso o autor fosse um parente. No Brasil, o que é certo nem sempre é certo; o que é errado nem sempre é errado.

Se o mundo do jeitinho é o universo da flexibilidade e incerteza no que se refere à aplicação de regras, de juízos discrepantes sobre o que é certo ou errado, é de esperar que ele se traduza num ambiente de incerteza, insegurança e desconfiança. Pasmos ficariam os apologistas da alegria tropical ao saberem que, no Brasil, é possível interpretar a sociabilidade dos cidadãos a partir da adaptação da máxima hobbesiana e afirmar que os brasileiros não tiram prazer algum na companhia uns dos outros — e, sim, pelo contrário, sentem um enorme desprazer. Segundo os resultados da PESB 2022-23, uma fatia expressiva dos entrevistados — 40%, 40% e 25%, respectivamente — consideram certo, dependendo das circunstâncias, xingar, bater e matar alguém. Tão ou mais grave do que esses indicadores de sociabilidade é identificar que, no lugar do afeto e da cooperação, a desconfiança é o que nos une: nas duas pesquisas da PESB, uma fatia estável de 85% dos brasileiros declara não confiar ou pouco confiar no outro. Cabe salientar que a desconfiança é o sentimento predominante nos brasileiros não somente em relação a um *outro* que não se conhece, mas também em relação a vizinhos, amigos e colegas de trabalho, não sendo poupado nem mesmo o círculo familiar: segundo a PESB 2022-23, 22% dos entrevistados declararam algum grau de desconfiança em relação ao círculo familiar. Errou o escritor Otto Lara Resende quando disse, em frase célebre, que "o mineiro só é solidário no câncer". De acordo com os dados das pesquisas, teríamos de revê-la e afirmar que a solidariedade exclusiva no câncer não se restringe aos mineiros — é atributo de todos os brasileiros. É possível ainda que o célebre intelectual já considerasse Minas Gerais uma síntese do Brasil, o que foi confirmado com o resultado das eleições presidenciais em seu estado de origem.

Vale salientar que a PESB está em sintonia com resultados de outros levantamentos de abrangência internacional, como os realizados pelo Latinobarómetro ou pelo World Values Survey; segundo os dados dessas entidades, o Brasil se localiza "na rabeira" dos países no quesito confiança nas pessoas. Cumpre lembrar, com a ajuda de autores como Robert Putnam e Francis Fukuyama, que estoques insuficientes de confiança e capital social têm efeitos devastadores sobre indivíduos e sociedades, e em todas as direções: a economia cresce menos, morre-se mais cedo, as empresas não prosperam e a democracia funciona de forma mais precária. Talvez prenúncio do deslocamento da sociologia da abundância para a sociologia da falta, a memorável resposta de Caetano a Giannetti menciona uma única referência bibliográfica: o livro *Confiança*, de Fukuyama, no qual aquilo que nos falta — confiança entre as pessoas — é tratado de forma exaustiva pelo autor.

A desconfiança que predomina entre os brasileiros certamente representa um balde de água fria no otimismo dos apologistas da alegria nos trópicos, mas a aspereza da realidade, que desmente as falsas representações, não para por aí. Nas duas pesquisas da PESB, os brasileiros declararam não confiar na maioria das instituições; foram amplamente reprovadas no teste de confiança: Congresso, partidos políticos, governo federal, sistema de Justiça, imprensa, militares, Ministério Público e, no mundo privado, grandes empresas, pequenas empresas e Igreja. É digno de nota que, no hiato entre as duas pesquisas, o grau de confiança dos brasileiros em relação a todas as instituições aqui arroladas diminuiu sobremaneira.

De imediato, é fundamental destacar que, apesar da avalanche de desconfiança que caiu sobre todas as nossas instituições públicas e privadas em duas décadas, seguiu em direção oposta o incremento da confiança social, exclusivamente nas instituições relacionadas ao braço punitivo e repressivo do Estado: Polícia Civil, Polícia Militar e Polícia Federal. Se é fato que a maioria da população mais desconfia do que confia nas polícias militar e civil, nos vinte anos que separam as duas pesquisas houve aumento médio de quinze pontos percentuais na confiança dos brasileiros em relação às duas polícias. De forma congruente com esse resultado — o que garante sua consistência —, verificamos incremento de doze pontos no grau de confiança dos brasileiros na Polícia Federal no mesmo período, o que traz por resultado o fato de a Polícia Federal figurar hoje como a instituição na qual os brasileiros mais confiam, com percentual total de confiança de 53%, ultrapassando até mesmo a confiança dos brasileiros na Igreja.

A confiança dos brasileiros em relação às diversas organizações policiais é reflexo de uma avaliação mais favorável da polícia, também detectada pela pesquisa, em diversos quesitos que dizem respeito à imagem da instituição: se em 2002 somente 38% dos brasileiros consideravam a polícia competente, o percentual se deslocou para 58% em 2022-23; em linha semelhante, enquanto em 2002 somente 29% dos brasileiros consideravam a polícia preparada, o percentual se alterou para 48% em 2022-23. Parece óbvio que o incremento de confiança se relaciona à orientação notoriamente mais punitivista por parte dos brasileiros diante das transgressões legais verificadas nos vinte anos que separam as duas pesquisas.

A demanda de ampliação de nosso Leviatã certamente está associada ao fenômeno persistente e aparentemente crônico dos elevados níveis de violência verificados no país. O Brasil ocupa o primeiro lugar no ranking de países mais violentos do mundo — ou está entre os primeiros colocados — dependendo do ano em que a comparação internacional for feita, considerando-se critérios rigorosos para essa classificação. Com uma população que corresponde a quase 3% dos habitantes do mundo, o país reúne 20% dos homicídios registrados globalmente. Acompanhando esse dado quantitativo, vale lembrar que o país assiste à proliferação, nacionalização e até mesmo internacionalização de facções criminosas que já ultrapassaram o número de cinquenta grupos, com o PCC situado no topo, em termos de fama, poder e extensão territorial. Não menos importante, o país também assiste à nacionalização de grupos paramilitares batizados como milícias.

Embora a violência apareça como fenômeno multicausal, é nossa hipótese que os ingredientes sociais e culturais aqui tratados e analisados se achem articulados com diversos fenômenos disfuncionais de nossa vida social, notadamente a violência e a corrupção. É uma sociedade orientada pela cultura do jeitinho, com visão de mundo avessa a leis impessoais e universais de natureza instável e precária, já que a flexibilidade que marca sua interpretação e aplicação (filhas do jeitinho) é capaz de distorcer ou mesmo anular sua finalidade última; uma sociedade ditada por preceitos éticos *nebulosos*, em que o cidadão julga o que é certo e errado de acordo com a circunstância e com os agentes envolvidos; uma sociedade em que a noção de bem comum é exígua, com um dos maiores níveis de desconfiança nas pessoas do planeta; que sofre, devido a tais características culturais, com os custos das negociações, que aumentam de forma exponencial até o ponto em que muitas delas se inviabilizam. Diante de todos esses fatores, é mais do que esperado o incentivo à violência e à corrupção como atalhos disfuncionais para obtenção de resultados que, de outra forma, ocorreriam por intermédio de contratos em que as normas se revestem de perenidade e o acordo é "no fio do bigode" ou no "vale o que está escrito".

Cabe perguntar se a aplicação rígida e mecânica da norma entristece uma sociedade. É possível que a execução de regras, normas e leis com flexibilidade, maleabilidade e, quem sabe até mesmo, com pessoalidade, seja o melhor dos mundos para aqueles intérpretes do Brasil — de Gilberto Freyre a Giannetti e artistas como Caetano Veloso — que, em algum momento, acalentaram o projeto de inauguração de uma nova civilização nos trópicos, capaz de combinar a lei germânica com o nosso coração iorubá. É inegável que o "sonho acabou" e que o que temos nas mãos agora é um imenso déficit civilizatório exposto por violência contínua e permanente por um lado, que nos aproxima de países da América Central; e, por outro, uma corrupção endêmica que nos irmana com níveis muitas vezes atribuídos apenas a países da África governados por ditadores.

Vale assinalar que a dificuldade inerente ao projeto do paraíso nos trópicos consiste exatamente em determinar até que ponto o jeitinho e a flexibilidade podem e devem ser aceitos sem que a norma abstrata se veja deslegitimada em sua essência, ou mesmo, como já ocorre, anulada. A tarefa parece impossível, pois seria necessário um contrato social capaz de delimitar o grau de flexibilidade que admitiremos no tratamento de leis orientadas por princípios impessoais, algo absurdo, com sabor de realismo fantástico, como seria uma emenda constitucional do jeitinho. De toda maneira, fica aqui a sugestão para um autor de ficção ou bom roteirista de séries ou de cinema.

Se é impossível determinar um nível ótimo de jeitinho, que dê conta de preservar nossa alegria e garantir a aplicação de regras em áreas importantes da sociabilidade, é possível, infelizmente, apenas *a posteriori* identificar o resultado "subótimo" e indesejável. Percorremos nas últimas décadas uma trajetória perigosa de adensamento dos traços celebrados de nossa cultura tropical, de forma que o malandro que furava a fila ou que andava no estribo do bonde sem pagar a passagem deixou a porta aberta para o malandro que assalta, estupra, mata, explode caixas de banco, rouba cargas, vende armas, trafica drogas e extorque a população em troca de segurança. O jeitinho de se furar a fila ou recorrer ao vereador para a matrícula do filho na escola abriu caminho para os penduricalhos no Judiciário, as rachadinhas nas câmaras municipais, nas assembleias legislativas e no Congresso Nacional, as licitações dirigidas, as malas de dinheiro obtidas a título de propina. Se o mundo do jeitinho, do familismo e do personalismo dos anos 1930 de Gilberto Freyre não se revelava inócuo em suas consequências negativas e parecia o tempero próprio de uma civilização tropical, a propagação dessa cultura no mundo urbano de hoje, marcado por alta complexidade social, se tornou difícil de tolerar.

De forma mais sintética (poética!) e antecipando-se a qualquer analista social, Chico Buarque merece os devidos créditos por ter sinalizado, em "Homenagem ao malandro", a entrada em cena dos novos protagonistas do jeitinho: "Eu fui fazer um samba em homenagem /

À nata da malandragem / Que conheço de outros carnavais / Eu fui à Lapa e perdi a viagem / Que aquela tal malandragem / Não existe mais / Agora já não é normal / O que dá de malandro regular, profissional / Malandro com aparato de malandro oficial / Malandro candidato a malandro federal / Malandro com retrato na coluna social / Malandro com contrato, com gravata e capital / Que nunca se dá mal". O trecho sociológico-chave da letra é "Agora já não é normal" — é disso que tratamos aqui. Tornou-se *anormal* o resultado da propagação da cultura do jeitinho na forma de violência e corrupção.

Em face dessa anormalidade, o brasileiro clama, sobretudo, como já sugerimos, pela presença contundente do Leviatã. A avaliação mais positiva de uma polícia classista e racista e a demanda pelo endurecimento penal podem e devem ser lidos de forma conjunta como clamor por ordenamento e contenção das práticas singelas de um jeitinho que ganhou em escala e se transmutou em crime e corrupção. Se a maioria dos brasileiros, em meio à insegurança e desconfiança, apela para o Estado, há uma fatia expressiva de fatalistas que apelam aos céus e para os quais o destino está nas mãos de Deus.

O Brasil e o mundo: quem tem inveja dos países nórdicos e protestantes?

O bem-estar de uma nação, bem como sua capacidade de competir, é condicionado a uma única e abrangente característica cultural: o nível de confiança inerente à sociedade.

Francis Fukuyama

Um amigo dos autores do capítulo teve a grata oportunidade de visitar duas belas exposições: a retrospectiva de Cézanne, no Instituto de Artes de Chicago, em agosto de 2022; e a de Heitor dos Prazeres, no Centro Cultural Banco do Brasil (CCBB), no Rio de Janeiro, em outubro de 2022. Em ambas, o visitante carregava sua surrada mochila que foi deixada no guarda-volumes. Enquanto em Chicago ele recebeu do funcionário uma singela ficha com o número de identificação do volume guardado, no Brasil se viu diante da necessidade de preencher um extenso formulário, do qual recebeu uma cópia para poder retirar o objeto na saída. Nos EUA, para resgatar o volume guardado, bastou a apresentação da ficha; no Brasil, foi exigida não só a cópia do formulário, mas também a carteira de identidade. Entre surpreso e indignado, este visitante indagou ao funcionário: "Por que a necessidade da identificação além do documento preenchido?" Com naturalidade, recebeu a seguinte resposta do funcionário: "Para termos certeza de que tal documento é seu, já que alguém pode estar se passando pelo senhor, ou ter se apropriado de seu formulário eventualmente extraviado, ou mesmo tê-lo furtado."

O procedimento do guarda-volumes do CCBB é a expressão rica e eloquente de uma sociedade em que a confiança nas pessoas é ingrediente escasso. Poderíamos refazer a resposta do funcionário nos seguintes termos, em perfeita sintonia com sua intenção: "Não posso confiar que você seja realmente o proprietário do volume. Você pode ter furtado esse formulário que ora me apresenta ou tê-lo achado e, de maneira desonesta, estar aqui tentando se apropriar de um bem que não lhe pertence. Como não posso confiar em você, mostre-me por favor sua carteira de identidade." De acordo com as duas versões da PESB, sabemos que tanto o grau de confiança entre as pessoas quanto o nível de confiança nas instituições é baixo e, mais grave, declinou notavelmente nos últimos vinte anos. Mas ainda nos falta uma informação: qual a situação dos brasileiros no quesito confiança quando comparado com outros países?

As duas pesquisas da PESB se mostram únicas e valiosas porque permitem comparar o Brasil com ele mesmo no tempo, mensurando o que foi alterado em relação aos valores partilhados pelos brasileiros. Ao serem replicados de forma rigorosa o mesmo desenho amostral e as mesmas perguntas nas duas pesquisas, temos a convicção de que variações verificadas entre elas correspondem a mudanças reais ocorridas na vida social. A PESB tem o valor de permitir comparar o Brasil com ele mesmo, mas não possibilita compará-lo com outros países: para isso, é necessário um formato de pesquisa que contemple amostras individualizadas para cada nação pesquisada e um questionário traduzido e adaptado para os diferentes idiomas nacionais. O World Values Survey (WVS), o Gallup World Poll, o Latinobarómetro e o Eurobarómetro conduzem pesquisas com diferentes periodicidades que se enquadram nesse formato. E, mais importante, mensuram de forma sistemática os níveis de confiança interpessoal e institucional em inúmeros países.

As pesquisas do Latinobarómetro, iniciadas em 1995 e aplicadas anualmente, cobrem todo o continente latino-americano e têm verificado índices extremamente baixos de confiança nas pessoas no conjunto do continente. O percentual médio de confiança que nós, latino-americanos, temos uns nos outros é de apenas 21%; a chave da desconfiança move 76% de todos nós. Se o índice de confiança regional é crítico, e, como veremos adiante, a um só tempo nos distingue e nos separa claramente dos países do Norte, a posição do Brasil no continente quanto a essa dimensão central da vida das sociedades é a de lanterninha: nas três últimas medições do Latinobarómetro — em 2023, 2022 e 2021 —, os percentuais de confiança nas pessoas alcançaram os minguados valores de 4%, 5% e 4%, respectivamente. Desde o início dos levantamentos, em 1995, é a última posição no continente.[7]

Para uma visão comparada da posição do Brasil em relação a países que se localizam fora de nossa vizinhança, a pesquisa mais indicada é a do World Values Survey.[8] Também está no escopo de temas do WVS medir de forma sistemática a confiança entre as pessoas e a confiança nas instituições — só que em escala global. Em sua sétima rodada de levantamentos, entre 2017 e 2020 (em cada país, a pesquisa pode ocorrer em um desses anos), verificou-se que a localização do Brasil em todas as dimensões de confiança é uma das piores quando comparada à de algo em torno de noventa países. No que se refere à confiança entre as pessoas, o Brasil situa-se no grupo dos dez piores colocados, com percentual de 7%, mesmo segmento em que estão Zimbábue (2%), Albânia (3%), Nicarágua (4%), Peru (4%), Colômbia (5%), Indonésia (5%), Filipinas (5%), Chipre (7%) e Egito (7%). No grupo dos dez mais bem posicionados na dimensão da confiança interpessoal estão Grã-Bretanha (43%), Canadá (47%), Nova Zelândia (57%), Países Baixos (57%), Suíça (57%), Suécia (63%), China (64%), Finlândia (68%), Noruega (72%) e Dinamarca (74%).

É comum que a crônica política e social brasileira espalhada em todos os tipos de mídia recorra a comparações com países nórdicos toda vez que se busca um bom exemplo que o Brasil deva seguir em matéria de desenvolvimento econômico, proteção social, baixa criminalidade e convívio civilizado dentro das leis estabelecidas. Ninguém, porém, se dá conta de que Noruega, Suécia, Dinamarca, Islândia e Finlândia também são campeões em confiança na maioria das pessoas. Assim, caberia a pergunta a cada um de nós: "Você está disposto, antes de alcançar os índices de desenvolvimento dos países nórdicos, a confiar na maioria das pessoas na mesma intensidade com que os habitantes desses países confiam?" Não adianta responder *sim* a partir de uma motivação voluntarista, pois, de acordo com a PESB, se repentinamente você confiar na maioria das pessoas, será passado para trás com a ajuda do jeitinho e de todo tipo de manobra para se esquivar da lei por muitos daqueles em quem confiou. Não é trivial se tornar um país nórdico, tudo indica que, antes de tudo, é necessário elevado grau de confiança nas pessoas, que permita o estabelecimento de laços associativos para além do círculo de parentes, vizinhos e amigos, sem o qual oportunidades de negócios são perdidas, grupos de pressão sobre o governo não são formados, associações voluntárias para resolver problemas comuns jamais existirão.

É possível que a mola propulsora dos principais benefícios sociais — que vão desde a elevada riqueza material *per capita* até um abrangente estado de bem-estar social, passando por criminalidade reduzida, amplo acesso ao consumo de bens culturais e possibilidade de cultivar valores pós-materialistas, características dos países nórdicos — seja a confiança generalizada na maioria das pessoas. Queremos afirmar com isso que se o Brasil realmente pretende caminhar nesse rumo, ou, de maneira menos ambiciosa, se almejamos levar a sério a comparação que fazemos entre Brasil e países nórdicos, é preciso começar pelo nível de confiança interpessoal verificado naqueles países, algo menos visível a olho nu do que a riqueza de sua população ou a organização de suas ruas, porém, muito mais importante para compreender de onde eles partiram e aonde chegaram.

Desde muito cedo, os brasileiros são educados a não confiar na maioria das pessoas. Mães e pais seriam considerados irresponsáveis se não recomendassem aos filhos, já na primeira vez que saem de casa sozinhos, evitar conversar com estranhos e tomar cuidado com motos e carros que desrespeitam a lei furando o sinal de trânsito. A desconfiança em relação ao outro é reforçada em todas as fases da vida pelas mais variadas experiências: parentes que tomam dinheiro emprestado e não pagam de volta; colegas de trabalho, companheiros de escola ou faculdade que não fazem sua parte na tarefa em grupo; políticos que não cumprem o prometido na campanha eleitoral. Talvez poucos se deem conta de que a simpática e alegre sociabilidade do brasileiro, expressa pelo convite "passa lá em casa" ou pela proposta "vamos tomar um chope", não pode ser levada muito a sério. É, sem dúvida, sinal de apreço e de carinho, indica que vale a pena conviver com aquela pessoa, mas o fato de quase nunca se concretizarem o convite ou a proposta nos treina a não acreditar na palavra dada.

A confiança entre as pessoas é muito mais importante do que a confiança nas instituições quando se trata de promover o desenvolvimento econômico e social. Há, porém, evidências robustas de que as instituições são fundamentais para reverter um quadro de baixa confiança entre as pessoas, justamente um dos maiores, se não o maior problema do Brasil. Isso acontece porque as instituições são fundamentais para que os indivíduos se sintam seguros e tenham a percepção de que controlam razoavelmente suas vidas. É bastante desagradável ser passado para trás, sentir-se explorado por concidadãos, achar que a qualquer momento seu direito pode ser violado por uma pessoa que fura a fila, lhe aplica um golpe ou o assalta. Não por acaso, muitos brasileiros residentes nos Estados Unidos e na Europa, quando questionados sobre a diferença mais importante entre morar no Brasil e nesses lugares, mencionam sem titubear a sensação de segurança que passaram a ter nos países ricos. Essa percepção expressa a necessidade que as pessoas têm, por meio da ação das instituições que zelam pelo cumprimento da lei e pela manutenção da ordem, de se sentirem em segurança e protegidas de ilegalidades que possam ser perpetradas em sua vida diária. No Brasil, é comum que o sentimento de insegurança sobre o cumprimento da lei seja verbalizado com a lastimável frase: "Nós saímos de casa todo dia sem saber se iremos voltar."

Confiar na maioria das pessoas depende muito de acreditar que, na eventualidade de um desconhecido nos passar para trás, ele seja punido. Assim, vale destacar que a corrupção que beneficia uma parcela bastante limitada da elite manda para a sociedade a mensagem de que a ordem social não está assegurada, de que é possível melhorar na vida sem cumprir a lei. A cultura da cooperação entre as pessoas é sedimentada quando há instituições que mitigam a sensação de que podemos ser explorados pelos outros. Quando isso não acontece, a regra que prevalece é "Cada um por si e Deus por todos".

O exercício comparativo com os países nórdicos é útil para entender melhor o Brasil, o quanto nos distanciamos deles e, talvez, o caminho que precisamos percorrer caso desejemos nos tornar uma nação mais desenvolvida e justa. A propósito, esses países ocupam as primeiras posições tanto nos rankings de institutos liberais pró-mercado, que avaliam onde o liberalismo econômico viceja com mais vigor, quanto nos rankings de fundações de esquerda, que medem onde há mais justiça social. Isso indica que liberalismo e igualdade caminham de mãos dadas. Sabemos que ambas as posições não teriam sido alcançadas sem fortes instituições, cujo principal papel é o de fazer cumprir as leis.

O World Values Survey também permite que nos comparemos com outros países na dimensão confiança institucional, ou seja, quanto nós e eles confiamos em instituições como polícia, Justiça, governo federal ou partidos políticos. Interessa-nos mais precisamente avaliar onde nos situamos *vis-à-vis* outros países no que diz respeito à confiança nas duas instituições que são centrais para a garantia e estabilidade das regras, de um lado, e para a punição dos atos e indivíduos que subvertam essas regras, de outro: a polícia e o sistema de justiça. É nossa hipótese, vale repetir, que o funcionamento adequado e o grau de confiança correspondente nessas instituições produziriam necessariamente mais confiança entre as pessoas e seriam capazes de tirar o Brasil da condição de ocupante de um dos terrenos mais inóspitos no que se refere à confiança nas pessoas — ingrediente, como aprendemos com os países nórdicos ou de regiões como o Norte da Itália, fundamental para que se possa começar a pensar em qualquer projeto de desenvolvimento. Em tempo, se os exemplos mais bem-acabados do papel fomentador da confiança sobre prosperidade e desenvolvimento se encontram nos países nórdicos, as pesquisas comparadas levadas a cabo por Robert Putnam e Douglas North sobre a Itália parecem não deixar dúvida sobre esse efeito — como vimos anteriormente, por meio de evidências comparadas robustas, Putnam e North demonstraram que, subjacente ao desenvolvimento do Norte e ao atraso do Sul da Itália, e à distância que se observa entre as duas regiões, há, respectivamente, estoques de alta e baixíssima confiança entre as pessoas.

Voltando à sétima onda da pesquisa WVS, verificamos — no que se refere às duas instituições garantidoras da aplicação da lei, o sistema de justiça e a polícia — que o Brasil se acha muito mal posicionado quando comparado ao conjunto de aproximadamente noventa países pesquisados pelo referido programa. Quando se trata da confiança na polícia e na Justiça, ocupamos, respectivamente, as 57ª e 48ª posições no ranking, muito piores do que aquelas dos países nórdicos, como indicam os dados do quadro comparativo a seguir. No que se refere à confiança na polícia, os finlandeses são os que mais confiam na instituição, seguidos pelos islandeses em quarto, noruegueses em quinto, dinamarqueses em sexto, e suecos em oitavo lugar. No que se refere à Justiça, vale observar que os nórdicos confiam menos nela do que na polícia, mas ainda assim estão bem distantes do Brasil, com Noruega, Dinamarca, Finlândia, Suécia e Islândia ocupando, respectivamente, segundo, quarto, sexto, décimo quarto e trigésimo lugares no ranking dos países analisados.

Confiança na polícia e na Justiça: Brasil e países nórdicos

Confiança na polícia			Confiança na Justiça		
Posição no ranking	**País**	**Proporção de quem confia**	**Posição no ranking**	**País**	**Proporção de quem confia**
57º	Brasil	54%	48º	Brasil	50%
8º	Suécia	86%	30º	Islândia	60%
6º	Dinamarca	88%	14º	Suécia	76%
5º	Noruega	88%	6º	Finlândia	79%
4º	Islândia	90%	4º	Dinamarca	80%
1º	Finlândia	94%	2º	Noruega	86%

Reduzindo o escopo da lente e analisando a confiança institucional dos países latino-americanos na polícia e na Justiça, observa-se um quadro marcadamente contrastante com aquele observado nos países nórdicos: segundo o Latinobarómetro de 2023, nenhum dos dezessete países do continente chegou perto do grau de confiança na polícia observado na Suécia, Dinamarca ou Noruega. Os percentuais de confiança institucional dos quatro países mais bem posicionados — Uruguai, Costa Rica, Chile e Brasil — correspondem a 62%, 55%, 49% e 47%, respectivamente. Tão importante quanto assinalar o desempenho sofrível de nossos campeões é destacar o percentual médio de confiança na polícia no continente latino-americano: 40% contra 60% de desconfiança.

Cabe assinalar que na América Latina a falta de confiança na Justiça é ainda mais severa do que a verificada em relação à polícia: segundo a pesquisa Latinobarómetro de 2023, na média, 68% dos latino-americanos não confiam na Justiça. Em linha com o WVS e com a PESB, a pesquisa indica que no Brasil se confia menos na Justiça do que na polícia; de acordo com esse último levantamento, o percentual de confiança dos brasileiros em seu sistema judicial é de 36%. Espanta observar que no país que apresenta melhor desempenho (o Uruguai), somente 49% dos cidadãos confiam em seu sistema de justiça. Nos países em que o Judiciário foi objeto de intervenção e aparelhamento, os percentuais de desconfiança são estrondosos. É o caso da Argentina, da Bolívia e do Equador, em que a desconfiança na Justiça corresponde a 73%, 76% e 84%, respectivamente.

Não deve ser surpresa que institutos diferentes, ao fazerem perguntas semelhantes em um mesmo país e em anos próximos, acabem obtendo resultados diferentes. Isso se deve, com frequência, ao que na língua inglesa se denomina de *house effects*: os diferentes métodos e metodologias utilizados por cada empresa ou instituto que faz a pesquisa, a posição da pergunta no questionário, o fraseado das questões, o desenho amostral e outros fatores que acabam tendo efeito nas respostas. Fenômenos complexos como aqueles que tratamos aqui precisam ser abordados e mensurados de várias maneiras, com a finalidade de se alcançar razoável grau de segurança acerca das afirmações. Assim, ainda que os percentuais de confiança da PESB, do WVS e do Latinobarómetro possam não ser exatamente o mesmo para o Brasil, nas três pesquisas é evidenciado, sem sombra de dúvida, que o nível de confiança entre as pessoas e nas instituições é baixo.

É possível que todos nós já tenhamos sido incomodados por alguém que coloca o som nas alturas (os vizinhos que se danem), seja porque oferece uma festa, quer se distrair enquanto realiza os afazeres domésticos, ou ainda, na praia, com as caixas acústicas ocupando todo o bagageiro, acha que o mundo deve ouvir seu tipo de música preferida. As situações sobre as quais tratamos aqui mobilizam afetos de brasileiros, de amor ou ódio, e é exatamente por isso que ler sobre elas é prazeroso. Tudo o que é familiar aciona nossa memória afetiva, causa deleite.

A maneira mais precisa e fidedigna de captar, por meio de questionário, o que pensa uma população é com perguntas que digam respeito à vida das pessoas pesquisadas, perguntas provincianas, que se apliquem com muita adequação ao ambiente em foco. Foram poucas as perguntas importadas de institutos internacionais que constaram da PESB. A maioria delas, certamente mais de 90%, foi elaborada a partir da experiência de vida dos brasileiros. Consequentemente, as questões faziam sentido para os entrevistados, tocavam seus corações, mobilizavam de forma genuína seus pensamentos. Todos os brasileiros têm familiaridade e uma opinião sobre o jeitinho, da mesma maneira que conhecem as diferentes modalidades de apropriação privada do espaço público; e, ainda, certamente sabem o lugar que o destino ocupa em suas vidas. A desvantagem desse tipo de questão é que frequentemente ela não faz sentido em outras sociedades. Para que uma pergunta sobre o jeitinho seja aplicada no México, na Argentina, na Colômbia, em Portugal ou na Espanha seria necessário que existisse conceito semelhante e equivalente em tais países. O cobertor é curto: cobre-se a cabeça ao se avaliar acuradamente o que pensa uma sociedade, descobrem-se os pés ao não se valer de um indicador que viabilize a comparação entre diferentes países.

Nessa sétima rodada, o WVS também buscou comparar os quase noventa países em relação ao grau de respeito a leis, regras e regulamentos observados nesses países. Para isso, aplicou cinco perguntas aos entrevistados, começando com o enunciado: *Por favor, indique para cada uma dessas ações se você acha que nunca se justifica, sempre se justifica ou se justifica numa posição intermediária entre os dois extremos*. É apresentada ao entrevistado uma escala de um a dez, na qual um quer dizer que a ação *nunca se justifica* e dez que *sempre se justifica*, seguido de:

- pedir benefícios do governo sem ter direito;
- evitar pagar passagem de transporte público;
- roubar propriedade dos outros;
- não pagar impostos se tiver a chance;
- aceitar suborno para cumprir seu dever.

Duas das perguntas listadas anteriormente — evitar pagar passagem de transporte público e não pagar impostos — captaram de maneira relativamente válida o que acontece no Brasil. O percentual dos que afirmaram que *sempre se justifica* não pagar uma passagem de transporte público é 11% no Brasil, 2% na Suíça e 1% na Alemanha e Grã-Bretanha. O resultado nos coloca lado a lado com Rússia, Cazaquistão e México. Já o percentual dos que afirmam que não pagar impostos *sempre se justifica* foi 8% no Brasil, 2% na Suíça e 1% na Grã-Bretanha e Alemanha. O resultado nos coloca em posição intermediária entre Filipinas e Sérvia.

Ou seja, nas perguntas que se referem ao pagamento de tarifas de transporte público e de impostos, a diferença entre nós e os germânicos é sempre significativa. São transgressões como essas — não pagar a tarifa de transporte público e sonegar impostos — que nos colocam bem próximos de países cuja imagem se assemelha à do Brasil naquilo que se convencionou chamar de *bagunça* e, eventualmente, nas suas consequências negativas, como atraso econômico e criminalidade. Vale assinalar que, além de Rússia, Filipinas, Cazaquistão, México e Sérvia, outros países também próximos de nós no grau de aceitação da transgressão da norma são Croácia, Equador, Colômbia, Nicarágua, Armênia e Indonésia. Qualquer semelhança com países que nos acompanham na baixa confiança entre as pessoas não é mera coincidência.

Paradoxalmente, ao menos na aparência, os resultados do Brasil em três dessas cinco situações nos colocam lado a lado com Alemanha, Grã-Bretanha e Suíça. Tomando-se as respostas extremas — *nunca se justifica* e *sempre se justifica* —, para brasileiros, *pedir benefícios do governo sem ter direitos* nunca se justifica para 67% dos entrevistados e sempre se justifica para 5%. Essas frequências são de 75% e 1%, respectivamente, para alemães; 69% e 1% para britânicos; e 60% e 1% para suíços. Neste caso, seríamos levados a crer que os brasileiros estão menos propensos a tentar fraudar o INSS do que os habitantes da Suíça estariam com seu equivalente Instituto de Previdência Social. Os brasileiros são ainda mais contrários à corrupção do que alemães, ingleses e suíços quando o que está em jogo é *receber um suborno para cumprir seu dever*; para 84% dos brasileiros, isso nunca se justificaria, percentual que declina para 82% na Alemanha e 76% na Grã-Bretanha e na Suíça.

Tudo indica que a esperteza do brasileiro, sua capacidade de utilizar o jeitinho, tenha sido útil ao responder tais questões e produziu resultados absolutamente contraintuitivos que não resistem a uma leitura superficial dos nossos jornais ou dos deles. Malandro que é malandro percebe quando uma pergunta quer explicitamente averiguar seu grau de adesão à regra e, por causa disso, responde de maneira a mascarar sua verdadeira preferência. É justamente por isso que a bateria de perguntas sobre o jeitinho, por se tratar de algo entranhado no Brasil, não resulta em respostas socialmente aceitáveis; as pessoas simplesmente não sabem o que é certo ou errado ao responder, ao passo que é evidente o certo e o errado nas perguntas do WVS. O mesmo raciocínio se aplica à terceira pergunta, que nos aproxima desses países europeus.

Ora, enquanto nada menos do que 86% dos brasileiros consideram que nunca se justifica roubar a propriedade dos outros, essa proporção é de pouco mais na Alemanha, 90%, e pouco menos na Grã-Bretanha, 79%. A partir desses dados, uma pessoa que desconheça os índices de delitos contra a propriedade nos três países é capaz de, equivocadamente, deduzir que pouco diferem entre si. Considerando tudo o que já expusemos sobre os valores que descrevem e explicam a propensão dos brasileiros a não cumprir leis e regras, podemos dizer que as três perguntas do WVS não mensuram corretamente o que se passa no Brasil, pois estranhamente nos aproximam de países fiéis seguidores das normas. Diz-se, em linguajar técnico e científico, que as medições não desfrutam de *validade*. Aqui, o malandro produziu respostas "para inglês ler".

Como o jeitinho, a falta de confiança e o patrimonialismo resultam em corrupção, crimes violentos e milícias

É conveniente para um cidadão comum, leitor ou leitora deste livro, achar que suas práticas diárias de favorecimento a amigos e parentes, burla de regras, apropriação privada do que é público nada têm a ver com corrupção e criminalidade. Ao pensar assim, transferimos a responsabilidade pelas mazelas de nossa sociedade para os outros, dizemos algo como: "Nada tenho a ver com isso, até porque me comporto corretamente, cumpro com todas as minhas obrigações." Para muitos, chega a ser grave ofensa dizer que não cumprem a regra, pois se consideram figuras exemplares e isoladas em um país onde a maioria transgride regras e a lei de forma recorrente. A Bíblia é, acima de tudo e antes de mais nada, um livro de regras de comportamento com a finalidade de promover a convivência harmônica entre seus seguidores. Foi pensando nisso que Jesus teria dito, em Lucas 6,41: "Por que reparas no cisco que está no olho do teu irmão e não percebes o tronco que está no teu próprio olho?" É milenar a perspectiva de que não reconhecer os próprios erros, mas apenas os dos outros, pode ser um empecilho para a boa sociabilidade. Assim, quem sabe, cada um de nós, brasileiros, ao nos olharmos atentamente e com um mínimo de distanciamento, reconheçamos as inúmeras vezes que desconfiamos fortemente de um desconhecido, beneficiamos alguém que agrada nosso coração, com frequência um parente, e deixamos de cumprir uma regra. Se esse exercício de introspecção for possível e por meio dele identificarmos a recorrência da quebra de regras e do recurso ao jeitinho ficará mais fácil compreender por que vivemos em um país onde a corrupção é endêmica e o crime permanece elevado.

Analise a seguinte situação: um dia, um homem estava em uma fila para comprar um bilhete de transporte público quando a pessoa na sua frente deixou entrar alguém que acabara de chegar. Ela argumentou que tinha guardado lugar para a pessoa quando, evidentemente, não era o que tinha ocorrido, pois o novo participante da fila alegou que necessitava passar na frente por causa de um contratempo; ele não podia entrar no final da fila porque estava longa e o homem que teve seu lugar tomado seria o próximo a ser atendido. Sociólogo bem formado, argumentou que o ato de permitir furar a fila era equivalente ao que os políticos faziam em Brasília ao não cumprirem a norma. A pessoa se revoltou e disse com ênfase que o argumento não fazia o menor sentido e, indignada, afirmou que era honesta. Estava claro que, além de ter mentido ao dizer que guardava lugar para um conhecido, ela tinha permitido que a regra democrática do atendimento de acordo com a ordem de chegada fosse quebrada.

O mais interessante de tal acontecimento é que aquela pessoa não conseguia fazer a conexão entre a quebra de regras (e uso de mentiras) na vida cotidiana e a corrupção no nível da elite. Verdade seja dita: para a grande maioria dos brasileiros, a conexão não é feita; os sociólogos é que são ínfima exceção, verdadeiros pontos fora da curva e, por isso, jamais deveriam se valer de tais arrazoados em situações cotidianas, muito menos contestar pessoas que quebram a regra porque elas vão sempre se justificar afirmando que agem assim por empatia ao infortúnio alheio: "Coitado do pobre rapaz que está no fim da fila e alega que tem pressa para ser atendido e, por isso, estaria isento da regra da fila e é recolocado em melhor posição por um amigo ou por uma alma generosa e bondosa; como é desumano o sociólogo que luta pela manutenção da regra da fila sabendo que há evidente conexão entre a quebra dessa regra menor e a quebra de regras maiores."

O caso ilustra a dificuldade de enfrentar a quebra de regras, por um lado, e nos permite, por outro, imaginar a cadeia interligada de causas e consequências que resulta na grande corrupção e no crime. Na velha tradição contratualista, que é parte do aprendizado de quem estuda ciência política e direito, e parafraseando parcialmente Rousseau no *Discurso sobre a origem e os fundamentos da desigualdade entre os homens*, afirmamos que o primeiro brasileiro que decidiu dizer que uma lei não deveria ser cumprida porque sua aplicação prejudicava aquele que estava sujeito a ela e encontrou alguém disposto a abraçar esse argumento foi o fundador do jeitinho. Esse ato deslegitima o emprego impessoal da lei e abre caminho para sua repetição. O beneficiário, por sua vez, torna-se devedor de quem o tratou de forma excepcional e propenso, no momento oportuno, a retribuir. Gradativamente e de maneira imperceptível, as pequenas quebras de regras motivadas pelo dever de reciprocidade se alastram pela sociedade e, de volta à mesma passagem de Rousseau, talvez possamos afirmar que muitos crimes, guerras, assassinatos, misérias e horrores teriam sido poupados aos brasileiros se o interlocutor do proponente da quebra de regra tivesse rejeitado a proposta.

Em algum momento no Brasil se estabeleceu um contrato social no qual a quebra de regras, paradoxalmente, figure como um dos artigos centrais, artigo com força de cláusula pétrea. Pode até ter vindo de Portugal, não importa. Porém, essa quebra sempre foi sujeita à regulação social, isto é, ela é permitida até onde tem a aceitação de seus participantes. O ponto central aqui é que o mecanismo de deslegitimação da regra foi instaurado e disseminado no Brasil e, à medida que a maioria passa a recorrer a ele (70% dos brasileiros, segundo a PESB, recorrem ao jeitinho), aqueles que não o fazem se sentem explorados e deixam de confiar, ou confiam menos ainda, no *outro* desconhecido e impessoal. Além disso, o problema bíblico do cisco no olho de seu semelhante fica estabelecido: a mesma maioria que burla a regra não pode reivindicar legitimamente seu cumprimento. Eis a trilha que percorrerão todos aqueles que de forma ousada deixarão de cumprir a lei para além do controle social estabelecido; são eles os milicianos, traficantes, criminosos e corruptos, entre outros. Porém, ainda lhes resta uma alternativa para que sejam tolerados mesmo violando o controle social: serem gentis e simpáticos, a fim de cultivarem uma base social de apoio e proverem alguns serviços a suas comunidades. Se nas páginas de Rousseau pode-se ver a figura do bom selvagem, nas nossas cidades deparamos com a figura do *bom bandido*.

Num enquadramento mais amplo para a corrupção, digamos que ela não seja considerada apenas crime, mas fato conexo à falta de confiança e quebra da ordem. A utilização da coisa pública para auferir renda e ganhos privados *distorce* o que seria a função de um governo. A corrupção beneficia exclusivamente aqueles dispostos a pagar e receber propinas em prejuízo dos que se recusam a fazê-lo. Consequentemente, o governo se torna eficiente para alguns e ineficiente para outros (a maioria), deixando de estar a serviço de todos os cidadãos e ficando a serviço de uma reduzida elite. Em conexão com nosso exemplo anterior, a corrupção representada pela quebra de uma regra menor limita e altera a ordem dos participantes da fila. A corrupção representada pela quebra de uma regra maior, por outro lado, mina a confiança exigida em iniciativas levadas a cabo pelo governo com os entes privados, sejam empresas ou pessoas. Gera desordem e outras mazelas, tal como a falta de confiança das pessoas no próprio governo, que, por isso, pode ser desafiado ou ignorado por quem deveria temê-lo.

É comum nas cidades brasileiras que fiscais das prefeituras recebam propinas, de vendedores ambulantes, para não coibirem a ocupação ilegal de calçadões, ou de donos de lanchonetes e padarias, para não fiscalizarem adequadamente os alimentos comercializados. Este caso ilustra o que afirmamos sobre a conceituação mais ampla de corrupção como quebra da ordem e fonte de falta de confiança. A perda ou redução de confiança nas autoridades públicas resulta em diminuição do controle social e maior necessidade de coerção; isso porque a quebra de regra por parte de uma autoridade pública incentiva entes privados a também quebrá-las. Em alguns casos, esse incentivo pode ser tão determinante que obriga o agente privado a quebrar a regra sob pena de ficar fora do jogo: sem propina, o fiscal fecha o estabelecimento. Numa espécie de pedagogia da quebra da lei, o dono do estabelecimento, aprendida a lição, irá procurar outro fiscal para, por meio da propina, fazer vista grossa para alimentos que estejam fora do prazo de validade.

Assim, quando conceitualizamos a corrupção de maneira mais abrangente, fica claro que ela mina a base de sustentação da lei e da ordem: autoridades públicas e governo, em interação com os indivíduos, acabam por alimentar a falta de confiança entre agentes privados e governo e entre agentes privados uns com os outros. Por exemplo, quando vou a um restaurante é com pouca confiança que faço minha refeição acreditando na validade dos alimentos. A corrupção, portanto, tem efeitos nefastos sobre o conjunto da sociedade e os econômicos não são os mais importantes. A corrupção cria imprevisibilidade e alimenta a desconfiança não só em relação ao governo, mas interpessoal. Como se diz, "a corrupção dos melhores é a pior".

A sapiência da Bíblia em termos de regras de comportamento já admitia há mais de 2 mil anos que pequenas transgressões abrem caminho para maiores — em Mateus 5,28, Jesus recomendou: "Eu, porém, vos digo, que qualquer um que atentar numa mulher para a cobiçar, já em seu coração cometeu adultério com ela." Não é por acaso que existe extensa produção analítica e científica relacionando a pequena corrupção (*petty bribery*), que facilita a vida de pessoas comuns ao lidar com o setor público, com a grande corrupção, levada a termo em negociações do alto escalão de governos com as grandes empresas. No caso brasileiro, não é preciso recorrer à pequena corrupção para burlar regras, ainda que isso ocorra com frequência — graças ao jeitinho, basta simpatia e boa conversa. Corrupção sempre envolve dinheiro, o jeitinho, nunca.

Essa passagem da Bíblia mostra a conexão entre pensamento e atos; em linguagem sociológica, entre nosso conjunto de valores e a propensão a agir de acordo com eles. A citação refere-se à traição no casamento e nos faz recordar o título da comédia de Marcos Caruso,

Trair e coçar é só começar, escrita em meados dos anos 1980 e que não por acaso se tornou sucesso de público no teatro, habilitando-a a entrar para o livro de recordes mundiais, o *Guinness*. Parafraseando esse título, podemos dizer que "descumprir a regra e coçar é só começar". Essa visão se aplica a tudo aquilo que é proibido e cujo respeito à interdição exige de nós que, em primeiro lugar, não pensemos na possibilidade de transgressão. Admite-se que, vencida a barreira do descumprimento uma vez, novas infrações virão e, pouco a pouco, caso não haja alguma modalidade de repressão, elas se tornarão mais frequentes. É assim que se passa da pequena corrupção para a grande, do jeitinho para o crime, do malandro para o miliciano, traficante ou corrupto.

O que os brasileiros querem e o que diz a avaliação da polícia

Os resultados para quatro conjuntos de perguntas da PESB indicam que os brasileiros — em que pese utilizarem o jeitinho de maneira recorrente — hoje desejam mais lei e ordem: as pessoas passaram a apoiar menos protestos contra o governo, querem punições mais duras para os crimes — dos mais triviais aos mais sérios; verificamos também, em consonância com o crescimento da demanda por ordem, aumento da confiança na polícia concomitantemente à redução da demanda por punições ilegais.

Uma interpretação possível para o aumento da visão negativa em relação aos protestos contra o governo sugere que — levando em conta a noção de que o público deve ser cuidado pelo Estado, algo detectado pelas perguntas sobre patrimonialismo — é desejável que a autoridade estatal seja menos questionada ou enfrente menos obstáculos no cumprimento de seu papel. Daí decorre o aumento da demanda por menos protestos. A redução resultará em mais legitimidade das ações do governo. Adicionalmente, os protestos em si podem ser vistos como desordem, pois são realizados, com frequência, por meio de greves, comícios e passeatas que interditam o trânsito, ocupam terras e prédios públicos. Assim, se houver menos protestos, haverá mais ordem e o governo será mais capaz de realizar seus deveres.

O fortalecimento da visão de mundo punitivista requer menos explicação. No decorrer de duas décadas, os brasileiros simplesmente passaram a querer penas mais duras — em juridiquês, a dosimetria das penas mudou. Um rol de seis crimes foi apresentado — de assalto a transeunte até assassinato, estupro e corrupção — e para cada um se perguntou qual deveria ser a punição. Os entrevistados puderam escolher entre punição apenas em caso de reincidência, prestação de serviços à comunidade, encarceramento por diferentes períodos até prisão perpétua e pena de morte para os seis crimes: a demanda por punições mais duras cresceu. Não resta dúvida que os brasileiros, ao se expressarem dessa maneira, passaram a demandar que recalcitrantes, aqueles que não cumprem as leis, sejam punidos com mais vigor. Isso retrata expressivo cansaço em relação ao ambiente de desordem, de não cumprimento das regras.

Houve, no mesmo período, redução do apoio a vários tipos de punições ilegais, tais como tortura, linchamento, formação de grupos pagos para matar suspeitos de crimes, estupro na cadeia de condenados por estupro. Caso a sociedade brasileira quisesse combater o crime independentemente dos meios utilizados, isso não teria ocorrido. A variação dessa visão de mundo, portanto, complementa a demanda por penas mais duras: deseja-se combater infratores da lei através do aparato institucional existente, polícia e Judiciário, fortalecendo seus instrumentos, expressos em uma dosimetria de penas mais duras, ao mesmo tempo que deve ser coibida cada vez mais qualquer tipo de punição que não passe pelas mesmas instituições. Quer-se o legal, mas sem recorrer-se ao ilegal; não a qualquer preço.

O quarto conjunto de medidas que revelam a possível porta de saída para o mal-estar identificado na sociedade brasileira diz respeito à avaliação e confiança nas polícias. As duas pesquisas da PESB tinham uma bateria de perguntas que media a avaliação de treze instituições, dentre as quais as polícias — militar, civil e federal —, e a confiança nelas. A variação média na avaliação e confiança em dez instituições, excetuando as três polícias, piorou; em contrapartida, a média em relação às polícias melhorou, e muito. O motivo tem a ver com a percepção de que, entre 2002 e 2022-23, vários tipos de crime diminuíram, dado que abordaremos em breve. Fica evidente que os brasileiros reagiram de maneira positiva ao aumento percebido da ordem, avaliando melhor as instituições que eles julgam estar na linha de frente do combate ao crime.

Além das tradicionais perguntas de avaliação em uma escala de ótimo a péssimo, e do grau de confiança, foram aplicadas quinze perguntas específicas sobre a polícia, sem mencionar qual delas. Tais questões quase sempre eram iniciadas por "A polícia é...": honesta ou corrupta; preparada ou despreparada; respeita os direitos do cidadão ou não respeita os direitos do cidadão; bem-intencionada ou mal-intencionada; tem pagamento justo pelo que faz ou é mal paga pelo que faz; trata pobres e ricos de maneira igual ou trata os ricos melhor que os pobres; é competente ou incompetente; só usa a violência quando é necessário ou abusa da violência; inspira confiança ou não inspira confiança; é bem equipada ou mal equipada; é bem comandada ou mal comandada; tranquiliza as pessoas ou assusta as pessoas; trata brancos, pardos e pretos de maneira igual ou trata os brancos melhor do que pardos e pretos; tem policiais suficientes ou faltam policiais; e, por fim, o governo dá condições para ela fazer seu trabalho ou o governo não dá condições para ela fazer seu trabalho.

No universo dessas perguntas, a única avaliação que não melhorou em vinte anos foi a que trata do racismo; mudou em um ponto percentual, o que é totalmente irrelevante em face da margem de erro das pesquisas. Dos vinte quesitos, dez tiveram melhoria de dez pontos percentuais ou mais, com destaque para vinte pontos de melhoria na avaliação de que a polícia é competente e bem equipada. A menor variação positiva foi de cinco pontos percentuais na avaliação do quantitativo dos efetivos policiais. Certamente, isso se explica pelo desejo da população de aumento do número de policiais nas ruas. Ou seja, a avaliação da polícia melhorou em todas as dimensões que têm maior peso para a população, com exceção do racismo, o que faz todo sentido.

Muitos ficarão surpresos com a melhora na avaliação da polícia e poderão ter o impulso de questionar os dados que mostram isso. Quem está acostumado a lidar com pesquisas que perguntam às pessoas suas visões de mundo sempre assume que os dados estão corretos e tenta entender o que teria levado aos resultados obtidos. Quando se levanta um pouco de informação sobre o que a polícia andou fazendo nos últimos anos e como evoluíram os índices de criminalidade, vê-se que faz sentido sua melhor avaliação.

Nos anos 2000, polícias e secretarias de segurança pública criaram — de forma não articulada — uma série de programas de segurança nos estados: Programa de Informações Criminais (Infocrim), em 2000, em São Paulo; Programa Fica Vivo, em 2003, e Integração de Gestão em Segurança Pública (Igesp), em 2005, em Minas Gerais; e Pacto pela Vida, em Pernambuco, em 2007. Programas dessa natureza foram criados também no mesmo período na Paraíba (Paraíba Unida pela Paz), no Espírito Santo (Estado Presente) e no Rio Grande do Sul (RS Seguro). É muito provável que a atuação desses programas, que se espalharam por todo o Brasil, combinado com outros fatores, como o envelhecimento da população, tenham produzido resultados positivos na redução do crime.

Com efeito, os dados fornecidos pelos estados e organizados e divulgados pelo Fórum Brasileiro de Segurança Pública atestam que os homicídios atingiram seu número máximo nacional em 2011, com 64.078 assassinatos (taxa superior a 30 por 100 mil habitantes), e caíram para 47.398 em 2022 (taxa pouco acima de 20 por 100 mil habitantes). A taxa de roubo de veículos foi de 243,4 em 2018 para 128,6 em 2022 por 100 mil habitantes. O furto também caiu mais ou menos do mesmo patamar em 2018 para 195,7 em 2022. Por outro lado, as ocorrências de estelionato, a grande maioria praticada de forma eletrônica, pela internet, aumentou de 426.799 casos em 2018 para mais de 1,8 milhão em 2022. De certa forma, as três tendências se refletiram na sensação de segurança medida pela PESB: entre 2002 e 2022-23, a preocupação em *ser assassinado* permaneceu inalterada; em *ter o carro roubado* aumentou em cinco pontos percentuais e em *ser vítima de fraude de documentos de banco* cresceu doze pontos.

A PESB, em seu módulo de perguntas sobre violência e segurança pública, detectou, de modo geral, que a sensação de insegurança diminuiu um pouco entre 2002 e 2022-23. Milton Nascimento, na canção "Notícias do Brasil", de 1981 (algumas delas certamente trazidas pela PESB), afirmou que "A novidade é que o Brasil não é só litoral / É muito mais, é muito mais que qualquer zona sul / Tem gente boa espalhada por esse Brasil / Que vai fazer desse lugar um bom país". O espanto com os dados que mostram a melhoria da sensação de segurança é, provavelmente, resultado de um pressuposto equivocado, de que o noticiário das mídias sediadas em São Paulo e no Rio de Janeiro, que inclusive concentram as maiores proporções de usuários das mídias sociais pelo simples fato de serem muito populosos, reflete a variação dos crimes no Brasil. Ledo engano. Há uma população imensa residindo em municípios com menos de 100 mil habitantes que não conhece as mesmas mazelas da criminalidade das grandes cidades. Parece que, ciente do viés de cobertura da mídia, Milton Nascimento concluiu a música dizendo "Não deu no rádio, no jornal ou na televisão/ Ficar de frente para o mar, de costas pro Brasil/ *Não vai fazer desse lugar um bom país/*".

Outro pressuposto de quem acha que o dado da pesquisa pode estar errado é que não houve pressão social para as polícias agirem e que, assim, elas teriam ficado vinte anos inertes, apenas acompanhando os índices de criminalidade aumentarem. Como mostramos com alguns exemplos, isso não é verdade, a criminalidade violenta no período caiu, refletindo em melhora na avaliação da polícia em todos os quesitos, com exceção, como já foi dito, da discriminação de pretos e pardos.

A mensagem que os brasileiros enviam por meio dos dados da PESB pode agora ser sintetizada nos seguintes itens:

- Nós, brasileiros, recorremos de forma contumaz ao jeitinho, que consideramos uma burla da lei, em função de uma moral circunstancial que guarda ligação com éticas múltiplas e com a valorização de relações pessoais. Isso diminuiu nos últimos vinte anos, mas em um ritmo insignificante;

- Também não confiamos nas pessoas, o que faz sentido, pois cada um se utiliza de justificativas de sua conveniência para se tornar uma exceção à regra geral, o que nos faz sentir ludibriados. Além disso, não vemos grande problema na apropriação privada do espaço público, até porque o governo é quem deveria cuidar dele;

- Nós, brasileiros, não temos clareza de que aconteça do jeito que iremos narrar, quem afirma são os sociólogos; todavia, é possível que a burla inofensiva de regras acabe se tornando crescente e resulte em elevados níveis de ilícitos, dentre os quais a grande corrupção e o crime violento. Até um certo ponto, isso pode ser tolerado;

- Quando considerarmos intolerável, não buscaremos a solução na sociedade; passaremos a pressionar o setor público, o que pode resultar na eleição de líderes com discurso anticorrupção e em políticas de segurança pública que diminuam, ainda que pouco, a criminalidade;

- Com a diminuição da criminalidade, melhoramos nossa avaliação em relação à polícia, que está na linha de frente para fazer valer a lei. Ao mesmo tempo, desejamos que, dentro dos marcos legais, aumentem-se os instrumentos ao seu dispor, para que a lei e a ordem sejam cumpridas: mais efetivos nas ruas e leis mais duras para os criminosos.

São os brasileiros que sinalizam o caminho para se enfrentar o transbordamento do jeitinho e da burla sistemática da norma que culminou em níveis intoleráveis de insegurança e de corrupção: demandam do governo ações que reduzam a quebra da lei, preferencialmente os ilícitos mais graves, a grande corrupção e a generalização do crime, que, juntos, tendem a resultar na redução da confiança nas pessoas e servem de incentivo à indiferença em relação ao espaço público. Há admissão implícita de que é muito difícil, se não impossível, se iniciar ação coletiva na qual a maioria dos brasileiros, de baixo para cima, da sociedade para o Estado, celebre novo contrato social que venha a eliminar o jeitinho da vida diária. Dito isto, cabe ao governo — e é dele esperado — encontrar a saída para nossa crise social ao, lentamente, porém de forma persistente e com avanços visíveis para a sociedade, como parece ter sido o caso da redução da criminalidade, combater a burla sistemática da lei no Brasil.

O exemplo vem de cima: o Judiciário e seu zelo pelo cumprimento da lei

Reza o senso comum que o Poder Legislativo elabora e aprova as leis, que o Poder Executivo toca o dia a dia do governo, executando o que foi aprovado pelo Legislativo, e que o Poder Judiciário faz valer as regras, arbitrando sobre os conflitos. O brasileiro médio espera que o Poder Judiciário seja, portanto, guardião da lei. Juízes e desembargadores seriam, de acordo com essa expectativa, funcionários públicos com conhecimento profundo dos códigos legais que, quando acionados pela sociedade, estudariam o problema em tela e tomariam decisões de acordo com o previsto pelas leis. Daí decorre sua importância para nosso trabalho, uma vez que estamos preocupados com a relação que o brasileiro tem com a lei e com o espaço público.

Como cientistas sociais, procuramos até aqui fundamentar nossas principais afirmações em sólidas evidências empíricas. O elemento motivador e a principal matéria-prima deste texto, não por acaso, foram duas pesquisas nacionais extremamente abrangentes. Seguindo esse modelo, lançaremos mão, nesta seção, de alguns estudos empíricos qualitativos que revelam a lógica que move os operadores da Justiça. Os autores deste texto têm grande preferência por pesquisas quantitativas, porém sabemos e aceitamos o fato de que análises qualitativas são poderosas, podendo responder a várias indagações que o método quantitativo não consegue e, por caminhos que não o estatístico, como já devidamente mapeado pela literatura especializada, são passíveis de generalização. Ademais, estudos bem fundamentados fazem juízos de fato (como temos feito até aqui) e não juízos de valor e, por isso, no caso de análises sobre o direito, não levam em conta doutrinas (sempre circunscritas ao *dever ser*), mas sim o que realmente acontece. Para isso, os estudos qualitativos acham importante ouvir os operadores do direito: juízes, desembargadores e advogados.

A advogada Regina Lúcia Teixeira Mendes publicou, como resultado de sua tese de doutorado em direito, o livro *Do princípio do livre convencimento motivado.*[9] No trabalho, ela entrevista 21 magistrados (sete mulheres), a fim de compreender como eles aplicam esse princípio em suas atividades de árbitros da lei. Passamos agora a transcrever algumas das falas dos magistrados compiladas pela autora:

> Afirmar que a lei diz algo é ficcional, é fictício. Eu acabo por fazer a seguinte pergunta: quem é que diz o que a lei diz? É o juiz. Então, em primeiro lugar, a lei não diz nada, porque a lei é uma ficção. Quem diz o que a lei diz é o juiz. (Magistrado 20)[10]

> Eu acho que o princípio do livre convencimento tem um resquício de poder muito grande, por exemplo, eu posso em um processo em que há dez testemunhas, se uma testemunha especificamente me tocou mais, o depoimento que me pareceu mais convincente em detrimento dos outros, eu posso justificadamente dar mais valor àquele depoimento e eventualmente até condenar uma pessoa. (Magistrado 17)[11]

> Depois que decido qual a melhor solução para o caso, vou à lei e ao processo procurar uma fundamentação razoável. Tirando os casos mais óbvios, eu decido primeiro e depois vou buscar a fundamentação para a decisão. [...] Muitas vezes, o argumento trazido pelo advogado da parte muda minha convicção íntima e me faz mudar a decisão e buscar no processo e na lei elementos de fundamentação para a nova decisão. (Magistrado 3)[12]

> Quando eu vou fazer a sentença, primeiro eu penso no fato e vejo o que vou decidir, e aí busco as provas no processo, doutrinas, jurisprudências para justificar minha decisão. Primeiro eu decido. Os fatos me fazem sentir o que eu devo decidir. (Magistrado 4)[13]

> Eu sou uma pessoa que tenho horror à corrupção. Eu tenho ódio de gente mau-caráter, corrupta, gananciosa, mas eu sòu uma pessoa mais condescendente com alguém que tem dificuldades psiquiátricas e se envolve com drogas, entendeu? Eu sou mais condescendente com pobre que furta, com adolescente que se envolve com drogas [...] Então, é óbvio que com essa visão de mundo, na hora de julgar um corrupto, vou aplicar uma pena muito mais alta, dentro das margens legais, do que alguém que tenha outra visão de corrupção no Brasil. (Magistrado 13)[14]

Poderíamos multiplicar as falas de magistrados extraídas do referido livro, todas bastante impressionantes e apontando para o que se convencionou denominar insegurança jurídica. Como se trata de depoimentos daqueles que tomam as decisões finais, é possível concluir que o microfundamento de tal insegurança é a lógica de decisão dos juízes. Assim como não é possível saber de antemão se a pessoa que recorrer ao jeitinho com uma boa conversa, *chorando miséria*, terá sucesso ou não, as decisões dos operadores do Poder Judiciário parecem ser também imprevisíveis; o contexto tem peso maior do que a regra impessoal (a lei).

Não bastasse isso, há sinais de que a ética relacional pode interferir nas decisões do Judiciário. A advogada Bárbara Gomes Lupetti Baptista, em seu livro *Paradoxos e ambiguidades da imparcialidade judicial*,[15] entrevistou magistrados, advogados e funcionários da Justiça que explicitaram o impacto das relações pessoais nas decisões dessa instância de poder, a começar pelo secretário de uma magistrada:

> Eles são parte de uma elite. [...] Não são milionários, mas frequentam os mesmos famosos restaurantes, hotéis, caminham na mesma praia, residem nos mesmos edifícios chiques. É tudo muito sutil, sofisticado... eles se telefonam, se falam em eventos e pedem uns para os outros: "poxa, olha aquele inventário com carinho" ou "dá uma atenção especial àquele processo.[16]

O procurador de um município afirmou:

> Não falo que o tribunal funcione para atender interesses inescrupulosos, mas são favores de amigos. Pedidos para olhar o processo com outros olhos, olhar melhor, com carinho, diferente do que olharia para um processo qualquer.[17]

Já um advogado recém-formado reconheceu:

> Por causa do meu pai (desembargador federal), sou superbem recebido sempre. Eles não deferem tudo o que peço, não me dão todas as liminares, claro que não funciona assim. Mas eu sou muito bem recebido, falo o tempo que preciso, destaco os pontos que acho importantes, tenho acesso facilitado. Isso faz diferença, sim. Um advogado comum espera a tarde inteira e eu telefono e marco. Isso faz diferença, claro que faz.[18]

Mais uma vez, poderíamos transcrever centenas de falas de operadores do direito que revelam critérios não impessoais que influenciam a tomada de decisão, tanto na primeira instância quanto nos mais elevados tribunais do Brasil. A evidência qualitativa de tais estudos é reforçada pela evidência quantitativa da PESB e vice-versa. Habitamos o mesmo país e somos socializados nele e, por isso, não surpreende que tanto pessoas comuns quanto a elite compartilhem valores semelhantes, aliás, como já enfatizamos em outros momentos deste trabalho.

Sabemos, os próprios juízes nos disseram, que há argumentos para qualquer decisão. Aliás, as várias votações no STF que terminam no placar 6 a 5 são evidência cabal de que há bons argumentos para os dois lados. O espantoso é que em uma sociedade que fornece sinais claros de que deseja mais lei e ordem, a instituição que, por excelência, deveria zelar por aplicar tal lei e tal ordem não encontra justificativas para condenar os responsáveis por uma grande tragédia, como no caso do incêndio da Boate Kiss, já mencionado anteriormente. O sinal emitido para essa sociedade certamente não contribui para resolver as mazelas apontadas.

Outro julgamento de grande repercussão midiática e, portanto, supostamente educativo para a sociedade, foi o massacre do Carandiru. Em 2 de outubro de 1992, a Polícia Militar do estado de São Paulo invadiu o presídio do Carandiru, a fim de controlar uma rebelião. Um dos resultados da ação policial foi a morte de 111 detentos. Mais de vinte anos depois, em 2013, cinco júris diferentes responsabilizaram e condenaram 74 policiais militares pelo ocorrido. Em 2016, também no âmbito da mesma corte, a 4ª Câmara Criminal do Tribunal de Justiça de São Paulo anulou as condenações. Em 2021, o STJ restabeleceu as condenações anuladas por essa Câmara e determinou a revisão das penas dos condenados. Em agosto de 2022, o STF confirmou a decisão do STJ, porém, como as penas teriam de ser reavaliadas, até aquele ano ninguém tinha sido responsabilizado e condenado pelas mortes. Trata-se de mais um caso com imensa visibilidade revelando para a sociedade que o Poder Judiciário tem dificuldade de analisar situações trágicas, mesmo que sejam ocorrências com estrutura relativamente simples, nas quais há mortos (mais de uma centena em cada um dos episódios), e determinar quem seriam os responsáveis, condenando-os. É possível que muitos brasileiros fiquem perplexos diante de exemplos como estes e se desesperem, afirmando que o Brasil não tem jeito.

Outro aspecto que caracteriza a nossa Justiça é os juízes poderem com frequência ignorar regras que deveriam discipliná-los e não serem repreendidos. O Código de Processo Civil (CPC) aprovado em 2015 prevê, no artigo 940, que os famosos pedidos de vistas feitos por juízes ou relatores (para estudarem melhor os processos sobre os quais precisam votar) não podem ultrapassar dez dias, com prorrogação de apenas mais dez dias. Além disso, o mesmo código, no artigo 226, estipula que os juízes têm de proferir os despachos em cinco dias, as decisões interlocutórias em dez e as sentenças no prazo de trinta dias. Todas precisam estar fundamentadas de acordo com o artigo 334 do mesmo código, o que dificilmente ocorre, assim como muito raramente ocorre a audiência de conciliação ou de mediação prevista no artigo 334. Como dezenas de estudos empíricos constatam, e também pessoas leigas que lidam diretamente com o Poder Judiciário, os procedimentos escritos que a magistratura tem de cumprir dificilmente são seguidos. Nossos juízes parecem reproduzir em sua atividade profissional a dificuldade que a população tem para respeitar normas impessoais e procedimentos universais. Elite e povo são filhos da mesma socialização.

A juíza Cristina Gomes Campos de Seta concluiu seu doutorado em direito com a tese que se transformou no livro *Consenso nas decisões do Supremo Tribunal Federal*. Na obra, ela chama atenção para o fato de que a Lei Orgânica da Magistratura Nacional define que os magistrados não podem se manifestar, por qualquer meio de comunicação que seja, sobre processos pendentes de julgamento. Porém, a despeito disso, candidatos a ministros do STF sabatinados pelos senadores, virtualmente aprovados para o cargo, são questionados sobre processos que irão julgar e manifestam abertamente sua opinião. A letra da lei pode até não ser violada neste caso, mas seu espírito é. Quanto a essa questão, foram memoráveis as várias entrevistas para a mídia concedidas pelo então presidente do Tribunal Regional Federal da 4ª Região (TRF4), o desembargador Carlos Eduardo Thompson Flores Lenz, sobre o processo em que Sérgio Moro condenou Lula à prisão. Ele chegou a afirmar que a sentença de Moro tinha sido "tecnicamente irrepreensível" e que teria "muita tranquilidade em confirmá-la, caso tivesse de julgá-la". Tal processo não estava mais pendente de julgamento, porém os desembargadores do TRF4, que ele presidia, iriam se pronunciar em breve acerca do recurso da defesa de Lula.

Mencionamos anteriormente que os penduricalhos do Judiciário podem ser considerados uma maneira de dar um jeitinho. Eles são compostos por um conjunto de resoluções que tornam os rendimentos efetivos dos magistrados mais altos do que o maior salário que um funcionário público pode constitucionalmente receber. Ou seja, os penduricalhos são uma maneira que o Poder Judiciário encontrou para contornar de forma simpática a Constituição Federal — e são muitos. Um dos mais recentes deriva de resolução aprovada por unanimidade pelo Conselho da Justiça Federal (CJF), em novembro de 2023, que concede um dia de descanso a cada três trabalhados a juízes que acumulam funções na magistratura, dentre as quais assento em conselho de administração de tribunais, direção de escolas de magistratura, direção de subseção judiciária e outros cargos típicos da função que exercem dentro da burocracia. Essa foi a primeira resolução aprovada pelo CJF sob liderança de Luís Roberto Barroso, então presidente do STF. O benefício equiparou juízes aos membros do Ministério Público e limitou os dias de folga a dez por mês, facultando-lhes a possibilidade de vendê-los, em vez de descansar, o que na prática significou aumento de aproximadamente 30% nos rendimentos, sem incidência de imposto de renda.

Outro penduricalho muito famoso é o auxílio-moradia, concedido inclusive para juízes que residem na mesma cidade onde nasceram, foram criados e trabalham. Quanto a isso, é emblemática a declaração pública do ex-juiz Sérgio Moro durante a fase mais importante da Lava

Jato, em 2018, quando foi questionado por receber tal benefício mesmo morando e trabalhando em Curitiba. Ele argumentou que embora se tratasse de um auxílio discutível, por ser pago de forma indistinta a todos os juízes, tratava-se de uma compensação à falta de reajuste salarial. Sérgio Moro, portanto, referendou a visão de que a categoria utilizava caminhos tortuosos para aumentar a renda mensal.

Vale registrar que o ano de 2023 se caracterizou por inúmeras decisões de instâncias superiores do Judiciário e do Ministério Público a favor da concessão, para um segmento de seus servidores, de benefícios — como ajuda de custo, o já mencionado auxílio-moradia, auxílio-alimentação, auxílio-escola, prêmios por produtividade, indenizações por férias não gozadas, gratificações por exercício cumulativo e jetons — não sujeitos a limites legais em função do teto salarial constitucional.

Por algum tempo, havia no Tribunal de Justiça de Minas Gerais o que foi jocosamente apelidado de *auxílio-livro*. Era um benefício anual concedido a título de aperfeiçoamento profissional, cujo valor total, sempre isento de imposto de renda, era metade dos vencimentos mensais. Em julho de 2023, o STF, atendendo a um pedido da Procuradoria Geral da República (PGR), considerou o benefício inconstitucional.

O custo de operação do Poder Judiciário no Brasil foi bem mapeado por Luciano Da Ros e Matthew M. Taylor em artigo com o sugestivo título *Opening the Black Box: Three Decades of Reforms to Brazil's Judicial System* [Abrindo a caixa-preta: três décadas de reformas no sistema judiciário brasileiro]. Os autores constatam que o Brasil tem a Justiça mais cara de todo Ocidente. A valores do Produto Interno Bruto (PIB) de 2014, em Paridade de Poder de Compra (PPC), o custo do Sistema Judiciário fica em 1,2% do PIB. Na Alemanha, essa proporção é de 0,32% do PIB; 0,28% em Portugal; 0,21% na Colômbia; 0,14% na Inglaterra e nos EUA; 0,13% na Argentina; 0,12% na Espanha. Os dados de 2013 indicavam que nosso Judiciário tinha orçamento maior que o PIB individual de doze estados do Brasil. Os autores demonstram ainda que o Brasil não tem muitos juízes em relação à população, quando feita a comparação equivalente com outros países, mas tem o Judiciário com o maior número de funcionários se somados assessores, pessoal terceirizado e estagiários. Estima-se que no Brasil mais de 430 mil indivíduos sejam diretamente remunerados pelo Poder Judiciário, algo sem paralelo no mundo. Em suma, temos um Judiciário que emprega muita gente com salários médios bem mais elevados do que a média de outras profissões de nível superior.

De uma maneira ou de outra, os aspectos do funcionamento do Poder Judiciário anteriormente expostos — juízes que se consideram a lei, magistrados que primeiro tomam decisões e depois as justificam, valorização das relações pessoais e de parentesco em prejuízo da impessoalidade, julgamentos que levam décadas para ocorrer e em seguida são anulados, regimentos internos e Código de Processo Civil não cumpridos, utilização de penduricalhos para ultrapassar o teto salarial constitucional e custo elevado — acabam sendo percebidos pelo público em geral. A experiência de lidar com a Justiça se tornou bastante comum e possibilitou aos cidadãos brasileiros observar de perto como ela funciona. Não é por acaso que as queixas mais comuns sejam direcionadas à sua lentidão e à insegurança jurídica, que são, na realidade, decorrência de decisões incompreensíveis, que variam ao sabor de quem decide. Tudo a um custo elevadíssimo e praticado por um grupo profissional visto como uma elite bem protegida (inclusive pela estabilidade no emprego) que desfruta de privilégios aos quais a população jamais terá acesso. Esse é o exemplo que vem de cima quando se trata de observar os responsáveis pelo cumprimento da lei no Brasil.

Não há jeitinho para escapar do atraso

O Brasil é um país que está melhorando. Desde que existem estatísticas sociais e econômicas, elas têm possibilitado comprovar esse diagnóstico. Dificilmente, o país deixará de melhorar, pois vive-se em uma democracia e a população faz pressão para aumentar continuamente seu bem-estar. Quando nos referimos a atraso, não estamos negando as melhorias, mas admitindo que elas são (e serão) insuficientes para fazer o Brasil alcançar ou ultrapassar os países ricos e desenvolvidos, tal como fez a Coreia do Sul. O salto necessário para escapar do atraso talvez não seja possível, para nós, em função de tudo que nossos dados demonstraram. Quanto a isso, abundam *papers*, livros e vídeos relacionando o atraso a fatores econômicos, como desindustrialização, protecionismo, inexistência de um mercado de consumo pujante, ausência de ganhos de produtividade, inadequada ação do Estado na economia; justificativa que serve para liberais criticarem o excesso de presença e regulação estatal, e para economistas de esquerda atacarem a pouca intervenção estatal. Há também quem afirme que o sucesso ou o fracasso das nações está plantado há mais de quinhentos anos na reforma protestante que alterou a mentalidade de alguns países de maneira a incutir em seus cidadãos a ética do trabalho. Nenhum desses estudos é excludente. Porém, se tivéssemos que escolher apenas um fator para explicar a imensa dificuldade que o Brasil tem de deixar de ser um país de renda média rumo à renda alta, seria a confiança nas pessoas.

Igual aposta faz Putnam ao identificar na cultura, mais precisamente no capital social e na confiança interpessoal, os fatores explicativos mais importantes para o atraso do Sul da Itália, de um lado, e a modernização do Norte da península, de outro. É importante destacar que, em suas conclusões sobre as causas do contraste e distanciamento crescente entre os indicadores de desenvolvimento do Norte e Sul da Itália, Putnam inverteu a tese central da teoria da modernização, que entre nós teve tradução nas influentes teorias da Comissão Econômica para a América Latina e o Caribe (Cepal), nos projetos nacional-desenvolvimentistas do ISEB e na teoria da dependência. Segundo a teoria da modernização, o sucesso ou o fracasso da democracia e da vida cívica de um país seria resultado de seu nível de desenvolvimento econômico; países pobres tenderiam a conviver com regimes não democráticos e baixa participação cívica, assim como baixo nível de confiança; países ricos tenderiam a sediar regimes democráticos lastreados por ampla participação cívica e alto nível de confiança (pessoal e institucional).

O estudo já clássico de Putnam, lastreado por rico arsenal de dados históricos e indicadores de diversos tipos de pesquisas, sugere o oposto para a Itália: a qualidade do tecido social em termos de vida cívica e confiança foi, como demonstra Putnam, o fator central, embora não exclusivo, subjacente à modernização do Norte e à condição de atraso do Sul. Se no período da unificação italiana, em 1870, se observava condição de homogeneidade na península, onde Norte e Sul eram regiões sobretudo agrícolas, com níveis semelhantes de riqueza, um século mais tarde, o Norte italiano havia se industrializado e alcançado uma posição de renda média per capita 80% superior àquela do Sul, estagnado na agricultura. No caso da Itália, os fatores culturais, como capital social e confiança, têm-se revelado, sustenta Putnam, o fator com maior poder explicativo sobre o desenvolvimento.

Putnam sabe que sua investigação sobre o fosso entre o Norte e o Sul da Itália vai além das fronteiras da península e é capaz de dialogar com o abismo Norte-Sul no plano global e com indagações, teorias e teses que pretendem explicá-lo. Nas suas palavras:

> Tanto o gap Norte-Sul na Itália, quanto a gama de teorias que foram produzidas para explicar esse gap, refletem o debate mais amplo sobre o desenvolvimento no Terceiro Mundo. Por que tantos países permanecem subdesenvolvidos: recursos insuficientes? Erros governamentais? Dependência centro-periferia? Falhas de mercado? A cultura? Precisamente, por essa razão, estudos do caso italiano têm o potencial de contribuir de forma significativa para a nossa compreensão do porquê de muitos países (mas não todos) do Terceiro Mundo permanecerem de maneira inextricável e inexplicável atolados na pobreza.

O laboratório da Itália se reveste de importância central ao expor o efeito avassalador que a cultura exerce ali sobre o desenvolvimento; e, certamente, no plano global. Para nós, o caso italiano assume importância redobrada no momento em que o Brasil, embalado na década de 1950 pelas teorias cepalinas e, posteriormente, pelas teses nacional-desenvolvimentistas, equivocadamente deixou de lado a linha de reflexão que correlaciona os efeitos negativos de nossa cultura — como aversão à regra e falta de solidariedade e confiança interpessoal — às raízes profundas de nosso atraso. Certamente, fez também diferença na negligência aos fatores culturais a hegemonia no círculo acadêmico, desde a década de 1960, de um marxismo estreito que baniu as interpretações culturalistas sobre a realidade brasileira, acusadas pejorativamente de desvios weberianos, e sacralizou a dimensão econômica como caminho exclusivo de interpretação do Brasil. Jogou-se fora a cultura e, com isso, perdemos décadas de inteligência na compreensão dos obstáculos que cercam nosso caminho na direção da modernidade.

Seguindo a trilha da cultura, podemos e devemos explorar as consequências de outra contingência histórica do Brasil que, para a maioria, é fato a ser enaltecido: os brasileiros se orgulham de viver em um local pacífico, que nunca foi "palco de guerras nacionais" — com exceção da longínqua Guerra do Paraguai. De fato, guerras são intoleráveis e repulsivas e é louvável que o Brasil não tenha passado pelo que a Europa viveu em termos de conflitos armados. Isso não nos impede, todavia, de estudar possíveis impactos positivos de tais guerras. Se a possibilidade de efeitos positivos da guerra sobre a cultura é objeto de investigação de vários cientistas sociais, também a intuição sobre essa correlação é partilhada pelo senso comum no Brasil. Quem não ouviu a seguinte explicação, numa conversa em família ou entre amigos, para explicar as mazelas do Brasil: "O país é assim porque nunca viveu uma guerra! Precisávamos ter vivido uma guerra."

Conflitos armados têm sido uma constante na Europa desde o século IV, com o fim do Império Carolíngeo. Fragmentados em centenas de pequenos reinos independentes, cujo tamanho médio equivalia ao que hoje é El Salvador, eles competiam por recursos, territórios e honrarias, traduzindo-se em guerras contínuas. Charles Tilly estimou que entre 1500 e 1800, as unidades políticas europeias tenham ficado de 80% a 90% do tempo em guerra. A Inglaterra esteve 50% do tempo em guerra de 1100 a 1900. O estado de conflito quase permanente resultou em mudanças que tiveram impacto formidável na mentalidade dos indivíduos, nas interações impessoais e nas associações voluntárias.

Tendo compilado 847 batalhas juntamente com vários dados correlatos, tais como suas datas e localizações, os economistas Mark Dincecco e Massimiliano Gaetano Onorato concluíram que as guerras aceleraram o processo de urbanização: a exposição de uma cidade às batalhas em um século aumentava em pelo menos 25% sua taxa de urbanização no século seguinte, e, consequentemente, tornava as cidades mais prósperas e ricas. Trata-se de um resultado contraintuitivo, pois guerras resultam em mortes, destroem plantações, edificações, pontes e riquezas. Acredita-se que o aprofundamento dos laços sociais entre as pessoas que participavam de inúmeras associações voluntárias já existentes, a adesão dos indivíduos às leis que regulavam a vida nas cidades e a expansão e o fortalecimento do cristianismo sejam manifestações do efeito positivo das batalhas.

Portugal e Espanha foram os lugares onde menos se travaram batalhas na Europa Ocidental, e as áreas mais conflitadas foram exatamente as que experimentaram maiores taxas de urbanização, onde hoje se encontram Reino Unido, Bélgica, Países Baixos, Norte da França, Norte da Itália e Alemanha. Em linha semelhante de análise, Lisa Blaydes e Christopher Paik concluíram, estudando as Cruzadas, que as cidades que mais enviaram soldados para a Terra Santa foram as que, em seguida, tiveram maior crescimento econômico derivado da urbanização, conferiram mais autonomia aos governos locais e mais convocaram assembleias deliberativas.

Em 1991, uma guerra civil eclodiu em Serra Leoa, na África Ocidental, que terminou apenas em 2002. Mais de 50 mil civis foram mortos, metade da população teve de se deslocar e milhares de indivíduos sofreram amputações e vários ferimentos que carregaram para o resto da vida. Descobriu-se, por meio de pesquisas realizadas entre 2005 e 2007, que os mais afetados eram também os que tinham maior probabilidade de participar de reuniões cujo objetivo era lutar por algo em comum, votar em eleições e participar de associações voluntárias de natureza social ou política. Estudos sobre o impacto de guerras ocorridas recentemente no Nepal, em Israel, em Uganda, no Burundi, na Libéria e em países da Ásia Central e do Cáucaso chegaram a conclusões semelhantes.

Guerras e batalhas tendem a reforçar as relações sociais provincianas nas cidades e regiões em conflito, fortalecem o compromisso dos indivíduos com as normas sociais mais relevantes, assim como a devoção religiosa. Destacam-se nessa dinâmica, como esperado, associações que fornecem ajuda às pessoas, que compartilham normas sagradas e que cultivam crenças sobrenaturais, úteis em momentos de incerteza e ansiedade. Maior exposição às guerras torna a população propensa ao desenvolvimento de laços de cooperação, aumenta a confiança interpessoal e o tratamento igualitário entre as pessoas. É possível, quiçá bastante provável, que o baixo nível de confiança entre as pessoas verificado nos países da América Latina tenha por pano de fundo histórico um mundo ibérico com trajetória de poucas batalhas a partir do século X. Assim, desse ponto de vista, talvez não faça muito sentido considerar uma dádiva não termos histórico de guerras e desastres naturais.

Na mesma linha, estudos feitos nos EUA antes e depois da desregulamentação do sistema bancário, ocorrida em ritmos diferentes em cada estado, a partir do final dos anos 1970, concluíram que a confiança interpessoal entre os funcionários das empresas aumentou bastante. A desregulamentação ampliou muito a oferta de crédito e possibilitou a eclosão de abertura e fechamento de firmas. A confiança foi medida por meio do Generalized Trust Question (GTQ), aplicado entre 1973 e 1994, que perguntava sobre confiança na maioria das pessoas.[19] Constatou-se que a cada ano que passava, nos estados onde houve desregulamentação bancária, aumentava a falência de empresas, abertura de novas firmas e confiança interpessoal. Depois de uma década, a confiança aumentou doze pontos percentuais. Na Alemanha, dados de cinquenta segmentos da economia acompanhando as mesmas pessoas durante anos detectaram que, quando elas deixavam de trabalhar em um setor menos competitivo e passavam para outro no qual a competitividade entre empresas era mais acirrada, a confiança interpessoal tendia a aumentar.

Se por acaso soar estranho que a competição possa não só conviver com a confiança social, mas também estimulá-la, vale voltar a Putnam e a seu estudo sobre a Itália. Entre as situações conhecidas das duas Itálias, o triângulo industrial do Norte e o Mezzogiorno atrasado, há o que se convencionou denominar "terceira Itália", uma área de economia de pequena escala, mas extremamente produtiva e avançada do ponto de vista tecnológico. O traço característico dessa área consiste em sediar densa rede de pequenas empresas descentralizadas e conectadas entre si, cooperando e inovando ao mesmo tempo. Nas palavras de Putnam: "Entre as características distintivas desses distritos industriais, destaca-se uma combinação aparentemente contraditória entre competição e cooperação. As firmas competem vigorosamente por inovação em estilo e eficiência, enquanto cooperam em serviços administrativos, na compra de matérias-primas e em financiamento e pesquisa." Aqui vale frisar que o ambiente fortemente competitivo entre empresas convive com uma dinâmica extremamente cooperativa. Claro que o oportunismo, ou seja, a eventual quebra de regras de cooperação, está banido nesse ambiente.

As normas sociais evoluíram para aumentar as chances de sobrevivência do grupo por elas regulado, por isso guerras, tragédias coletivas e aumento de competitividade fortalecem a adesão às regras e incentivam as crenças que ajudam nesse processo: as pessoas se tornam mais cooperativas e também mais dispostas a punir aqueles que não cumprem as normas. Vale lembrar que se a autoimagem do brasileiro, aparentemente verdadeira, é a de viver em um país abençoado por Deus, sem guerras ou tragédias naturais, podemos adicionar um outro elemento: vivemos fora de um ambiente econômico competitivo e com inúmeros grupos sociais, situados tanto na elite como fora dela, protegidos por diversas legislações. Não é verdade, no entanto, que excesso de conflitos e competitividade resultem em pessoas avarentas e autocentradas. Na realidade, a competição entre grupos acaba por promover a cooperação dentro de cada comunidade, fortalecendo a confiança, o respeito às regras impessoais e o cuidado coletivo com o que é público.

Regras, leis e regulamentos são violados em todos os países. Porém, em alguns lugares isso ocorre com mais frequência e tem maior aceitação do que em outros. É o caso do Brasil e dos países latino-americanos, quando comparados com os países anglo-saxões, a França, a Alemanha, a Bélgica, os Países Baixos, os países nórdicos e o Japão. Quantidade é qualidade: a frequência de descumprimento da lei tem impacto direto na qualidade da sociabilidade, no que a sociedade pode ou não alcançar.

É possível conceber a trajetória dos países como experimentos naturais que unem várias características: o ponto de partida de cada nação, a matriz religiosa que a formatou, os principais elementos culturais dos povos que deram origem a ela, os antecedentes históricos, como guerras, ritmo de urbanização, enfraquecimento da família estendida e das redes de relações pessoais e muitos outros fatores. Vale assinalar que essa cesta de virtudes se viu multiplicada no curso da trajetória, já que, como sabemos, as virtudes sociais crescem exponencialmente com o uso: da mesma maneira que gentileza gera gentileza, confiança gera confiança.

Como resultado, tornaram-se nações mais inovadoras, prósperas e seguras para viver. Outros países, dentre os quais se encontra o Brasil, não tiveram a sorte de contar com essa cesta de características, por isso estão hoje imersos na falta de confiança entre as pessoas, na relativização das regras impessoais e no trato da coisa pública como se fosse propriedade de cada um (ou de ninguém). O resultado é atraso econômico e social.

Todos os fatores que resultaram nas diferentes trajetórias de desenvolvimento nunca estiveram sob o controle de qualquer indivíduo, seja ele papa ou imperador, nem sob o comando de qualquer instituição. Aconteceu de maneira aleatória e variada — Deus jogou os dados — e hoje estamos aqui, com a possibilidade, por meio de técnicas estatísticas sofisticadas e pesquisas caras e aprofundadas, de fazer este diagnóstico. É possível, até mesmo provável, que essas características nos mantenham irremediavelmente vítimas do atraso. Se é fato que todos os países avançam e melhoram, inclusive o Brasil, poucos conseguem dar o salto na direção da modernidade econômica e social. Já avançamos muito e continuaremos avançando, mas dificilmente de maneira a alcançar os países que respeitam as regras impessoais bem mais do que nós. Lamentavelmente, temos de admitir que o Sul da Itália é aqui.

O Sul da Itália é aqui e também o conjunto do continente latino-americano. Com efeito, o atraso tem perseguido os países da América Latina com tamanha virulência que mesmo a tríade de nações supostamente virtuosas — Uruguai, Chile e Costa Rica — se acha a milhas de distância dos países do Norte global não somente em prosperidade material e desenvolvimento científico-tecnológico, mas em qualidade de vida social: também nesses três países, o grau de desconfiança interpessoal é alto e a credibilidade de instituições centrais na regulação da vida em comum — Justiça e polícia — fica muito aquém do desejado.

Nas últimas décadas, as explicações para o atraso do nosso continente, como já assinalamos, foram de natureza basicamente econômica. Éramos atrasados porque os termos de troca entre produtos primários e produtos manufaturados nos penalizavam, diagnóstico cepalino que influenciou direta ou indiretamente os matizes do nacional-desenvolvimentismo que se projetariam mais adiante no Brasil e no continente. A luz no fim do túnel, a partir do diagnóstico fundador da Cepal, estava no binômio industrialização-substituição das importações. O atraso seria superado pela industrialização, fosse por meio de um padrão de desenvolvimento autônomo ou dependente e associado ao capital estrangeiro.

Com o exclusivismo do paradigma da industrialização, a reflexão sobre o Brasil passou a se orientar pela crença cega na autonomia da esfera econômica, crença que ironicamente uniu nas duas pontas o marxismo e o liberalismo ortodoxos. Venderam a ideia dos dois extremos, visão ingênua segundo a qual a centralidade da economia era tanta que fatores culturais estariam relegados ao lixo da história do pensamento. Venderam a ideia de que os tratores da indústria percorreriam com igual pujança as diversas paisagens sociais, retirando o Brasil e o continente do atraso. A arrogância e o equívoco do economicismo cobraram seu preço: a despeito de termos conhecido, com Argentina e México, fases importantes de crescimento econômico e de desenvolvimento da indústria, esses períodos foram de vida breve e de alcance absolutamente insuficiente dentro do projeto pretendido pelos desenvolvimentistas.

Em conversa com um dos autores deste texto, o celebrado economista Carlos Lessa reconheceu com realismo o fracasso de sua disciplina. "Chegamos a construir aqui uma escola econômica de nível internacional, mas vejo com clareza a impotência da economia: somos bons em fazer a necropsia do que não deu certo, mas incompetentes em projetar o que pode dar certo." Em seguida, relatou que estava voltado para o estudo sistemático dos mitos amazônicos e não mais de temas econômicos.

Defendemos aqui, bem acompanhados pelo estudo de Putnam sobre a Itália, que a chave para a modernização se acha na sociedade. A formação de uma população marcada por ampla confiança institucional e interpessoal, pela adesão às normas e ao bem público e avessa ao patrimonialismo é a via principal para o crescimento econômico sustentado no tempo e passaporte para a modernidade. A chave que Lessa buscava nos mitos amazônicos, apesar de sua beleza, vamos encontrar nos elementos da cultura aqui pesquisados e analisados. Se a arrogância da economia foi, no tratamento da política, mitigada pelo ressurgimento do interesse e da ressignificação das instituições nas últimas décadas no Brasil, é necessário um segundo e derradeiro passo:

agora é fundamental recuperar e recolocar a sociedade em posição de centralidade para identificarmos — e superarmos — o conjunto de fatores que nos têm relegado de forma persistente ao atraso.

Reconhecemos certamente que a cesta de características com a qual fomos premiados nos levou a uma sociabilidade exuberante quando se trata de alegria, receptividade, calor humano e um sem-fim de atributos que gravitam em torno da simpatia interpessoal, jamais da confiança. Estudos realizados no âmbito do World Happiness Report (WHP) atestam que a riqueza *per capita* tem impacto positivo no nível de felicidade dos países, e que as nações da América Latina têm a felicidade mais elevada do que seria possível prever a partir do PIB *per capita* de cada uma delas.[20] Isso ocorre porque na América Latina as pessoas convivem mais com parentes e amigos: sobrinhos se encontram mais frequentemente com tios e tias, netos com avós, e assim por diante. Eis o pacote completo. A mesma valorização das relações pessoais que dificulta o cumprimento de regras impessoais e mina a confiança ajuda os latino-americanos a serem mais felizes, ainda que relativamente pobres e atrasados.

Cultura *versus* instituições (ou a visão de que o Brasil não tem jeito)

Depois de abordarmos as visões de mundo dos brasileiros a partir de informações robustas, haverá quem considere nossa narrativa pessimista. Contudo, em nenhum momento negamos que o Brasil está e continuará melhorando. Admitimos, sim, que a dificuldade que enfrentamos tem a ver com um ponto de vista específico, da comparação feita com os países ricos — sempre acompanhada do desejo de alcançar essas nações. Não se trata de um objetivo fácil. Um dos problemas é a *armadilha da renda média*, posição em que se encontram muitos países que deixaram de ser de renda baixa, mas não conseguem dar o salto exigido para se tornarem de renda alta. Segundo nossa visão, o salto não é possível (talvez seja possível, mas é muito difícil) em razão de fatores culturais: o conjunto de valores que movem os brasileiros.

A interpretação do Brasil que trouxemos aqui, fundamentada por nossos dados, tende a ser considerada pessimista porque admitimos que estamos lidando com a cultura, uma dimensão da vida social marcada por forte grau de inércia. Defender esse ponto de vista pode parecer algo antigo em um mundo que sugere mudança constante, onde "tudo o que é sólido desmancha no ar", em que até mesmo "o amor é líquido" e, principalmente, em que o ser humano cada vez mais acredita que pode controlar (quase) tudo. Essa crença é totalmente compreensível diante dos avanços tecnológicos, da conquista do espaço, da ampliação sem precedentes da expectativa de vida em função da evolução da medicina e de tudo à nossa volta que expressa a força do conhecimento. Porém, esse mesmo conhecimento nos serve para indicar possíveis limites. Foi o que tentamos realizar aqui.

Aceitamos o ônus de nadar contra a corrente, ainda mais quando vários estudos recentes e que passaram a ter grande popularidade sugerem que podemos interferir na realidade social de maneira determinante. Aliás, é possível que o sucesso de público desses estudos tenha a ver justamente com isso: eles nos dão a esperança de controlar o mundo político, social e econômico. Uma dessas contribuições foi a de Daron Acemoglu e James A. Robinson no livro *Por que as nações fracassam*, no qual os autores argumentam que as instituições políticas (e não a cultura) figuram como único fator capaz de explicar o sucesso e o fracasso econômico dos países. Certamente, trata-se de música reconfortante aos ouvidos, uma teoria que indica que democracias e instituições políticas abertas e inclusivas, nos termos de Acemoglu e Robinson, andam de mãos dadas com o crescimento econômico e que, de forma inversa, sistemas políticos autoritários e instituições políticas extrativas resultam em atraso. Acreditamos que a complacência da crítica com as inevitáveis lacunas presentes em teorias monocausais de orientação institucionalista, como a proposta por Acemoglu e Robinson, decorra exatamente das implicações otimistas de uma análise em que se pode afirmar, por exemplo, que a pujança chinesa tem seus dias contados. É essa a visão também de Jeffrey Sachs em resenha crítica do livro: "Os autores contam uma história que muitos querem ouvir: as democracias ocidentais valem a pena não só do ponto de vista político, mas também econômico. Ainda assim, a vida econômica real não é nem linear, nem justa. Regimes autoritários muitas vezes alcançam rápido crescimento, enquanto as democracias também muitas vezes perecem."

As análises monocausais de orientação institucionalista defendem a ideia de que, desenhando boas instituições, países como o Brasil podem dar o salto que os tornem ricos. Portanto, mãos à obra, comecemos hoje a fazer isso, uma vez que o caminho já está mapeado. Parte desses estudos são tão otimistas — e certamente ingênuos — quanto à nossa capacidade de moldar sociedades inteiras que se valem até mesmo da expressão *engenharia institucional*, sugerindo que técnicos bem formados e excelentes calculistas teriam a capacidade de mudar o rumo de nações inteiras.

Quando se trata do cabo de guerra entre cultura e instituições, entre algo mais permanente e coisas passíveis de mudanças relativamente rápidas para padrões históricos, nossa visão tende a seguir os parâmetros estabelecidos por Alberto Alesina e Paola Giuliano em "Cultura e instituições". No artigo, em que propõem um modelo interativo entre cultura e instituições, os autores nos fazem lembrar inicialmente de um conjunto de variáveis culturais que vêm demonstrando impacto inegável no desenvolvimento das nações: confiança, laços familiares, individualismo, moral impessoal e ética do trabalho. Se confiança figura como fator cultural de destaque com implicações no desenvolvimento, variáveis como individualismo e familismo condicionam a prosperidade dos países: em sociedades individualistas, há mais inovação, e onde os laços familiares são fortes, a estrutura produtiva se mostra subótima, pois empresas familiares tendem a permanecer pequenas, o padrão de contratação afeta a qualidade, uma vez que os dirigentes, em geral parentes, tendem a ser avessos ao risco.

A despeito de identificar diversas dimensões de impacto da cultura no desenvolvimento, Alesina e Giuliano, nesse mesmo trabalho, arrolam pesquisas que indicam a força das instituições. Segundo eles, é possível visualizar e avaliar o efeito das instituições na cultura sobretudo durante períodos de choque ou mudança institucional abrupta, como em guerras ou crises econômicas. Pesquisa de Giuliano e Spilimbergo (2014) presente no artigo "Growing up in a Recession" revela que a experiência de choques macroeconômicos na juventude condiciona a crença do indivíduo sobre o lugar do acaso e do trabalho duro como determinantes do sucesso. Indivíduos que cresceram durante a recessão tendem a dar maior apoio à redistribuição governamental e a acreditar que a sorte é decisiva para o sucesso econômico.

Ao arrolarem tanto as investigações que demonstram o impacto da cultura nas instituições e economia quanto o caminho oposto — o impacto das instituições na cultura —, Alesina e Giuliano preparam o terreno para a proposição de que a relação entre cultura e instituições deve ser interpretada como uma estrada de mão dupla: "defendemos aqui que seria errado reclamar superioridade causal seja para a cultura, seja para as instituições. Cultura e instituições interagem e evoluem de forma complementar, com efeitos de feedbacks mútuos." Vale frisar, no entanto, que comentando a pesquisa de Bisin e Verdier (2011),[21] eles afirmam que

> [...] dependendo do ambiente econômico e das condições iniciais, cultura e instituições podem se complementar ou agirem como substitutos, contrastando-se uma com a outra, e limitando sua habilidade combinada para promover crescimento econômico. Eles avançam em uma ótima ideia: mesmo quando novas instituições são introduzidas para promover o crescimento econômico, o efeito depende do desenvolvimento ou não das novas características culturais, capazes de dar lastro à nova instituição.[22]

Aceitamos que a cultura influencia as instituições e vice-versa. Todavia, nosso objetivo aqui foi também o de resgatar a importância de algo que estava havia tempos relegado a segundo plano: os valores das pessoas, a maneira como pensam e veem o mundo. Isso importa quando queremos separar o que é mais fácil de ser alcançado daquilo que dificilmente veremos no período de uma vida humana, talvez de várias. Nesse sentido, podemos ter sido pessimistas para muitos e realistas para alguns. O fato é que o julgamento acerca de nossa análise pode ter muito mais a ver com a perspectiva sob a qual ela é encarada do que com os dados em si e sua interpretação. Do ponto de vista da capacidade de intervenção humana, de fato, podemos ter sido pessimistas. Ou seja, as pessoas que desejam ardentemente e, acima de tudo, acreditam ser possível uma mudança institucional que leve o Brasil a se tornar tão rico quanto a Alemanha ou como o Norte da Itália são as que tendem a considerar nossa análise pessimista. Os que admitem que há elementos da vida social muito difíceis de serem alterados consideraram o presente estudo não mais do que uma avaliação realista do Brasil.

Os valores que abordamos estão entranhados na socialização de cada um de nós. Há várias camadas de visões de mundo que são estudadas e contribuem (ou não) para o avanço de uma sociedade. Por exemplo, Lee J. Alston, Marcus André Melo, Bernardo Mueller e Carlos Pereira argumentam no livro *Brazil in Transition* [Brasil em transição], baseados em valores estudados por meio de pesquisas de opinião, como fazemos, mas de forma otimista, ao contrário de nós, que algumas crenças assumem tanta força em determinado período que governantes as internalizam e constroem instituições nelas fundamentadas. Durante o governo Sarney, na transição para a democracia, a crença na inclusão social teve tal impacto na Constituição de 1988 que, dentre outras medidas, estabeleceu o Sistema Único de Saúde (SUS) e tornou obrigatório o ensino fundamental para as crianças. Já durante o governo Fernando Henrique Cardoso, a demanda pelo combate à inflação foi tão forte que acabou atendida por meio do Plano

Real, porém, sem abrir mão da inclusão social. Esses autores, portanto, mostram que visões de mundo dominantes fazem o país progredir ao conectarem o povo à elite e se materializarem em instituições. É uma análise otimista e inteiramente compatível com a nossa, porque tratamos de diferentes camadas de valores sociais. Eles abordaram crenças que, de uma perspectiva histórica, mudam com rapidez, ao passo que tratamos de valores que praticamente são estáveis ou se modificam muito lentamente. No nosso caso, as crenças também se transformaram em instituições facilitadoras da burla da lei, como é o caso do jeitinho, dos penduricalhos e de todos os tipos de procedimentos que afastam os brasileiros do cumprimento das regras.

Ao resgatar a cultura como fator explicativo do atraso, não negamos a importância das instituições, mas conferimos a elas papel coadjuvante. Lucio Picci, em seu livro *Rethinking Corruption: Reasons Behind The Failure of Anti-Corruption Efforts* [Repensando a corrupção: motivos por trás da falência dos esforços anticorrupção], mostra que no Brasil, na Rússia e nos EUA a corrupção (não cumprir a lei) se mantém porque é útil àqueles que estão no governo, ajuda a viabilizar e implementar decisões, e também é útil para a oposição como arma de desgaste de quem exerce o poder. É verdade, mas essa forma de ilegalidade é tanto mais forte quanto mais uma sociedade aceita não cumprir nem mesmo regras informais, como a fila. As duas explicações coexistem; todavia, acreditamos que a cultura tem peso maior que as instituições.

4. A mulher pode fazer e ser o que ela quiser

com Andreia Schroeder

Inúmeros movimentos feministas utilizam o mote "a mulher pode fazer e ser o que quiser" em campanha por direitos. A frase, e algumas de suas variações, expressa o desejo de igualdade entre homens e mulheres, liberdade individual, emancipação e libertação de vários tipos de opressão: a masculina, na qual os homens têm acesso a coisas que elas não têm; a da dupla jornada, em casa e no trabalho remunerado; a dos cuidados com o lar e os filhos, considerado por muitos um trabalho invisível e, assim, pouco ou nada reconhecido, mas que toma totalmente seu tempo e suas preocupações. Os seres humanos, sejam eles mulheres ou homens, querem persistentemente mais igualdade e escapar da "dominação": isso significa aumentar a capacidade de fazer escolhas. Esse processo está em andamento no Brasil como demonstraremos por meio de inúmeras evidências bastante robustas que dizem respeito às visões sobre igualdade de gênero. A PESB detectou que as visões de mundo favoráveis à ideia de que "mulher pode fazer e ser o que quiser" se ampliaram muito no Brasil e provavelmente continuam a fazê-lo.

A dominação do homem sobre a mulher é mais presente quanto mais elas precisarem carregar exclusivamente nos ombros a dupla jornada de trabalho, que soma os árduos afazeres domésticos de cuidados com as crianças e com a família ao trabalho remunerado, na maioria das vezes realizado fora de casa, cuja finalidade mais frequente tende a ser aumentar a renda domiciliar. Quando isso ocorre, a capacidade do homem de fazer escolhas é maior do que a da mulher, pois ela terá menos tempo livre para gastar como bem entender. Da mesma forma, quanto maior a discriminação contra casais de pessoas do mesmo sexo, menores serão suas possibilidades de escolhas até mesmo para coisas simples como expressar seu afeto publicamente, e também para tomar decisões com implicações mais amplas em suas vidas, como casar, formar família e ter filhos.

A propósito, a dupla jornada de trabalho da mulher decorre de uma visão de mundo tradicional que atribui a elas a obrigação de cuidar de tudo que diga respeito à família e ao domicílio. Não fosse isso, dificilmente estaríamos preocupados com o fardo que elas em geral têm de suportar — as que querem e conseguem trabalhar profissionalmente — de trabalhar sem parar, dentro e fora de casa.

A PESB assume a premissa de que as visões de mundo das pessoas são fundamentais para explicar seu comportamento, por isso ela foi, em suas duas rodadas, uma pesquisa sobre valores, ideologia e formas de pensar. Em locais onde o preconceito contra homossexuais é elevado, muito provavelmente casais do mesmo sexo serão fortemente discriminados e terão menos direitos do que em sociedades onde esse preconceito é reduzido. Da mesma forma, sociedades nas quais a ideologia machista é muito arraigada e homens e mulheres se veem e se aceitam como desiguais, cabendo ao homem realizar as funções de provedor das receitas financeiras do lar e de líderes políticos, e às mulheres os papéis exclusivamente domésticos, será muito difícil para as mulheres se destacarem em profissões e no exercício de funções governamentais. À medida que essa mentalidade ou visão de mundo enfraquece, seja por causa da luta feminista ou outros motivos quaisquer, as práticas se modificam e as mulheres passam a ocupar espaços antes exclusivos dos homens.

A mudança de visão de mundo detectada por nossas duas pesquisas no que diz respeito à igualdade entre mulheres e homens e à homossexualidade se enquadra em uma compreensão mais abrangente do que ocorreu no Brasil nesse período e, muito provavelmente, continuará a acontecer: a vitória de movimentos que lutam pela ampliação de direitos, pelo tratamento equânime entre as pessoas, pela emancipação individual, pela redução dos mais diversos tipos de dominação e, portanto, atuam para dilatar a capacidade que cada um de nós tem de fazer escolhas. Um exemplo deste enquadramento tem a ver com vários tipos de preconceito muitas vezes expostos por meio de piadas. Note-se, fazer piadas preconceituosas é uma prática e, assim, será mais frequente sempre que a mentalidade predominante não se opuser.

Vale aqui, portanto, antes de abordar o cerne de nossa análise, que são as visões de mundo de brasileiras e brasileiros quanto aos papéis de homens e mulheres (papéis de gênero), tratar inicialmente de uma consequência não pouco relevante sobre as práticas de tais visões de mundo. Isso nos ajuda a aplainar o terreno para o que virá adiante.

Piadas preconceituosas e feminicídio

As pessoas que hoje têm acima de 40 anos de idade conviveram com centenas de piadas machistas, sobre portugueses, negros e homossexuais. Elas não apenas eram contadas em grupos de amigos e todos riam, mas também povoavam as tirinhas e quadrinhos de jornais e revistas. Apresentadores de programas televisivos de auditório as faziam corriqueiramente sem que fossem repreendidos ou censurados. O aumento do respeito às particularidades de cada indivíduo fez com que essas piadas se tornassem tabus tanto entre amigos quanto em todas as mídias, incluindo as sociais. Aliás, o racismo recreativo (expresso por meio de piadas) se tornou crime. Basta dizer que essa transformação foi tão profunda no Brasil que até mesmo em caráter exclusivamente privado, no celular ou computador, os brasileiros passaram a procurar menos na internet piadas discriminatórias.

O Google Trends permite que seja avaliada a demanda no Brasil por termos de busca desde janeiro de 2004 até 2023, intervalo abarcado pela realização das duas pesquisas. Assim, inserimos as expressões de procura relativas às piadas hoje consideradas bastante preconceituosas: *piadas machistas* e *piadas de mulher* (ambas foram somadas), *piadas racistas*, *piadas de preto*, *piadas de negro* (as três foram somadas), *piadas de viado*, *piadas de bicha* (as duas foram somadas), *piadas de português* e *piadas de puta*. Também realizamos a pesquisa para *piadas de loira* e *piadas de gordo*, que apresentaram a mesma tendência geral dos demais termos, mas evitamos apresentar aqui. Os resultados são bastante eloquentes: as pessoas, mesmo em caráter reservado, majoritariamente jovens, uma vez que são os principais usuários da internet, vêm perdendo o interesse por piadas discriminatórias. Está evidente que conforme passam os anos, a pesquisa por esses termos diminui.

O indicador do Google Trends é mensal e quando a busca por determinado termo é a maior do período, atribui-se o número cem para aquele mês. A partir daí, todos os valores são expressos como uma proporção do mês de pico. O gráfico de buscas por piadas no Google em todo o território nacional apresenta a média de cada ano.

Todo dado estatístico revela uma realidade social. Em 2004, as pessoas faziam mais buscas na internet por piadas machistas, homofóbicas, racistas, gordofóbicas e até mesmo contra nossos patrícios com a finalidade de contá-las em uma mesa de bar ou no trabalho. Nos últimos vinte anos, os valores liberais, igualitários e emancipatórios de respeito ao indivíduo se fortaleceram, o que mostraremos aqui com os dados da PESB no que diz respeito a práticas sexuais e relações de gênero, fazendo com que uma parcela maior de pessoas passasse a rejeitar tanto narrar quanto ouvir tais piada

Gráfico 1.
Buscas por piadas no Google

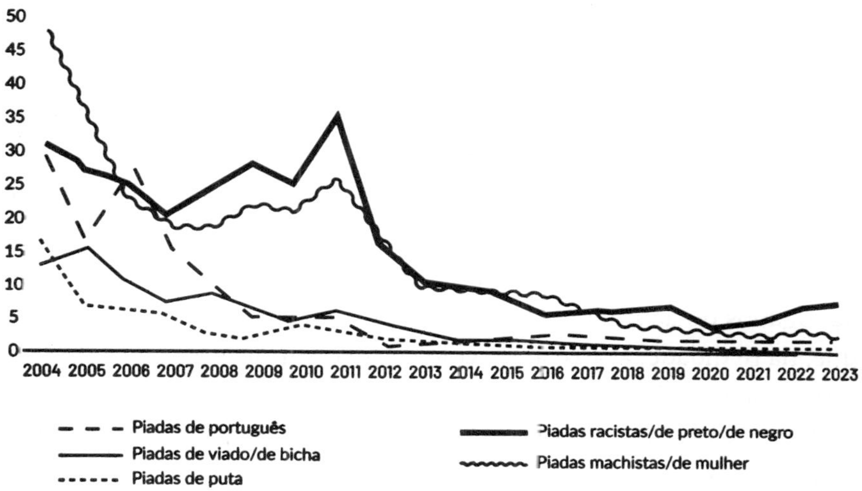

Fonte: Google Trends

Nem mesmo a ascensão de Bolsonaro, sua vitória eleitoral em 2018 e seu governo claramente contrário aos valores emancipatórios e igualitários foram capazes de gerar aumento significativo da procura por piadas discriminatórias. Isso indica que a mudança de mentalidade que nos trouxe até aqui, como veremos, é bem enraizada. Uma conjuntura específica polarizada, com debates acalorados acerca de machismo, racismo e homofobia, pode servir inclusive para proporcionar aos defensores de igualdade entre as pessoas, assim como da liberdade individual, terreno fértil para o combate à discriminação.

Talvez cause confusão ter que lidar, de um lado, com evidências de aumento da tolerância e, de outro, com o frequente noticiário sobre assassinatos de pessoas LGBTQIAPN+ e feminicídios. De tempos em tempos, as matérias de jornais atestam, por meio de dados confiáveis, o crescimento de assassinatos de homossexuais e o título do Brasil de campeão mundial de morte violenta de pessoas LGBTQIAPN+. Sabe-se que quando o mundo melhora todos se tornam mais exigentes.

É possível que tais assassinatos sempre tivessem ocorrido, até mesmo em uma taxa maior. Porém, talvez não fossem vistos como crimes de ódio, mas simplesmente como um assassinato a mais. No passado, o termo feminicídio não existia. Este é um conceito novo que emerge justamente no período compreendido por nossas duas pesquisas. Inúmeros homens foram absolvidos em júris populares da acusação de matar esposa ou namorada graças ao argumento de "defesa da honra". Um dos casos de maior repercussão midiática foi a condenação de Doca Street pelo assassinato de Ângela Diniz, no final dos anos 1970, a apenas dois anos de prisão com direito a liberdade condicional. Os advogados do acusado utilizaram a tese da legítima defesa da honra que, na realidade, acabava por colocar no comportamento da mulher o motivador da ação violenta do homem. Isso é impensável nos dias de hoje. No futuro, acreditamos, as punições para o feminicídio se tornarão provavelmente mais severas.

Recorrendo ao Google Trends uma vez mais, nota-se que de 2004 até 2023 a procura pelo termo "crime passional" se mantém relativamente constante. Aliás, este termo é utilizado não apenas em episódios que envolvem casais. O sinal claro de mudança, todavia, vem de buscas por feminicídio: de 2004 a 2012, o termo praticamente não fez parte das dúvidas de usuários da internet; ele aparece com força pela primeira vez apenas a partir de 2014 e em 2015, quando a lei que prevê esse tipo de crime foi aprovada. Desde então, o crescimento foi exponencial. Os dados de busca do Google revelam profunda transformação social depois de longo processo de mobilização, mudança legislativa e de mentalidade: o que antes era caracterizado como crime passional ou de defesa da honra passou a ser considerado feminicídio. Outra evolução relevante foi a queda contínua das buscas por "defesa da honra", que muito tardiamente, somente em 2023, foi considerado inconstitucional pelo STF. Este conceito beneficiava os homens que perpetravam os crimes, ao passo que feminicídio favorece a causa das mulheres ao acusar os suspeitos. O aspecto deplorável destes dados é saber que o motivo mais provável das buscas pelo termo são assassinatos que ocorreram. Porém, o lado positivo é vislumbrar que o crescimento do uso de feminicídio é resultado da mudança de valores e visões de mundo que o antecedeu e continua a acontecer.

Gráfico 2. Feminicídio *versus* crime passional e defesa da honra

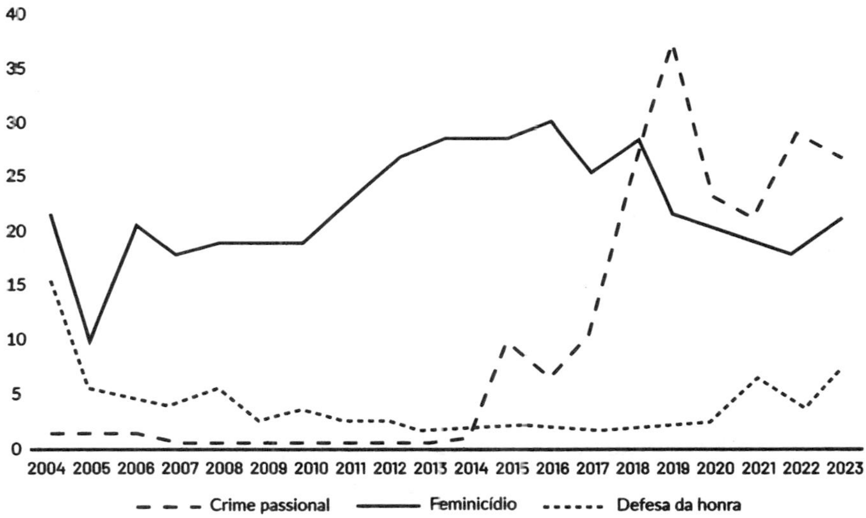

Fonte: Google Trends.

A seu modo, o Brasil acompanha tendências mundiais: não somos uma "jabuticaba", expressão frequentemente utilizada para dizer que os brasileiros são uma exceção para pior, que acaba sendo profundamente injusta com a rara e deliciosa fruta. Estudos globais não deixam dúvida acerca da menor aceitação dos valores tradicionais — baseados na obediência, hierarquia e em rígidas definições de papéis de gênero — em direção a valores menos tradicionais quando se trata do que devem ou não fazer homens e mulheres na casa e na rua, na família e no mercado de trabalho. A velocidade da mudança, como veremos, não é a mesma em todos os campos; é possível identificar forte diminuição do apoio ao trabalho doméstico como tarefa exclusiva das mulheres, sem que isso afete com a mesma intensidade a adesão a opiniões favoráveis ao aborto.

É importante registrar que a mudança rumo a valores menos tradicionais pode ter vários nomes de batismo em função do que é enfatizado: sociedades mais "liberais" nos valores porque estão baseadas na premissa da autonomia e da liberdade individual; tendências "pós-materialistas" para indicar que os indivíduos deixam de orientar suas ações fundamentalmente por aspectos relacionados à sobrevivência material; sociedades baseadas em valores "emancipatórios" a partir dos quais a autonomia e a individualidade passam a ter peso significativo no curso de vida das pessoas; ou ainda, podem ser vistos de modo geral como processos de "destradicionalização", quando se deseja enfatizar a perda de importância dos valores patriarcais e tradicionais da família.

Vimos que as tendências de uma prática social singela, porém reveladora — a diminuição da procura por várias modalidades de piadas sobre minorias, grupos desprivilegiados e comportamentos não tradicionais —, demonstram que o Brasil mudou bastante. De agora em diante, passaremos a tratar das informações que mostram a sustentabilidade dessa transformação, pois está alicerçada em uma maneira diferente de pensar, em valores, ideologias e visões de mundo que se modificaram bastante em duas décadas.

A mulher do lar: duas décadas de mudança

Um dos temas mais importantes de conversas em rodas de amigos e familiares é a sobrecarga das mulheres quando se trata de tarefas domésticas e profissão, que deriva da obrigação que elas têm, em geral, de cuidar da casa e dos filhos. Aliás, trata-se de um tema frequente em conversas privadas entre casais: as mulheres chamam a atenção dos maridos de que cabe a elas a preocupação com o que será comprado no mercado e preparado nas refeições, além de inúmeras tarefas que dizem respeito aos cuidados com a casa, com os filhos e com sua vida profissional. Os homens, por outro lado, graças à sobrecarga de trabalho das mulheres, frequentemente têm mais tempo livre para ocupar da maneira que lhes convém, que, de forma geral, significa cochilar, se entreter com o celular, encontrar-se com os amigos no bar ou acompanhar o futebol pela TV (ou ainda as duas coisas ao mesmo tempo). A visão tradicional — machista — da divisão do trabalho assume que as mulheres são responsáveis pelas tarefas cotidianas da casa, e os homens, pelas tarefas que requerem força e habilidades específicas ou que estão associadas ao "mundo masculino" e mais público. Segundo a visão oposta, não tradicional e igualitária, mulheres e homens são corresponsáveis por tais tarefas e decidem sobre quem fará o quê de forma compartilhada e equitativa.

Uma das maiores transformações apontadas por vinte anos da PESB foi o enfraquecimento da visão de mundo machista em favor de uma visão igualitária quanto às relações de gênero e, de forma particular, à divisão do trabalho doméstico e dos cuidados infantis. Quanto a isto, é possível afirmar com todas as letras e sem sombra de dúvida que a população adulta brasileira de 2022-23 é menos tradicional que a de 2002.

Para medir a adesão às visões acerca da divisão do trabalho, os entrevistados foram solicitados a responder a onze perguntas sobre tarefas da vida doméstica e familiar da maioria das pessoas e, para cada uma delas, dizer se era mais atividade de homem ou de mulher. Interessante é que nesta pergunta a resposta *atividade dos dois* era espontânea, ou seja, o entrevistador não a oferecia como opção de resposta. As onze tarefas estudadas foram: limpar e arrumar a casa, cozinhar, trocar as fraldas do bebê, levar as crianças ao médico, levar as crianças para a escola, fazer as compras para a casa, costurar, limpar o quintal, pintar a casa, lavar o carro e, por fim, consertos de eletricidade e encanamento em casa.

Destaca-se que em todas as onze tarefas a resposta *atividade dos dois* teve crescimento expressivo. No caso de atividades mais cotidianas, verificamos uma grande virada: mais da metade das pessoas entrevistadas passaram a considerar que são atividades dos dois levar as crianças para a escola (67%), fazer as compras para a casa (64%), cozinhar (60%), trocar as fraldas do bebê (59%), e limpar e arrumar a casa (57%).

Apesar do aumento das respostas *dos dois*, as atividades que estão em nosso imaginário como atreladas aos homens — pintar a casa, lavar o carro e consertos de eletricidade e encanamento em casa — e como atrelada às mulheres — costurar — eram as mais desiguais, isto é, concentradas em um dos sexos e assim se mantiveram vinte anos depois. Em 2022-23, para 54% costurar é uma atividade mais de mulher, a proporção era de 75% em 2002. As atividades consideradas mais de homem pela maioria são consertos de eletricidade e encanamento, 77% em 2022-23 e 91% em 2002; lavar o carro, 61% e 79%, respectivamente; e pintar a casa, com 55% em 2022-23 e 80% em 2002. Os achados expressam — embora não estejamos observando com grande frequência uma mulher realizando consertos de eletricidade ou encanamento nem lavando o automóvel da família — que há maior aceitação de todos os adultos brasileiros de que tais tarefas não sejam vistas como monopólio dos homens ou das mulheres.

Com a emergência do tema do "cuidado" na sociedade contemporânea, as tarefas que nos remetem aos cuidados com as crianças merecem maior atenção. Elas foram medidas pelas questões *trocar as fraldas do bebê*, *levar as crianças ao médico* e *levar as crianças para a escola*. Entre as três atividades, trocar as fraldas do bebê é aquela com menor percentual da resposta *os dois*, pois está mais concentrada nas mulheres; mas a redução dessa concentração é considerável: passou de 66% em 2002 para 39% em 2022-23. Já levar as crianças para a escola e para o médico são atividades percebidas como mais compartilhadas, e em 2022-23 mais de 60% responderam que é tarefa *dos dois*. O que observamos é o aumento significativo de pessoas favoráveis ao exercício da "parentalidade" compartilhada e menos marcada pela divisão de papéis, ao mesmo tempo que acompanhamos mudanças visíveis nas práticas sociais, como banheiros masculinos com trocadores de fralda ou banheiros para a família. Ainda assim, a troca de fralda foi a que mais resistiu à mudança, o que pode ser atribuído tanto à ideia essencialista de "inabilidade" ou "falta de jeito" masculina e de habilidade "natural" das mulheres quando o tema é lidar com o corpo das crianças.

Haverá quem rapidamente tente lembrar quantas vezes observou apenas pais levando as crianças ao médico, mas vale ressaltar que estamos aqui medindo visões de mundo e não a ação em si; há muitos elementos que levam a uma ação e a forma como as pessoas veem o mundo é um deles. O que estamos atestando é uma mudança nas visões de mundo que acompanha tanto o crescimento de famílias compostas por mães ou pais solo e seus filhos quanto a necessidade de guarda compartilhada das crianças em situações de separação e, consequentemente, a adaptação a essas dinâmicas, com banheiros para a família e não apenas banheiro de mulheres com fraldário.

Embora estejamos falando de visões de mundo sobre o que chamamos de papéis de gênero, é preciso lembrar que essas tarefas servem para medir valores em geral sobre divisão de papéis da vida cotidiana, assim como também, mas de forma mais específica, aquelas atividades diárias, ou quase diárias, imprescindíveis para o bom funcionamento da vida de todos nós. São tarefas com pequena margem de manobra e que demandam um tempo que acaba faltando para se dedicar ao lazer, ao trabalho remunerado, ou a atividades voluntárias. Portanto, dentre as onze tarefas estudadas, nem todas têm o mesmo valor objetivo e simbólico ou as mesmas implicações para a vida prática de quem as faz.

Nesse sentido, cabe aqui observar quatro aspectos que podem ter vários efeitos e implicações concretas sobre o tempo das pessoas e sua compatibilização com as demais atividades. Primeiro, quanto à frequência de realização dessas tarefas. Algumas dessas atividades não são imprescindíveis para o cotidiano das pessoas e podem ser feitas com menos frequência, ao passo que outras, não. Por exemplo, limpar o quintal e lavar o carro são atividades que podem ser feitas com menos frequência do que lavar pratos, cozinhar ou levar filhos na escola, tarefas do dia a dia. Segundo, quanto ao tempo. Há atividades que implicam dispêndio considerável de horas diárias ou quase diárias e outras nem tanto. Uma criança tem que frequentar a escola todos os dias, e isso significa levá-la e pegá-la na escola diariamente, ou seja, pode-se gastar uma hora por dia ou mais com essa tarefa. Por outro lado, o tempo despendido em levar crianças ao médico tende a ser bem menor. Além disso, o mais provável é que não haja consertos de encanamento ou de eletricidade toda semana, mas ir à escola ou comer são essenciais. Tais consertos, ainda que eventualmente demorados, não são frequentes e acabam por demandar menos horas mensais. Vale levar em conta também que a posse de um automóvel abrange em torno de um terço dos adultos brasileiros, o que significa que lavar o carro não é uma experiência tão corriqueira assim. Da mesma maneira, ter uma casa com quintal tende a ser bem menos presente na vida contemporânea do que ter filhos frequentando a escola. Por último, vale registrar que as mudanças de visões de mundo ocorreram de maneira mais forte em tarefas consideradas mais cotidianas e imprescindíveis à vida das pessoas. Ou seja, além da transformação dos brasileiros rumo a uma visão de mundo menos machista, a redução aconteceu de maneira mais intensa justamente em relação às atividades comprovadamente mais prejudiciais às mulheres quando se trata de compatibilizar vida familiar com trabalho remunerado.

Homens, mulheres e a divisão do trabalho doméstico

As atividades em relação às quais a visão de homens e mulheres mais se distancia são pintar a casa, lavar o carro e limpar o quintal. Em 2002, 83% dos homens e 78% das mulheres consideravam que pintar a casa era uma atividade mais de homem; em 2022-23, os percentuais caíram para 62% e 48%, respectivamente. Lavar o carro, em 2002, era visto por 83% dos homens e por 76% das mulheres como uma atividade mais de homem; em 2022-23, 67% dos homens e 54% das mulheres pensavam assim. Limpar o quintal era uma atividade mais de homem para 66% dos homens e 47% das mulheres; essas proporções caíram para 54% e 35%.

Por outro lado, homens e mulheres estão mais próximos em suas visões de mundo sobre cozinhar, levar as crianças ao médico e limpar e arrumar a casa. No que diz respeito à primeira, em 2022-23, 58% dos homens e 62% das mulheres diziam ser atividade dos dois; os números também foram muito próximos quando classificada como atividade mais de homem e ou mais de mulher. Levar as crianças ao médico, em 2022-23, foi considerada atividade dos dois para 60% dos homens e 61% das mulheres. O curioso é que neste caso a divergência aconteceu em atividade mais de mulher e mais de homem: 25% dos homens disseram ser uma atividade mais feminina e 35% das mulheres pensavam o mesmo, enquanto 14% dos homens e 4% das mulheres disseram ser uma atividade mais masculina.

Em todas as atividades, as mulheres apresentam valores mais igualitários, achado sistematicamente corroborado por outras pesquisas que tratam deste tema. Mas os homens, apesar de apoiar visões menos igualitárias, mudaram de maneira notável em vinte anos, sugerindo que, pelo menos em suas visões de mundo, estão bem mais abertos e menos machistas.

Tudo junto e misturado na dupla jornada de trabalho da mulher

Criamos uma régua que sistematiza as respostas às onze perguntas sobre as atividades domésticas e de cuidados com domicílio, família e crianças. Ela foi utilizada para dividir em três partes a população adulta brasileira de acordo com o número de pontos que somaram em todas as respostas. Denominaremos *igualitários* aqueles que tiveram as pontuações do terço mais elevado nas onze perguntas, e *machistas* os que ficaram com as pontuações do terço mais baixo. As pessoas do terço intermediário serão chamadas *machista liberal*. Uma ressalva importante, essas denominações são apenas para tornar a exposição dos resultados mais didática, por isso seu objetivo principal é somente indicar diferenças entre grupos de brasileiros: os que são menos igualitários quando se trata de gênero, daí o nome machistas, os que são mais igualitários e aqueles que estão no meio da classificação.

Segundo nossa classificação, as pessoas mais igualitárias de todas — os igualitários extremados — foram aquelas que responderam que as onze atividades, sem exceção, eram dos dois, homens e mulheres. O segundo grupo mais igualitário é formado por aqueles que disseram que dez das onze tarefas eram tanto de homens quanto de mulheres, e assim sucessivamente, até chegarmos ao grupo dos machistas extremados, formado por quem disse que cada uma dessas atividades era apenas de homens ou apenas de mulheres, seguindo o padrão tradicional de que mulheres ficam com os cuidados de crianças e atividades corriqueiras do domicílio, e os homens, com as tarefas menos frequentes e que muitas vezes exigem força física.

Como visto, uma de nossas conclusões mais importantes é a grande mudança em favor da divisão mais igualitária das tarefas domésticas e de cuidados. Essa profunda transformação é indicada por um resultado bastante eloquente: em 2002, apenas 17% da população adulta brasileira estava no grupo dos igualitários, já em 2022-23, 41% passaram a fazer parte deste segmento. Dentre os homens, a proporção de igualitários passou de 13% para 33%, e entre as mulheres, de 20% para 47%, indicando que, embora as mulheres em geral expressem mais esses valores do que seus cônjuges, são os homens que dão um salto proporcionalmente maior. Ainda assim, apenas um terço da população adulta masculina está no grupo dos menos machistas.

Idade e gerações influenciam mudanças de atitudes e de valores e este tem sido um aspecto corroborado por inúmeras pesquisas e observações. Indivíduos mais jovens tendem a ser mais abertos a inovações e mudanças, ao passo que pessoas mais velhas, em geral, são mais apegadas às ideias conhecidas e predominantes. De outra parte, as experiências dos cursos de vida propiciadas pelo envelhecimento, assim como os contextos específicos experimentados influenciam as visões de mundo que moldam os indivíduos. As opiniões sobre divisão do trabalho e cuidados são emblemáticas dessas dinâmicas.

Em todas as cinco faixas etárias houve crescimento significativo da adesão a uma visão mais igualitária da divisão sexual do trabalho e do cuidado. Os polos — mais novos (18 a 24 anos) e mais velhos (60 anos e mais) — são aqueles com menores percentuais de adesão a esses valores, mas, ainda assim, correspondem a 35% e 32%, respectivamente. Indivíduos mais jovens em geral ainda vivem com pais e famílias e isto pode explicar por que sua adesão tende a ser menor do que a de jovens adultos, mais amadurecidos pelas experiências de vida. Embora não estejamos falando de práticas e de como efetivamente as pessoas se comportam, em se tratando de valores claramente parece ser o caso, pois são as pessoas na faixa dos 45 a 59 anos, seguidas daquelas entre 25 e 34 e entre 35 e 44 anos as que mais aderem à divisão de trabalho e de cuidados menos tradicional em termos de papéis: respectivamente, 45%, 44% e 44% podem ser consideradas igualitárias. Na faixa entre 35 e 44 anos, o aumento da adesão à ideia de que as atividades podem ser feitas por homens e mulheres foi de trinta pontos percentuais, passando de 15% para 44%, e mesmo entre as pessoas mais idosas, a adesão também praticamente triplicou, o que indica uma tendência bastante generalizada quanto a essa mudança de visão de mundo.

Uma conclusão muito interessante que obtivemos a partir dos dados tem a ver com o impacto da vida conjugal na visão de mundo igualitária entre mulheres e homens. Mais do que estar em uma relação conjugal, ter vivido essa experiência pode ter um efeito importante sobre como as pessoas veem esses papéis: são os divorciados ou separados que apresentaram maior crescimento da adesão à ideia de que as onze atividades avaliadas podem ser feitas tanto por homens quanto por mulheres. Em 2002, apenas 13% dos divorciados e separados eram igualitários e em 2022-23 esse percentual passou para impressionantes 41%. Ou seja, mais do que triplicou a proporção daqueles distantes do machismo. Em segundo lugar estão os viúvos, que passam de 13% para 36% de adesão ao grupo de igualitários. Tanto no caso dos que declararam ser separados ou divorciados quanto entre os viúvos, há o dado da experiência conjugal, bem como da questão geracional, pois pessoas separadas e, sobretudo, viúvas, estão nas faixas etárias mais velhas. O terceiro grupo é o dos casados, que passa de 18% para 41% de igualitários. E, por fim, há os solteiros, que antes eram 21% e passam para 41%. Aqui, mais uma vez, a premissa de que gerações mais novas tendem a ser mais abertas e menos conservadoras parece se aplicar, porém, o ritmo de mudança pode ter desacelerado. De fato, há 41% de igualitários dentre os solteiros, igualando-se aos separados e casados; porém, observando os números em termos proporcionais, verificamos que foi o grupo com menor incremento, pois apenas duplicou, ao passo que junto aos demais segmentos de estado civil, as proporções triplicaram ou chegaram perto disso. Por fim, cabe observar que há atualmente grande uniformidade entre os segmentos, todos aumentaram bastante suas visões de mundo igualitárias e separados e divorciados, casados e solteiros apresentaram praticamente os mesmos níveis de igualitarismo de gênero. Em suma, em termos de percepções, o salto em favor de uma visão de papéis menos rígida entre mulheres e homens foi muito elevado.

Ao que tudo indica, ter ou não ter filhos não diferencia muito as pessoas quanto ao tema em questão. Assim, em 2002, dentre os brasileiros sem filhos, a adesão ao grupo dos igualitários era de 20% e subiu para 43% em 2022-23; já no grupo com filhos, 21% apresentavam elevada adesão aos valores igualitários e em 2022-23, a porcentagem foi para 40%. Ambos cresceram em torno de vinte pontos, porém, em termos proporcionais, o maior salto foi entre os sem filhos. De qualquer maneira, vale observar que os dois segmentos acabaram por se diferenciar um pouco mais em 2022-23 do que em 2002.

Um fator crucial para tornar as pessoas mais igualitárias quanto aos valores estudados pelas onze perguntas sobre atividades de homem e de mulher é a participação no mercado de trabalho. Em 2002, dentre as pessoas que se encontravam fora do mercado de trabalho, que compreende fundamentalmente donas de casa, aposentados e estudantes, a adesão aos valores mais igualitários alcançava 15%, e em 2022-23 esse grupo aumentou para 36%. Já no segmento das pessoas com trabalho remunerado, os igualitários eram 18% em 2002 e se tornaram 43% em 2022-23. Todo mundo, quer trabalhe ou não, ficou menos tradicional quanto aos papéis de homens e mulheres, mas o salto absoluto e proporcional foi significativamente maior dentre a população que trabalha, ampliando a diferença entre esses dois segmentos e indicando que, seja devido a aspectos objetivos relacionados à escassez de tempo, ou subjetivos de socialização e interação social no mercado de trabalho, estar trabalhando leva as pessoas a defenderem mais os valores emancipatórios aqui em análise. Faz sentido que a imposição de necessidades econômicas ou mesmo a menor presença em casa ou no domicílio, quando ocorre não apenas no caso dos homens, mas também para as mulheres, acabe influenciando a favor de uma visão de mundo mais igualitária quanto aos papéis de gênero. Ou seja, valores, ideologias e visões de mundo, abraçá-los ou rejeitá-los, estão com frequência associados a diversas necessidades materiais dos indivíduos.

Um dos fatores com maior peso nas visões de mundo sobre os papéis de gênero é a escolarização formal. Em 2002, junto às pessoas com a mais baixa escolaridade, apenas 13% eram igualitárias, contra 40% dentre aquelas com nível superior completo. A proporção cresceu para 34% em 2022-23 no segmento das pessoas com baixa escolaridade e 64% junto às com escolarização elevada. Vale reconhecer que o crescimento do grupo de igualitários foi grande tanto dentre quem tinha a mais baixa escolaridade quanto aos com superior completo. Ainda assim, fica claro que o acesso à educação é um poderoso motor de mudança em direção à visão de mundo emancipatória. A PESB indica que a política pública mais efetiva de combate ao machismo é a ampliação do acesso ao ensino superior. Ou seja, quando este nível escolar se tornar universal, ou ficar próximo disso, combinado com a inserção no mercado de trabalho, o resultado será, muito provavelmente, uma sociedade fortemente refratária ao machismo.

A disseminação da visão de mundo mais igualitária entre homens e mulheres foi tão grande no período abarcado pelas duas pesquisas que nem mesmo as religiões mais conservadoras ficaram imunes a essa mudança. O grupo de igualitários em 2002 era de apenas 8% junto aos evangélicos não pentecostais e cresceu para 31% depois de duas décadas. No segmento de evangélicos pentecostais, eles saltaram de apenas 8% para impressionantes 38%. Já entre os católicos, os igualitários eram 16% em 2002 e alcançaram 37% em 2022-23, ou seja, proporcionalmente, eles cresceram menos junto aos católicos do que aos evangélicos de todas as denominações. O maior grupo de igualitários está no grupo dos que se disseram sem religião ou dos que professam outras religiões. Em 2002, os igualitários eram 31% das pessoas pertencentes a outras religiões, passando para 53% em 2022-23. Dentre os sem religião, grupos igualitários saltaram de 30% para 55% em vinte anos. Não há dúvida de que a religião cristã, em suas modalidades predominantes no Brasil, é um freio ao avanço mais rápido da visão de mundo emancipatória, porém não representa uma barreira intransponível à redução do machismo.

Em que pese o fato de não termos utilizado de maneira sistemática as regiões do Brasil para compreender semelhanças e diferenças nos temas que dizem respeito às questões de gênero, no caso dos afazeres domésticos e cuidados com a família saltou aos olhos a distância que separa o Nordeste do restante do país. Em 2002, os igualitários no Nordeste eram apenas 9%, ao passo que no mesmo ano eles totalizavam 21% no Sul, 20% no Sudeste, 13% no Norte e 20% no Centro-Oeste. Em 2022-23, a proporção saltou para 21% no Nordeste e, respectivamente, 54%, 46%, 46% e 47% para as outras regiões. Não apenas o Nordeste permaneceu atrás, mas a distância entre essa região e as demais aumentou bastante. O fator regional tem impacto isolado nas visões acerca dos afazeres domésticos e cuidados, independentemente de escolaridade, participação no mercado do trabalho e outros fatores. Ou seja, existe um componente cultural local responsável por fazer os nordestinos mais tradicionais quanto a esse assunto do que os habitantes do restante do Brasil.

O crescimento da visão emancipatória acerca dos papéis de gênero não conheceu barreiras de cor ou raça. As pessoas que se autoclassificaram como brancas apresentaram percentual um pouco maior de igualitários do que pardos e pretos. Em 2002, os igualitários eram 19% dos brancos, 16% dos pardos e 16% dos pretos; em 2022-23, as proporções foram, respectivamente, de 45%, 40% e 38%. Embora em termos percentuais os brancos sejam um pouco mais a favor da igualdade de gênero, quando olhamos o aumento desse grupo em cada um dos três segmentos, verificamos que o maior crescimento proporcional ocorreu entre os pardos, seguidos dos pretos. Em todos os segmentos de cor e raça, a proporção de indivíduos igualitários mais que dobrou. A pequena diferença nas proporções se explica pela escolaridade, pois quando as pessoas são selecionadas segundo sua cor e faixa de escolaridade, a diferença deixa de existir, reforçando nossa visão de que o acesso à informação e às oportunidades de melhorar de vida tendem a influenciar de maneira decisiva esse conjunto de valores.

Vale deixar registrado, por fim, que os dados da PESB mostram também que as pessoas que vivem em cidades maiores tendem a ser mais abertas à ideia de que não há papéis fixos ou rígidos para as atividades de homens e mulheres. Encontramos os maiores grupos de pessoas igualitárias nos municípios de porte médio e grande.

Todas as informações apresentadas atestam de maneira cabal o enfraquecimento da visão de mundo centrada na divisão tradicional de papéis entre mulheres e homens para a realização das tarefas domésticas e, sobretudo, para as que exigem mais dedicação cotidiana. Cresceu consideravelmente a proporção dos que acham que tais atividades devem ser realizadas por ambos os sexos. No campo dos valores, das visões de mundo e da ideologia sobre os papéis de gênero, é possível dizer que a população brasileira passou por transformação considerável em duas décadas: o machismo diminuiu bastante.

Redemocratização, feminismo e políticas governamentais: não foi por acaso

Haverá quem se surpreenda com os resultados anteriormente. Eles dizem respeito apenas a como brasileiras e brasileiros pensam. As mudanças ocorridas nas duas décadas estudadas foram plantadas bem antes, uma vez que mentalidades e visões de mundo desfrutam de muita inércia. A primeira onda do movimento feminista, datada do início até meados do século XX, reivindicou, com sucesso, direitos políticos, especificamente o direito ao voto. A segunda onda deixou o espaço público, da política, e entrou nos domicílios. Seu objetivo foi tornar questão de Estado o que acontece dentro de casa, incluindo a violência doméstica e a sobrecarga das mulheres com os afazeres da família. No caso brasileiro, um marco importante dessa mudança foi a luta pela redemocratização, a anistia e o retorno ao Brasil de várias mulheres exiladas, especificamente as que voltaram da Europa. Vieram com elas as ideias que gestaram em território nacional essa segunda onda reivindicatória. Isso ocorreu no final dos anos 1970 e início da década de 1980. Não se pode perder de vista, entretanto, que já havia no país estudos pioneiros sobre gênero levados a cabo por pesquisadoras da Fundação Carlos Chagas. Em 1971, tinha sido estabelecida nessa instituição a Biblioteca Ana Maria Poppovic, com acervo variado, contendo, porém, literatura específica sobre gênero. Na década seguinte, surgiu na mesma instituição o jornal *Mulherio*, dedicado a noticiar estudos sobre o tema e facilitar o intercâmbio entre pessoas e instituições envolvidas com o assunto.

A materialização política dessas iniciativas ocorreu na Constituinte de 1988. As deputadas mulheres, batizadas na época de "bancada do batom", obtiveram vitórias importantes que teriam desdobramentos em décadas futuras. Duas dessas conquistas vieram sob a forma de lacunas: não constou da nova Carta nenhuma definição do que é uma família nem se estabeleceu que a vida humana começa a partir da concepção. Aliás, foi o que permitiu ao STF, décadas mais tarde, ampliar o leque de situações de aborto legal. A terceira conquista importante ficou definida na nova Carta, que o Estado deveria agir para conter a violência doméstica. Esse item abriu caminho para a nacionalização das delegacias de mulheres, a primeira delas fundada em agosto de 1985 no estado de São Paulo durante o governo de Franco Montoro, e para várias outras iniciativas que viriam muito depois, como a Lei Maria da Penha e a do feminicídio. É interessante ressaltar que nessa época o tema do aborto entrou na pauta política mais como um direito social, algo que as mulheres pobres precisavam a fim de preservar sua saúde e integridade física, do que um direito individual da mulher sobre seu corpo, justamente como a questão era formatada nos EUA. Como veremos, isso provavelmente deixou uma marca na maneira de pensar da sociedade.

O movimento feminista, ao contrário do que aconteceu com o movimento negro, entrou rápido no aparelho de Estado. Isso se deveu ao fato de ter sido liderado naquele período por mulheres com acesso facilitado à elite política masculina, por meio de relações de parentesco ou pessoais. Não por acaso, já no governo Sarney foi criado o primeiro órgão governamental da história do Brasil dedicado à afirmação da igualdade de gênero, o Conselho Nacional dos Direitos da Mulher (CNDM). Esse conselho, ainda que tenha perdido força no final do governo, foi importante para as articulações que impulsionaram a defesa dos direitos femininos na nova Constituição. No governo seguinte, liderado por Collor, o CNDM perdeu recursos, foi esvaziado e teve pouca ou nenhuma capacidade de atuação. Mesmo assim, foi nesse período que o estupro se tornou crime hediondo, deixando de ser passível de fiança para ser punido com penas mais duras. O legislador brasileiro continuava sendo sensibilizado pelo que estava escrito na Constituição. No curto governo de Itamar Franco, o Brasil ratificou a Convenção de Belém do Pará, que definia de forma específica que a violência contra a mulher era baseada no gênero, e criou um sistema interamericano para protegê-las e defender seus direitos. A Convenção acabou por se tornar referência relevante na redação da Lei Maria da Penha.

A eleição de Fernando Henrique Cardoso trazia com ele uma primeira-dama, Ruth Cardoso, egressa da academia e, portanto, bastante sensível e familiarizada com os temas feministas. Na verdade, ambos eram intelectuais das ciências sociais no poder e, como tais, portadores de uma visão de mundo emancipatória e igualitária. Não surpreende, portanto, que na 4ª Conferência Mundial sobre a Mulher ocorrida em 1995, conhecida como Conferência de Pequim, a delegação brasileira tenha sido chefiada pela primeira-dama. Várias foram as iniciativas nos oito anos do governo Fernando Henrique: o CNDM voltou a atuar, foi aprovada a primeira lei de cotas para mulheres em eleições, fixando uma proporção mínima para candidatas, foi estabelecido um programa de combate à violência contra a mulher, as delegacias especializadas foram expandidas, assim como teve início o que foi denominado Casa Abrigo. No segundo mandato, a discriminação por gênero no mercado de trabalho passou a ser proibida por lei e o assédio sexual se tornou crime. Em 2002, foi aprovado o novo Código Civil, que estabeleceu a igualdade conjugal entre homem e mulher. A lei anterior definia que a mulher era inferior e subalterna ao homem. No mesmo ano, foi criada a Secretaria do Estado dos Direitos da Mulher (Sedim) atendendo a uma antiga reivindicação do movimento feminista.

Algumas mudanças simbólicas importantes também marcaram esse período, transformações que podem parecer à primeira vista pouco relevantes, mas que possivelmente tiveram marcante impacto de longo prazo na maneira das pessoas verem o mundo. Em 2000, o STF passou a ter pela primeira vez na história uma mulher como ministra, Ellen Gracie Northfleet. Nesse mesmo ano, aconteceu em Brasília a primeira Marcha das Margaridas, quando 20 mil trabalhadoras rurais protestaram pelos direitos da mulher na capital federal em uma manifestação cujo nome homenageava Margarida Maria Alves, trabalhadora rural assassinada em 1983 na Paraíba por militar a favor dos direitos trabalhistas.

Em 2003, no primeiro ano de mandato de Lula, foi criada a Secretaria Especial de Políticas para as Mulheres, com status de ministério e diretamente subordinada à Presidência da República. No mesmo ano, foi estabelecido o Disque 180, um número de telefone dedicado exclusivamente a denúncias de violência contra as mulheres. Além disso, várias conferências nacionais sobre o tema, com a participação de organizações da sociedade civil, passaram a ter importância crucial na formulação de políticas públicas. Em 2006, foi votada e aprovada a Lei Maria da Penha, definindo inúmeros tipos de violência contra a mulher — física, psicológica, moral, patrimonial e sexual — e estipulando punições mais rigorosas, assim como medidas preventivas para que elas fossem protegidas de potenciais agressores.

Já em 2007, no segundo mandato de Lula, foi instituído o Pacto Nacional pelo Enfrentamento à Violência contra a Mulher. O objetivo dessa medida foi integrar os diferentes níveis de governo aos serviços que poderiam servir de apoio e proteção a elas, tais como delegacias, ouvidorias, defensorias, institutos médico-legais e órgãos de assistência social, visando recebê-las de forma integrada e multidisciplinar a fim de que fossem encaminhadas para os serviços disponíveis adequados.

No governo Dilma, a primeira mulher eleita presidente do Brasil, em 2013, foi promulgada a PEC das Domésticas, assegurando a elas direitos que já eram desfrutados por outras categorias, tais como obrigatoriedade de carteira assinada, jornada de trabalho igual à definida em lei para todos os trabalhadores, direito de recolher Fundo de Garantia do Tempo de Serviço (FGTS) e adicional de férias, dentre outros. A nova legislação teve como efeito pautar um debate público na mídia, e no interior dos lares, envolvendo direitos e reconhecimento do que era até então o maior contingente de trabalhadoras no país, à época 16% das mulheres ocupadas. Um ano antes, em 2012, o STF aprovou por oito votos a dois o aborto em caso de anencefalia do feto. Também em seu primeiro governo, entrou em vigor o Programa Mulher, Viver sem Violência, e ocorreu a primeira Marcha das Vadias, manifestação que teve origem no Canadá. Em 2015, a Lei do Feminicídio foi aprovada e foi inaugurada a primeira Casa da Mulher Brasileira, que significava integrar no mesmo espaço físico vários serviços para mulheres vítimas de violência. Em 2018, no governo Temer, foi aprovada a Lei de Importunação Sexual, que tornou esse ato crime passível de prisão e, ao final de seu mandato, foram instituídos o Sistema Nacional de Políticas para as Mulheres (Sinapom) e o Plano Nacional de Combate à Violência Doméstica (PNaViD).

Em todo o período, que inclusive antecede a primeira PESB, foram muitas as medidas do Estado brasileiro, resultado da entrada dos movimentos feministas no governo, que visavam estabelecer a igualdade entre homens e mulheres, até mesmo em coisas tão básicas como o direito de não ser vítima de violência por causa do gênero. Mais do que isso, políticas inclusivas de Estado criaram categorias de identificação, como já ressaltamos, para a noção de feminicídio, e esse fenômeno é gerador de um novo mundo. Segundo Pierre Bourdieu, em seu livro *Coisas ditas*, "para mudar o mundo é preciso mudar os modos de criação do mundo". Assim, seria surpreendente se todas as conquistas feministas durante o longo período iniciado na redemocratização do Brasil não tivessem decantado junto à população e contribuído para que ocorresse uma mudança de mentalidade e de visões de mundo, tal como a que apresentamos ao tratar das tarefas domésticas e do cuidado e continuaremos a fazer no decorrer desse texto.

O conteúdo das reivindicações, a forma e os atores dos movimentos feministas não ficaram parados no tempo. Se nos anos 1970, a participação das mulheres tinha a marca da escolaridade elevada, a partir dos anos 2010, a composição das participantes se tornou outra, com imenso pluralismo de classe, cor e raça. Isso teve impacto na agenda e nas ações. A relação com os homens também sofreu transformações em direção à maior aceitação de sua presença em atos e ações. Adicionalmente, e muito importante, o feminismo se aproximou por meio da sexualidade de inúmeros movimentos que defendiam uma gama de expressões de gênero, daí a atuação conjunta com vários grupos LGBTQIAPN+. A pauta de reivindicação passou a incluir de maneira mais clara a ideia da liberdade individual de dispor de seu corpo, assim como a afirmação do prazer sexual. Aliás, a defesa da diversidade de comportamentos sexuais se tornou sinônimo de afirmação da democracia, uma vez que a oposição conservadora passou a mobilizar essa mesma sexualidade mais plural, condenando-a e associando-a a um mundo em decadência, a fim de conter a expansão dos direitos das mulheres.

Mulheres, homens e sexo

A grande mudança em curso no mundo inteiro, da qual o Brasil não é exceção, é a da valorização de projetos e escolhas individuais em face das imposições de antigas obrigações sociais e mandamentos religiosos. Para ficarmos em um exemplo de um passado longínquo, ao menos em nosso universo cultural, tomemos o caso dos casamentos arranjados. Houve um tempo em que noivo e noiva não escolhiam com quem iriam se casar, mas sim seus pais, em função de obrigações sociais determinadas por relações entre parentes e compadres. A ideia de que um indivíduo é livre para escolher seu cônjuge, baseado na atração e no amor que sentem um pelo outro, foi antecedida por uma mudança mais abrangente de visões de mundo: a que relegou os ditames sociais e as relações entre as pessoas a um papel subordinado à autonomia individual.

Os movimentos feministas ou, de modo geral, a quase totalidade dos movimentos que objetivam mudar os valores sociais, defendem a liberdade individual de escolha. Ter mais graus de liberdade para escolher é sinônimo de ser menos dominado ou subordinado a tudo que não é o querer individual. Se recai sobre as mulheres a obrigação de executar exclusivamente o trabalho doméstico e os cuidados com a família, então elas terão inevitavelmente menos capacidade de escolher o que bem entenderem. A antiga obrigação social que determinava às mulheres o papel de cozinhar, costurar, arrumar a casa, cuidar dos filhos era — e é — sinônimo de dominação, de falta de liberdade. O que elas não têm, sobra aos homens. O mesmo pode ser dito sobre as escolhas femininas de como viver suas práticas sexuais, de ter ou não filhos — é deste ponto de vista que os movimentos emancipatórios defendem a legalização do aborto — e de outros desejos e objetivos considerados por seus defensores como individuais. Eis o ponto de conexão entre tarefas cotidianas, sexualidade e reprodução: a busca por igualdade, liberdade, valorização da escolha individual e diminuição da dominação.

A PESB avaliou o tema da sexualidade e dos direitos reprodutivos, incluindo o aborto, por meio de inúmeras questões. Os brasileiros, de forma geral, associam sexo ao amor, em seguida ao prazer e, por último, a ter filhos. Porém, no intervalo de vinte anos que separam as duas pesquisas, o sexo com amor perdeu força em benefício do sexo como forma de prazer. Aliás, homens e mulheres se diferenciam em relação ao peso dado a cada uma das respostas e às mudanças ao longo do tempo. Em 2002, 65% das mulheres responderam que o sexo existe, em primeiro lugar, para as pessoas mostrarem que se amam, 25% disseram que era para as pessoas terem prazer, e 10%, para as pessoas terem filhos. Entre os homens, tais percentuais foram de 52%, 30% e 17%. Em 2022-23, entre as mulheres, o percentual daquelas que acham que o sexo existe para mostrar que se amam reduziu para 56% e aumentou tanto o percentual das que mencionaram o prazer (32%) quanto das que mencionaram ter filho (13%). Com isso, mulheres e homens estão mais próximos do que vinte anos atrás em relação ao sentido do sexo, pois eles variaram pouco, respectivamente para 49%, 33% e 17%.

A mudança que aproximou homens e mulheres quanto aos objetivos do sexo não aconteceu no que tange à necessidade de fazer sexo. Quando perguntados se os homens têm mais, igual ou menor necessidade sexual que as mulheres, em 2002, o percentual de quem afirmava que homens têm mais necessidade (47%) era muito próximo do percentual de quem afirmava que homens e mulheres tinham as mesmas necessidades (46%). Em 2022-23, os percentuais foram 48% e 43% respectivamente. Se por um lado, observamos que a sociedade é cindida ao meio, de outro, notamos que, em vinte anos, não se caminhou em direção a uma visão igualitária sobre a sexualidade de homens e mulheres. Ainda que quase metade da população brasileira acredite que os homens tenham mais necessidade sexual do que as mulheres, o mesmo não acontece com a visão de que homens precisam de sexo antes que as mulheres. Em 2002, 36% concordavam com essa afirmação, em 2022-23, a proporção caiu para 27%, indicando que a percepção sobre sexo não está ligada às etapas da vida, mas sim a diferentes visões sobre a sexualidade de homens e mulheres.

Fazer sexo antes do casamento é uma questão importante na aceitação da liberdade sexual, em especial para as mulheres, uma vez que historicamente o sexo antes do casamento é uma espécie de rito de passagem ou mesmo uma marca de virilidade masculina. A proibição a tal comportamento foi aplicada apenas às mulheres na maior parte da história e das culturas. Assim, quando perguntados sobre ser a favor ou contra as mulheres fazerem sexo antes do casamento, em 2002, 36% eram totalmente a favor e 27% totalmente contra. Em 2022-23, essa visão de mundo mudou um pouco, posto que os percentuais passaram para 41% e 22%, respectivamente. Na pergunta sobre os homens fazerem sexo antes do casamento, entre 2002 e 2022-23, há uma queda de quem se declara totalmente a favor de 45% para 38%. Esta queda merece destaque, pois, ainda que se possa argumentar que sejam percentuais equivalentes por causa da margem de erro das pesquisas, a proporção de pessoas que são a favor do sexo dos homens antes do casamento ficou um pouco menor do que o percentual daqueles a favor do sexo das mulheres antes do casamento.

A PESB testou a concordância dos brasileiros em relação ao número de experiências sexuais ao longo da vida, com o objetivo de conhecer a visão sobre a quantidade de experiências para homens e mulheres poderia soar de maneira diferente: *para as mulheres, quanto mais experiências sexuais, melhor,* e *para os homens, quanto mais experiências sexuais, melhor.* Nas duas pesquisas, 60% concordaram com a primeira frase e, no caso da segunda frase, que se refere aos homens, 71% concordaram em 2002 e apenas 63% duas décadas mais tarde. Houve grande aproximação da valorização do número de experiências sexuais de homens e mulheres em função de uma visão mais restritiva em face das experiências masculinas. O maior equilíbrio das visões sobre autonomia e liberdade sexual de homens e mulheres veio acompanhado da admissão de 83% de brasileiros, de acordo com a percepção tradicional (e realista) de autocontrole, que "quando dá vontade de fazer sexo, as mulheres se controlam mais que os homens".

Homossexualidade masculina e feminina[1]

O cancioneiro popular brasileiro, em particular o carnavalesco, é repleto de músicas preconceituosas e pejorativas acerca da homossexualidade. Nos anos 1960, foi lançada uma das marchinhas de Carnaval mais executadas no país àquela época e durante muitos anos; ela diz literalmente "Olha a cabeleira do Zezé / Será que ele é, será que ele é". A Beija-Flor de Nilópolis é uma das mais jovens escolas de samba do Rio de Janeiro e uma das que mais vezes foi campeã. Sua primeira vitória, em 1976, foi com um enredo sobre o jogo do bicho. Tão surpreendente quanto o tema do desfile foi o refrão do samba: "Sonhar com filharada... é o coelhinho / Com gente teimosa, na cabeça dá burrinho / E com rapaz todo enfeitado / O resultado pessoal... / É pavão ou é veado." Já no início dos anos 1980, o mesmo autor de "Cabeleira do Zezé" lançou a marchinha "Maria Sapatão" com o refrão "Maria sapatão, sapatão, sapatão / De dia é Maria, de noite é João". A tolerância ao preconceito na cultura popular carnavalesca convivia, paradoxalmente, no Rio de Janeiro, com a imagem de uma cidade aberta quanto às práticas sexuais. Nos anos 1990, o primeiro esforço de sucesso para processar e condenar os bicheiros, muitos deles patronos de escolas de samba, veio acompanhado do controle social contra a execução de marchinhas e sambas preconceituosos, evidenciando clara ruptura com os valores tradicionais.

O que acontece no Brasil e que pode ser atestado por pesquisas é o crescimento muito expressivo da aceitação da homossexualidade de homens e mulheres. Os dados da PESB mostram que em 2002, 79% eram totalmente contra homem fazer sexo com outro homem e 76% eram totalmente contra mulher fazer sexo com outra mulher. Se as proporções eram essas no início do século XXI, imagine o que seria constatado em meados dos anos 1970. Em 2022-23, estes percentuais baixaram dramaticamente para 53% e 47%, respectivamente. A redução significativa da resposta totalmente contra indica tanto maior aceitação da homossexualidade quanto de práticas sexuais mais diversas. Aqui, mais uma vez, é possível recorrer ao fio condutor da emancipação, da igualdade, da luta contra a dominação e pela ampliação das possibilidades de escolha individual sobre sua sexualidade. O samba da Beija-Flor e as músicas de Carnaval preconceituosas eram apenas elemento de repressão social àqueles que desejavam fazer a escolha individual de se relacionar com alguém do mesmo gênero. Se essa escolha passou a ser muito mais aceita, consequentemente fatores de discriminação passaram a ser mais rejeitados a ponto de não mais existirem músicas de sucesso com essas letras.

A militância de alguns grupos religiosos contra a homossexualidade alcançou certa visibilidade recente por meio das mídias sociais. Muitas vezes, a luta de tais grupos propõe a "cura gay", que consistiria em uma suposta terapia de conversão à heterossexualidade. O espanto frente a tal militância é expresso, em geral, por meio de frases como "o Brasil voltou ao fundamentalismo ou estamos sendo dominados pelo fanatismo". A ideia de que a homossexualidade seja uma doença não encontra apoio majoritário na sociedade brasileira. A PESB mostra que em 2002, 44% classificavam *homens que fazem sexo com homens* como doentes e 40% classificavam *mulheres que fazem sexo com mulheres* como doentes. Em 2022-23, as proporções caíram dramaticamente para 26% e 25%, respectivamente. Esse resultado é apoiado pelo crescimento da adesão à noção de que *essas pessoas podem transar com quem desejam*, que saiu de 29% para pouco acima de 54% e se reflete no apoio à legalização do casamento entre pessoas do mesmo sexo: em 2002, 35% das pessoas eram a favor e em 2022-23, esse percentual passou para 54%.

Cabe uma breve reflexão acerca de um aparente enigma: por que hoje se fala de algo tão absurdo como "cura gay" e no passado isso sequer foi ventilado? O motivo é justamente o enfraquecimento da posição que considera a homossexualidade uma doença. No passado, não havia debate ou discussão sobre o tema porque a maioria esmagadora era contra essa prática sexual; tal visão era tão avassaladora e disseminada que até mesmo músicas que estigmatizavam homossexuais faziam grande sucesso. Conforme esses valores perdem força, os que ainda se opõem ao relacionamento de duas pessoas do mesmo sexo se veem na necessidade de reagir, pois passam a acreditar que se nada for feito, os valores que prezam irão desaparecer completamente e a sociedade sucumbirá à perdição. Em suma, se hipoteticamente aqueles que pensam de maneira conservadora são 90% da população, nada precisa ser feito para enfrentar a mudança, porém, se o grupo diminui para 25%, o incentivo para a militância fica latente.

O apoio ao casamento homoafetivo e o ativismo LGBTQIAPN+ certamente criou a base social para que, em 2011, o STF reconhecesse a união entre pessoas do mesmo sexo como entidade familiar e, posteriormente, o Conselho Nacional de Justiça a tenha assegurado em 2013. Em 2019, o STF tornou homofobia e transfobia, definidas como atitudes preconceituosas e violentas contra homossexuais e transexuais, crime hediondo e inafiançável. Vale registrar que em um país ainda predominantemente católico, as posições da Igreja tendem a contar como referência moral para seus adeptos. As mensagens passadas pelo papa Francisco nos últimos anos para a comunidade LGBTQIAPN+ apontaram para a aceitação de suas orientações sexuais, inclusive nas práticas religiosas e, mais importante, para a aceitação do casamento homoafetivo. Esse pode ter sido um fator importante para o crescimento do apoio entre os católicos. Ou pode ter ocorrido o inverso, o apoio crescente junto aos católicos, em particular os europeus, pode ter motivado o papa a defender a nova posição.

Enfim, observamos que os dados da PESB indicam maior aceitação das relações entre pessoas do mesmo sexo em um contexto de luta por reconhecimento social, acesso a direitos e proteção contra as diferentes formas de violência. O longo histórico de militância feminista iniciado na redemocratização, sua entrada no Estado brasileiro, a adoção e consolidação de inúmeras políticas públicas de igualdade de gênero, e o entrelaçamento da agenda feminista — a partir da década de 2020 — com a pauta de reivindicação dos movimentos em defesa de uma diversidade sexual atingiram, segundo nossos dados, o objetivo de aumentar a aceitação de igualdade e autonomia individual. Diante de mudanças tão profundas, tanto dos valores da população quanto no arcabouço legal sobre o tema, é possível considerar que a estridente reação conservadora se assemelha aos casos de "muito barulho por nada". Ela só surge em função justamente de ter se ampliado bastante a adesão aos valores de autonomia e liberdade individual.

Tudo junto e misturado na sexualidade

Recorrendo ao mesmo expediente que utilizamos para as perguntas sobre afazeres domésticos e cuidados com a família, juntamos as perguntas que consideramos expressar as diferentes visões de mundo sobre sexualidade e dividimos a população adulta brasileira em três grupos que assim denominamos: liberais, divididos e conservadores. O método de elaboração desta régua foi o mesmo e o que mudou, obviamente, foram as perguntas utilizadas para formá-la. Mais uma vez e por pura coincidência, elas foram onze: comparação entre necessidades sexuais de homens e mulheres, visão sobre os rapazes precisarem de sexo antes das moças, opinião tomada separadamente sobre homens e mulheres fazerem sexo antes do casamento, visão avaliada também separadamente sobre *quanto mais experiências sexuais melhor* para homens e mulheres, opinião se as mulheres se controlam mais do que os homens no que tange ao desejo sexual e duas formulações de perguntas diferentes para homossexualidade feminina e masculina. Não custa chamar atenção novamente para que essas denominações não sejam tomadas ao pé da letra, ainda que expressem razoavelmente bem o significado que desejamos, elas foram criadas principalmente com o fim de dar fluência ao texto.

Quando se leva em consideração o tamanho do grupo dos liberais, o resultado é decepcionante do ponto de vista dos valores emancipatórios e deve ser comemorado pelos conservadores. Em 2002, apenas 2% dos homens e das mulheres se encontravam neste grupo. Em 2022-23, ele aumentou tanto junto aos homens (8%) quanto às mulheres (9%): a adesão a esses valores quadruplicou. Mas, como se percebe, é uma fatia muito pequena da população. O dado é suficiente para demonstrar quão fracos são os valores associados com maior autonomia e liberdade individual quando se trata da questão da sexualidade e envolve valores morais. O mesmo padrão se repete quando analisamos todos os segmentos sociodemográficos da pesquisa. Entretanto, justamente porque este grupo — os liberais — representa o extremo mais favorável às diferentes experiências sexuais, pode-se tomá-lo como uma espécie de "ponta do iceberg", aquela parte menor, mais visível e reluzente de uma grande massa de visões de mundo cujas mudanças talvez estejam menos aparentes e exijam de nós um mergulho no mar para vermos abaixo da superfície.

Fizemos isso e detectamos que a grande mudança apontada pelas duas pesquisas nos vinte anos estudados foi a redução expressiva do grupo de conservadores e o aumento dos *divididos*. Em 2002, os conservadores eram 83% da população adulta e passaram a ser 64% em 2022-23. Os divididos saíram de 15% para 27%. As mulheres conservadoras saíram de 84% para 66% e os homens, de 82% para 62%. Essa variação indica que a população resiste mais à mudança em favor dos valores de autonomia e liberdade individual quando as questões em jogo envolvem sexualidade e temas morais que, com frequência, remetem à religião cristã.

A variação do grupo de conservadores por faixa de idade sugere que estamos diante de uma mudança que continuará a acontecer, pode até ser que se mantenha lenta, mas sua continuidade parece relativamente certa. Tanto em 2002 quanto em 2022-23, a cada degrau que se subia na faixa de idade, aumentava o tamanho do grupo de pessoas conservadoras. Em 2022-23, esse grupo era de 51% junto aos mais jovens, 54% para aqueles entre 25 e 34 anos de idade, 60% para os de 35 a 44 anos, 69% para quem tinha entre 45 e 59 anos e 81% para as pessoas com 60 anos de idade ou mais. Mesmo supondo que a trajetória de vida torne as pessoas mais conservadoras conforme envelhecem, é possível afirmar que o idoso do futuro tenderá a ser menos conservador que o idoso do presente, e isso vale para todas as faixas de idade.

Quando são avaliados os segmentos de escolaridade, a cada degrau que as pessoas sobem na escada da escolarização formal, o conservadorismo diminui, tanto em 2002 quanto em 2022-23. Tomando este último ano, a proporção do grupo de conservadores junto a quem tem até o ensino fundamental I é de 85%, ela cai para 73% entre as pessoas com ensino fundamental II, 57% com ensino médio e 45% com ensino superior completo.

Vale mencionar algumas diferenças e variações captadas no que diz respeito ao conservadorismo em face da estrutura familiar e inserção no mercado de trabalho. Tanto em 2002 quanto em 2022-23, esse grupo era menor junto aos solteiros e maior dentre os viúvos. Isso faz total sentido, uma vez que os viúvos são pessoas mais velhas que, como vimos, tendem a ser mais conservadoras, e os mais jovens, solteiros, são menos conservadores. O percentual desse grupo entre os que são "amigados" — que vivem juntos sem serem casados oficialmente — se aproxima dos solteiros, ao passo que casados, separados e divorciados ocupam posições intermediárias. Em todos os segmentos de estado civil, o grupo de conservadores diminuiu bastante em vinte anos. Quanto a ter filhos, há uma distância imensa entre os que têm e não têm. Em 2002, o grupo de conservadores era onze pontos percentuais maior junto a quem tem filhos; a distância se alargou para 22 pontos após duas décadas. De toda maneira, ambos os segmentos ficaram menos conservadores. Já a inserção no mercado de trabalho também diferencia as pessoas. Os conservadores são bem menos junto ao grupo que faz parte da População Economicamente Ativa (PEA) em contraste com o de donas de casa, aposentados e estudantes. No primeiro segmento, em 2022-23, o grupo correspondia a 58% e no segundo era de 77%. A diferença entre eles se ampliou em vinte anos.

Por fim, como seria de esperar, o conservadorismo é menor nos municípios de grande porte e maior nos pequenos. É possível que o controle social moral e religioso da sexualidade tenha papel relevante neste fenômeno, como de resto têm os diferentes fluxos de informações às quais as pessoas são submetidas em cidades de portes distintos.

Filhos: ter ou não ter, eis a questão

O debate sobre o grau de liberdade de escolha das mulheres envolve não apenas sua sexualidade e concentrar nelas o trabalho doméstico, mas também o quanto elas podem decidir sobre ter ou não ter filhos. O desenvolvimento da pílula anticoncepcional na década de 1960 permitiu que as mulheres pudessem dispor do sexo mais como forma de prazer do que como caminho para a reprodução. Isso não ficou sem reação. O papa Paulo VI, considerado um dos renovadores da Igreja Católica, pois ele de fato liderou mudanças importantes durante seu papado, mas não em todas as áreas, publicou em 1968 a encíclica *Humanae Vitae* na qual condenava o uso da pílula. Na época, o Vaticano era muito mais influente em todo o mundo cristão. Na encíclica, obviamente seguindo a moral e os preceitos religiosos, a Igreja repudiava a pílula porque desvirtuava e ameaçava o que ela considerava ser uma dádiva divina concedida às mulheres. A encíclica de Paulo VI, ao se opor à pílula anticoncepcional, assumia a premissa de que a mulher era inferior ao homem afirmando textualmente que é "ainda de recear que o homem, habituando-se ao uso das práticas anticoncepcionais, acabe por perder o respeito pela mulher e, sem se preocupar mais com o equilíbrio físico e psicológico dela, chegue a considerá-la simples instrumento de prazer egoísta e não mais a sua companheira, respeitada e amada". Para o Vaticano, a pílula poderia fazer da mulher simples instrumento de prazer do homem. A suposição contrária jamais foi ventilada em qualquer passagem da famosa encíclica.

A pílula anticoncepcional teve amplo impacto nas práticas sociais, não imediatamente, como é a regra em mudanças profundas e sustentáveis. Desde seu surgimento, e segundo dados demográficos internacionais, a busca da mulher pela palavra final em relação à decisão de ter (ou não) filhos tendeu a se afirmar como *ethos* contemporâneo. Essa autonomia, por sua vez, tem sido ampliada em seu significado, já que mais e mais os movimentos feministas a incorporam sob a bandeira do direito de escolha das mulheres sobre seus corpos, mas ressaltam também que tal autonomia deve ser levada a cabo em consonância com as devidas condições materiais e simbólicas para exercê-la. Poder escolher ter ou não filhos é um dos valores importantes destacados pelo feminismo, mas a decisão é influenciada pelas condições de vida da mulher, divisão de responsabilidades de afazeres e cuidados, assim como pelo apoio de políticas públicas específicas, e não somente pelo livre-arbítrio derivado de valores não tradicionais que influenciam as decisões femininas sobre seu corpo, sua sexualidade e família.

A PESB avaliou o apoio a essa autonomia por meio de perguntas sobre controle da natalidade e aceitação do aborto. Uma dessas perguntas solicitava aos entrevistados que dissessem se concordavam ou discordavam da seguinte afirmação: *é responsabilidade apenas da mulher usar métodos contraceptivos para evitar filhos*. Nada mudou entre 2002 e 2022-23 quando, nas duas pesquisas, 81% dos brasileiros adultos discordavam. Destacamos que na formulação dessa pergunta foi utilizada a palavra *apenas* a fim de testar qual seria a fatia da população fortemente favorável à autonomia exclusiva da mulher sobre esta decisão: ela não passa de 20% já há muito tempo.

Porém, outra forma de abordar o mesmo tema foi por meio de uma pergunta cujas alternativas de respostas continham uma justificativa baseada na visão tradicional dos papéis de homem e mulher. Como já mencionado, na pesquisa de 2022-23 optou-se por manter a mesma estrutura de perguntas de 2002, por uma razão metodológica de comparação dos resultados. Foi perguntado quem deve decidir sobre ter filhos e os entrevistados tiveram de escolher entre duas afirmações, se a mulher deveria decidir porque é ela quem os cria, ou se o homem é quem deve decidir, porque na maioria das vezes é ele que sustenta a família, em que pese o fato de dados recentes do IBGE apontarem um aumento significativo de lares chefiados por mulheres — passou de 35,7% em 2002 para 50,9% em 2022-23. A resposta *os dois devem decidir* foi contabilizada, mas era uma resposta dada espontaneamente.

Em 2002, a maior parte (50%) afirmou que as duas pessoas deveriam decidir em conjunto, 31% que a mulher deveria decidir porque é ela quem cria e 17% optaram pela resposta que o homem deveria decidir porque é quem sustenta a família. Durante os vinte anos que separam as pesquisas, não houve variação importante no percentual que declarou que os dois deveriam decidir (48%). A mudança ocorreu no sentido de ampliação da adesão à resposta de que a mulher deve decidir porque é ela quem cria (40%) e redução da opinião de que o homem deve decidir porque ele é quem sustenta a família (8%).

Do ponto de vista feminista, ficaria evidente a maior aceitação da igualdade entre homens e mulheres se tivesse aumentado a proporção de respostas afirmando que os dois devem decidir. Como se convém dizer, esse seria o primeiro melhor resultado (*first best*). Não ocorreu. Porém, aconteceu o segundo melhor (*second best*), com o aumento da proporção de quem acha que as mulheres é que devem decidir. Isso indica que há mais autonomia das mulheres sobre planejamento e controle da natalidade, tendência comprovada pelos dados sobre natalidade ao redor do mundo. Seria surpreendente que diante de todas as mudanças em favor de maior autonomia das mulheres e de maior igualdade entre homens e mulheres, tivesse aumentado a proporção de quem achava que os homens é que deveriam decidir.

Aborto e tabu

O tema da legalização ou descriminalização do aborto é uma bandeira dos movimentos feministas sustentada por dois argumentos principais que precisam ser considerados em conjunto: a autonomia das mulheres em relação ao seu corpo, que incide sobre ter ou não ter filhos; e as condições em que o aborto acontece entre as mulheres de baixa renda, uma vez que tanto o ato em si, quanto as condições precárias em que ele ocorre são realidades incontestáveis. Vale recordar que o último argumento marcou o retorno do movimento feminista no Brasil com a volta da democracia, e o argumento anterior, cuja gênese remonta aos Estados Unidos, passou a ser utilizado a partir dos anos 2000.

Em relação à autonomia sobre seu corpo, podemos introduzir o tema da seguinte forma: imaginemos dois extremos, uma sociedade na qual o aborto é inteiramente proibido em qualquer situação, mesmo que a gravidez tenha sido resultado de estupro; e outra sociedade na qual o aborto seja totalmente permitido, até mesmo em casos em que a mulher engravidou porque ela e seu parceiro não adotaram nenhum método contraceptivo. No primeiro caso, a mulher não teria nenhuma liberdade de escolha: uma vez grávida, estaria obrigada a ter o filho; no outro extremo, a liberdade de escolha é a mais ampla possível. Em relação à justiça social, imaginemos uma mulher da classe social mais empobrecida da sociedade, em sua maior parte parda e preta, que decida realizar um aborto por motivos não previstos em lei. A falta de recursos financeiros e a ilegalidade a direcionam para fazer o procedimento em condições insalubres que podem inclusive resultar em morte. Se a mulher tem recursos e decide fazer o aborto, ela pode recorrer a clínicas clandestinas de padrões elevados, ou mesmo viajar para países que permitam uma estrangeira realizar o aborto de forma legal.

Considerando as desigualdades de gênero, cor e raça, e o próprio histórico de militância, para o movimento feminista, quando se defende a legalização do aborto, as dimensões de autonomia da decisão individual e da justiça social passaram a ser indissociáveis. Vale chamar atenção sobre o fato de que o movimento utiliza os termos legalização e descriminalização, sendo que muitas vezes o último rótulo é o mais empregado a fim de que o direito ao aborto não seja considerado um método contraceptivo e que elas possam recorrer ao procedimento sem serem criminalizadas.

A legalização do aborto é um tema que move paixões, exatamente por isso é utilizado como fator de mobilização política. Aqueles que se consideram progressistas ou de esquerda no Brasil, e liberais nos Estados Unidos, são em sua grande maioria favoráveis à legalização. Do outro lado, conservadores ou pessoas de direita são predominantemente contrários. Um divisor importante neste conflito é a religiosidade. De modo geral, quanto mais religiosa uma pessoa é (tratando aqui especificamente de religiões cristãs), mais ela tenderá a se opor ao aborto, ao passo que pessoas que dizem não praticar ou não pertencer a nenhuma religião têm grande chance de apoiar a legalização. É por isso que o movimento antiaborto se utiliza de argumentos religiosos e morais e contrapõe o direito individual de escolha ao direito à vida; com frequência acompanhados da alegação de que a gravidez não desejada das mulheres é resultado de comportamentos promíscuos e irresponsáveis. Para esse lado da disputa, o mais adequado é viabilizar que as mulheres tenham seus filhos e que as mais pobres sejam assistidas por meio de casas de apoio e serviços de saúde.

Mais recentemente, opositores do aborto passaram a lançar mão dos avanços tecnológicos em sua argumentação: imagens de exames de ultrassonografia. O objetivo, neste caso, é transmitir a ideia de que o feto é um bebê que não nasceu, causando incômodo em quem apoia sua legalização. A utilização de exames para gerar desconforto e mudar a decisão de alguém a favor do aborto foi registrada no filme *Juno*, ganhador do Oscar em 2008. Juno era uma adolescente excêntrica e irreverente que engravidou aos 16 anos depois de apenas uma relação sexual com seu namorado. Decidida a fazer o aborto, ela muda de ideia quando, ao ir à clínica para realizar o procedimento, encontra uma colega de escola que protesta do lado de fora dizendo que o bebê já tem unhas. Juno se pergunta: "Já tem unhas?", e depois disso, decide ter o bebê. Há quem tenha batizado de Geração Juno os jovens dos EUA que atualmente não são a favor do aborto em todas as situações.

Nas últimas décadas, em países com diferentes configurações políticas, culturais e econômicas, vimos chefes de governo identificados com a agenda conservadora, na qual um importante elemento é a oposição ao aborto. Em 2020, embalados por Donald Trump na presidência dos EUA, movimentos contrários ao aborto se articularam e realizaram em Washington uma conferência com seis países governados por líderes conservadores: EUA, Egito, Hungria, Uganda, Indonésia e Brasil, que foi representado pela então ministra da Mulher, da Família e dos Direitos Humanos, Damares Alves. O documento assinado naquela reunião acabou tendo o apoio de 34 países e ficou conhecido como Declaração de Genebra.[2]

Em 2022, a Suprema Corte dos EUA, com maioria de juízes conservadores, abriu caminho para restringir o direito ao aborto ao decidir que cada estado teria a prerrogativa de regular o procedimento em tudo que não estivesse definido por lei federal. Na prática, tal julgamento reverteu a famosa decisão de 1973 no caso "Roe x Wade", que viabilizou a legalidade do aborto em todo o país. Ou seja, a votação de 2022 permitiu que os estados se tornassem habilitados a restringir ou proibir a interrupção da gestação. Delegar a decisão aos entes federativos revelou a profunda divisão da sociedade norte-americana quanto a esse tema, em que tanto indivíduos ideologicamente alinhados com o Partido Republicano são favoráveis ao aborto quanto jovens eleitores democratas considerados membros da Geração Juno. Plebiscitos ocorridos em novembro de 2022-23 em diversos estados deram vitória aos defensores da legalização do aborto e aprovaram cláusulas menos restritivas à interrupção da gravidez, inclusive em estados tradicionalmente mais alinhados com os republicanos. Apesar do revés sofrido pelos defensores do aborto na Suprema Corte, há muitos sinais de que o apoio à legalização mobiliza a sociedade americana em direção à preservação dos valores da escolha individual e da autonomia da mulher.

O fato é que a legalização ou descriminalização do aborto é resultado do fortalecimento de determinada visão de mundo que privilegia a emancipação individual em prejuízo de regras tradicionais, religiosas ou obrigações sociais. Não é surpreendente, portanto, que nos últimos anos tenha aumentado o número de países que legalizaram o aborto e que esta seja a tendência no longo prazo.[3] Isso acontece, simplesmente, porque as sociedades lentamente se tornam mais favoráveis à autonomia das mulheres e ao exercício do poder de decisão sobre seu corpo.

As informações levantadas pelo World Values Survey (WVS) na rodada de pesquisas feitas entre 2017 e 2022 em noventa países sobre a aceitação do aborto mostram que o Brasil é o 25º país que mais rejeita a prática, enquanto os EUA são o 63º. Os cinco países onde é maior a aceitação do aborto pela sociedade são Dinamarca, Suécia, Islândia, Países Baixos e Noruega, e os cinco que mais o rejeitam são Mianmar, Líbia, Indonésia, Etiópia e Nigéria. Próximos do Brasil estão Equador, Venezuela, Armênia, Montenegro, Porto Rico e Irã. Os resultados chamam atenção para a proximidade de visão de mundo entre países latino-americanos quanto a essa questão. A propósito, na América Latina, seis nações permitem a realização do procedimento dentro de um limite máximo de semanas de gestação. Países que aprovaram leis legalizando o aborto na terceira década do século XXI foram Argentina em 2021 e Colômbia em 2022.

A PESB abordou o tema da interrupção da gravidez por meio de nove perguntas, das quais sete consistem em uma bateria traduzida do General Social Survey (GSS) conduzido há décadas pelo National Opinion Research Center (NORC) da Universidade de Chicago. Vale a ressalva de que poucas foram as perguntas da PESB inteiramente importadas de pesquisas feitas em outros países. A decisão de reproduzir essa bateria do GSS ocorreu a fim de comparar o Brasil com os EUA. Aliás, o que se vê no Brasil em relação a dados de pesquisas recorrentemente publicadas pela grande mídia sobre o tema são resultados de uma pergunta apenas, se a população é contra ou a favor do aborto. Trata-se de um resultado carente de modulação e que desconsidera o fato de que o aborto é legal em alguns casos e ilegal em outros.

Na PESB, a bateria de sete questões trata de três situações que remetem aos casos previstos na legislação; elas indagam se o aborto deveria ser permitido ou não caso o bebê tivesse grandes chances de nascer com "defeitos graves", se a gravidez fosse resultado de estupro, e se a mulher corresse risco de perder a vida. Esses são os casos que, com frequência, formam a régua de medição denominada *hard scale* pelos analistas das séries históricas do GSS. Quatro perguntas envolvem o direito de escolha, das quais três apresentam diferentes justificativas e circunstâncias sociais: realizar o aborto porque a família é muito pobre e a mulher não quer ter mais um filho para sustentar, porque a mulher não deseja se casar com quem a engravidou e, por fim, a mulher ser casada, mas não quer ter mais um filho. A quarta pergunta que envolve direito de escolha não apresenta nenhuma justificativa para a decisão, e questiona se o aborto deveria ser permitido por qualquer razão que seja. Essas quatro questões formam a *soft scale* dos analistas das séries de dados do GSS.

As duas perguntas adicionais sobre o tema foram *se fazer um aborto é sempre errado ou depende da situação* e se a lei que permite o aborto em caso de estupro e de risco de vida para a mulher deveria ser mantida como está, deveria ser menos restritiva e permitir o aborto em outras situações ou se deveria ser mudada para proibir o aborto em qualquer circunstância. É importante ressaltar que a primeira dessas duas perguntas fazia parte de uma bateria cuja finalidade era avaliar o nível de tolerância em face de comportamentos considerados socialmente errados e até mesmo ilegais, portanto, depois de perguntar sobre o aborto, o mesmo questionamento era feito para assassinato, estupro e não pagar impostos. A segunda estava situada na seção do questionário que tratava especificamente de igualdade de gênero, sexualidade e reprodução.

Os resultados mostraram que as situações para as quais há maior apoio à realização do aborto são de casos previstos em lei. Aliás, cabe assinalar que é difícil afirmar de maneira absolutamente segura qual a direção da causalidade: se o maior apoio é porque está previsto em lei; ou se está previsto em lei porque desfruta de maior apoio social. Suspeitamos que a segunda afirmação é a mais provável. A gravidez decorrente de estupro foi a única das situações previstas na legislação em que o apoio cresceu em duas décadas: saiu de 56% no ano de 2002 para 62% em 2022-23. Nas outras duas, houve queda no apoio: no caso de risco de morte para a mulher, caiu de 78% para 69%; e quando há grandes chances de o bebê nascer com deficiências graves, a redução foi de 54% para 46%. De toda maneira, a maioria dos brasileiros permanece apoiando o marco legal em vigor.

A relativa ausência de mudança pode ser constatada na pergunta que se refere diretamente à lei: em 2002, 47% diziam que a legalização da interrupção da gravidez em caso de estupro e risco de a mãe perder a vida não deveria ser modificada; em 2022-23, o número passa a corresponder a 45% dos brasileiros. As pessoas que acham que a lei deveria ser mudada para ampliar casos de permissão do aborto correspondiam a 28% em 2002 e a 27% em 2022-23; já aquelas favoráveis à mudança em favor de sua proibição total correspondiam a 25% em 2002 e passaram a ser 28% em 2022-23. Todas as variações estão dentro da margem de erro das pesquisas.

Aumento efetivo houve sim em três das quatro circunstâncias da escala *soft*, que diz respeito à autonomia da mulher e à sua liberdade de escolha individual. O apoio à permissão do aborto quando a mulher for casada e não quiser ter mais um filho foi de 15% para 21% em duas décadas; o aborto legal para os casos em que a mulher for solteira e não quiser casar com quem a engravidou tinha 12% de apoiadores em 2002 e passou para 17% em 2022-23; já as pessoas favoráveis à legalização do aborto como direito da mulher, independentemente das circunstâncias, passou de 9% em 2002 para 14% em 2022-23, ou seja, crescimento de cinco pontos percentuais. Não houve variação fora da margem de erro quando se perguntou sobre a legalização do aborto no caso de famílias muito pobres que não desejam mais um filho para sustentar, ficou na casa dos 22%. A média dos resultados para as quatro situações de aborto que não estão previstas em lei e ao mesmo tempo contemplam os direitos de escolha da mulher aumentou de 14% para 19%. O crescimento foi pequeno, mas a mudança está em linha com o que aconteceu no campo das tarefas domésticas, dos cuidados e da sexualidade: o apoio à liberdade individual da mulher aumentou.

Tomando os EUA como referência para comparação, que é viabilizado pela bateria de perguntas do GSS, podemos chegar a três conclusões. Primeira, nas diferentes situações da *hard scale*, tabela 1, o apoio dos brasileiros ao aborto nos casos previstos em lei é em torno de vinte pontos percentuais mais baixo. Segunda, ambos os países seguem um perfil parecido, variando do maior para o menor apoio na seguinte sequência de situações: se a vida da mulher estiver em risco, em caso de estupro e, por fim, deficiência do bebê. Terceira, enquanto no Brasil há grande variação, nos EUA as visões ficaram relativamente cristalizadas nos últimos vinte anos, até porque o apoio naquele país tem sido bastante elevado. Ignorando por um instante os ditames do cálculo estatístico da margem de erro das pesquisas, poderíamos dizer que no Brasil houve leve tendência de diminuição do apoio, enquanto nos EUA a tendência foi de pequeno crescimento.

Tabela 1.
Brasil e EUA: casos previstos em lei no Brasil

	Grandes chances de o bebê nascer com defeitos graves		A vida da mulher está em risco por causa da gravidez		Estupro		Médias	
	2002	2022-23	2002	2022-23	2002	2022-23	2002	2022-23
Brasil	54%	46%	78%	69%	56%	62%	63%	59%
EUA	75%	77%	88%	89%	76%	81%	80%	82%

Fonte: Pesquisa Social Brasileira (2002, 2022-23) (Brasil) e GSS (EUA).

De modo geral, em democracias, quando os temas são politicamente mobilizados, muito dificilmente a elite política e jurídica consegue fazer valer uma lei que vá contra a visão da maioria da população. Isso ocorre tanto no Brasil quanto nos EUA. A nossa lei legaliza o aborto exatamente nas circunstâncias nas quais mais de 50% dos brasileiros aceitam o procedimento. Nos EUA, até mesmo a decisão da Suprema Corte de 2022 não torna o aborto ilegal, mas aumenta as distâncias que as mulheres terão de percorrer para fazer o procedimento. É difícil, mas não impossível, imaginar que ocorra retrocesso legislativo nessas áreas, ainda mais quando sabemos que várias visões de mundo relativas à igualdade de gênero e à emancipação da mulher caminharam nos últimos vinte anos na direção favorável à liberdade de escolha feminina.

Tabela 2. Brasil e EUA: casos vinculados à liberdade individual de escolha da mulher

	A mulher é casada, mas não quer ter mais um filho		A mulher não quer casar com quem a engravidou		Independente da razão		A família é muito pobre e não pode sustentar mais um filho		Médias	
	2002	**2022-23**	**2002**	**2022-23**	**2002**	**2022-23**	**2002**	**2022-23**	**2002**	**2022-23**
Brasil	15%	21%	12%	17%	9%	14%	22%	23%	14%	19%
EUA	41%	56%	39%	53%	40%	54%	41%	54%	40%	54%

Fonte: Pesquisa Social Brasileira (2002, 2022-23) (Brasil) e GSS (EUA).

Quando o aborto é considerado sob o ângulo da escolha individual, como pode ser visto na tabela 2, a distância entre Brasil e EUA aumenta de maneira significativa; o apoio dos EUA cresceu em um ritmo maior do que o nosso. É interessante essa constatação à luz dos acontecimentos políticos nos EUA, dentre os quais as já destacadas ascensões de Trump e de uma estridente militância conservadora, e a decisão da Suprema Corte restritiva ao aborto. Esses acontecimentos são contrários à mudança das visões de mundo ocorrida nessa quadra histórica. Isso reforça o que afirmamos na seção sobre homossexualidade quando nos referimos à reação ao seu crescimento: em vez de tais fatos significarem força, são muito mais sinais de fraqueza. O governo Trump muito se utilizou do discurso dos costumes, mas em nada alterou as leis federais que regulam o aborto. Por outro lado, a decisão da Suprema Corte pode ser interpretada como um último suspiro diante do crescimento do apoio social ao aborto nas situações de liberdade de escolha, que saiu de 40% para 54% em duas décadas. Tanto isso pode ser verdade que os plebiscitos estaduais de novembro de 2023, como já destacamos, fortaleceram esses direitos femininos até mesmo em estados considerados conservadores. Brasil e EUA parecem ser exemplos particulares de um fenômeno global: o fortalecimento das visões de mundo que defendem a emancipação individual feminina pontuado por reações barulhentas e pouco efetivas.

Por último, em relação à opinião dos brasileiros quando o aborto é mencionado no contexto de escolha moral, isto é, se ele é sempre errado ou depende da situação, a variação em duas décadas foi irrelevante; em 2002, 28% disseram ser sempre errado e 31% afirmaram o mesmo em 2022-23. Vale destacar que aproximadamente 70% acreditam que o aborto pode ser certo dependendo da situação. Essa maneira de formular a pergunta e seus resultados indicam que, para a grande maioria dos brasileiros, não está escrito na pedra que o aborto deva ser proibido em toda e qualquer circunstância. Há, portanto, uma larga avenida que pode ser explorada pelos movimentos em defesa da liberdade individual feminina.

Homens, mulheres e o aborto

A visão de homens e mulheres sobre o aborto já foi mapeada por inúmeras pesquisas que demonstraram que elas são menos favoráveis do que eles. A PESB referenda esta conclusão. No caso das situações previstas em lei, em 2002, 54% das mulheres concordavam que o aborto fosse realizado se houvesse grandes chances de o bebê nascer com deficiência grave; em 2023, essa porcentagem caiu para 44%. Entre os homens, esse apoio correspondia a 54% e passou para 48%. Nos casos de risco de morte para a mãe, o apoio das mulheres diminuiu de 76% para 65%, e dentre os homens, caiu de 79% para 74%, redução de onze pontos percentuais entre as mulheres e de seis pontos para os homens. Já o apoio para a permissão do aborto em caso de estupro, o único da *hard scale* que, como vimos, experimentou crescimento em seu apoio, saiu de 55% para 59% entre as mulheres e de 58% para 64% dentre os homens. Seja aumentando ou diminuindo o apoio no decorrer de duas décadas, os homens têm uma visão mais favorável ao procedimento do que elas.

É interessante interpretar essas três situações levando em consideração que são casos que, a princípio, estão fora do controle das mulheres. O risco de perder a vida e a anencefalia do bebê, na grande maioria das vezes, representam uma fatalidade, frequentemente não emitem sinais de que ocorrerão e assim podem ser tomados como acidentes de percurso. Neste sentido, não é surpreendente que os brasileiros os considerem parte de um destino que está nas mãos de Deus, aliás, tema abordado pela PESB. Talvez assim possamos explicar a diminuição do apoio ao aborto em tais situações, em particular junto às mulheres, ainda mais quando sabemos que elas passaram a apoiar mais o procedimento nos casos de estupro, uma ação intencional mundana contra a mulher, perpetrada por homens que violam intencional e agressivamente o seu corpo sem consentimento da vítima. Em suma, o fato é que as mulheres, mesmo nestes três casos nos quais são objeto central do problema, ainda que possam se ver como apenas depositárias ou intermediárias de suposto destino ou fatalidade, seguem mais refratárias do que os homens à realização do aborto. Como veremos mais adiante, alguns fatores parecem explicar parte dessa discrepância.

Nas outras quatro situações que diretamente dizem respeito à escolha individual das mulheres, que também envolvem circunstâncias socioeconômicas — pobreza — ou psicossociais, como o desejo de não ter uma família maior, o padrão de apoio permanece. É interessante notar que, em contraste com as situações já previstas em lei, o apoio muito baixo caminhou em sentido favorável da parte de ambos os sexos: a legalização do aborto quando a mulher for casada e não quiser ter mais filhos contava com a concordância de 15% das mulheres em 2002 e de 18% em 2022-23; junto aos homens, 19% apoiavam o procedimento nessas situações, e em 2022-23, a porcentagem cresceu para 25%. Em 2002, a pobreza como justificativa para permitir legalmente o aborto a quem não quiser ter mais filhos contava com o apoio de 19% das mulheres e 26% dos homens; em 2022-23, essa resposta ficou estatisticamente inalterada, pois pontuou 20% junto às mulheres e 25% dentre os homens. Nos casos em que a mulher for solteira e não quiser se casar com quem a engravidou, o apoio foi de 9% das mulheres em 2002 e de 14% em 2022-23, ao passo que, entre os homens, correspondia a 16% e a 20%, respectivamente.

Como vimos anteriormente, uma das quatro perguntas que envolvem a escolha individual é a mais exigente em termos de apoio ao direito ao aborto, uma vez que questiona se ele deve ser permitido em qualquer situação. Não por acaso, é a que tem a menor adesão da população. Talvez por isso mesmo tenha sido a que registrou o maior crescimento em sua aceitação. Em 2002, 10% dos brasileiros apoiavam o direito ao aborto, ao passo que em 2022-23, a porcentagem elevou-se para 18%. Entre as mulheres, os respectivos números foram 8% e 11%. Ou seja, junto aos homens, o crescimento foi de oito pontos percentuais, e para as mulheres ficou dentro da margem de erro das pesquisas. O padrão de maior apoio dos homens quando comparados com elas ficou mantido.

Se aceitarmos que alterações de marcos legais em áreas politicamente mobilizadas ocorrem apenas depois, ou no máximo *pari passu* a uma modificação das visões de mundo que amplie a massa crítica favorável àquela mudança, então haveremos de admitir que dificilmente, no curto prazo, o aborto passará a ser permitido no Brasil para além das situações nas quais ele hoje já é legalizado. Note-se, temos em mente mudanças legislativas feitas por representantes eleitos, deputados e senadores. É evidente que uma transformação nessa direção seria possível sim no âmbito do Judiciário, particularmente na esfera do STF. Vale assinalar ainda que o avanço das reivindicações feministas suscitou a reação recente dos conservadores, utilizando valores religiosos e suas narrativas em torno de certos direitos individuais. Aliás, essa reação tem centrado seus discursos em ações restritivas aos direitos já existentes. Como, no caso do Brasil, não existe o direito ao aborto por escolha individual das mulheres — tendo ou não justificativa —, é então em torno do que já está legalmente assegurado que a militância conservadora concentra sua artilharia.

De outra parte, embora tenha sido uma mudança tímida a partir de uma base pequena, observa-se que os maiores incrementos ao apoio do aborto foram registrados nas situações de direito de escolha e autonomia das mulheres, sinalizando, de algum modo, na mesma direção da tendência geral registrada em outras dimensões da igualdade de gênero. Além disso, como vimos, entre 2002 e 2022-23 os homens se distanciaram das mulheres em relação ao apoio ao aborto em todas as situações abordadas, à exceção de quando a mulher for casada e não quiser ter filho: a diferença já era elevada e se manteve, sete pontos percentuais. Seja aumentando ou diminuindo o apoio no decorrer de duas décadas, os homens passaram a ter uma visão mais claramente favorável ao procedimento do que as mulheres, mesmo em situações em que elas correm risco de morte e são vítimas de ação violenta e intencional. Portanto, na comparação entre homens e mulheres, elas são mais contrárias ao aborto mesmo podendo ser as maiores vítimas do aborto clandestino ou da gravidez indesejada.

Flávia Biroli, Juan Marco Vaggione e Maria das Dores Campos Machado argumentam em seu livro *Gênero, neoconservadorismo e democracia*, de forma semelhante à mencionada anteriormente quando tratamos do filme *Juno*, que os movimentos contrários ao aborto conferem status de cidadão ao feto a fim de abrir caminho para seu reconhecimento social e lhe dar direitos. Parece, seja pelo caminho do discurso religioso típico ou pelo recurso à cidadania e aos direitos da pessoa humana, que a resistência à ampliação das situações de aborto legalizado tem conseguido, no Brasil, frear tendências observadas em outros países a favor da descriminalização.

De todo modo, nossos dados mostram que este tema não é pautado por um valor moral e cultural absoluto, outras dimensões atuam para modular as visões da população sobre o tema. Se o direito ao aborto é a questão sobre a qual há maior resistência conservadora, é possível mesmo assim admitir a ambiguidade dessa resistência quando se constata que, em 2002, 73% dos homens consideravam que o aborto poderia ser certo ou errado em função da situação, contra 71% em 2022-23; ao passo que entre as mulheres essa posição correspondia respectivamente a 71% e 68%. Homens e mulheres concordam muito, dentro da boa e velha tradição brasileira de moral contextual segundo a qual o certo e o errado dependem da situação, que a interrupção voluntária da gravidez pode ser (ou não) aceitável em função das circunstâncias.

As fissuras no edifício conservador antiaborto: rumo à quebra do tabu

O espírito geral dos dados que emergiram das duas pesquisas indica que a sociedade brasileira passou a nutrir visões de mundo mais favoráveis à liberdade das mulheres. Vimos isso nas informações levantadas sobre as tarefas de homem e de mulher, assim como relativas aos cuidados com a família. Neste terreno, ficou muito evidente o crescimento do apoio à divisão equitativa de afazeres entre os gêneros. Não há, por ora, razões para crer que essa tendência seja interrompida nem que não tenha impacto nas práticas. Aliás, indicamos um desses impactos quando abordamos a pesquisa por piadas preconceituosas na internet; trata-se de um sinal tão simples quanto abrangente, uma vez que hoje, o tempo dedicado a navegar na rede assumiu na vida da maioria das pessoas importância jamais imaginada. Vimos também que os brasileiros mudaram suas visões de sexualidade em direção mais favorável à igualdade de gênero. Para ficar em apenas dois exemplos, mulheres e homens são vistos de maneira mais equilibrada hoje do que eram no passado quanto a fazer sexo antes do casamento e ao número de experiências sexuais que devem desfrutar.

Tomando essas duas grandes mudanças favoráveis às demandas feministas, uma na área relativa à concentração do trabalho doméstico e cuidados com a família nos ombros da mulher, e a outra no terreno da sexualidade, adicionando o vertiginoso crescimento da aceitação da homossexualidade de mulheres e homens e sabendo que todos os temas estão ligados entre si e conectados com a questão do aborto por meio dos valores individualistas da emancipação, da luta contra a opressão e da busca humana por ampliar sua capacidade de escolha, podemos admitir que o edifício conservador que impede a ampliação da legalização do aborto está sendo lenta e persistentemente minado. É como se o terreno no qual esse prédio foi construído estivesse se movendo, e as primeiras rachaduras que apareceram foram identificadas justamente pelas quatro perguntas sobre a legalização do aborto que privilegiavam a escolha individual. O apoio para esses casos aumentou pouco, mas aumentou. Foi na mesma direção das visões que se alteraram em favor de maior divisão dos cuidados familiares e trabalhos domésticos entre homens e mulheres e de uma sexualidade mais igualitária entre os dois gêneros. O enigma que talvez mereça reflexão, neste caso, se encontra na *redução*, dentro da margem de erro da pesquisa, do apoio ao aborto em situações previstas pela lei.

Uma primeira resposta a essa variação, a mais segura e tradicional, é a de que a redução foi bastante pequena, de somente quatro pontos percentuais para a média das três perguntas, o que indica estabilidade das visões de mundo nestes quesitos. Neste caso, ela não seria suficiente para alterar nossa avaliação de que uma profunda mudança está em curso e que, a qualquer momento, mas certamente a médio e longo prazos, essa transformação deixará sem proteção a agenda contrária à ampliação do aborto. A segunda resposta admite que houve retrocesso do ponto de vista do movimento feminista e traz a hipótese explicativa de que isso teria ocorrido por causa da recente ênfase da militância conservadora, já assinalada por nós, em cerrar seus ataques contra a lei vigente no país. Se isso for verdade, e considerando o movimento geral da sociedade em favor das visões de mundo que privilegiam a igualdade de gênero, para que esse retrocesso seja mantido ou ampliado, a militância conservadora precisará ser persistente mesmo diante da ampla e contínua mudança em favor dos valores de emancipação individual.

Pesquisas repetidas de tempos em tempos como a PESB têm como uma de suas principais finalidades captar tendências que se concretizem no futuro. Há algumas poucas informações que nos sugerem que a caminhada da sociedade em direção à ampliação do direito ao aborto tende a continuar e o edifício conservador que impede a mudança do atual marco legal poderá ser abalado. Placas tectônicas da sociedade estão em movimento.

Várias pesquisas identificam que a escolaridade média dos brasileiros está aumentando, assim como a proporção daqueles que se dizem sem religião. Fizemos uma régua que soma todas as respostas da bateria de sete perguntas sobre o aborto que importamos do GSS e constatamos que o grupo dos mais favoráveis aumentou de 11% para 17% em duas décadas. Cabe a ressalva de que isso ocorreu sem que tivesse sido reduzido, em um ponto percentual sequer, aqueles que mais se opõem ao procedimento, permanecendo vinte anos congelados em 53%, pouco mais do que a maioria dos brasileiros adultos. Ou seja, os medianamente favoráveis passaram a apoiar o aborto em um número maior de situações. Isso seria uma má notícia para os defensores da autonomia individual caso não considerássemos o avanço da escolarização formal e o aumento dos não vinculados institucionalmente a nenhuma crença religiosa. Vejamos o porquê.

As pessoas que concluíram até o ensino fundamental I e II, em contínua redução no Brasil, passaram a ser mais contrárias ao aborto nas sete situações mensuradas por nossa régua: em 2002, 62% de quem tinha até o ensino fundamental I era fortemente contrário ao aborto; a proporção foi de 65% em 2022-23; para os que fizeram até o ensino fundamental II, os respectivos números foram 52% e 57%. Todavia, na faixa de escolaridade que mais se expandiu no Brasil entre 2002 e 2022-23, o ensino médio, a proporção dos que são mais favoráveis ao aborto subiu de 9% para 19%. Há aqui dois fenômenos combinados que estão minando o conservadorismo antiaborto: o ensino médio alcança a cada ano mais brasileiros, e as pessoas que se sentam pelo menos durante um ano em seus bancos escolares ficaram mais favoráveis ao aborto. Algo absolutamente idêntico se passou no mesmo período com os que se dizem sem religião.

Este grupo de pessoas não apenas aumentou no período em questão, mas também passou por forte terremoto interno em seus valores quanto à nossa régua do aborto. Em 2002, nada menos do que 41% dos sem religião eram fortemente contrários à legalização das várias situações de aborto; a proporção despencou para 30% em 2022-23. Por outro lado, os mais favoráveis saíram de 29% para 36%. No caso dos que professam as religiões cristãs, católicos e os dois grandes grupos de evangélicos, a proporção dos mais favoráveis ao aborto também aumentou, certamente resultado do aumento geral da escolarização que evidentemente desconhece barreiras religiosas.

Os dois motores da mudança são o aumento da escolarização e o enfraquecimento da filiação às religiões cristãs; contudo, o eixo que transmite o torque gerado por esses motores é a mudança geracional. Os dados da PESB revelam que quanto mais jovem, maior a sua escolaridade e maiores as chances de que se declare sem religião. Não por acaso, os jovens defendem mais fortemente do que adultos e idosos os valores relacionados à liberdade individual e feminina. Conforme as gerações mais velhas forem sendo substituídas pelas mais jovens, a sociedade se tornará mais favorável ao aborto. Pode-se argumentar que os jovens de hoje ficarão mais conservadores quando envelhecerem. Todavia, recorrendo ao fato de que os números não mentem jamais: os mais velhos da pesquisa de 2022-23 são menos conservadores do que os mais velhos de 2002. O período em que vivemos tem impacto em toda a sociedade, independentemente da faixa de idade, levando as pessoas a apoiarem com mais ardor valores individualistas e emancipatórios. O efeito do período sobre as visões de mundo deriva de uma plêiade de fatores que mudam com o passar do tempo: dentre outros, a maior mobilidade geográfica das pessoas, o aumento do acesso à informação, o enfraquecimento das obrigações sociais e familiares, e a massificação do acesso aos bens culturais. Assim, não é provável que os jovens de hoje se tornem, quando envelhecerem, tão conservadores quanto os idosos de agora.

A combinação entre os dois motores e o eixo da mudança, quando se trata da igualdade de gênero, está atuando não apenas em favor de uma visão mais liberal sobre o aborto, como influencia também os valores relacionados aos trabalhos domésticos e cuidados, à sexualidade e a tudo que tem impacto na redução do machismo.

Abortar é proibido, mas se quiser pode

Em função das mudanças de visões de mundo detectadas pela PESB em direção ao crescimento do apoio à igualdade de gênero, autonomia e liberdade individual, é possível prever — sempre probabilisticamente — que no futuro as leis brasileiras passarão a aceitar a realização do aborto em quaisquer situações que sejam. Segundo o Center for Reproductive Rights, instituição que atua em favor dos direitos que lhe dão o nome, entre 2000 e 2024, sessenta países adotaram leis mais liberais no que diz respeito ao aborto, ao passo que somente quatro caminharam em direção contrária.[4] A decisão do STF no Brasil colocou o país entre os que ficaram legalmente mais tolerantes. Isso significa que não somos exceção a essa tendência global, mas podemos nos tornar em função de uma característica importante também apontada pela PESB: nossa grande aceitação do não cumprimento da lei.

Assim, um cenário possível para o Brasil é o de contínuo aumento do apoio ao aborto pela população, mas convivendo com a manutenção de seu atual status legal. Vimos que, entre 2002 e 2022-23, a proporção de brasileiros adultos que apoiam a legalidade do aborto nos casos já previstos em lei gravitou em torno de 60%: a lei representa a população, pois está do lado da maioria. O mesmo é verdade para o aborto nas situações de escolha da mulher, a *soft scale*: como a (grande) maioria é contra, o aborto permanece ilegal para tais casos. A nossa visão é que, quando 50% ou mais da população se tornar a favor deste procedimento em todas as situações, ele tenderá a ser plenamente legalizado no Brasil. Porém, há a possibilidade de que mesmo com a maioria a favor, ele permaneça como é hoje, feito em clínicas clandestinas.

Ao que parece, há no Brasil um acordo tácito entre os legisladores e a população, que permite a realização clandestina do aborto, sem repressão, ao mesmo tempo que não é exigida dos representantes do povo uma postura explícita de aceitação da prática, que obviamente resultaria em sua legalização. Quem paga o preço mais alto deste acordo são as mulheres da base da pirâmide social, que, quando desejam abortar, estão à mercê de situações de risco e de pouca transparência. Dirigir sob efeito do álcool é crime no Brasil. Vemos frequentemente em inúmeras cidades blitze da lei seca para coibir essa perigosa prática. Porém, não se tem registro de esforços semelhantes do poder policial e judiciário para combater o aborto ilegal. Ainda que aqui e acolá sejam noticiadas decisões de juízes contrárias até mesmo ao aborto já previsto em lei, o que temos em mente quando comparamos com a tentativa de punir motoristas alcoolizados é o esforço sistemático, persistente e contínuo para fechar clínicas clandestinas que realizam o aborto e punir mulheres recalcitrantes da lei. Isso não acontece e nos leva a afirmar que o aborto no Brasil é sim proibido na maioria dos casos, mas quem quiser pode fazer. Justamente por isso, sua legalização pode demorar bastante, pois ela exige que a sociedade inteira afirme para si própria, em alto e bom som, que aceita a interrupção da gravidez mesmo sem motivos fortes como o estupro ou o risco de vida para a mulher. Para que fazer isso quando a sociedade não precisa? Quando ela simplesmente pode fazer vista grossa à aplicação da lei e, na prática, permitir o aborto?

Um resultado já visto e que corrobora essa possibilidade é que em torno de 30% dos brasileiros dizem que o aborto é sempre errado, enquanto outros 70% consideram que a prática pode ser certa a depender da situação. Ou seja, ainda que a grande maioria não aceite a legalização em todos os casos, há também outra grande maioria que não o considera errado para além das circunstâncias. Além disso, segundo a Pesquisa Nacional de Aborto (PNA) de 2021, coordenada pela antropóloga Débora Diniz e pelos professores Marcelo Medeiros e Alberto Madeiro, aproximadamente 10% das mulheres disseram ter feito pelo menos um aborto na vida. É difícil imaginar que essa proporção de abortos realizados pudesse ter sido atingida em um país que de fato punisse o aborto ilegal.

No Brasil, há leis que pegam e leis que não pegam. Há também aquelas que muito dificilmente o aparato policial e jurídico fazem valer, pois os recalcitrantes são tão numerosos e seu não cumprimento tão recorrente que, na prática, tornam a repressão inviável, como "enxugar gelo". Parece ser esse o caso da lei que proíbe o aborto. Porém, há uma implicação importante: ainda que não impeça a grande frequência de sua realização, ela impossibilita que o sistema público de saúde atenda de maneira organizada às pessoas mais pobres, levando-as a interromper a gravidez de forma muito mais precária do que as mulheres de classe média ou de níveis mais elevados da pirâmide social.

Tudo junto e misturado na reprodução

As opiniões sobre reprodução são constituídas por dois grandes temas: a decisão sobre ter filhos e as visões sobre o aborto. Três réguas de medição foram formadas a partir deles, a primeira com as duas perguntas sobre quem toma ou deve tomar a decisão de ter filhos e as outras duas a partir das perguntas sobre a legalização do aborto, uma delas com as questões que abordam o aborto já legalizado, a *hard scale*, e a outra com as situações nas quais o aborto é fundamentado nos valores da liberdade feminina de escolha, a *soft scale*.

Na elaboração da régua que avalia a deliberação sobre ter filhos, consideramos mais igualitárias as pessoas que disseram que a decisão sobre este assunto deveria ser dos dois, homens e mulheres. Os dados revelaram que não houve mudança da visão da população quanto a isso; em 2002 e 2022-23, 46% e 45%, respectivamente, afirmaram que os dois deveriam decidir sobre ter ou não filhos. Em 2002, 47% dos homens e 45% das mulheres pensavam assim. Porém, em 2022-23, eles e elas se distanciaram, os homens ampliaram sua adesão a uma visão mais igualitária (51%), enquanto as mulheres se afastaram (39%). Em suma, entre 2002 e 2022-23, a diferença entre homens e mulheres quanto a esse tema passou de três para doze pontos percentuais.

Em relação às faixas de idade, vale registrar alguns dados que saltam aos olhos. Identificamos que em 2002 a maior proporção de respostas igualitárias, 51%, ocorria dentre os jovens adultos de 25 a 34 anos, justamente uma das faixas nas quais a incidência de formação de famílias é maior, e a visão menos igualitária, 38%, era compartilhada por quem tinha 60 anos de idade ou mais, onde são encontrados a maioria dos avós. Passadas duas décadas, a visão igualitária diminuiu junto aos dois segmentos de idade mais jovens e aumentou dentre as pessoas de 35 a 44 anos, passando de 46% para 53%.

A escolaridade como motor da mudança também funciona neste tema. Tanto em 2002 como em 2022-23, quanto maior a escolaridade, maior a visão igualitária acerca da decisão de ter filhos. Em 2002, 37% das pessoas com até o ensino fundamental I e 75% das pessoas com ensino superior completo tinham opinião favorável a que homens e mulheres decidissem conjuntamente sobre ter ou não filhos. Em 2022-23, as respectivas proporções foram 37% e 71%. É possível que o enfraquecimento da visão igualitária de quem concluiu o ensino superior tenha relação com a própria luta feminista, pois o que aumentou neste segmento foram as respostas que defendem a decisão sendo tomada exclusivamente pela mulher. Note-se que aqui há uma sutileza que diz respeito à elaboração e ao fraseado da pergunta que utilizamos nessa régua.

Os entrevistados tiveram de escolher entre duas opções estimuladas de resposta: uma com argumento induzindo a responder que a decisão teria de ser exclusivamente da mulher e outra com argumento estimulando a resposta favorável à decisão exclusiva do homem. Portanto, a resposta que a decisão teria de ser de ambos, homens e mulheres, era inteiramente espontânea. Isso significa que se a decisão conjunta, de homens e mulheres, sobre ter filhos tivesse sido oferecida como opção estimulada de resposta, os percentuais anteriormente apresentados teriam sido ainda maiores, com resultados bem mais igualitários.

Indo além, a frase favorável à mulher dizia textualmente que *a mulher deve decidir quantos filhos ter porque é ela quem cria os filhos* e a frase favorável ao homem era literalmente *o homem deve decidir isso porque na maioria das vezes é ele quem sustenta a família*. Note-se que as duas sentenças utilizam o argumento de senso comum, não igualitário e ainda predominante no Brasil para favorecer a resposta exclusiva ou *mulher* ou *homem*. Não faria sentido dar o argumento oposto como estímulo a essas respostas, isto é, dizer que os homens criam os filhos e as mulheres sustentam a família. Os próprios dados da PESB revelam que a participação masculina na PEA é maior do que a feminina, resultando em uma percepção social generalizada de que os homens sustentam o lar.

Contudo, retornando à redução das respostas igualitárias junto a quem tem ensino superior completo e à sinalização que fizemos de que, paradoxalmente, ela talvez possa indicar a força da luta feminista, cumpre assinalar que as pessoas dessa faixa de escolaridade são as que tendem a ficar mais expostas ao fluxo de informações, quaisquer que sejam elas, em particular as emitidas por movimentos portadores de ideias relativamente novas e minoritárias, características presentes nesta modalidade de luta. Diante disso, é possível que a disseminação dos argumentos feministas, batendo insistentemente o martelo no tema do machismo empedernido e do patriarcalismo arraigado dos homens brasileiros, tenha levado um pequeno segmento de quem completou o nível superior a chutar o balde quanto à sua percepção da sociedade brasileira e passar a dizer para si próprio: *já que isso aqui é machista mesmo, que no final das contas é a mulher quem cria os filhos, então a decisão sobre ter ou não filhos tem que ser exclusivamente dela*. Essa hipótese nos permite explicar por que, passados vinte anos, tenha aumentado a proporção de pessoas com ensino superior afirmando que a decisão sobre filhos deveria caber exclusivamente à mulher.

Ainda no terreno dos segmentos sociodemográficos, vale registrar alguns resultados que nos ajudam a ter uma visão do que ocorre no Brasil quanto a este tema. No que tange ao estado civil, os que se declaram solteiros e os casados são os dois maiores grupos. Em 2002, 50% dos solteiros e 54% dos casados consideravam que mulheres e homens deveriam decidir conjuntamente sobre ter filhos. Em 2022-23, os resultados para os respectivos segmentos foram 44% e 61%. Quanto às denominações religiosas, em 2002, católicos e evangélicos pentecostais estavam mais próximos entre si e mais distantes de evangélicos não pentecostais, das pessoas que professavam outras religiões e dos sem religião. Em 2022-23, os evangélicos pentecostais se tornaram bem mais igualitários, aproximando-se daqueles que professam outras religiões e dos sem religião, todos com mais de 50% de igualitarismo quanto à decisão de ter filhos. Por outro lado, os evangélicos não pentecostais ficaram menos igualitários, até menos que os católicos, e esses dois grupos ficaram abaixo de 50% nesta medição. Por fim, em consonância com o que já foi visto quanto a este grupo, os que habitam municípios de maior porte tendem a ser mais igualitários neste tema do que os moradores de municípios menores.

O aborto

Mostramos por meio da bateria de sete perguntas as fissuras no edifício conservador antiaborto. Agora, separamos tais perguntas em duas réguas: a do aborto no caso de problemas de saúde e violência, as três situações consideradas legais no Brasil, e a da interrupção da gravidez em função da liberdade de escolha. Para efeito de tornar as duas réguas rapidamente compreensíveis, nós as denominamos régua da lei e régua emancipatória. A visão favorável ao aborto segundo a régua da lei foi reduzida de 64% para 58% entre 2002 e 2022-23; já a emancipatória variou na direção oposta, aumentou de 8% para 13%. A população, portanto, passou a aceitar menos o aborto como justificável por questão de saúde e a aceitá-lo mais como direito de escolha da mulher. Não mencionamos a violência porque já vimos que o aborto passou a ser mais aceito em casos de estupro. Portanto, a régua da lei indica a diminuição da aceitação do aborto única e exclusivamente porque a rejeição ao procedimento aumentou nos casos de risco de perder a vida para a mãe e de o bebê nascer com deficiências graves.

Esta dupla movimentação no campo dos valores sobre o aborto fica mais interessante ainda quando observamos segundo as faixas etárias. Em 2002, os jovens de 18 a 24 anos eram os que apresentavam a proporção mais elevada de aceitação do aborto segundo a régua da lei (71%), as faixas entre 25 e 59 anos pontuaram entre 61% e 65%, cabendo aos idosos de 60 ou mais anos de idade o menor apoio. Em 2022-23, esses mesmos jovens têm a maior redução, aproximando-os das demais faixas etárias, que passaram a variar entre 55% e 63% de apoio. A aceitação do aborto na régua emancipatória era, em 2002, mais evidente entre os jovens de 18 a 24 anos (11%), adultos de 45 a 50 (11%) e idosos de 60 ou mais (8%). Duas décadas depois, os adultos acima de 45 anos ficaram estacionados e as faixas abaixo de 44 anos se tornaram mais emancipatórias. Cumpre chamar atenção para o fato de que a geração de jovens de 2002, que se tornaram os adultos de 35 a 44 anos de 2022-23, é o segmento que apresenta o maior percentual de aceitação do aborto por autonomia (18%). Sendo assim, a opinião favorável ao aborto, seja em sua dimensão legal, seja por autonomia, não pode ser vista apenas como um fenômeno restrito à juventude, mas, certamente, envolve dimensões relacionadas ao capital cultural das famílias.

A escolaridade, como já mostramos, é um fator que influencia diretamente na aceitação do aborto: quanto maior a escolarização formal, maior sua aceitação. Entre 2002 e 2022-23, em todos os níveis de escolaridade, há redução no apoio ao aborto segundo nossa régua da lei. Entretanto, a queda é proporcionalmente maior entre os menos escolarizados, o que faz com que se amplie a diferença entre a base e o nível mais alto da pirâmide educacional. A diferença entre os menos e os mais escolarizados aprofunda quando se trata da aceitação do aborto como direito de escolha da mulher. Em 2002, 5% das pessoas com até o ensino fundamental I estavam no ponto mais alto da régua emancipatória, ao passo que entre as pessoas com nível superior, esse número foi de 23%. Em 2022-23, a única exceção do aumento generalizado da aceitação do aborto por escolha individual foi a faixa de escolaridade mais baixa, até o ensino fundamental I. O maior crescimento aconteceu junto às pessoas que cursaram ao menos algum ano do ensino médio, aproximando-as das pessoas com nível superior.

Analisar as visões de mundo sobre o aborto exige, evidentemente, que tratemos dos segmentos religiosos. Em 2002, o apoio ao aborto legal por motivo de saúde e violência era maior do que 50% em todos os segmentos religiosos, sendo que os evangélicos não pentecostais e os sem religião (74% para ambos) eram os com maiores percentuais de aceitação. Em 2022-23, houve redução generalizada do apoio, que só não ocorreu junto às pessoas com outras religiões e às sem religião. Elas passaram para 77% e 62% de aceitação, respectivamente. As demais religiões ficaram entre 46% (evangélicos pentecostais) e 57% (católicos). Ou seja, em 2022-23, as grandes matrizes religiosas cristãs se aproximaram de uma visão mais tradicional e conservadora sobre o tema. Quando passamos para o aborto por autonomia, em 2002, os mais favoráveis eram os sem religião, com 23% de apoio; nos demais segmentos, este percentual variava de apenas 1% (evangélicos não pentecostais) a no máximo 8% (católicos). Em 2022-23, ainda que a distância entre os sem religião tenha se mantido, há aumento da aceitação em todas as matrizes religiosas, com as pessoas de outras religiões (17%) e os católicos (10%) batendo os dois dígitos.

As visões sobre o aborto também variam em função da estrutura familiar. Em 2002, quando se considera a lei vigente, 63% dos casados eram a favor; a proporção cai para 52% em 2022-23. Já os solteiros permanecem na mesma situação, dentro da margem de erro das pesquisas, 66% e 64%, respectivamente, nos dois anos. Quando avaliamos a opinião favorável ao aborto como autonomia, vemos os solteiros crescendo de 13% para 18%, os divorciados de 7% para 17%, os separados de 3% para 13%, os "amigados" de 7% para 11%, ao passo que os casados ficaram relativamente estacionados, como sugerem as proporções de 7% e 9%. Em suma, o aumento da aceitação foi generalizado. Ter ou não ter filhos, assim como o estado civil, indicam maior diferenciação em 2022-23. Nesse ano, 55% das pessoas com filhos eram mais favoráveis ao aborto por saúde e violência (régua da lei) e 64% daquelas sem filho pensavam da mesma maneira. Por outro lado, quanto ao apoio ao aborto por autonomia (régua emancipatória), em 2002, a diferença entre quem tem filho (6%) e quem não tem (13%) já era bastante grande e só ampliou até 2022-23, quando os percentuais passaram para 9% e 21%, respectivamente.

Trabalhar fora de casa de forma remunerada e profissional também faz diferença. As Pessoas Economicamente Ativas (PEA) são claramente mais favoráveis ao aborto por saúde e violência nos dois anos estudados (65% e 61%, em 2002 e 2022-23) do que as pessoas que não fazem parte da PEA (de 60% para 50%). Além disso, em 2002, 6% das pessoas não economicamente ativas e 9% das economicamente ativas eram favoráveis ao aborto por autonomia e, em 2022-23, elas passam para 8% e 15%, respectivamente. Nas duas réguas utilizadas para compreender o apoio ao aborto, a distância se ampliou com o passar dos anos entre as pessoas que fazem parte da PEA e as que estão fora dela. Por fim, como tem ocorrido em tudo que diz respeito à emancipação feminina, residir em cidades maiores influencia o aumento da proporção daqueles favoráveis ao aborto por saúde e violência, e também dos que apoiam o aborto por autonomia.

Nem tudo que a PESB estudou sobre as relações entre homens e mulheres caminhou na direção desejada — igualdade de direitos. Os sinais de mudança estão bastante disseminados em várias áreas, tal como vimos acerca das visões sobre os afazeres domésticos e cuidados, da sexualidade e quanto ao que se convencionou denominar direitos reprodutivos. Todavia, a regra atesta que em fenômenos complexos, como a vida em sociedade e as visões de mundo das pessoas, nem sempre tudo que é avaliado caminha de maneira clara e evidente na mesma direção. Valores que dizem respeito à hierarquia social podem ser ainda obstáculos à mudança.

A sociedade contra o indivíduo, a autoridade dos pais sobre a filha

Nas sociedades caracterizadas por uma mentalidade predominantemente patriarcal, a regra é que as mulheres obedeçam aos homens e os filhos aos pais, em particular ao pai. Por outro lado, sociedades menos conservadoras e mais igualitárias em relação aos valores individuais, que inclui a igualdade de gênero, são marcadas por visões de mundo menos hierárquicas nas relações familiares. Elas tendem a ser menos verticalizadas, não valorizam a obediência e nutrem relações entre pais e filhos mais horizontalizadas e sustentadas por vínculos afetivos e amorosos. A diferença entre esses dois tipos de sociedades acaba se refletindo nas taxas de casamento e divórcio, assim como na adoção (ou não) de legislações que tendem a expressar valores mais ou menos consolidados nas práticas sociais. A título de exemplo, no Brasil, só no ano de 2002, ou seja, quando ocorreu a primeira rodada da PESB, entrou em vigor o novo Código Civil, que formalizou o fim de práticas baseadas em valores patriarcais, como a autorização expressa do cônjuge do sexo masculino para que as mulheres pudessem trabalhar ou mesmo viajar para fora do país. Até aquele ano, o país experimentava uma lei que, nesta área, não tinha a menor aceitação da sociedade e, por isso, era letra morta.

Nas nossas pesquisas, há um bloco de questões cujo objetivo foi o de mensurar a mentalidade hierárquica consagrada por Roberto DaMatta na forma da pergunta *Você sabe com quem está falando?* A mentalidade patriarcal é uma manifestação particular de visões de mundo hierárquicas; ela assegura que dentro da família uns mandem e outros obedeçam. Aliás, não faltam no Brasil contextos sociais nos quais os filhos se dirijam aos pais e eventualmente aos avós por meio dos pronomes senhor e senhora. Quanto mais hierárquica for uma relação, maiores serão as chances de utilização de pronomes de tratamento que distingam as pessoas, ou mesmo *títulos*, como doutor e professor.

O bloco de perguntas da PESB que mede hierarquia tem uma singela pergunta que permite explorar brevemente as visões de hierarquia familiar e de gênero: *Uma filha de 18 anos quer viajar com as amigas, o que os pais deveriam fazer?* As opções de resposta foram deixar a filha decidir ou os pais permitirem ou não ela viajar. Essa indagação foi feita de duas maneiras: na primeira, com o verbo *dever* tal como acima, para medir o que as pessoas pensam sobre a situação; e na segunda, perguntando o que de fato aconteceria, neste caso, para avaliar a imagem que as pessoas têm sobre o que realmente acontece no Brasil. Antes de passar aos resultados, convém fazer duas ressalvas.

A primeira, mais simples, é que uma pergunta talvez não seja suficiente para fazer afirmações robustas sobre as características da organização social e práticas cotidianas das famílias. Foi exatamente por isso que o questionário de nossas pesquisas utilizou de maneira sistemática baterias de perguntas sobre os temas estudados; e organização familiar não foi um deles, mas mentalidade hierárquica, sim. Ainda assim, acabamos por nos permitir fazer essa análise em função da raridade de uma pergunta deste tipo em uma pesquisa nacional, com amostra probabilística e repetida depois de vinte anos.

Em segundo lugar, estamos cientes de que as relações de gênero estão imersas em outras dimensões da vida social, como a violência, o racismo e as desigualdades socioeconômicas. Sendo assim, quando pessoas são questionadas se uma filha de 18 anos deve ou não viajar com as amigas por decisão própria ou apenas se houver anuência dos pais, as respostas podem ser influenciadas pelas percepções sobre segurança pública, preconceitos existentes no país, ou mesmo em função da condição financeira da família, algo em geral da alçada dos pais. De toda maneira, tais influências na dinâmica de aplicação do questionário podem ter sido mitigadas por se tratar de uma bateria de perguntas que motivava o respondente a pensar em hierarquias entre as pessoas. Dito isto, mesmo diante dessas limitações para aferir a hierarquia de gênero dentro da família, trata-se de uma informação importante e rara que nos ajuda a compor o mosaico da mudança (ou não) dos valores de gênero em nosso país.

Tendo sempre em mente que as duas perguntas — deveria fazer e vai fazer — se referiam a uma filha mulher, registramos que houve uma estabilidade notável em duas décadas: para 63%, os pais deveriam decidir em 2002, contra 62% em 2022-23. A autonomia decisória da filha maior de idade foi defendida por 37% e 38% nos dois anos da pesquisa, respectivamente. No entanto, em se tratando do que os entrevistados acham que vai acontecer, ou seja, qual a imagem que os brasileiros têm de sua sociedade, há uma variação de fato: em 2002, 67% achavam que os pais iriam decidir, e em 2022-23, a porcentagem diminui para 63%; por outro lado, aqueles que consideram que a filha iria decidir aumentou de 33% para 37%. Nessa questão, em 2002, 34% das mulheres achavam que a filha iria decidir e em 2022-23, 37% pensavam assim; já entre os homens, as respostas passaram de 32% para 38%. Vale retornar à pergunta sobre quem deveria decidir: em 2002, 37% das mulheres concordavam em deixar a decisão nas mãos da filha, e em 2022-23, esse número passou a 35%, ao passo que entre os homens, os percentuais correspondiam a, respectivamente, 36% e 41%. Eles se mostraram um pouco mais igualitários do que elas.

Se formos avaliar a força da mentalidade patriarcal por apenas essa pergunta, podemos dizer que ela parece ainda muito presente, não apenas quando está em jogo o que é correto fazer (o "deveria"), mas também quando as pessoas avaliam o que de fato acontece: somos majoritariamente hierárquicos e achamos que nossos concidadãos também são. A propósito, a sociedade brasileira continua caracterizada por uma visão de mundo hierárquica dentro e fora da família. Isso é corroborado no capítulo 3, que trata especificamente desses valores medidos pela bateria de questões à qual nos referimos. Do nosso ponto de vista, essa pergunta é um complemento ao conjunto de dimensões sobre as relações e os valores de gênero: podemos afirmar que o pilar da obediência aos pais ainda permanece elevado apesar do pequeno decréscimo na visão que as pessoas têm sobre a sociedade em que vivem.

A homossexualidade lidera a mudança no Brasil

Há várias manifestações particulares de um fenômeno geral do qual o Brasil faz parte: o fortalecimento dos valores que privilegiam liberdade e escolha individual em face de obrigações sociais, tradições e costumes, antigos e arraigados preconceitos e naturalização de algumas visões de mundo.

A valorização da liberdade individual e da emancipação e a rejeição à dominação e opressão individual vêm assumindo várias facetas e se fortalecendo, senão em todos, certamente na grande maioria dos países. No caso do Brasil, já está bem distante o tempo em que crianças hoje consideradas com síndrome de Down eram chamadas de forma depreciativa: isso faz parte de tal mudança. Já está bem distante o tempo no qual as arquibancadas dos estádios de futebol eram majoritariamente povoadas por homens e quando uma mulher aparecia junto com seu companheiro, era xingada. A grande redução ou quase desaparecimento das antigas piadas abertamente racistas também é parte do mesmo fenômeno. O que hoje vemos é o esforço de inúmeras escolas em incorporar pessoas com deficiências em salas de aula junto aos demais estudantes, bem como o fortalecimento da Lei Maria da Penha e da ação de delegacias de mulheres espalhadas em todo o Brasil, e de uma legislação muito mais dura, que tem se tornado com atino ainda mais rígida contra qualquer tipo de racismo.

Ainda que não tenhamos feito perguntas específicas que nos permitam afirmar, sem sombra de dúvida, que houve entre 2002 e 2022-23 expansão da liberdade individual de outros grupos, tais como os transgêneros, podemos deduzir com razoável segurança que se essas e outras questões tivessem sido abordadas pelas duas pesquisas, muito provavelmente teriam caminhado na mesma direção das relações de gênero: mais igualdade, liberdade e emancipação individual. Nossa confiança nesse resultado deriva do enquadramento geral de tais mudanças no Brasil (e no mundo) que, repetimos, tem a ver com o fortalecimento dos direitos individuais em oposição à submissão do indivíduo às obrigações sociais e visões tradicionais de mundo.

A PESB mostra que muito aconteceu no período estudado e que essas transformações, em função das contínuas mudanças demográficas e de outros fatores que têm impacto nesses valores, continuarão a ocorrer. O eterno debate acerca do atraso do Brasil precisa sempre estar devidamente ancorado em pontos de referência; isso significa indicar em relação a quem somos atrasados, até porque também estamos à frente de várias nações. Sempre haverá países mais adiantados e atrasados sob a perspectiva de quaisquer conjuntos de valores sociais que avaliemos. Além disso, é ocioso exigir dos brasileiros o que eles não podem dar ou oferecer. Não há nada que sugira, a princípio, que o Brasil faça parte do grupo das nações que lideram mudanças no terreno dos valores emancipatórios: somos ibéricos, falamos português, nossa matriz de formação foi católica e sempre estivemos muito atrás de várias nações que admiramos quanto ao nível escolar da população. Deve ser adicionado que essas características estão entrelaçadas e funcionando, na comparação com quem experimentou a reforma protestante, a favor de visões de mundo mais tradicionais.

O renomado e perspicaz pensador francês Alexis de Tocqueville em sua obra clássica *A democracia na América*, publicada em 1835, comparou a educação das mulheres nos EUA com a de países católicos europeus, em particular a França, e disse textualmente que "quase assustou-me ver a singular destreza e afortunada audácia com que tais jovens da América sabiam conduzir os pensamentos e as palavras, em meio aos obstáculos de uma palestra sem rebuços; um filósofo teria tropeçado cem vezes no estreito caminho que elas percorriam sem acidentes, nem dificuldades. Na verdade, é fácil reconhecer que, mesmo em meio à independência de sua primeira juventude, a americana nunca deixa inteiramente de ser senhora de si mesma"; enquanto, segundo ele, em seu país "ocorre-nos dar às mulheres uma educação tímida, afastada e quase claustral... e as abandonamos depois, de repente, sem guia nem socorro". Não é difícil compreender o que está em jogo: o ponto de partida tem o condão de subordinar a trajetória dos países.

Nações cuja linha de largada na corrida rumo à modernidade, no caso aqui manifestada pela igualdade entre homens e mulheres, foi muito recuada, terão evidentemente imensa dificuldade de alcançar aquelas que deram a partida mais próximas da linha de chegada, se é que ela existe. O fato é que o estágio em que um país se encontra hoje na sua trajetória rumo à modernidade depende, de modo geral, de onde ele começou a correr nessa direção. Tributários da colonização lusitana que somos, muito mal escolarizados e extremamente religiosos, nos fez começar muito atrás dos países anglo-saxões, nórdicos ou mesmo daqueles formatados pelo confucionismo. Ainda assim, estamos caminhando e muitas coisas têm ocorrido no Brasil em face de uma questão que guarda relação próxima com a igualdade de gênero: o apoio ao casamento de pessoas do mesmo sexo.

Em 1996, foi aprovado nos EUA o Defense Marriage Act, que definiu nacionalmente o casamento como a união entre um homem e uma mulher. Naquela ocasião, o equivalente norte-americano à nossa Comissão de Constituição e Justiça da Câmara dos Deputados declarou que o objetivo da nova lei era expressar a desaprovação moral da homossexualidade. Em 2015, quase vinte anos depois, a Suprema Corte legalizou o casamento de pessoas do mesmo sexo decidindo que era inconstitucional aos estados proibir essa prática. O então governo Obama celebrou a decisão de várias maneiras, das quais uma das mais simbólicas foi a projeção do arco-íris que simboliza o movimento gay na fachada da Casa Branca. Em consonância com o que frequentemente sublinhamos aqui, Obama declarou solenemente que "nossa nação foi fundada com um princípio escrito na pedra, o de que todos foram criados iguais".

No Brasil, o casamento homoafetivo foi aprovado por unanimidade em 2011 pelo STF. A decisão permitiu que o matrimônio entre duas pessoas do mesmo sexo fosse contemplado pelos direitos estabelecidos na Lei de União Estável, que já regulava a relação entre casais heterossexuais, definindo como entidade familiar "a convivência duradoura, pública e contínua". Em que pese o grande alarde feito de tempos em tempos toda vez que um projeto de lei é apresentado ou parece que irá tramitar na Câmara dos Deputados a fim de tornar ilegal a decisão do STF, nunca nenhuma iniciativa séria nesta direção avançou no âmbito legislativo. Os representantes eleitos pelo povo, tanto deputados quanto senadores, aprovam tacitamente a decisão do STF. Avaliando os dados da PESB quanto ao aumento da aprovação da união entre pessoas do mesmo sexo, podemos afirmar que muito provavelmente isso jamais será revertido. A opinião pública influencia a política.

É bastante impressionante a simples visualização da variação em pontos percentuais da aceitação das práticas sexuais pesquisadas em duas décadas. Entre os brasileiros adultos, o apoio que mais cresceu foi em relação às mulheres lésbicas, seguido de perto pelo apoio aos homens gays. Em uma linguagem de economistas, talvez seja possível afirmar que se trata de um *leading indicator*. O fato é que a maior aprovação de tudo que vem junto, do combo completo, as uniões homoafetivas e a formação de família, tem conexão direta, como demonstramos aqui, com valores mais igualitários de gênero.

Gráfico 3. Crescimento da visão liberal sobre as práticas sexuais entre 2002 e 2022-23

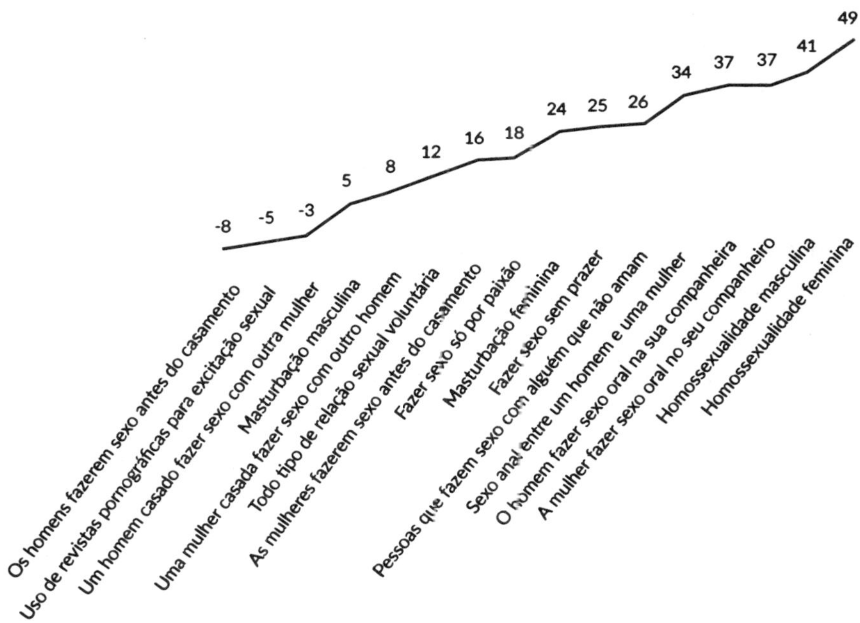

Aliás, quanto a isso, vale destacar algumas mudanças expressas nesse gráfico:

- As únicas três práticas sexuais para as quais a aceitação diminuiu dizem respeito quase que exclusivamente ao homem: uso de mídias para excitação sexual (algo bem mais comum dentre eles), os homens fazerem sexo antes do casamento e um homem casado fazer sexo com outra mulher;

- Por outro lado, houve aumento do apoio às mulheres fazerem sexo antes do casamento e a uma mulher casada fazer sexo com outro homem;

- A prática cujo apoio menos aumentou também diz respeito ao homem: masturbação masculina, um acréscimo de somente cinco pontos percentuais, ao passo que o apoio à masturbação feminina aumentou 24 pontos.

- O apoio ao sexo oral de parte a parte aumentou igualmente para homens e mulheres: 37 pontos percentuais.

Todas essas mudanças ocorreram na direção demandada pelos movimentos feministas e LGBTQIAPN+: brasileiras e brasileiros passaram a conceber até mesmo a intimidade sexual de maneira mais igualitária, ou seja, a sociedade começou a considerar que homens e mulheres deveriam ser vistos de forma mais próxima quando se trata do que fazem dentro de quatro paredes; além disso, a diversidade nas práticas sexuais se tornou muito mais aceita.

Chamamos atenção várias vezes para o fato de que as decisões dos políticos não ocorrem em um vácuo, mas guardam algum grau de conexão com as visões de mundo de suas sociedades. Tanto isso é verdade que, tomando outro exemplo de um país continental com população grande, a Rússia, as notícias mundiais que circulam sobre o tema da homossexualidade revelam que o país tem legislação muito restritiva e que manifestações públicas a favor da relação sexual de duas pessoas do mesmo sexo podem resultar em condenações e prisões. Isso ocorre porque o apoio da sociedade medido por pesquisas de opinião a essa prática é muito pequeno quando, por exemplo, comparado ao Brasil. Porém, não nutrimos a ilusão de que a correia de transmissão entre o que a sociedade pensa e seus políticos seja inteiramente congruente.

Da mesma maneira que, contrariando os ensinamentos do marxismo, a ideologia que as pessoas portam, suas visões de mundo e valores, têm relativa autonomia (bastante, em alguns casos) em relação à infraestrutura econômica; a política também goza de autonomia tanto em face da economia quanto às visões de mundo. A título de ilustração, a legalização do casamento homoafetivo no Brasil ocorreu quatro anos antes dos EUA, porém, na mesma época, essa modalidade de união tinha mais apoio social nos EUA do que no Brasil. Ou seja, caso houvesse total congruência entre o que a sociedade pensa e o que os políticos fazem, os EUA teriam tomado a decisão antes do Brasil. Há inúmeros fatores que influenciam a política para além de uma visão de mundo específica, tanto a política quanto o comportamento social, como pode ser constatado pelo exemplo a seguir.

Apesar do crescimento do apoio à homossexualidade, o Brasil ostenta elevado nível de assassinatos de pessoas transgênero e de agressões a homossexuais. Aliás, essa modalidade de agressão está fundamentada muitas vezes em um preconceito tão visceral que, de tempos em tempos, é noticiado que um pai e um filho, ou uma mãe e uma filha foram agredidos porque tinham sido confundidos com um casal de pessoas do mesmo sexo. Porém, quando consideramos tudo o que a PESB pesquisou, é possível argumentar que a agressão não acontece somente motivada pelo preconceito, mas também porque é permitida pela tendência dos brasileiros de não cumprirem a lei. Ou seja, o Brasil é um dos países líderes no mundo de descumprimento da lei em suas diferentes versões, sendo uma delas a perseguição a casais gays ou a quem seja confundido com eles.

Nessa mesma linha, para que um tema se torne objeto de embate político e seja mobilizado pelos representantes eleitos pelo povo, é preciso que antes eles sensibilizem os próprios eleitores, venham a diferenciá-los quanto ao voto e, eventualmente, tenham a capacidade de fazê-los se movimentar em períodos não eleitorais por meio de protestos, manifestações e abaixo-assinados. A parada gay no Brasil, oficialmente denominada Parada do Orgulho LGBT+, leva anualmente às ruas milhares de pessoas não somente na cidade de São Paulo, mas também em vários bairros de cidades grandes e em centenas de cidades pequenas e médias. Trata-se de uma grande onda de manifestações em todo o país, que ocorrem geralmente em junho e, no caso de São Paulo, acontece desde 1997. Não se tem registro de protestos ou passeatas contra o orgulho LGBT, contra o casamento de homossexuais ou a favor da exclusividade de casamentos heterossexuais. Há uma grande assimetria entre a capacidade de mobilização a favor da união homoafetiva ou contra ela. Quem é a favor da homossexualidade tende a considerar o tema, para sua vida, muito mais importante do que os que são contra. O que faz todo sentido, pois aumentar a aceitação social e legalizar o casamento homoafetivo têm impacto muito positivo no bem-estar geral das pessoas que mantêm relacionamentos com pessoas do mesmo sexo. Desde sua segurança física até a possibilidade de formarem famílias oficialmente. Por outro lado, para quem é contra isso, faz pouca diferença, não muda suas vidas em nada.

Algo idêntico se aplica a ser contra ou a favor do aborto. Aqueles que se opõem fortemente ao procedimento e ao mesmo tempo participam de igrejas cristãs acabam mobilizados por elas para pressionarem o sistema político por meio de petições, postagem nas mídias sociais e outros tipos de manifestações. Já os que são a favor do aborto, incluindo quem poderia dar testemunho público sobre já o ter realizado, por diversas razões não se mobilizam na mesma intensidade que seus adversários. Uma pesquisa sobre religião realizada em 2007 nos EUA, a Faith Matters Survey, mostrou que pouco menos de 40% das pessoas favoráveis ao aborto em qualquer circunstância o consideram um tema importante, ao passo que pouco mais de 80% dos que são contra o aborto em qualquer caso disseram que o tema é importante.

É possível que um fenômeno cognitivo semelhante aconteça no Brasil, o que explicaria a forte assimetria da mobilização de quem é contra e a favor do aborto.

A mudança pela qual os brasileiros passaram em termos de mentalidade sobre práticas sexuais e igualdade de gênero foi liderada, nos números, pelo apoio à homossexualidade. O que analisamos aqui, como em geral ocorre com a sociedade e outros fenômenos complexos, tem muitas faces: algumas coisas mudam mais rápido, outras, bem lentamente; há aquelas que têm forte impacto em decisões políticas e as que são ignoradas por nossos representantes; existem as que mobilizam quem é contra e deixam inerte quem é a favor, e vice-versa; há as que enfrentam mentalidades muito enraizadas e sólidas e outras cujo obstáculo à mudança é tíbio e fraco. Talvez seja muito difícil ou mesmo impossível prever a continuidade e o ritmo de transformação rumo à modernidade representada pelo fortalecimento da liberdade individual e ampliação da capacidade de as pessoas fazerem suas próprias escolhas. Uma coisa, porém, parece estar bem estabelecida por todas as informações que temos: que todas as nações, inclusive as mais tradicionais, caminham nessa direção. O Brasil não foi exceção, como vimos, e tudo indica que continuará não sendo.

5. Polarização personalizada: dois símbolos e o que eles mobilizam

com Lucio Rennó

A primeira rodada da PESB aconteceu quando Fernando Henrique Cardoso concluía seu segundo mandato consecutivo (1999 a 2002), depois de ter sido eleito presidente duas vezes no primeiro turno, resultados que evidenciavam maior consenso do eleitorado. Vitórias assim são difíceis, pois exigem mais do que 50% de votos, uma vez que vários candidatos são apresentados ao eleitor e não somente os dois mais votados — justamente por isso eles dependem de um eleitorado maleável e não radicalizado.

A segunda rodada da PESB começou no final de 2022 e se estendeu até meados de 2023. A coleta de dados foi um pouco mais longa, dentre outros fatores, devido à polarização política que tomou conta do Brasil. Afinal, do ponto de vista político, o país de 2002 era bem diferente daquele de 2022 e 2023.

O ano de 2002 encerrou dois mandatos de uma presidência que definiu a política econômica mantida nas décadas seguintes. Fernando Henrique estabeleceu o assim chamado tripé macroeconômico: câmbio flutuante, metas de inflação e equilíbrio fiscal. Tecnicismos e detalhes à parte, o tripé propiciou o controle da inflação. Tanto as testemunhas oculares quanto os livros de história estão de acordo sobre o que foi a grande obra do governo Fernando Henrique: estabilidade monetária, com controle da inflação. E isso ocorreu de maneira sustentável e permanente, em contraste com o que aconteceu no Brasil nos anos anteriores.

Entre 1980 e 1994, o Brasil teve cinco presidentes da República, quinze ministros da Fazenda, catorze presidentes do Banco Central, seis moedas e 730% de inflação anual. Entre 1995 e 2010, o país teve dois presidentes, três ministros da Fazenda, cinco presidentes do Banco Central, uma moeda e 7% de inflação anual. Essa transformação não ocorreu como mágica: a grande diferença entre os dois períodos foi a eleição presidencial e a competição entre PT e PSDB pelo controle do governo federal. O voto livre e universal, combinado com a competição partidária, obrigou os políticos a atenderem as demandas da população, dentre as quais estabilidade econômica e inflação controlada. Eis um grande consenso estabelecido nesse período.

Considerando novamente o que dizem as testemunhas oculares e os livros de história, agora para apreciação dos oito anos de governo Lula, entre 2002 e 2010, não haverá dúvida de que a grande obra do período foi a política social, em particular a transferência de renda ocorrida por meio do Bolsa Família. Lula jamais descuidou da inflação, porém deu um passo adiante ao unificar, estender e aumentar o volume de recursos de uma rede de proteção social que começou a ser implementada por seu antecessor. A combinação entre controle da inflação e políticas sociais de transferência de renda pareceu ter vindo para ficar. Não é exagero afirmar que o período entre 1995 e 2010 pode ser considerado um só governo de dezesseis anos, sendo os oito primeiros liderados por Fernando Henrique, e os subsequentes, por Lula.

Igualmente importante foi a grande mudança eleitoral ocorrida em 2006. Até então, havia consenso em relação à política econômica e aos programas sociais como marcas bem-sucedidas do rumo do país, mas foi aí que uma divergência começou a fazer parte dos mapas eleitorais do Brasil de maneira contundente. Foi na eleição de 2006 que a população mais pobre passou a votar de maneira incisiva no candidato do Partido dos Trabalhadores (PT) para presidente, enquanto os menos pobres votavam no PSDB. Aquilo não ocorreu por acaso. Ao se tornar presidente, Lula fez questão de demarcar o terreno: ele era um homem pobre, trabalhador e ex-metalúrgico que chegava ao poder para dar total prioridade aos que tinham mais necessidades. O Bolsa Família era o maior símbolo dessa novidade, mas não o único. Aliás, é possível afirmar que o principal símbolo era, na verdade, o próprio Lula: alguém que falava a língua do povo, com seus erros e maneirismos, utilizava expressões populares, abraçava crianças da periferia, visitava com frequência as regiões mais carentes do país e incorporava na maioria de suas falas a preocupação com a melhoria de vida dos desassistidos. Era o pobre governando para os pobres, e isso deu o resultado eleitoral desejado — o PT atraiu e consolidou o voto daqueles que ocupavam a base da pirâmide social.

Há quem considere que Lula tenha inaugurado o discurso do *nós contra eles*. Pode ser, mas de alguma maneira é disso que se trata a política. Independentemente das interpretações, 2006 é o ano a partir do qual os pobres passaram a votar no PT, e os não pobres, no PSDB: estava criado o terreno em que a polarização foi plantada e vicejou.

Note-se que, diferentemente de Fernando Henrique, Lula não derrotou o PSDB no primeiro turno. Porém, as duas vitórias que teve no segundo turno, sobre Serra e Alckmin, foram muito folgadas, com vantagem de aproximadamente vinte pontos percentuais. Assim como ganhar no primeiro turno, a vitória de 60% a 40% de votos era uma evidência cabal de que o país não estava dividido ao meio. Aqueles que mudaram de voto, os dispostos a votar tanto no PT quanto no PSDB, eram uma fatia considerável do eleitorado. Muita coisa mudou nos anos seguintes, que desaguou no resultado eleitoral de segundo turno, em 2022, em que Lula derrotou Bolsonaro por 1,8 ponto percentual de vantagem.

Se em 2002 e nos anos seguintes o consenso parecia ser a tônica na política, vinte anos mais tarde a sensação geral era a de que vivíamos um extremo dissenso. Muitos perguntam como foi possível essa mudança. A resposta parece estar nos anos que combinaram crise econômica sem precedentes com escândalos de corrupção inéditos.

Escândalos e denúncias de corrupção não são problemas em períodos nos quais a vida do eleitorado melhora. Ficam bem distantes da população desde que resguardado o aumento do poder de compra. Adquirir um bem novo é tangível, concreto e próximo; acompanhar o noticiário de denúncias é vago, complicado e entediante. Tudo muda quando escândalos acontecem em meio a uma crise econômica profunda, com efeitos bastante negativos no emprego e no poder de compra.

Dilma derrotou Serra em 2010 no segundo turno com uma vantagem de praticamente doze pontos percentuais. Bem menor do que os vinte pontos que Lula abriu sobre seus adversários em 2002 e 2006, e bem maior do que aconteceria em 2022. Durante o governo Dilma, entre janeiro de 2011 e março de 2016, a inflação foi muito elevada, atingiu a casa dos 45%. O ano de 2015 terminou com inflação de 10,7%, um recorde quando comparado a 2002, última vez que esse índice batera os dois dígitos, ainda no governo de Fernando Henrique. Durante quase três anos, entre o segundo trimestre de 2014 e o quarto trimestre de 2016, o Brasil viveu sua quarta pior recessão, considerando os últimos 150 anos até então! Em fevereiro de 2015, a então presidente Dilma se viu obrigada a levar a cabo um ajuste fiscal até pouco tempo antes exorcizado por ela, e o governo voltou a cobrar um imposto que incidia sobre o preço dos combustíveis, provocando forte impacto no valor do botijão de gás.

A crise econômica em suas mais diversas facetas foi a marca do período 2015-2018: inflação, desemprego, recessão e diminuição do consumo, uma verdadeira debacle para quem tinha vivido os anos Lula. Os brasileiros das regiões metropolitanas mais afetadas pelo martírio do desemprego eram negros, mulheres, tinham mais de 40 anos e ensino fundamental ou médio. As circunstâncias daquele período resultaram em várias medidas duras que prejudicaram justamente o eleitorado do PT: em junho de 2015, a presidente sancionou uma lei que aumentava de seis para doze meses o tempo mínimo trabalhado para solicitar o seguro-desemprego. Houve também o endurecimento das regras para obtenção de pensão por morte e auxílio-doença. E para os que ainda tinham emprego, o governo fez uma nova calibragem na mandíbula do "Leão", com o reajuste escalonado da tabela do Imposto de Renda.

As pessoas que ganhavam menos sofreram mais que os abastados. A medida fez com que milhões de pessoas, antes isentas de pagar imposto por causa da renda mais baixa, passassem a pagá-lo. Também ficou mais caro pedir dinheiro emprestado ao banco ou usar o cheque especial, pois o Imposto sobre Operações Financeiras (IOF) teve a alíquota duplicada em janeiro de 2015. A vida ficara muito mais difícil, o trabalhador que acreditou que Dilma daria continuidade à bonança de consumo dos anos Lula ficou sem emprego, em alguns casos também sem seguro-desemprego, incapaz de contrair empréstimos e pagando mais impostos.

A economia ia de mal a pior depois de oito anos gloriosos com Lula e de quatro relativamente medianos com Dilma. Além disso, os políticos estavam roubando, e muito. Esse era o ponto de vista da opinião pública. Nesse período, a corrupção passou a ser vista como o principal problema do país, superando questões como violência e saúde.

Na tarde de 9 de fevereiro de 2011, Lula viajou em um voo comercial da Gol, de São Paulo para Brasília, a fim de participar das comemorações do aniversário do PT. O ex-presidente, que saíra do poder com aprovação recorde, foi muito bem recebido pelos passageiros, posou para fotos e, ao sair, cumprimentou o piloto dentro da cabine de comando. Na noite de 7 de abril de 2018, o mesmo Lula seria transportado de São Paulo para Curitiba em um avião da Polícia Federal, onde ficaria preso por 580 dias. Os mais de sete anos que separam os dois voos foram marcados não apenas pela crise econômica profunda ocorrida no governo de quem ele apoiara para presidente, mas também por escândalos de corrupção exaustivamente divulgados pela mídia, que envolviam seu nome e o de seu partido nos que seriam considerados os piores malfeitos da história do país.

As investigações da Operação Lava Jato, lideradas pela 13ª Vara da Justiça Federal de Curitiba, tiveram começo discreto, em março de

2014. No dia 17 daquele mês, a Polícia Federal deflagrou a primeira fase: as viaturas estavam nas ruas à procura de doleiros acusados de formar um suposto esquema de propinas pagas por empreiteiras a altos executivos da Petrobras, que ficou conhecido como "escândalo do petrolão". Quatro anos mais tarde, as investigações da Lava Jato tinham se espalhado por vários estados, mobilizado diversas instâncias do Poder Judiciário e denunciado formalmente políticos de catorze partidos de todo o espectro ideológico — mais de uma centena deles foi ao menos investigada, muitos dos quais no exercício de seus mandatos (como o então presidente Michel Temer, além de três governadores, doze senadores e dezenas de deputados federais). Lula foi preso. Também foram encarcerados — e assim ficaram por um período — ex-ministros, um ex-presidente da Câmara dos Deputados, senadores e ex-senadores, deputados e ex-deputados, governadores e ex-governadores, além de presidentes de assembleias legislativas.

Entre 2014 e 2018, a parceria entre um juiz de primeira instância e o Ministério Público Federal levou adiante 57 fases da Operação Lava Jato. Os anos de 2015 e 2016 foram os mais produtivos. Sob a batuta da primeira instância de Curitiba desenrolaram-se catorze operações em 2015 e dezesseis em 2016. Entre março de 2014 e agosto de 2018 sucederam-se 1.196 buscas e apreensões, 227 conduções coercitivas e 155 prisões preventivas. Foram, em média, quatro conduções coercitivas e três prisões preventivas por mês, recheadas com acusações de desvios bilionários e com o envolvimento de dezenas de executivos de várias empresas de construção civil, entre elas Odebrecht, Camargo Corrêa, Mendes Júnior, OAS, Queiroz Galvão, Engevix, Iesa, UTC e Galvão Engenharia. Estava-se diante de uma fonte fácil e inesgotável de matéria-prima para o noticiário político, especialmente quando as viaturas da Polícia Federal retornavam das ruas com material apreendido, como aparelhos celulares, computadores e documentos. Não era raro que as ações de busca e apreensão em domicílios e escritórios de suspeitos e investigados fossem acompanhadas pela mídia, que só estava presente porque era informada com antecedência sobre tais operações.

O segundo semestre de 2016 foi fértil em ações e notícias que levaram a opinião pública a acreditar que todo o sistema político estava apodrecido e em ruínas. Em setembro, com Dilma já afastada do cargo por meio do processo de impeachment, mais um episódio de grande impacto ocupou a mídia: o então procurador Deltan Dallagnol anunciou a denúncia criminal contra Lula ao vivo, em entrevista coletiva para a imprensa. Dallagnol fez uma apresentação em Power Point que se tornaria famosa por seu layout, mas, principalmente, por reunir alegações cuja finalidade era tornar Lula um condenado aos olhos da opinião pública. No mês seguinte, o ex-presidente da Câmara dos Deputados, Eduardo Cunha (MDB), foi preso. Em novembro, o ex-governador do Rio de Janeiro, Sérgio Cabral (MDB), também foi para a prisão.

O próprio impeachment de Dilma foi motivado por dois fatores principais: uma crise econômica profunda e uma crise política — impulsionada por escândalos de corrupção na Petrobras, principalmente, que levaram o governo a iniciar seu segundo mandato já lutando para sobreviver. Fortes protestos populares contra o governo eleito, questionamento do resultado das eleições e exposição recorrente do acúmulo de problemas na mídia levaram à evolução do movimento a favor do impeachment de Dilma no Congresso Nacional.

As bases legais do impeachment foram fortemente criticadas pelo PT, que bravamente enfrentou as acusações e buscou saídas políticas e econômicas. Contudo, o ambiente geral, o humor do país, era muito negativo. Na verdade, desde 2013, com os violentos protestos de rua que empunhavam uma agenda claramente de insatisfação em face da qualidade dos serviços públicos no Brasil e à corrupção, o clima no país entre eleitores e representantes no Executivo havia azedado.

O desfecho do processo de impeachment, dada a resistência petista, deixou um país ainda mais dividido. O PT sofreu, como ficou evidente em sua derrota acachapante nas eleições municipais de 2016. A punição aplicada pela população foi clara naquele momento. Mas em 2018 Lula liderava as pesquisas de intenção de voto e tinha (supostamente) muita chance de ser eleito. O PT também elegeu naquele ano uma das maiores bancadas na Câmara dos Deputados. A agremiação renasceu das cinzas do impeachment e das eleições municipais como uma Fênix partidária e consolidou seu papel de liderança na esquerda. Ou seja, em parte, a narrativa do impeachment como golpe, lançada pela tropa de choque dilmista, se disseminou e se consolidou como um momento de aprofundamento da polarização.

O impeachment de Dilma criou a expectativa de que seu vice, Michel Temer, ao assumir a presidência, faria a economia melhorar e os escândalos minguarem. Mas para a opinião pública não foi o que aconteceu. Temer representava a ideia de continuidade e não conseguiu aplacar as denúncias de corrupção, que permaneciam ocupando a mídia, nem reverteu o quadro econômico que prejudicou o poder de compra do povo brasileiro. Ao fim e ao cabo, o presidente liberou milhões de reais em emendas aos parlamentares com a finalidade de salvar a própria pele.

Nenhum grande partido que ocupou o Poder Executivo a partir de 1994, como protagonista ou sócio minoritário das alianças de governo, escapou do massacre midiático das denúncias. Nem mesmo o então senador Aécio Neves (PSDB), figura de grande destaque por ter sido o candidato do PSDB a presidente em 2014. O senador envolveu seu partido no lamaçal midiático das denúncias de corrupção depois de ter sido gravado pelo empresário Joesley Batista enquanto supostamente combinava o recebimento ilegal de 2 milhões de reais. Aécio foi afastado de seu mandato pelo STF.

Em setembro de 2017, em um desdobramento da Operação Cui Bono (derivada da Lava Jato), uma diligência da Polícia Federal encontrou malas de dinheiro totalizando 51 milhões de reais no apartamento utilizado por Geddel Vieira Lima (MDB), ex-ministro do governo Temer. Naquela ocasião, Geddel já havia sido encarcerado e cumpria prisão domiciliar também por causa da Cui Bono.

O maior evento da operação Lava Jato, que elevou temporariamente Sergio Moro à condição de herói para segmentos importantes da opinião pública, foi a prisão de Lula, em abril de 2018. O empenho dos advogados de defesa do ex-presidente em obter um *habeas corpus* no STF, baseado na necessidade de condenação em todas as instâncias do Judiciário para que fosse decretada a prisão, fracassou diante de uma votação apertada: seis votos contra Lula e cinco a favor. No dia seguinte, a prisão do ex-presidente foi decretada por Sergio Moro. Lula havia sido condenado em duas instâncias do Judiciário no caso do tríplex do Guarujá, como ficou conhecido.

No mês seguinte, em uma tentativa da Justiça que muitos consideraram inócua de mostrar que não somente políticos do PT eram encarcerados, o ex-governador de Minas Gerais, Eduardo Azeredo (PSDB), teve prisão decretada. Em setembro, foi a vez do ex-governador tucano do Paraná, Beto Richa, ser levado ao cárcere; em outubro, o mesmo destino coube ao ex-governador de Goiás, o também tucano Marconi Perillo. A chuva de prisões de políticos foi concluída em novembro, com a detenção, no Rio de Janeiro, de Luiz Fernando Pezão (MDB), ainda no cargo de governador.

O resultado de tantos escândalos em meio a uma crise econômica profunda foi a quase completa derrocada dos políticos que representavam o *establishment*. Em 2018, Temer decidiu não tentar a reeleição; Dilma foi candidata ao senado por Minas Gerais, ficando atrás de três políticos regionais; ilustres desconhecidos foram eleitos governadores de Minas e do Rio de Janeiro. O cenário era perfeito para a emergência de um forasteiro com discurso populista, cujos elementos-chave eram o ataque contra todos os partidos políticos, contra o presidencialismo de coalizão e suas intrincadas negociações e oposição ao Congresso. Foi então que Jair Messias Bolsonaro deixou o baixo clero da Câmara dos Deputados para presidir o país.

Eleito no segundo turno, Bolsonaro, do Partido Social Liberal (PSL), teve uma vantagem de pouco mais de dez pontos percentuais sobre Fernando Haddad, candidato do PT. Levando em conta a profundidade da crise política e econômica do país, e o fato de o PT ter sido responsabilizado pela situação, é possível argumentar que foi uma vantagem pequena. Bolsonaro inovou ao defender uma plataforma política coerente, alinhada com o que é, no mundo atual, associado à ideologia da extrema direita.

Seguindo políticos desse espectro, Bolsonaro passou a confrontar abertamente políticas de gênero e LGBTIQAPN+, enfrentar políticas afirmativas e de inclusão social, defender o combate duro ao crime e pregar a favor da liberalização e desregulamentação econômica ampla e profunda. Uma vez no Palácio do Planalto, atuou de forma consistente com o que propôs como candidato: atacou os princípios democráticos, enfraqueceu ministérios que foram centrais nas gestões petistas e extinguiu o Ministério do Trabalho, acenando claramente contra direitos dos trabalhadores. No governo do país durante a pandemia de coronavírus que começou em março de 2020, Bolsonaro se notabilizou como um dos campeões mundiais do negacionismo, resultando em uma taxa de mortalidade por Covid-19 mais elevada do que em nações cujos governantes foram responsáveis diante da crise sanitária.

Entre 2002 e 2023, o Brasil parece ter se perdido em crises que enfraqueceram as instituições e desprestigiaram atores e partidos políticos. O país enfrenta forte polarização entre uma direita vinculada ao símbolo e à figura de Bolsonaro, que muito se aproxima da imagem da extrema direita mundial, e uma esquerda que apoia fortemente o discurso e o modo petista de governar, sob a liderança de um de seus símbolos mais importantes, Lula. Foram muitas mudanças, reviravoltas e incertezas, e a crescente sensação de que as divisões políticas se tornaram mais intensas e profundas — inclusive provocando conflito aberto entre amigos e membros de uma mesma família.

Diante desse cenário, e avaliando os dados das duas rodadas da PESB, é possível abordar com clareza e robustez os seguintes temas:

- o que aconteceu com a cabeça do brasileiro na política;
- o que pensam pessoas de esquerda e de direita sobre os temas que mobilizam o país;

- quais as diferenças entre esquerda, direita e centro e o que mudou em vinte anos em relação a esse assunto;

- como o voto se alinha entre pessoas de esquerda, direita e centro;

- semelhanças e diferenças entre o eleitor de Bolsonaro e o dos candidatos tucanos a presidente;

- semelhanças e diferenças entre o eleitor de Lula em 2002 e 2022.

Essas são algumas das questões que costumam surgir em rodas de conversa e que acabam gerando o seguinte comentário: "Alguém tem que escrever um livro para explicar isso."

Este é o primeiro estudo comparado de dois momentos históricos muito diferentes na história recente do Brasil. Ele permite entender como a visão dos brasileiros sobre inúmeros temas se relaciona com suas posições no espectro político, com seu voto e com a polarização. Temos absoluta certeza de que os resultados irão surpreender.

A tomografia computadorizada da polarização

Há uma analogia que se faz usando um termo médico quando a ideia é dizer que uma pesquisa mostra o que não era possível enxergar antes dela: "Raio X do eleitorado". Porém, o que a PESB propicia vai além disso — ela se assemelha mais a uma tomografia computadorizada: foi muito mais cara do que uma pesquisa de opinião convencional, permitiu obter várias imagens sequenciais dos brasileiros e todas elas muito detalhadas. A PESB revelou dados impossíveis de serem detectados pelas pesquisas que fazem apenas um raio X — e três fatores foram preponderantes para isso.

O primeiro deles é que as pesquisas foram feitas a partir de um mesmo desenho amostral, uma amostra probabilística nacional sem substituição. O segundo motivo é que o questionário de ambas as pesquisas foi longo, minucioso e explorou inúmeros aspectos da visão que os brasileiros têm sobre temas importantes de suas vidas. O terceiro e último fator que faz a PESB tão particular é que ela foi realizada duas vezes com o mesmo questionário em um intervalo de vinte anos. Modernas técnicas de análise estatística permitem, graças às particularidades da concepção e execução dessa pesquisa, detectar mudanças reais da sociedade. Por isso, podemos afirmar com bastante segurança que ela funciona como uma tomografia computadorizada da polarização.

O aumento da polarização

O primeiro dado importante sobre a polarização no Brasil mostra que ela aumentou, entre 2002 e 2022-23, tanto à esquerda quanto à direita. Isso pode parecer surpreendente, uma vez que muita gente associa polarização ao extremismo de direita. Todavia, os números não mentem.

A pergunta que permitiu detectar esse fenômeno solicitava que os entrevistados se classificassem em uma escala com sete opções: *esquerda, mais de esquerda que de centro, mais de centro que de esquerda, centro, mais de centro que de direita, mais de direita que de centro* e *direita*. Em vinte anos, foi possível perceber que o número de pessoas que se identifica com o centro diminuiu; já o quantitativo que se identifica com a esquerda aumentou treze pontos percentuais, assim como o da direita, que aumentou sete pontos.

Em 2002, exatos 12% dos brasileiros adultos se diziam de esquerda, proporção que subiu para 25% em 2022-23. Do outro lado, o crescimento de quem se declara de direita foi de 28% para 35% em vinte anos. Os defensores da visão de que a direita cresce de forma desproporcional tomarão esse dado como uma evidência, já que há dez pontos percentuais a mais de direitistas em relação a esquerdistas, vantagem bastante significativa. Isso pode ser considerado verdade, desde que não existam esquerdistas *escondidos* porque decidiram não responder a essa pergunta, algo que abordaremos adiante.

Outra maneira de analisar o mesmo resultado é por meio da soma daqueles que responderam *de esquerda* e *mais de esquerda que de centro* — esses seriam os brasileiros mais à esquerda; os mais à direita seriam resultado da soma das respostas *direita* e *mais de direita que de centro*; e, por fim, os centristas seriam compostos pela soma das respostas *centro*, *mais de centro que de esquerda* e *mais de centro que de direita*. Na reclassificação das três posições políticas, as pessoas de esquerda eram 22% dos brasileiros adultos em 2002 — e cresceram para 29% em 2022-23; e os de direita eram 39%, passando para 43%; os de centro eram 39%, reduzindo para 28%. Ocorreu claramente o enfraquecimento do centro. Ou seja, houve um inquestionável processo de polarização dos brasileiros considerando a avaliação que eles próprios fazem de si, do ponto de vista político. E, igualmente importante, partindo dos conceitos tradicionais e supostamente conhecidos da maioria das pessoas.

A autoclassificação como de direita, quando avaliada sob a ótica da reclassificação (que soma *direita* com *mais direita do que de centro*), revela crescimento de quatro pontos percentuais em vinte anos. Isso significa que, de acordo com a opinião pública, a direita já era bastante forte desde os primeiros anos do século XXI, abrangendo quase 40% dos que responderam a essa pergunta. Contudo, em que pese sua força anterior, não houve naquela época nenhum líder político que tenha mobilizado esse eleitorado com um discurso explicitamente de direita tal como conhecemos hoje. Isso é suficiente para revelar que não bastam eleitores que se considerem de direita, é preciso que existam líderes e, certamente, um cenário político favorável a seu surgimento. Como mostraremos adiante, a direita de hoje é diferente daquela de outrora. Está mais coesa e coerente em relação aos temas políticos que dividem eleitorados pelo mundo. É inegável que o surgimento de um líder que legitima agendas de direita, e em sintonia com o conservadorismo majoritário da população sobre alguns temas, catalisa esse alinhamento ideológico. Assim, é importante destacar que há um conservadorismo muito disseminado na população brasileira desde 2002. Bolsonaro não se impõe como um alienígena que aterriza do nada em um país progressista e faz uma lavagem cerebral na população com *fake news* divulgadas em grupos de WhatsApp usando tecnologias à la Cambridge Analytica. Isso pode até ser parte da história, mas é inegável que encontrou terreno fértil na população brasileira, que veio ao encontro da agenda bolsonarista, mais do que um ato de marketing em que Bolsonaro molda a maneira de pensar da população. Houve clara convergência, como nossos dados e outras pesquisas já mostraram.

Uma ressalva importante é que todas as proporções mencionadas se aplicam somente àqueles que escolheram responder à pergunta sobre posicionamento político. Aliás, a avaliação da polarização só pode ser realizada considerando apenas aqueles que responderam a esta pergunta. Em 2002, a soma dos que disseram não saber o que é esquerda ou direita, ou que simplesmente não quiseram responder à pergunta, foi de 19%; em 2022-23, o número aumentou para 26%. Ou seja, respectivamente um quinto e um quarto dos adultos. Certamente causa surpresa tomar conhecimento de que com o passar dos anos menos gente se mostrou capaz de responder a essa indagação, justamente porque a percepção geral de quem participa da política é a de que os termos *esquerda* e *direita* passaram a ser cada vez mais utilizados. Essa questão será tratada quando abordarmos os significados de cada termo segundo os próprios brasileiros.

A corrosão do centro

Entre 2002 e 2022-23, aqueles que se autoclassificaram como centro diminuíram mais nos seguintes grupos: entre os evangélicos não pentecostais houve redução de 35 pontos percentuais (era 50% em 2002 e passou para míseros 15% depois de vinte anos); na região Sul, a redução foi de 24 pontos, de 51% para 27%; nas cidades de porte médio para grande, isto é, com mais de 100 mil e menos de 500 mil habitantes, o centro perdeu vinte pontos percentuais — esse número se repete entre os que têm grau superior completo. Em relação às pessoas que se autoclassificam de cor ou raça branca, a alteração foi de dezessete pontos percentuais; e dezesseis pontos junto aos evangélicos pentecostais, nas cidades de porte médio para pequeno (25 a 100 mil habitantes) e entre os que têm ensino médio completo. Por fim, na região Centro-Oeste, o centro político perdeu quinze pontos percentuais de adeptos. Vale mencionar ainda que o centro não cresceu em nenhum segmento sociodemográfico. O melhor desempenho foi na região Nordeste, onde nada mudou — as pessoas que se consideravam de centro permaneceram sendo 27% nos dois momentos em que as pesquisas foram feitas.

Maior crescimento: esquerda e direita

Os avanços mais significativos de quem se considera de esquerda ocorreram junto às pessoas com 60 anos ou mais: crescimento de dezoito pontos; o mesmo aconteceu na região Sul e junto às pessoas que estudaram até o ensino fundamental I. No grupo das pessoas que se consideram de raça ou cor preta, a esquerda aumentou treze pontos; entre os que se declaram brancos e no grupo que está nas cidades de 25 a 100 mil habitantes, cresceu onze pontos. A direita, por sua vez, cresceu 26 pontos percentuais no público de evangélicos não pentecostais, passando de 27% em 2002 para 53% em 2022-23. Ela também cresceu no grupo das pessoas com ensino superior completo: dezesseis pontos; ensino médio: catorze pontos; e onze pontos tanto na região Norte quanto nas cidades de 100 a 500 mil habitantes. Por fim, a direita cresceu junto aos evangélicos pentecostais, mas apenas nove pontos percentuais, pois já era muito forte em 2002, quando 48% do grupo já havia declarado essa posição política. Da mesma maneira que aconteceu com o centro, mas com sinal trocado, não houve redução de pessoas que se consideram de esquerda em nenhum subgrupo sociodemográfico.

No caso da direita, houve redução numérica irrisória de dois pontos (dentro da margem de erro das pesquisas) nas cidades com menos de 25 mil habitantes, e de cinco pontos no Nordeste.

Direita e esquerda: o que não surpreende

É relativamente previsível o crescimento da direita entre os segmentos apontados se unirmos o conhecimento intuitivo com algumas informações da PESB. Nos primeiros vinte anos do século XXI, os evangélicos, pentecostais e não pentecostais, não apenas cresceram em números proporcionais e absolutos, mas também passaram a agir politicamente, a fim de influenciar a agenda nacional e as iniciativas legislativas.

O ápice dessa participação se deu com a vitoriosa mobilização realizada por Bolsonaro na eleição de 2018. Durante o processo eleitoral, o então candidato utilizou constantemente a religião evangélica e símbolos conservadores que mobilizam seus fiéis, tais como oposição ao aborto e ao casamento de pessoas do mesmo sexo. O aumento da direita na região Norte e nas cidades de 100 a 500 mil habitantes, como os dados da PESB revelam, também tem um componente religioso. Na região Norte, segundo a pesquisa, a proporção de evangélicos, somadas as duas grandes denominações, ultrapassou a de católicos. Fenômeno semelhante aconteceu nas cidades de porte médio para grande. Nelas, os católicos ainda são maioria, mas os evangélicos duplicaram sua força proporcional, explicando em grande medida o crescimento de pessoas que se consideram de direita em tais localidades. Por fim, a direita aumentou de maneira considerável nas duas faixas mais elevadas de escolaridade. Isso é algo inteiramente previsível, pois pessoas de escolaridade mais elevada desfrutam de melhor renda e, por isso, se identificam mais com a agenda e as propostas de direita.

O crescimento da esquerda entre quem tem até o ensino fundamental I é explicado pela mesma lógica. Assim como os mais ricos preferem a direita, com o passar do tempo os mais pobres acabam por se identificar em maior proporção com a esquerda. É ela quem defende políticas de transferência de renda, tributação dos mais ricos, subsídios a itens de consumo popular e outras medidas semelhantes que beneficiam no curto prazo a base da pirâmide social. A esquerda também aumentou muito entre pessoas que se consideram pretas. Quando comparadas com as brancas, as pessoas pretas e pardas têm escolarização mais baixa. Além disso, os governos de esquerda fizeram questão de implementar e de defender com muita divulgação midiática as políticas de cotas raciais, mais conhecidas como cotas para negros. Portanto, não surpreende que a autoclassificação de esquerda tenha aumentado de forma expressiva junto a esse segmento. Os pardos não fizeram o mesmo, talvez por duas razões. A primeira é que a adesão de pardos às religiões evangélicas pentecostais, mais conservadoras, foi muito grande nos vinte anos que separam as duas pesquisas, saindo de 12% para 21%, ao passo que os pretos permaneceram rigorosamente estáveis, em 12%, nessa religião. A segunda é que as cotas raciais dificilmente são divulgadas como sendo para pretos e pardos, mas tão somente para negros. É possível que isso tenha tido impacto na estabilidade de pardos se classificando como esquerda.

A explicação para o crescimento da esquerda junto àqueles com 60 anos ou mais, brancos, na região Sul e nas cidades de 25 a 100 mil habitantes, talvez seja mais difícil de encontrar. Pode-se especular que tenha ocorrido no caso dos mais velhos em função da defesa mais explícita que a direita faz de reformas da previdência e, por outro lado, porque a esquerda confere bastante ênfase à transferência de renda por meio do Benefício de Prestação Continuada (BPC). No caso da região Sul, também especulativamente, pode-se dizer que sempre representaram um voto de esquerda minoritário, porém firme, e eleitorado mais amplo no Rio Grande do Sul — nos dois casos, a autoidentificação com a esquerda teria aumentado em face da crescente militância de direita. Quanto aos brancos e moradores de cidades médias, é mais difícil formular uma hipótese que justifique o crescimento da identidade com a esquerda.

O fato é que toda a sociedade foi sacudida pela redução do centro e pelo aumento dos dois extremos, e, neste caso, é normal que alguns segmentos tenham sido mais afetados do que outros. Isso pode ter acontecido por fatores facilmente identificáveis, como mostramos anteriormente, ou por motivos que demandam mais dados e reflexões, como é o caso dos dois últimos segmentos. A tomografia computadorizada não permite ver tudo, às vezes é preciso uma ressonância magnética. Por fim, não podemos tampouco descartar razões aleatórias para algumas dessas mudanças.

Direita, polarização e a análise enviesada

As duas edições da PESB revelam que não foi apenas a direita que cresceu no Brasil, mas também a esquerda. Alguns vão afirmar que é uma falsa equivalência. De modo algum. O que apresentamos são dados de opinião pública, respostas à pergunta que indaga sobre a posição política dos brasileiros. Assim, toda abordagem é relativa às pessoas, ao cidadão comum, sobre a sociedade, e não acerca da elite política. Não podemos fazer afirmações contrárias aos fatos. Os números das duas pesquisas mostram de maneira inquestionável que uma grande proporção de brasileiros deixou de se considerar centro e escolheu um dos polos, esquerda ou direita.

O fato é que dezenove pontos percentuais daqueles que optaram por uma das cinco respostas oferecidas com a palavra *centro* deixaram de escolhê-las em 2022-23. Destes, doze pontos passaram a se ver como apenas *esquerda* e sete como somente *direita*. Trata-se de uma inquestionável polarização da sociedade quando observada por sua autoclassificação.

A noção de que apenas a direita cresceu é fundamentada em uma análise enviesada. De novo, vale insistir, estamos aqui tratando do lado da demanda política, do eleitorado, como ele pensa e eventualmente tende a se comportar. Considerando apenas isso e levando em conta o padrão de respostas das duas pesquisas, a esquerda cresceu mais do que a direita no Brasil. Dito de outra forma, a visão de si mesmo como esquerda pura, sem qualquer pitada de *centro*, aumentou mais nas duas décadas que separam 2002 de 2022-23 do que a visão de si mesmo como direita pura.

O resultado final desse período histórico é que em 2002 havia 12% dizendo-se apenas de esquerda e 28% apenas de direita. Em 2022-23 eram 25% esquerda pura e 35% direita pura. Diante disso, haverá quem argumente que essa é a evidência cabal do domínio eleitoral da direita. Isso só seria verdade em duas situações: se a direita estivesse próxima de ser a maioria da população ou se não tivesse ocorrido um crescimento da esquerda capaz de enfrentar o aumento da direita. Nenhuma das duas coisas aconteceu ou está em vias de acontecer. O que se verificou no Brasil foi, sim, um processo de polarização, de aumento dos dois polos do espectro político.

É importante que isso não seja misturado e confundido com a oferta de políticos mais conservadores ou mais progressistas. O livro *A cabeça do brasileiro*, quando lançado, em 2007, foi objeto de muita controvérsia, porque revelava, a partir dos dados da PESB 2002, que os brasileiros eram extremamente conservadores nos costumes. Porém, naquela quadra histórica não havia um político ou partido que mobilizasse esse conservadorismo defendendo sua agenda. Ou seja, já naquele período existia a demanda por uma pauta conservadora nos costumes, mas não surgiu uma leva de políticos que atendesse à demanda. Como mostrado anteriormente, em 2002, a soma de *direita* com *mais direita do que centro* era 39% e passou para 43% depois de vinte anos. A diferença de quatro pontos percentuais é o que separa a oferta de um PSDB e um Fernando Henrique Cardoso, em 2002, da de um Bolsonaro, em 2022. Portanto, não havia nada no eleitorado do início do século XXI, ao menos se considerarmos essa maneira de compreender o posicionamento político, que impedisse a emergência de um líder que fosse imagem e semelhança do que Bolsonaro passou a representar duas décadas depois. Isso mostra que a simples existência de uma demanda conservadora, um eleitorado com esse perfil, não resulta necessariamente na oferta de um líder com essa característica.

É sempre bom lembrar que este texto tem um recorte muito claro: ele trata da opinião pública, da sociedade, dos eleitores. Não é nem pretende ser uma análise da elite política. A confusão que muitas vezes se faz é projetar nos eleitores o que os políticos pensam e falam (e não fazem). O extremismo do discurso de Bolsonaro não foi o que permitiu a ele chegar ao poder, mas sim uma conjuntura política e de opinião pública que levou a maioria dos brasileiros a não querer que voltassem ao poder em 2018 nem o PT nem o PSDB. Essas circunstâncias não estão relacionadas com o conservadorismo das pessoas, tampouco com a polarização, mas sim com fatos políticos, como a debacle econômica, os escândalos de corrupção e a piora abrupta das condições de vida, e a consequente percepção dos eleitores de que o sistema estava apodrecido. É a combinação desses fatores que, em geral, torna viável que um radical de direita (ou de esquerda) chegue ao poder, e não a polarização ou a tendência mais conservadora do eleitorado.

O que é ser de esquerda e de direita

Há ao menos duas grandes maneiras de compreender o que as pessoas acham que é ser de esquerda e de direita. Uma delas é por meio da avaliação das respostas que elas dão a questões que medem como enxergam a economia, os costumes e outros temas. A outra, sobre a qual iremos falar agora, é perguntar o que elas acham que cada um desses termos significa — é o que chamamos de resposta aberta, quando a pessoa que vai responder a pesquisa tem a possibilidade de expressar sua opinião de forma livre. Uma questão aberta demonstrou que em 2002 a parcela da população que respondia às singelas perguntas *Na sua opinião o que é ser de esquerda? E o que é ser de direita?* considerava muito mais ter noção de ambos os termos do que vinte anos mais tarde. Em 2002, nada menos do que 23% disseram não saber o que é esquerda, e 21%, direita. Em 2022-23, ambas as proporções mais do que duplicaram, passando respectivamente para 47% e 46%. Talvez tenha sido essa a maior variação na comparação de duas respostas das edições da PESB.

Parece um contrassenso, pois há a sensação generalizada de pessoas que acompanham intensivamente a política de que esses dois termos passaram a ser mais utilizados no decorrer dos anos. Contudo, é importante registrar que muitas vezes o Brasil não conhece o Brasil — uma coisa é achar que o aumento do uso de alguns conceitos pela elite tenha levado a população a compreendê-los melhor e utilizá-los mais, outra coisa é isso realmente ter ocorrido.

Tabela 1. O que é ser de esquerda? E de direita?

	Não sabe o que é		Não respondeu		Alguma resposta válida	
	2002	2022-23	2002	2022-23	2002	2022-23
Esquerda	23%	47%	3%	2%	74%	51%
Direita	21%	46%	3%	2%	76%	52%

Fonte: Pesquisa Social Brasileira (2002, 2022-23).

Em 2002, 38% dos entrevistados disseram que ser de esquerda é fazer oposição ao governo; essa proporção caiu para 23% em 2022-23. O mesmo aconteceu com sua contraparte, só que com o sinal trocado: em 2002, 40% das respostas diziam que ser de direita era sinônimo de estar a favor do governo; esse número caiu para 22% em 2022-23. Realmente, na primeira edição da pesquisa, o Brasil não tinha sido governado pelo PT ou por Lula. Considerar esquerda oposição e direita governo fazia sentido.

Vinte anos mais tarde, após a eleição de quatro governos de esquerda (liderados por políticos que tinham sido até 2002 apenas oposicionistas), seguidos de Michel Temer, de Bolsonaro e da ausência do PSDB do centro nacional de poder, o mundo da maioria das pessoas foi embaralhado quanto aos dois conceitos. Quem era oposição passou mais de uma década no governo e quem era governo, o PSDB, nunca mais voltou ao poder. E quando o PT foi derrotado, foi por alguém que tinha sido oposição a todo o sistema. Ou seja, antes disso tudo ocorrer, o significado do que era esquerda e direita estava muito mais bem estruturado na cabeça da maioria dos brasileiros. Assim, o embaralhamento dos atores políticos quanto a governo e oposição provavelmente contribuiu para que a proporção dos que não souberam responder a essa pergunta tivesse aumentado tanto em vinte anos.

Em 2002, as respostas para a pergunta sobre o que é ser de esquerda totalizaram 86% — quando somados fazer oposição (38%); defender os pobres, o povo e o social (19%); estar do lado errado (15%); ser contra o sistema, contra o regime (7%); e ser socialista ou comunista (7%). Já em 2022-23, a soma para essas respostas totalizou 77%, sendo que surgiu uma nova resposta: fazer oposição caiu para 23%; defender os pobres e o social aumentou para 26%; ser errado ou estar do lado errado diminuiu para 11%; ser contra o regime ficou reduzido a 4%; ser comunista ou socialista foi para 9%; e a novidade: ser a favor de Lula e do PT, que atingiu 5%. A segunda maior variação nas respostas foi: para defender o social, a igualdade, o povo e os pobres. Ou seja, houve o aumento de respostas em uma alternativa que define a esquerda substantivamente. De certa forma, as pessoas passaram a entender melhor o que é ser de esquerda, através de uma definição positiva, e não pela ausência de um atributo ou condicionado à dualidade governo e oposição.

É interessante que essa definição é muito utilizada pela ciência política e por acadêmicos de psicologia social para caracterizar a posição de esquerda. Jonathan Haidt, em seu livro *A mente moralista*, e também em seu projeto *YourMorals*, demonstra por meio de inúmeras pesquisas que a separação entre esquerda e direita está na defesa de duas moralidades distintas, sendo a da esquerda aquela que privilegia apoiar e assistir aos mais fracos. É por isso que os mais pobres tendem a votar em partidos de esquerda, assim como imigrantes e seus descendentes nos países ricos, e toda a variedade de grupos sociais que se consideram prejudicados pelas regras vigentes. Cabe à esquerda, na visão dessa moralidade, subverter ou modificar tais regras, a fim de aliviar o sofrimento dos mais fracos. Se recalcularmos a proporção de 26% encontrada nas respostas válidas de 2022-23 para o total da população adulta, sabendo que 51% responderam à pergunta, temos que aproximadamente 13% dos brasileiros concordam com a visão que importantes correntes da academia têm sobre essa definição.

Em 2002, as respostas válidas para o que é ser de direita se concentraram em ser a favor do governo (40%); estar do lado certo e fazer as coisas certas (24%); fazer pelo povo, governar bem e pensar no bem comum (11%) — que somados totalizaram 75%. Em 2022-23, as mesmas três respostas pontuaram 22%, 24% e 9%, respectivamente. Outras apareceram com destaque, como ser contra o povo e a favor da elite (12%); atuar em benefício próprio (4%); ser conservador (3%); e ser capitalista e dar ênfase ao desenvolvimento econômico e das empresas (4%). A soma de todas essas respostas atingiu 76%. Reparem, novamente, que atributos substantivos da direita, voltados para questões políticas, ganharam destaque. As pessoas também passaram a entender mais a direita por suas posições substantivas diante de determinados temas.

Não é simples interpretar o que os respondentes tinham em mente quando disseram que ser de direita é estar do lado certo, do lado bom e defender as coisas certas. Recorrendo novamente às duas moralidades, as pessoas de direita tendem a dar prioridade ao bom e correto ordenamento da sociedade, ao cumprimento das regras e à punição daqueles que não cumprem as leis. Ser de direita, segundo essa lógica, é ser uma pessoa correta, respeitadora, ordeira. Elas desejam que as normas sejam seguidas, e os costumes, respeitados. Neste sentido, são opositoras da subversão e do questionamento do que está estabelecido. É possível que, ao afirmar que ser de direita é estar do lado certo, os respondentes tenham pensado que o certo é o que existe, o que está vigente. Se for isso, e se somarmos aos que responderam ser conservadores, temos o número mágico de 26%, a mesma proporção dos que ficaram com a moralidade da esquerda. A projeção desta fatia para o total da população também fica em 13%.

Esquerda, direita e visões de mundo

O que veremos adiante, quando se tratar da autoclassificação esquerda e direita, ou simplesmente de esquerda e direita, sempre terá como referência a pergunta da PESB que solicitou a cada entrevistado que se autoclassificasse de acordo com a já apresentada escala de sete opções. Vale sublinhar que somamos *esquerda* com *mais esquerda do que centro* e *direita* com *mais direita do que centro* para obter os grupos esquerda e direita; e as três respostas restantes para obter os eleitores de centro.

Em um primeiro momento, foram desconsiderados para tais análises 19% dos respondentes em 2002 e 26% em 2022-23, pois eles disseram não saber o que é esquerda e direita, ou simplesmente não responderam. Mas também verificaremos, ao fim de nossa análise, com quem esse grupo se parece mais, comparando com quem se declarou de esquerda, centro ou direita. Vimos que a conceituação do que é esquerda e direita mudou e se tornou mais substantiva em 2022-23, mas também mais desafiadora e cheia de nuances. As certezas de 2002, ancoradas na dicotomia *governo e oposição* para a compreensão do que é ser de direita e de esquerda, diminuíram. Mas isso não significa que os que deixaram de se declarar de esquerda e direita não tenham preferências ou visões sobre temas políticos — pode ser que não tenham entendido bem os conceitos, ou se negam a usá-los devido ao crescente grau de conflito que a polarização gera.

Vale lembrar que as pessoas que se autoclassificaram como esquerda, centro e direita são as mesmas que nas duas perguntas seguintes disseram o que entendem por esquerda e direita. Ou seja, é importante considerar que a concepção das pessoas sobre essas posições políticas nem sempre coincide com o que a literatura especializada sobre o tema diz ser esquerda e direita, nem com a visão daqueles que se interessam e se envolvem mais intensivamente com política.

Ao cruzarmos a autoclassificação esquerda, centro e direita com as perguntas que permitem compreender as diversas visões de mundo, estamos na verdade avaliando se o que as pessoas pensam de si mesmas, quando se posicionam no espectro político, é útil para diferenciá-las quanto às suas visões de mundo acerca de questões relevantes para a sociedade, tais como legalização do aborto, liberalismo econômico, diferenças nos papéis de homens e mulheres, entre outras questões.

É importante ter em mente que as respostas válidas para as perguntas *O que é ser de esquerda?* e *O que é ser de direita?* indicaram que em 2022-23 ao menos metade dos adultos diferenciaram as duas posições. Em 2002, vale lembrar, aproximadamente 75% dos adultos diferenciaram esquerda e direita. Ou seja, uma fatia significativa do eleitorado se classifica entre esquerda, centro e direita e considera esquerda e direita duas posições políticas distintas. Assim, a hipótese inicial, antes de ter dados de pesquisa nas mãos — uma *tomografia computadorizada* da maneira de pensar da população —, é a de que a autoclassificação esquerda, centro e direita terá relação com as diferentes e diversas visões de mundo que as pessoas têm. Passaremos a ver agora se isso realmente acontece.

Três dimensões do liberalismo econômico: fornecimento de serviços e bens, regulação e protecionismo

A PESB avaliou três dimensões importantes e diferentes do liberalismo econômico. A primeira delas diz respeito ao provimento de bens e serviços. Foram apresentados aos respondentes catorze serviços ou bens — que iam desde educação, saúde e justiça, até fabricação de automóveis, serviços bancários e de telefonia —, com a solicitação de que dissessem quem deveria fornecê-los, se as empresas ou o governo. Os liberais extremados responderam, em relação a todos os itens, que as empresas deveriam; os menos liberais disseram que deveria ser o governo.

A segunda dimensão do liberalismo estudada foi a regulação estatal. Foram apresentadas sete situações — que iam desde controle de preços até socorro governamental para empresas em dificuldades —, e os entrevistados tiveram de dizer se o governo deveria intervir ou não no mercado ou nas decisões empresariais. As pessoas mais liberais, do ponto de vista econômico, responderam que não deveria haver regulação alguma; os menos liberais disseram que o Estado deveria estar presente em todas as situações.

Por fim, avaliamos o protecionismo por meio de uma bateria também de sete perguntas sobre abertura do mercado para importações, remessa de lucros de multinacionais e contratação de mão de obra estrangeira. Novamente, quanto menos protecionista uma pessoa é, menos restrição terá ao que vem de fora do Brasil; quanto mais protecionista, mais achará que tudo tem que ser nacional.

Para cada uma das três dimensões foi criada uma régua que congregou todas as respectivas perguntas — iremos denominá-las, respectivamente, de régua de liberalismo, de apoio à regulação estatal e de protecionismo.

A literatura especializada de ciência política aponta para a importância de visões de mundo acerca da economia, sobre temas como privatização e abertura de mercado, para explicar o voto em eleições presidenciais. Visões liberais da economia, como apoio à redução da presença do Estado na atividade empresarial, são associadas ao voto na direita, diminuindo, inversamente, a probabilidade de apoiar um candidato de esquerda. Esses resultados têm sido relativamente estáveis em estudos realizados em diversos países e em diferentes épocas. As perguntas da PESB permitiram verificar se aqueles que se autoclassificaram como esquerda e direita pensam diferente sobre o tema e como essas posições evoluíram em vinte anos.

O primeiro resultado que merece registro diz respeito a uma estabilidade: entre 2002 e 2022-23, os que se identificaram nas duas pesquisas como esquerda e centro não mudaram sua visão de mundo acerca do papel do Estado no provimento de bens e serviços. Já os que se autoclassificaram como direita se tornaram mais liberais. Tomando um item como exemplo, em 2002, 36% de quem era de direita afirmava que somente o governo deveria fornecer telefonia celular — a proporção caiu para 22% em 2022-23.

Todavia, quando analisamos as diferenças entre esquerda e direita nas duas pesquisas, levando em conta dados individuais, e fazemos isso por meio de uma análise estatística apropriada para esse tipo de informação, detectamos que não há diferenças marcantes entre esquerda e direita em 2002 e 2022-23. Nos dois anos, quem se diz de centro é mais liberal do que os de esquerda e direita. É assim no Brasil, ainda que não seja em outros países.

Na segunda dimensão, a regulatória, detectamos que houve mudança: tanto centro quanto direita se tornaram significativamente mais liberais, ao passo que a esquerda permaneceu em 2022-23 onde estava em 2002. Ou seja, a diferença entre esquerda e direita se acentuou pelo movimento dessa última. Tomemos como exemplo uma das sete perguntas que formam a régua da regulação: o governo deve controlar os preços de todos os produtos vendidos no Brasil. Na esquerda, houve em vinte anos redução de seis pontos percentuais de quem concorda com isso; no centro, a redução foi de 21 pontos; e na direita, de dezesseis pontos percentuais. O que aconteceu com esse item da bateria de perguntas se repetiu nos demais: centro e direita caminharam em direção a uma visão mais liberal e as pessoas que se consideram de esquerda não mudaram muito sua visão de mundo.

A terceira e última dimensão do liberalismo econômico, o protecionismo, também apresentou um resultado que para muitos parecerá surpreendente. Direita, centro e esquerda se tornaram bem menos protecionistas no decorrer de duas décadas. Quando confrontados com a afirmação de que *o governo precisa dificultar mais a entrada de produtos estrangeiros no Brasil*, em 2002, 32% das pessoas que se consideravam de esquerda discordavam; a proporção aumentou para 54% em 2022-23; a respectiva mudança para as pessoas de centro foi de 32% para 52%; e de direita, de 31% para 48%. Pode parecer estranho para alguns leitores que, nesta questão, a proporção de pessoas de esquerda não protecionistas seja maior do que de pessoas de direita. Isso apenas revela que a visão de mundo dos brasileiros não se encaixa sempre naquilo que está previsto nos livros teóricos de ciência política. Mais do que isso, tudo indica que a maior exposição do Brasil a produtos importados, a ampliação do acesso a itens de consumo, tenha sido avaliada de maneira positiva por toda a sociedade, abrangendo pessoas de direita, de centro e de esquerda — e elas reagiram de maneira semelhante a essa melhoria, diminuindo seu apoio ao protecionismo. Ou seja, a dimensão protecionista do liberalismo econômico perdeu apoio em duas décadas de forma equivalente junto às diferentes posições ideológicas, indicando a pouca importância dessa visão de mundo para diferenciar quem se considera de direita e de esquerda.

A PESB nos permite afirmar, analisando as três dimensões da ação do Estado na economia, que as pessoas de direita se movimentaram na direção de apoiar o aumento do liberalismo econômico. Contudo, as diferenças entre esquerda, direita e centro não se tornaram significativamente mais acentuadas. Houve, sim, um distanciamento maior na dimensão regulatória do liberalismo, mas insuficiente para indicar aumento real na polarização. Vale sempre lembrar que nas outras dimensões há convergência, inclusive no que se refere à maior rejeição ao protecionismo.

Resumindo, não houve polarização significativa entre esquerda e direita no Brasil em relação a temas econômicos quando se considera o período compreendido entre 2002 e 2022-23. As posições relativas a cada grupo foram mantidas. Isso quer dizer que a distância entre uma pessoa de esquerda e outra de direita se manteve em 2022-23 e 2002 quanto à visão sobre liberalismo econômico. O que os dados de pesquisa revelam pode parecer contraintuitivo para quem acompanha intensivamente a política e o noticiário. Porém, cumpre fazer o exercício de sair dessa bolha e se perguntar se o brasileiro médio de esquerda e de direita realmente pensa de maneira diferente quando o que está em jogo é o papel do Estado na economia. A resposta da PESB é um robusto *não*, como pode ser visto nos dados a seguir, que contemplam uma pergunta de cada dimensão do liberalismo.

Tabela 2. As três dimensões do liberalismo econômico: direita, centro e esquerda

	Só o governo deve fornecer serviços de saúde — liberalismo econômico		O governo deve socorrer as empresas em dificuldade — regulação		O governo precisa dificultar mais a entrada de produtos estrangeiros no Brasil — protecionismo	
	2002	**2022-23**	**2002**	**2022-23**	**2002**	**2022-23**
Esquerda	74%	73%	76%	85%	67%	45%
Centro	68%	64%	80%	81%	67%	47%
Direita	74%	69%	85%	88%	69%	50%

Fonte: Pesquisa Social Brasileira (2002, 2022-23).

O que se verificou para as três perguntas ocorreu também para as réguas formadas a fim de compreender as três diferentes dimensões da ação econômica do Estado. Diante de tais dados e informações, cabe admitir que o brasileiro médio é igualmente favorável à presença do

Estado na economia, independentemente de se considerar de direita, centro ou esquerda. Trata-se de uma ideologia predominante que, com frequência, influencia as decisões governamentais. É difícil afirmar, por exemplo, que o governo Bolsonaro, de direita, tenha sido claramente mais liberal na economia do que os governos de esquerda do PT. Se isso for verdade, ambos atenderam seus respectivos eleitorados, que, pela autoclassificação, não são muito diferentes quanto ao liberalismo econômico.

Direita e esquerda em relação aos temas não econômicos, como aborto, segurança pública e políticas sociais

Na narrativa brasileira sobre eleições, temas como aborto, políticas de ação afirmativa e combate à criminalidade raramente aparecem em pesquisas de opinião, ainda que muitos eleitores considerem importante saber a posição dos candidatos sobre esses assuntos para definirem o voto. Sabe-se que o eleitor é muito influenciado pela melhora ou piora de seu bem-estar financeiro, pelo aumento do poder de compra: é o voto econômico.

A avaliação de governo capta grande parte desse tipo de voto: aqueles que avaliam positivamente esse aspecto durante o mandato tendem a votar pela manutenção ou reeleição de quem já ocupa o cargo — ou votam em um sucessor indicado por ele; já quem avalia mal o governo tende a votar em candidatos de oposição. Todavia, há estudos mostrando que temas econômicos (o que é diferente de voto econômico), como privatizações, também podem influenciar o voto, assim como, eventualmente, o posicionamento dos candidatos sobre o aborto.

Aliás, é necessário reforçar que o aborto nunca foi abertamente tratado nem pelo PT nem pelo PSDB quando seus candidatos disputaram a presidência entre 1994 e 2014. Quando forçados a se posicionar, em 2010, tanto Dilma Rousseff quanto José Serra oscilaram entre fugir do tema ou não apoiar abertamente a legalização. Estudos indicam que, naquela eleição, o assunto acabou beneficiando Marina Silva, evangélica e defensora do chamado discurso pró-vida.

Vale lembrar o desconforto que o tema causou ao governo de Lula em 2009, quando documentos oficiais defendiam a legalização do aborto, como o Plano Nacional de Desenvolvimento Humano 3 (PNDH-3). Lula interveio diretamente e exigiu mudanças no texto. A própria candidata Dilma Rousseff, que inicialmente defendia a discussão do aborto como uma questão de política pública, foi atenuando suas declarações sobre o assunto, passando da posição favorável à descriminalização a posturas mais ambíguas e conservadoras. Estava claro que o tema era tabu político também para a esquerda.[1]

O mesmo desconforto era vivido pelo PSDB, personificado no candidato José Serra, que se viu numa saia justa, em 2010, quando precisou falar sobre o assunto e ficou "em cima do muro". Ele declarava posição contra o aborto, alegando questões pessoais e religiosas, mas defendia a discussão do tema. Contudo, seu posicionamento contrário foi claramente questionado quando circulou a notícia de que sua esposa já havia feito um aborto.[2]

Em 2018, a questão voltou à pauta eleitoral por meio de Bolsonaro, que nunca foi ambíguo em sua posição francamente contrária à legalização do aborto, e, além disso, sempre se colocou como crítico a políticas que fomentassem a igualdade de gênero. Os temas que tanto geraram desconforto ao PT e PSDB anteriormente foram abraçados e defendidos por Bolsonaro sem hesitações ou meias palavras. Isso ajuda a entender que o apoio recebido pelo candidato não foi resultado apenas do carisma político do líder, e, sim, a combinação de afinidade com a simpatia de seus eleitores pelas posições que ele manifestou acerca de temas culturais, econômicos e sociais. E com a PESB conseguimos responder como essas questões controversas evoluíram junto aos eleitores de direita e de esquerda em duas décadas. É o que veremos com mais detalhes a partir daqui.

Liberalismo político: direitos contra o governo

O liberalismo político pode ser dividido em três vertentes: direitos de participação no governo sintetizado pelo voto; controles de poder celebrados pela divisão entre Executivo, Legislativo e Judiciário — para não mencionar diversas outras instituições que também dividem o poder; e, por fim, direitos contra o governo, sendo um deles o de protestar.

Na bateria de perguntas, os entrevistados precisaram se posicionar quanto a sete modalidades de protestos contra o governo, se deveriam ser permitidas ou proibidas: passeatas, comícios, greves, abaixo-assinados, bloqueio de estradas, ocupação de prédios públicos e ocupação de terras. Uma pessoa que defende a permissão de protestos é considerada mais liberal na política; e o raciocínio é o mesmo inversamente: ou seja, uma pessoa extremista que considere que protestos devem ser proibidos é autoritária.

A régua formada por esse grupo de perguntas mostrou que em duas décadas todos — direita, centro e esquerda — se tornaram mais restritivos aos protestos contra o governo. Como esperado, as pessoas que se autoclassificam como de direita e de centro são mais contrárias a esses atos do que aquelas de esquerda, tanto em 2002 quanto em 2022-23. Todavia, nas duas décadas que se passaram, a distância entre os três grupos se manteve, ou seja, não houve aumento da polarização quanto a este tema.

Patrimonialismo

O patrimonialismo é um conceito das ciências sociais que aponta para comportamentos que confundem a esfera pública com o mundo privado. A manifestação clássica desse conceito ocorre quando alguém eleito para um cargo público o utiliza para ter ganho pessoal. A *rachadinha*, por exemplo, é uma forma de patrimonialismo: o deputado assume que parte do dinheiro do salário do servidor contratado em seu gabinete é dele, porque foi ele quem ganhou a eleição. A versão mitigada do patrimonialismo é quando as pessoas consideram que a esfera pública não é de ninguém, ou quando assumem que não têm nenhuma responsabilidade com o patrimônio público. Esse entendimento é claramente manifestado, por exemplo, quando alguém afirma que as ruas estão sujas porque falta atitude do governo para limpá-las. Cuidar do público, nessa versão suave do patrimonialismo, é atribuição exclusiva do Estado.

É comum que somente poucas pessoas acabem se dando conta de manifestações diárias de patrimonialismo, tão presentes em nossas vidas que já as naturalizamos, tais como uso de calçadas para colocar mesas de bares, outras ocupações de espaços públicos, festas que atravessam a madrugada com som alto, e assim por diante. Muitas dessas situações são toleradas com base em justificativas sociais, tais como necessidade do vendedor ambulante de trabalhar, ou dificuldade que um sem-teto tem para pagar moradia adequada. De uma maneira ou de outra, com justificativas mais ou menos aceitáveis, o patrimonialismo se manifesta por meio do comportamento de pessoas que tiram proveito de um cargo público ou de um bem público para ganho pessoal exclusivo. O fato é que todos nós, como testemunhas oculares, temos registro de algum exemplo dessa prática.

O questionário da PESB permitiu compreender a força da mentalidade patrimonialista dos brasileiros. Perguntamos sobre a visão das pessoas em relação a várias manifestações desse fenômeno: se elas acham que as pessoas devem cuidar apenas do que é seu enquanto o governo cuida do que é público; se um cargo público deve ser usado para benefício próprio; se as calçadas devem ou não ser usadas para vender produtos, entre outras questões. Em suma, as perguntas avaliaram o quanto a sociedade apoia a superposição entre público e privado, o quanto as pessoas aceitam que o espaço público seja utilizado em benefício privado.

Os respondentes que se consideram de esquerda, nas duas décadas que separam as pesquisas, passaram a apoiar mais comportamentos patrimonialistas em onze pontos percentuais — esse número representa treze pontos de aumento entre as pessoas de centro e quatro pontos de acréscimo entre as de direita. Em que pese a variação menor na direita, são essas pessoas que demonstraram ser mais condescendentes com o patrimonialismo nos dois períodos. Ainda assim, como todos os grupos passaram a ter visão de mundo mais patrimonialista, e a variação foi maior na esquerda e no centro, a distância entre os três acabou diminuindo. Ou seja, também para esse conjunto de valores não houve polarização.

Confiança interpessoal

A confiança é considerada um elemento bastante relevante na discussão sobre cultura política e engajamento das pessoas em ações coletivas que melhoram seu bem-estar. A mobilização de um indivíduo para lutar por reivindicações coletivas tem como fundamento, de certa forma, a crença de que ele não será o otário e os demais os espertos, isto é, é importante acreditar que outros não irão tirar vantagem de você. Ou seja, se alguém pensar que irá trabalhar muito enquanto os demais pouco ou nada farão para obter um resultado que será partilhado por todos, estará estabelecida a desconfiança, e será um obstáculo para a ação coletiva. É a típica situação do trabalho de escola feito em grupo, mas apenas uma pessoa se dedica com afinco, a nota é alta e todos são contemplados. Aquele que trabalhou pelos demais dificilmente confiará neles para tarefas subsequentes. O oportunismo mina e destrói a confiança interpessoal, dificultando que as pessoas interajam a fim de solucionar problemas que compartilham.

A PESB questionou sobre confiança em relação a círculos concêntricos de relacionamento: família, amigos, vizinhos, colegas de trabalho e maioria das pessoas. A régua formada com as cinco perguntas indicou redução na confiança interpessoal: o que era baixo em 2002 ficou ainda menor em 2022-23. E isso aconteceu em todos os grupos de posicionamento político.

Em vinte anos, a régua da confiança nas pessoas caiu quatro pontos percentuais entre os que são de esquerda; seis pontos entre quem é de centro; e dez pontos entre os de direita. Ainda que a variação tenha sido diferente entre os grupos ideológicos, os números continuaram muito próximos quanto a esse conjunto de valores em 2022-23: em 2002, o nível de confiança era absolutamente idêntico para os três segmentos. Somos igualmente patrimonialistas e desconfiados, independentemente de posicionamento político. Quanto a tais temas, não há polarização alguma.

Avaliação e confiança nas instituições

Um fator-chave do posicionamento político é quanto os indivíduos confiam nas instituições da sociedade em que vivem e se as avaliam positivamente ou não. Essa dimensão é importante para entendermos quão próximas as pessoas se sentem de tais instituições e até que ponto estariam dispostas a apoiá-las e defendê-las. É possível afirmar que um baixo nível de adesão às instituições vigentes tende a abrir margem para discursos golpistas e autoritários que pleiteiem o fechamento da ordem democrática.

O questionário da PESB solicitou que os brasileiros avaliassem treze instituições, oito delas públicas e cinco privadas, desde a Igreja Católica até a Polícia Federal, passando pelas pequenas, médias e grandes empresas, justiça, governo federal, imprensa, Congresso, Polícia Civil, Ministério Público, militares e outras. As perguntas abordaram dois aspectos: desempenho, medido pela escala que vai de ótimo a péssimo, e confiança propriamente dita.

No primeiro caso, o que está em jogo é o desempenho e os resultados de quem é avaliado; no segundo, o que é mensurado é o aspecto mais latente e geral, a confiança, que está apenas indiretamente associada ao desempenho e remete a um apoio difuso para além dos resultados tangíveis oferecidos. A predominância de instituições públicas — oito das treze — faz com que os resultados da avaliação do desempenho e da confiança acabem sendo mais influenciados por elas do que pelas instituições privadas. De toda maneira, avaliar de forma positiva e confiar em instituições privadas, como partidos e imprensa, é fundamental para o funcionamento da democracia.

No que se refere à avaliação por meio da escala tradicional, e utilizando uma régua que reúne as treze instituições, a grande mudança em duas décadas aconteceu junto às pessoas de esquerda: dezoito pontos percentuais migraram de uma avaliação negativa ou regular para uma avaliação positiva. A direita, por sua vez, teve uma trajetória diferente: as avaliações negativas e positivas diminuíram cinco e oito pontos percentuais e a avaliação regular aumentou treze pontos. Se, por um lado, a esquerda anti-institucionalista do passado deu margem a outra, que passou a avaliar positivamente as instituições — democráticas, públicas e privadas —, ou seja, o aparato institucional da sociedade liberal burguesa, por outro, a direita passou para uma visão um pouco mais crítica. Apesar de trajetórias diferentes, em 2022-23 nada menos do que 48% das pessoas de esquerda e 45% das de direita avaliaram positivamente as treze instituições. Isso está bem longe de indicar polarização.

Algo semelhante ocorreu com a confiança nas instituições: esquerda e centro passaram a confiar mais, com respectivos aumentos de onze e cinco pontos percentuais, e a direita passou a confiar menos, uma redução de onze pontos. Essa variação ao longo de vinte anos resultou em níveis praticamente idênticos de confiança, com 36% da esquerda confiando pouco, 53% confiando medianamente e 13% muito. No caso da direita, os números foram respectivamente 36%, 52% e 13%. Se alguém achava que haveria polarização quanto a esse conjunto de visões de mundo, houve surpresa. Direita e esquerda têm crenças mais parecidas acerca das instituições do que a maioria das pessoas intensivamente envolvidas com política julga ocorrer.

Punitivismo

É possível que a ideia "bandido bom é bandido morto", frequentemente transformada em discurso de candidatos de direita, em particular aqueles que tratam do tema da segurança pública, divida as visões de mundo de esquerda e direita. Essa noção, quando expressa de maneira minimamente civilizada, assume a forma de punições mais duras. A PESB solicitou aos brasileiros que dissessem qual punição parece mais adequada para seis crimes diferentes: estupro, assassinato, roubo de automóvel, roubo de domicílio, assalto na rua e corrupção. Para cada um desses crimes, as pessoas puderam escolher uma das sete punições apresentadas, entre as quais a mais branda era não punir e só fazê-lo em caso de reincidência, e a mais dura, pena de morte. Quanto mais punitivista uma pessoa é, mais ela defende penas mais duras para os crimes apresentados.

A PESB mostrou que houve crescimento generalizado do punitivismo no Brasil em todos os grupos ideológicos. Esquerda e direita ficaram mais punitivistas, com aumentos de oito e treze pontos percentuais, respectivamente, na régua que mede os seis crimes. Em que pesem as variações díspares dos três grupos em vinte anos, em 2022-23 apenas 5% das pessoas de esquerda se mostraram pouco punitivistas; assim como 3% das de centro e 5% das de direita. Isso significa que também no que se refere a essa visão de mundo, não houve polarização. É possível afirmar, com bastante segurança, que, independentemente das posições ideológicas, de acordo com a autoclassificação, tanto direita quanto centro e esquerda são patrimonialistas, confiam pouco nas pessoas, querem punições mais duras, mas defendem as instituições democráticas.

Aborto e questões de gênero (machismo)

A utilização da chamada pauta de costumes tem ganho atenção em eleições ocorridas em todo o mundo. Certamente, a eleição de Donald Trump, em 2016, nos Estados Unidos (EUA), foi crucial para isso. Aliás, a importância do discurso conservador do então candidato em relação aos costumes foi tão grande que, em sua cerimônia de posse, um dos destaques foram as inúmeras falas de líderes religiosos e a presença constante de referências aos textos bíblicos. Como ficou demonstrado por Robert D. Putnam e David E. Campbell no livro *American Grace* [Graça americana], cristãos, de modo geral, quando mobilizados eleitoralmente para aderirem a um candidato e rejeitarem outro, avaliam quem é contra ou a favor do aborto e do casamento entre pessoas do mesmo sexo. Eleitores de esquerda, denominados nos EUA de liberais, tendem a ser a favor da legalização do aborto em qualquer situação. Por outro lado, eleitores de direita, os conservadores norte-americanos, são contrários a essa iniciativa.

Na PESB, poucas foram as perguntas importadas de questionários internacionais, mas em relação ao aborto foi utilizada a bateria de questões aplicada de maneira permanente pelo General Social Survey (GSS), conduzido pelo National Opinion Research Center (NORC), da Universidade de Chicago, sobre as situações em que o aborto deveria ser permitido. Nela, são apresentadas sete circunstâncias segundo as quais o aborto deveria ser permitido: se tiver grandes chances de o bebê nascer com deficiências graves; se a mulher for casada e não quiser ter mais um filho; se a mulher correr risco por causa da gravidez; se a família for muito pobre para ter mais um filho; se a mulher engravidou por causa de um estupro; se a mulher for solteira e não quiser casar com quem a engravidou; ou por qualquer razão que seja. Note-se que das sete situações, três são difíceis e traumáticas; é a chamada *hard scale*: estupro, risco de morte da mãe e deficiências graves do bebê; as outras quatro são consideradas *fáceis* ou eletivas, denominadas pelos acadêmicos da área de *soft scale*. Tal arquitetura das perguntas, como de resto de todas as baterias de perguntas da PESB, permitiu a formatação de uma régua de apoio ao aborto composta por situações que levaram os mesmos respondentes a serem mais restritivos para alguns casos e menos para outros.

Passadas duas décadas entre as pesquisas, é possível perceber que as pessoas que se consideram de esquerda ficaram mais favoráveis ao aborto (oito pontos percentuais) e as pessoas de direita ficaram menos favoráveis (quatro pontos percentuais). Ou seja, quanto a esta visão de mundo, houve polarização entre 2002 e 2022-23, a divergência entre os dois grupos se tornou maior e, consequentemente, o tema do aborto passou a demarcar com mais clareza cada um dos grupos. A estratégia adotada pelos conservadores nos EUA foi transplantada com sucesso para o Brasil.

Uma das grandes mudanças de visão de mundo na sociedade brasileira nos vinte anos que separam 2002 de 2022-23 diz respeito à aceitação quanto à igualdade de gênero, sinal de maior consciência sobre o tema e de rejeição ao machismo. Isso foi detectado em várias baterias de perguntas desenhadas especificamente para essa finalidade. A mudança foi tão profunda que afetou todos os segmentos demográficos e regiões do país, assim como os três grupos ideológicos que dividem a política. Porém, em uma sequência particular de perguntas, elaborada para avaliar a visão dos brasileiros acerca de comportamentos sexuais diversificados, a distância entre esquerda e direita aumentou.

A régua de liberalismo sexual foi formada perguntando-se às pessoas se elas eram contra ou a favor de nove comportamentos: ver vídeos pornográficos para se excitar; masturbação masculina; sexo anal entre o homem e sua companheira; sexo oral do homem na sua companheira; homossexualidade masculina; masturbação feminina; sexo oral da mulher no seu companheiro; homossexualidade feminina; e, por fim, qualquer modalidade de sexo, desde que consentida pelas duas pessoas. Em 2002, 22% das pessoas de esquerda eram muito liberais quanto a tais práticas e apenas 9% das pessoas de direita tinham a mesma visão. Note-se que a diferença foi de treze pontos percentuais. Em 2022-23, 41% das pessoas de esquerda e 22% das de direita se tornaram muito liberais, a distância entre os dois grupos teve aumento significativo de dezenove pontos percentuais. Isso significa que houve clara polarização quanto a este tema, ainda que os dois grupos tenham mudado na direção de maior liberalismo sexual.

Outro elemento da discussão sobre machismo é se homens e mulheres têm as mesmas necessidades e desejos quando se trata de sexo: igualdade na sexualidade. Isso diz respeito à frequência com que fazem sexo, se podem ou devem transar antes do casamento, quem começa antes a vida sexual, quem tem mais controle sobre o desejo e a homossexualidade masculina e feminina. A régua formada com essas perguntas identificou que a maior mudança ocorreu entre as pessoas que se autoclassificam como de esquerda: houve aumento de treze pontos percentuais em relação à visão mais igualitária de gênero quanto à sexualidade. Na direita, o aumento foi de somente três pontos percentuais. A variação acabou por resultar em polarização — esquerda e direita ficaram mais distantes no que diz respeito a esta visão de mundo.

Vale fazer um importante registro quanto à questão do machismo: o afastamento entre esquerda e direita está circunscrito ao tema sexo. A PESB identificou que esquerda e direita se aproximaram quando as pessoas se manifestaram sobre divisão de tarefas entre homens e mulheres, tais como cozinhar, levar as crianças ao médico, trocar as fraldas do bebê, fazer consertos em casa, lavar o carro, costurar, fazer compras, limpar e arrumar a casa e coisas semelhantes.

A polarização entre esquerda e direita, para surpresa de muitos, incluindo os autores deste texto, não aconteceu na visão que os brasileiros têm do papel do Estado na economia, mas sim no que diz respeito ao aborto e ao que podem fazer homem e mulher quando o tema é o sexo. A polarização brasileira, da sociedade e do eleitorado, é sobre aborto e sexo, e não sobre liberalismo econômico. O que divide a população são questões de gênero, sendo o aborto a chave entre elas, e de sexualidade.

Preconceito e hierarquia social

Um dos temas permanentes na política brasileira, evidenciado a partir da primeira vez que Lula governou o país, é o preconceito racial ou de cor. Foi durante os primeiros governos do PT que a política de cotas raciais ganhou força não apenas devido ao reconhecimento da legalidade das cotas para as vagas da Universidade de Brasília (UnB), por parte do STF, mas também em função do fortalecimento dos movimentos sociais antirracistas e da adoção de inúmeras leis que reconheceram a dívida social do país em relação à população negra.

Mas o preconceito não se restringe às questões raciais. Desde as eleições de 2006, a região Nordeste passou a votar maciçamente nos candidatos do PT à presidência. Esse fenômeno suscitou a manifestação de preconceito e discriminação regional em diversos níveis, inclusive em debates públicos, como foi o caso de uma pergunta dirigida a um dos autores deste texto no programa *Manhattan Connection* da noite do domingo em que Dilma derrotou Aécio, no segundo turno. No episódio, um dos entrevistadores afirmou que os nordestinos eram ignorantes e que por isso votaram em peso na candidatura do PT, viabilizando sua vitória nacional, e em seguida perguntou se isso não tinha sido o que realmente ocorrera. A resposta foi: "Eu sou nordestino, assim como meus pais" e, continuando, o entrevistado lembrou que o Nordeste tinha sido palco de um crescimento econômico muito mais forte do que o restante do país, algo que o eleitorado atribuía ao governo do momento.

Outra questão social muito presente na sociedade brasileira foi eternizada pelo antropólogo Roberto DaMatta na frase "Você sabe com quem está falando?". Ela expressa uma visão de mundo hierárquica que permite, entre outras coisas, que exista no país elevador de serviço para os funcionários de um condomínio e elevador social para os moradores, algo impensável em outras partes do mundo.

Esses temas — preconceito racial, regional e visão hierárquica de mundo — tocam na forma como as normas sociais operam em favor de uns e desfavor de outros, facilitando a vida de grupos historicamente privilegiados, em geral homens, brancos e ricos; e dificultando grupos equivocadamente tidos como minorias — mulheres, negros e pobres. Exatamente por isso, são questões mobilizadas com frequência pelos atores políticos.

Preconceito racial

A PESB avaliou o preconceito racial ou de cor apresentando aos respondentes cartões com a foto de oito pessoas — duas pretas, três pardas e três brancas —, com traços físicos diferenciados, como formato de lábios e nariz, cor dos olhos e tipo de cabelo. Os entrevistados tinham que não apenas classificar cor e raça de cada pessoa nas fotos, mas também dizer qual deles parecia ter mais estudo, ser mais pobre, ter menos oportunidades na vida, ser mais preguiçoso, ser criminoso, ser o mais inteligente, além de várias questões sobre profissões.

No total foram realizadas dezessete perguntas. A fim de neutralizar a influência de eventuais pistas sobre classe social ou ocupação, em todas as fotos as pessoas vestiam a mesma camisa e estavam contra o mesmo fundo. Pessoas mais preconceituosas tendem a apresentar um padrão de respostas associando as fotos de pretos e pardos a características mais negativas ou a profissões de menor prestígio social. Por outro lado, o preconceito é pequeno quando não há um padrão de respostas para as características negativas e positivas das oito fotos, ou seja, quando as respostas estão distribuídas aleatoriamente em função da cor das pessoas.

O que os dados revelaram é que em relação ao preconceito racial, os números não variam significativamente entre pessoas de esquerda e de direita. Embora tenha diminuído nos vinte anos que separam as pesquisas, as respostas mostram que o preconceito ainda é muito presente, uma vez que os dois grupos foram igualmente preconceituosos tanto em 2002 quanto em 2022-23.

Preconceito contra nordestino

A PESB avaliou o preconceito contra nordestino por meio das mesmas oito fotos. Além de os entrevistados terem respondido a uma pergunta sobre a cor da pessoa de cada figura, eles tiveram que dizer qual delas mais parecia ser da região Nordeste. A resposta a essa questão permitiu que fosse criada uma régua de preconceito regional em que ele atinge seu ápice quando considera o Nordeste mais associado às características negativas dos dezessete itens e menos associado às que são positivas.

Nada menos do que 30% das pessoas de esquerda tinham elevado preconceito contra nordestinos em 2002; a proporção caiu para 17% em 2022-23. As pessoas que se consideram de direita também passaram a ter menos preconceito: eram 23% e passaram para 20% em 2022-23. A variação foi pequena, praticamente dentro da margem de erro das pesquisas. Porém, o que se constatou em relação a este tema foi uma aproximação, e não polarização, entre esquerda e direita.

Você sabe com quem está falando?

A visão hierárquica de mundo tão bem sintetizada pela frase "Você sabe com quem está falando?" assume que as pessoas têm uma posição predefinida na sociedade e que são regidas por regras costumeiras de interação social, que definem o papel de cada uma delas quanto ao que podem ou não fazer, espaços que podem ou não ocupar e coisas semelhantes. Não são contratos temporários, estabelecidos pelas partes sob livre consentimento, que definem as posições sociais e o papel a ser desempenhado por cada pessoa. De modo geral, sociedades em que predomina a mentalidade hierárquica demandam que empregadas domésticas e prestadores de serviço utilizem o elevador de serviço e deixem o social para aqueles que ocupariam posições mais elevadas da hierarquia social. Quando isso não acontece, adeptos dessa mentalidade sentem certo estranhamento.

A visão hierárquica de mundo foi avaliada por sete perguntas que abordaram situações corriqueiras e conhecidas de todos os brasileiros, questionando o que deveria ser feito, na maioria dos casos, por aquele que está abaixo na hierarquia social: se o chefe faculta ao seu funcionário ser chamado por você e não por senhor, o que o empregado deveria fazer; se a patroa permite que a empregada veja TV na sala junto com ela, o que a empregada deveria fazer; se os condôminos possibilitam aos funcionários utilizar o elevador social, o que eles deveriam fazer; se a filha de 18 anos deseja viajar sozinha com as amigas, o que seus pais deveriam fazer; e assim por diante.

A evolução no tempo da régua de visão hierárquica de mundo indicou que não houve polarização quanto a essa ideologia.

A seguir, dois quadros resumem o que ocorreu no Brasil entre 2002 e 2022-23 no que diz respeito aos valores avaliados e citados aqui. É importante lembrar que, quando se fala em polarização, o que está sendo considerado é se houve distanciamento em relação ao que pensam e valorizam as pessoas que se autoclassificaram como esquerda e direita nas duas pesquisas. Portanto, afirmar que não houve polarização significa dizer que aqueles que se consideravam de esquerda e de direita em 2002 e em 2022-23 não se distanciaram no que diz respeito ao liberalismo econômico e às demais visões de mundo estudadas na pesquisa.

Não houve polarização entre 2002 e 2022-23 quanto aos seguintes temas:

- Liberalismo econômico
- Protestos contra o governo
- Patrimonialismo
- Confiança nas pessoas
- Confiança nas instituições
- Avaliação das instituições
- Punitivismo
- Preconceito de cor ou racial
- Preconceito regional
- Mentalidade hierárquica

Esse resultado foi surpreendente para os autores deste texto e tende a causar espanto na maioria das pessoas que gostam de política. Mas a verdade é que, depois de realizadas as pesquisas e feitas as análises, cumpre admitir que o Brasil é, de fato, menos dividido do que aparenta ser. Pesquisas nacionais espelham o que toda a população adulta do país pensa, e não apenas valores de pequenos grupos mais ativos e escolarizados que acompanham de perto a política e dela participam de alguma forma.

Diante dos resultados e refletindo mais sobre eles, é possível admitir para nós mesmos: é, *realmente a grande maioria dos brasileiros, independentemente de ser de direita ou de esquerda, confia pouco nas pessoas, não apoia o liberalismo econômico ou tem a mesma mentalidade hierárquica.* São formas generalizadas de pensar, que predominam em toda a sociedade, com algumas diferenças importantes por segmentos de escolaridade, regiões do país, porte de cidade e outros fatores sociais e demográficos. Contudo, ainda que elas separem quem se considera de esquerda daqueles que se dizem de direita, o distanciamento não aumentou em vinte anos.

As áreas nas quais realmente aconteceu ampliação do distanciamento entre esquerda e direita foram as relacionadas à legalização do aborto e à visão em torno da sexualidade de homens e mulheres. Em 2002, direita e esquerda estavam mais próximas em suas visões contrárias à legalização do aborto, ao passo que em 2022-23, quem se considera de direita passou a ser mais contrário ao aborto, e os que se autoclassificaram como esquerda, mais favoráveis.

Houve polarização entre 2002 e 2022-23 quanto à:

- Legalização do aborto
- Sexualidade de homens e mulheres

O mesmo ocorreu com o tema sexualidade de mulheres e homens. As pessoas de esquerda passaram a achar mais que ambos têm os mesmos desejos e o direito de realizá-los, enquanto as pessoas de direita caminharam menos nessa direção, tornando-se mais diferentes da esquerda quando o assunto é sexo, aceitando que mulheres tenham menos direitos que homens. Diante de tudo que se vê, ouve e fala sobre polarização política no Brasil, isso parece pouco, mas não é, como será abordado adiante.

Vale destacar que em 2022-23, 26% dos eleitores não se classificaram como centro, direita ou esquerda. Esse é um contingente populacional significativo e deixá-lo de fora da análise poderia transmitir uma falsa ideia sobre a polarização no Brasil. Tal grupo, apesar de não usar esses conceitos ideológicos para se posicionar, pode ter preferências claras sobre todos os temas tratados.

De qualquer forma, é senso comum no estudo da política que eleitores não alinhados com um campo político — esquerda, centro e direita — são também menos interessados por política, acompanham menos o assunto e são pouco engajados em atividades públicas. São também essas pessoas as que mais oscilam em sua intenção de voto e só escolhem seu candidato tardiamente, muitas vezes na véspera da eleição. Os alinhados, os engajados, aqueles que têm lado na disputa política, já sabem em quem vão votar, às vezes, antes de a campanha começar! O bolsonarista de direita não votará nunca no PT. O lulista de esquerda, que se identifica com o PT, dificilmente votará na direita. Mas quem não tem preferências fortes, consolidadas e cristalizadas é o fiel da balança: é quem decide a sorte de um ou outro lado. Por isso, é fundamental saber como pensam essas pessoas, para que lado pendem quando se trata de temas políticos.

Eleitores que não são de centro, nem de esquerda nem de direita: os nem-nem-nem

Depois de todos os aspectos discutidos anteriormente, ficará claro, como veremos aqui, que o eleitor que não se posiciona — que vamos chamar, respeitosamente, de nem-nem-nem — tende a parecer mais com quem se considera de direita. Ou seja, aquela pessoa que não se posiciona nem como centro, nem de direita, nem de esquerda é mais semelhante em suas preferências sobre os temas que estão na pauta política com quem é de direita.

Na economia, o eleitor nem-nem-nem é o mais liberal quanto à produção de bens e fornecimento de serviços. Esse eleitorado passou por uma mudança de vinte pontos percentuais em relação ao baixo apoio ao liberalismo, em 2002, para apoio médio e alto, em 2022-23. Tal variação foi bem maior do que em todos os demais grupos. Como a direita e o centro são mais liberais que a esquerda, os que não têm posição ideológica ficaram mais parecidos com esses dois grupos do que com a esquerda.

Também na visão sobre regulação da economia, nossa segunda dimensão de liberalismo econômico, os eleitores que não se dizem de esquerda, de direita ou de centro mudaram na mesma direção daqueles que são de centro e de direita: ficaram mais liberais. Ou seja, a esquerda é quem mais se diferencia do resto da população, que tende a pensar de forma mais semelhante entre si. Os nem-nem-nem mudaram em quinze pontos percentuais na direção do liberalismo regulatório, mais que todos os outros grupos.

As pessoas sem posição política também se mostraram mais parecidas com a direita e o centro no que diz respeito à restrição aos direitos de protestar contra o governo. Novamente, a esquerda se diferencia de todos por ser mais tolerante a protestos. Parece que a diferenciação política mais relevante coloca, de um lado, todos os eleitores e, de outro, o eleitorado de esquerda.

Quando o tema é punitivismo, os nem-nem-nem também se aproximam mais da direita em 2022-23, com padrão de crescimento ao apoio a essa ideia tão acentuado quanto o da direita e o do centro. Assim, esses grupos também passam a se diferenciar mais da esquerda.

O apoio à legalização do aborto, como vimos, é um tema que polariza fortemente esquerda e direita no Brasil em 2022-23 — algo que não ocorria em 2002. Já o grupo de pessoas que não se identifica com uma posição ideológica era o que menos apoiava o aborto em 2002. Já em 2022-23, passou a ficar empatado com a direita. Os nem-nem-nem, portanto, são mais diferentes da esquerda do que da direita nesse tema que divide a sociedade.

Em questões relacionadas à igualdade de gênero e direitos dos homossexuais, temos nos nem-nem-nem proximidade grande com o centro e a direita e diferença mais pronunciada em relação à esquerda.

No que tange ao patrimonialismo, visões sobre hierarquia social, confiança nas pessoas, avaliação das instituições e preconceito de cor ou raça e regional não há diferenças relevantes que mereçam destaque. De qualquer forma, o importante é compreender que a polarização no Brasil ocorre em torno de alguns poucos temas e diferencia a esquerda, de um lado, e todos os demais, de outro.

O voto de esquerda, direita e centro

O que as informações da PESB revelam fica ainda mais evidente na análise do voto. Quando perguntados em 2022-23 em quem tinham votado nas eleições de 2018, os entrevistados de esquerda ficaram: 43% com Haddad; 9% com Ciro; 10% não votaram: e 22% disseram ter votado em Bolsonaro. Os de centro se dividiram mais: 29% votaram em Bolsonaro; 23% em Haddad; e 11% em Ciro. Um total de 13% desse eleitorado disse não ter votado. Já os de direita votaram assim: 49% em Bolsonaro; 18% em Haddad; 9% não votaram; e 5% votaram em Ciro. Os nem-nem-nem votaram da seguinte forma: 29% em Bolsonaro; 18% em Haddad; 18% não lembram (a maior proporção dos que não se lembram de todas as posições ideológicas); 5% em Ciro; e 15% não votaram. Ou seja, o eleitor sem posição ideológica e o eleitor de centro foram mais propensos a votar na direita nas eleições de 2018.

A comparação com 2022 é ainda mais esclarecedora. A esquerda votou em massa no Lula no primeiro turno: 75%. Outros 14% disseram ter votado em Bolsonaro. Nenhuma outra candidatura teve qualquer importância eleitoral nesse campo. Ou seja, a esquerda estava inteiramente dominada por Lula e pelo Partido dos Trabalhadores. A direita, por outro lado, se mostrou mais dividida: 49% votaram em Bolsonaro; 37% em Lula — o que é um número alto; 9% não declararam o voto. A direita se dividiu em 2022, sendo Lula ainda importante escolha dessa parcela do eleitorado. Ele continuou atraindo eleitores de direita, como fez nas eleições anteriores que ganhou. A força política de Lula talvez esteja justamente em sua capacidade de atrair eleitores que vão além da esquerda.

Por sua vez, Ciro Gomes e Simone Tebet tiveram votações inexpressivas, indicando ausência de espaço eleitoral para uma terceira via — que, na verdade, só tem alguma chance com eleitores de centro e os nem-nem-nem. Os eleitores de centro votaram: 23% em Bolsonaro; 50% em Lula; 5% em Ciro Gomes; e 6% em Simone Tebet. Já os sem vinculação ideológica declarada votaram: 19% em Bolsonaro; 42% em Lula; 3% em Ciro; e 4% em Tebet. Os candidatos da assim chamada terceira via conseguiram votos junto àqueles que se classificaram como centristas ou nem-nem-nem, mesmo assim com desempenho ruim, diferentemente do que ocorreu em 1998 e 2002.

Vale destacar as respostas que indicam o desinteresse por política. Entre as pessoas que se classificaram como de centro, 17% disseram não ter votado em ninguém, assim como impressionantes 25% dos eleitores nem-nem-nem. Ou seja, apesar dos eleitores que não se declaram de esquerda, centro ou direita terem atitudes políticas mais alinhadas com a direita, eles são muito mais propensos a não votar do que os demais. Além disso, anulam mais o voto, pelo menos foi o que responderam: 5% dos nem-nem-nem e 4% dos centristas. Na direita e na esquerda, esse grupo é de somente 1%.

Os eleitores nem-nem-nem, comparando-os com os outros três grupos, foram os que menos declararam voto em alguém; os que mais disseram não ter votado em ninguém e os que mais afirmaram ter votado nulo. Como foi dito antes, isso está de acordo com as expectativas da ciência política. Eles são os que menos se interessam por política e menos se informam sobre assuntos públicos — como se diz corriqueiramente, "Não estão nem aí para a política". Portanto, e isso é muito importante, a tendência dos nem-nem-nem de serem mais parecidos com a direita acaba não se convertendo em voto no candidato de direita — no caso, considerando a eleição de 2022, em Bolsonaro.

Adicionalmente, na eleição de 2022, em circunstâncias de exacerbado conflito político, uma fatia maior de eleitores se afastou da política e evitou se declarar como de centro, direita ou esquerda. Os dados da PESB mostram inequivocamente que o centro diminuiu e os extremos do espectro político aumentaram. A nossa hipótese é que essa polarização contribuiu para empurrar pessoas antes interessadas na política para fora dela. Isso explicaria o aumento dos nem-nem-nem na comparação entre 2002 e 2022-23. Ou seja, se a polarização, por um lado, gera maior cristalização das preferências de alguns segmentos do eleitorado e os mobiliza de maneira mais intensa, por outro, faz com que um conjunto significativo da população se afaste dos conflitos que passam a caracterizar a política. Consequentemente, apesar do eleitorado mais distante da política tender a ser mais conservador, mais direitista, isso não é suficiente para votar em candidatos de direita. Assim, é possível entender o porquê de terem votado mais em Bolsonaro em 2018, mas se movido para Lula em 2022 (ao menos no voto declarado).

Vimos que os candidatos chamados de terceira via só têm algum apoio mais significativo junto aos eleitores de centro e aos nem-nem-nem. O problema é que esses últimos são menos propensos a votar, não à toa o debate sobre voto útil foi tão importante em 2022. O esforço de Ciro Gomes e Simone Tebet era para persuadir seus potenciais eleitores de que valia a pena comparecer às urnas e não votar nos candidatos com mais chances — Lula e Bolsonaro. Infelizmente, para eles, a estratégia não surtiu efeito.

A primeira PESB, inteiramente realizada no ano eleitoral, mas antes do pleito, perguntou qual tinha sido o voto das pessoas em 1998 e a intenção de voto em 2002. Em 1998, ocorreu a terceira eleição presidencial após o longo período da ditadura militar. Assim, naquela quadra histórica, tinham acontecido poucos eventos que propiciassem a polarização que tomou conta do Brasil mais adiante — tanto é verdade que Fernando Henrique venceu no primeiro turno e seu voto foi majoritariamente dos eleitores de centro, de direita e dos nem-nem-nem. O eleitorado que se autoclassificava como esquerda ficou dividido.

Ciro Gomes teve em 1998 uma votação parecida com a de 2022: inexpressiva. Os dados de intenção de voto da PESB para 2002 ficaram muito próximos dos resultados eleitorais e apontaram mudanças relevantes. Aliás, em consonância com o resultado eleitoral que deu vitória à oposição.

Em 2002, Lula venceu com folga junto aos eleitores de esquerda e centro, ganhou com vantagem menor entre os nem-nem-nem e empatou com José Serra na direita. Ciro Gomes e Anthony Garotinho tiveram um bom desempenho. Ciro ficou à frente de Serra entre os eleitores de centro, empatou com ele entre os de direita e perdeu no grupo dos nem-nem-nem. No momento em que a pesquisa foi feita, Ciro era, de fato, uma ameaça a Serra. Como sabemos, ele acabou perdendo votos e terminou a eleição atrás de Garotinho. O desgaste de Ciro Gomes em 2002 foi enorme; ele saiu da disputa com fama de intempestivo e descontrolado, em função de erros pessoais. Tal reputação o perseguiu por toda a carreira e foi novamente relembrada em 2018 e 2022.

Interessante apontar que os que não tinham posição ideológica eram, naquele momento, os mais indecisos: nada menos que 29% desse eleitorado não tinha candidato, frente a algo em torno de 5% nos grupos de esquerda, centro e direita. Essa é mais uma evidência de que eleitores com esse perfil se mostram menos decididos e, por isso, são os mais propensos a mudar o voto durante a campanha e escolher tardiamente, às vezes nas últimas semanas antes da data do pleito.

A eleição de 2002 também marcou o início, para Lula, da definição de uma base eleitoral sólida na esquerda, porém sem deixar de atrair eleitores de todos os espectros ideológicos. Eleitores que se consideravam de direita votaram em Fernando Henrique, em 1998, e em Bolsonaro, em 2018, mas nem todos mantiveram o voto num candidato de direita em 2002 e 2022. Isso é parte da explicação da vitória de Lula nesses dois anos. Ou seja, Lula tem apoio de parte da direita, diferencial importante de seu perfil. Aliás, trata-se de algo que aumenta seu poder e, muito provavelmente, o torna um ponto fora da curva aos olhos de quem acompanha a política.

A avaliação de governo também diz muito sobre os grupos ideológicos que dividem o eleitorado. Em 2022, 71% de quem era de esquerda achava o governo Bolsonaro ruim ou péssimo. O número cai para 49% entre os que se consideram de direita — proporção elevada, porém muito menor que a verificada nos eleitores de esquerda. Já para o centro, a mesma avaliação era compartilhada por 57% e 47% dos nem-nem-nem. Como seria de esperar, apenas 21% dos eleitores de esquerda consideravam o governo Bolsonaro ótimo ou bom, contra 57% junto à direita.

Importante lembrar que isso ocorreu após todo o desgaste que Bolsonaro sofreu com a pandemia, por ter adotado uma postura extremamente arriscada, primeiro de negar a doença para, em seguida, se opor às alternativas de prevenção. Além, evidentemente, da debacle econômica resultante da crise sanitária, com difícil recuperação. As pessoas de direita foram claramente mais propensas a apoiar seu governo do que as de esquerda. Além disso, ele teve aprovação de ótimo e bom também alta junto ao centro, 30%, e aos nem-nem-nem, 34%.

Quando se analisa a avaliação do governo Fernando Henrique, percebe-se que se trata da menor polarização do início do século XXI, as diferenças entre os grupos ideológicos eram menores. Na esquerda, 32% achavam seu governo ruim ou péssimo, frente a 29% no centro; 23% na direita; e 23% entre os que não tinham posição ideológica. Por outro lado, 51% dos eleitores da direita achavam o governo Fernando Henrique ótimo ou bom; 43% do centro pensavam da mesma forma; assim como 40% dos sem posicionamento ideológico declarado. A esquerda era mais crítica: apenas 26% o avaliavam de maneira positiva. As diferenças entre 2002 e 2022-23 quanto à avaliação de governo são enormes.

Em 2022-23, após longo processo de polarização, a avaliação de governo passou a ser fortemente condicionada pela posição ideológica. Quem é de esquerda é bem menos inclinado a reconhecer algo positivo em um governo de direita. Por outro lado, quem é de direita tem elevadíssimas chances de apoiar tal governo, independentemente de eventuais resultados ruins que possam ser atribuídos a seu representante. Portanto, em um país com posições de esquerda e direita cada vez mais cristalizadas e reconhecidas por um grupo mais amplo de eleitores, as avaliações de governo tenderão a mudar menos ao longo do tempo. A lente com que cada eleitor, seja de esquerda ou de direita, analisa o governo faz com que ele veja um mundo enviesado.

Uma análise ampla e aprofundada do que aconteceu na política brasileira entre 2002 e 2022-23, do ponto de vista do eleitorado, da opinião pública — do povo —, estaria incompleta se não compreendêssemos os principais motivadores da avaliação de governo e do voto, como eles mudaram (ou não) nesse período. É o que faremos em seguida.

Sobre bolsonaristas, tucanos e lulistas

Os dados da PESB permitem identificar o perfil das pessoas que apoiaram com mais entusiasmo e determinação o PSDB, Lula e Bolsonaro. Na primeira edição da pesquisa, havia perguntas sobre o voto em 1998 e 2002, quando ocorreram duas clássicas disputas entre PT e PSDB: Fernando Henrique contra Lula, na primeira, e Lula contra Serra, na segunda. Além disso, havia uma pergunta sobre a avaliação do governo Fernando Henrique.

Na segunda edição da PESB, iniciada no final de 2022 e concluída em maio de 2023, os respondentes disseram em quem tinham votado em 2018 — se em Bolsonaro, Haddad ou em outro candidato — e declararam seu voto em 2022, tanto no primeiro quanto no segundo turno. As pessoas também avaliaram o governo Bolsonaro ainda durante sua gestão e retrospectivamente (no caso daqueles que responderam à pesquisa em 2023).

Com o objetivo de compreender os fatores que levaram as pessoas a apoiar Bolsonaro — que, por praticidade, será denominado bolsonarismo —, estudamos dois perfis de eleitores: os que julgavam de maneira positiva o governo Bolsonaro e votaram nele no primeiro turno de 2022, e os que faziam a mesma avaliação de seu governo em 2022 e votaram nele no primeiro turno de 2018. No caso do PSDB, as duas seleções que fizemos foram as seguintes: quem votou em Fernando Henrique em 1998 e aprovava seu governo em 2002, e quem votou em Serra nesse ano e também aprovava o governo de FHC. Finalmente, no caso do PT, as duas seleções que utilizamos foram o voto em Lula em 1998 e 2002 e o voto em Haddad em 2018 e em Lula em 2022.

O apoio a Bolsonaro, avaliado por meio de análises estatísticas apropriadas, controlando os principais fatores sociodemográficos, tem relação significativa com visões liberais na economia e conservadoras nos costumes. Os mais favoráveis ao fornecimento de serviços e bens pelas empresas privadas e que desejam menos regulação estatal da economia estiveram, nas duas eleições, 2018 e 2022, mais propensos a votar em Bolsonaro e a avaliar bem seu governo. Esses dois elementos, compreendidos por meio de baterias de perguntas, separam os eleitores entre mais e menos liberais na economia — funcionam como expressão das diferentes visões de mundo sobre o papel do governo na economia.

Tais visões de mundo em apoio a Bolsonaro indicam com clareza eleitores que foram e são motivados por aquilo que seu líder representa para a agenda econômica: menos Estado e mais mercado. O mesmo pode ser dito sobre os costumes (tomando como medida questões como aborto e igualdade de gênero no âmbito da sexualidade): os apoiadores de Bolsonaro são claramente mais contrários ao aborto e à igualdade entre homens e mulheres no que se refere a comportamentos sexuais.

Tabela 3.
O que torna alguém mais bolsonarista

Temas	Voto em 2018 e avaliação positiva do governo	Voto em 2022 e avaliação positiva do governo
Provimento de serviços e bens por governo ou empresas	Ser mais a favor de empresas provendo serviços e bens	Ser mais a favor de empresas provendo serviços e bens
Regulação da economia	Ser mais contrário à regulação	Ser mais contrário à regulação
Aborto	Ser mais contrário à descriminalização do aborto	Ser mais contrário à descriminalização do aborto
Igualdade sexual entre homens e mulheres	Ser mais favorável aos homens	Ser mais favorável aos homens
Visão de mundo hierárquica	Ser mais hierárquico	Ser mais hierárquico
Punitivismo	Ser mais punitivista	-
Confiança nas pessoas	Confiar menos nas pessoas	-
Fatores sociodemográficos	Ter concluído algum ano do ensino médio ou nível superior, ter 45 anos de idade ou mais e ser evangélico pentecostal	Residir em uma capital de estado, ter concluído algum ano do ensino médio ou nível superior, ter de 45 a 59 anos de idade, ser evangélico pentecostal ou não pentecostal

Fonte: Pesquisa Social Brasileira (2002, 2022-23).

Outro elemento dos costumes que motivou o voto em Bolsonaro e sua boa avaliação no governo é a visão de mundo hierárquica. Seus eleitores e simpatizantes valorizavam a hierarquia social e acreditavam que seu líder zelaria por sua manutenção. Na eleição de 2018, o apoio a penas mais duras para crimes também motivou o voto em Bolsonaro, mas não se repetiu em 2022.

Há quem não compreenda como é possível combinar defesa do liberalismo econômico, isto é, preponderância do mercado em face do Estado — significando um governo que tome menos iniciativas na economia —, com preservação de hierarquias, distinções entre homens e mulheres e legislações restritivas ao aborto. Uma pessoa de personalidade conservadora valoriza bastante o presente como ele é, simplesmente por ser familiar e porque, com o decorrer do tempo, ela passa a gostar de regras e comportamentos vigentes. Assim, por outro lado, o que é novo não seduz o coração, é algo estranho e frio que fala apenas à razão, não existem laços afetivos em relação ao que não se conhece.

Levando isso em consideração, pode-se dizer que a mudança para essas pessoas é uma ameaça à identidade: há muito a perder com ela. Uma pessoa de personalidade conservadora acredita que algo conhecido e amado não pode ser facilmente substituído por uma (suposta) melhora desconhecida. Ela encara a mudança como sinônimo de perigo e dificuldade. Daí deriva a rejeição em relação à modificação de algumas regras e comportamentos, no caso específico do Brasil do século XXI, e também de outros países, expressos pelo aborto e questões de gênero. Talvez pudessem ser outras condutas. O fato é que na atual quadra histórica são essas questões que movem as pessoas de personalidade conservadora.

A pintura que expressa a visão de mundo conservadora é *O jardim das delícias terrenas*, de Hieronymus Bosch, pertencente ao acervo do Museu do Prado, em Madri. O quadro é um tríptico, com dois painéis laterais, um à esquerda e outro à direita, e o quadro maior, no centro. Datada dos primeiros anos do século XVI, a obra retrata o paraíso no lado esquerdo e o inferno no lado direito. Na parte central da pintura há inúmeras cenas de sexo. Porém, o mais relevante é que a transição entre o paraíso e a perdição ocorre exatamente por causa da ausência de ordem, porque as regras estabelecidas não tinham sido cumpridas, como se repentinamente todos deixássemos de pagar impostos e o governo, sem recursos, se tornasse incapaz de assegurar os serviços públicos, entre eles a segurança. Para o conservador, é preciso coação e, eventualmente, coerção para que as pessoas cumpram as regras estabelecidas.

A pessoa de temperamento conservador também acredita que o governo não deve modificar as regras sem que antes elas reflitam a crença da sociedade. É por isso que há grande resistência a que tribunais superiores definam o que é certo e errado, substituindo o papel dos representantes eleitos pelo povo. O conservador crê que governar é sinônimo de garantir que a lei vigente seja cumprida. Aplica-se, neste caso, a máxima que comentaristas de futebol utilizam acerca dos árbitros: "Os melhores são os que não aparecem, os que se limitam a administrar as regras do jogo." Eis que surge, portanto, a preferência pelo liberalismo econômico. Sendo o mercado a regra do jogo, cabe ao governo apenas administrá-lo: fazer cumprir a lei que assegura que as pessoas tomem suas próprias decisões sobre o que farão para melhorar seu bem-estar material. Aqui está o perfil de quem gosta de Bolsonaro: alguém que preza a manutenção de condutas e comportamentos conhecidos e que acha que o governo deve se limitar a fazer cumprir a lei, possibilitando que as pessoas tomem suas próprias decisões sobre como buscar seus meios de subsistência.

Posições conservadoras sobre aborto e questões de gênero, assim como visões liberais sobre a economia, antes de serem temas políticos, representam símbolos que mobilizam pessoas de temperamento conservador, e, portanto, são centrais para entender tanto o apoio a Bolsonaro quanto a polarização entre esquerda e direita no Brasil. Esse padrão mimetiza o que ocorre em outras partes do mundo. Há paralelos claros com o Partido Republicano nos Estados Unidos, principalmente após a emergência de Donald Trump, e com o Tea Party antes dele, e também com vários movimentos de direita europeus. Visões sobre confiança interpessoal e punitivismo também tiveram impacto no apoio a Bolsonaro em 2018: quanto mais punitivista, e quanto menos confiava nas pessoas, maiores as chances de escolher

Bolsonaro como presidente. É possível que em outras nações algo semelhante também aconteça.

Entre os fatores sociodemográficos que tiveram impacto no apoio a Bolsonaro em 2018 estão: os dois níveis escolares mais elevados — ter concluído a faculdade ou algum ano do ensino médio — e ser evangélico pentecostal. Em 2022, mais fatores dessa natureza influenciaram o voto, mas merece destaque a ampliação do apoio evangélico em direção às denominações não pentecostais.

Os mapas eleitorais do Brasil e inúmeras pesquisas mostram que o eleitorado que votou no PSDB entre 2006 e 2014 foi transplantado para Bolsonaro em 2018. Não é segredo que eleitores antipetistas sempre votaram em candidatos tucanos e deixaram de fazê-lo em 2018. O mais interessante é constatar, graças aos dados da PESB, que junto com esse transplante houve uma formidável mudança das motivações do voto. Ou seja, as visões de mundo que levavam alguém a votar nos candidatos a presidente do PSDB não eram as mesmas que acabaram por motivar o voto em Bolsonaro. Houve, do ponto de vista de valores, grande mudança nas razões do voto no Brasil.

A crônica política brasileira se ressente com frequência daquilo que se convencionou denominar "direita civilizada". Os que utilizam essa terminologia o fazem para comparar agenda, discurso, comportamento e símbolos mobilizados nas campanhas presidenciais do PSDB com os mesmos elementos que a campanha de Bolsonaro usou na comunicação política e agenda pública. Diz-se corretamente que o PSDB, ao contrário de Bolsonaro, pouco ou nada falava sobre aborto, não se manifestava sobre ampliação do porte de armas, não defendia a máxima punitivista de que "bandido bom é bandido morto", tampouco enfatizava ligações com religiões evangélicas, para ficar apenas em alguns exemplos. Muitos tucanos da velha guarda, assim como pessoas de esquerda que se acostumaram a acompanhar a disputa entre PT e PSDB, verbalizam que o Brasil precisa voltar a ter essa direita civilizada. Os dados da PESB revelam que o voto nos candidatos a presidente do PSDB, de fato, tinha motivações bastante diferentes daquele depositado em Bolsonaro, e que essa mudança, detectada graças a duas pesquisas realizadas com as mesmas perguntas, cobrindo visões de mundo muito variadas e aplicadas com vinte anos de separação, pode ser bastante difícil de ser revertida.

De fato, em 1998, as motivações ideológicas do voto em Fernando Henrique e da avaliação de seu governo em 2002 eram muito diferentes das que levaram os eleitores a escolher Bolsonaro. Considerando todos os fatores sociodemográficos relevantes, pessoas menos liberais na economia tendiam significativamente a apoiar o tucano: quanto mais alguém achava que governo, e não empresas, deveria fornecer serviços e bens; e que as fronteiras do Brasil deveriam ser protegidas de produtos, firmas e trabalhadores estrangeiros, maiores as chances de apoiar Fernando Henrique. Outros elementos, como maior propensão a ser favorável ao aborto, menos punitivista e maior nível de confiança interpessoal as levavam a votar no tucano em 1998 e avaliar bem seu segundo governo — características que vão na direção contrária de quem apoia Bolsonaro. Vale lembrar que Fernando Henrique foi eleito duas vezes já no primeiro turno e o dado analisado se refere a quem votou nele em tal situação, ou seja, uma ampla maioria do eleitorado.

Em 2002, a motivação de voto menos liberal na economia deixou de existir, mantendo-se, porém, as motivações que indicavam que o tucano Serra continuou atraindo em maior proporção eleitores menos conservadores nos costumes: apoio ao aborto e, uma novidade, simpatia à igualdade sexual entre homens e mulheres. É importante sublinhar que pessoas mais favoráveis a reprimir protestos contra o governo também eram mais propensas a aprovar o governo do PSDB e votar em seus candidatos naquelas duas eleições. Nunca é demais recordar que uma das marcas daquele período histórico foi a quantidade e abrangência de greves e ocupações de terras, dois tipos de manifestações e movimentos fortemente associados ao PT e a seus líderes.

Tabela 4.
O que tornava alguém mais tucano

Temas	Voto em 1998 em FH e avaliação positiva do governo FH	Voto em 2002 em Serra e avaliação positiva do governo FH
Provimento de serviços e bens por governo ou empresas	Ser mais a favor de empresas provendo serviços e bens	-
Protecionismo	Ser mais protecionista	-
Aborto	Ser mais a favor da descriminalização do aborto	Ser mais a favor da descriminalização do aborto
Igualdade sexual entre homens e mulheres	-	Ser mais a favor da igualdade entre homens e mulheres
Protestos contra o governo	Ser mais contrário a protestos	Ser mais contrário a protestos
Confiança nas pessoas	Confiar mais nas pessoas	Confiar mais nas pessoas
Patrimonialismo	Ser mais patrimonialista	-
Punitivismo	Ser menos punitivista	-
Fatores demográficos	Residir na região Norte e ter 25 anos de idade ou mais	-

Fonte: Pesquisa Social Brasileira (2002, 2022-23).

Nossa análise revela que o termo "direita civilizada", ignorando a grande carga valorativa da expressão, é sinônimo de visões não conservadoras quanto aos costumes. Nesse sentido, o resultado mostra que o voto no PSDB foi completamente oposto ao voto em Bolsonaro. É muito difícil sustentar que o termo "direita civilizada" incorpora motivação não liberal na economia para o voto, como aconteceu em 1998 com o voto em Fernando Henrique. Assim, restringindo-se à agenda dos costumes, a *não civilidade* de Bolsonaro foi expressa toda vez que ele defendeu tratamento diferenciado para homens e mulheres, favorecendo os homens; manifestou restrições às possibilidades de realização do aborto; declarou interesse em ampliar o acesso às armas; enalteceu a pátria; defendeu os valores da família tradicional e toda sorte de símbolos que indicaram a preservação do *status quo*.

No terreno dos fatores sociodemográficos que interferiram no voto em candidatos tucanos, citamos, em 1998, entre outros, residir na região Norte e ter mais do que 25 anos de idade. Além disso, pessoas de cor preta e parda, mulheres e evangélicos pentecostais votaram proporcionalmente menos em Fernando Henrique. Em 2002, os elementos sociodemográficos que estiveram associados a votar menos em Serra foram, entre outros: residir na região Nordeste; ter entre 25 e 59 anos de idade; e professar alguma religião evangélica, seja ela pentecostal ou não. É importante ressaltar que a base social evangélica ostensivamente mobilizada por Bolsonaro e simpática a ele estava distante do PSDB.

Retornando às avaliações de esquerda e direita realizadas pela PESB por meio da autoclassificação, nossa análise indica que o eleitor que se considerava de direita em 1998 e em 2002 votou majoritariamente nos tucanos; e, em 2018 e 2022, esse mesmo eleitor escolheu, em sua grande maioria, Bolsonaro. O eleitor tucano também era um eleitor do Sul e Sudeste, e não do Nordeste, assim como foi o de Bolsonaro. Ou seja, tanto no autoposicionamento ideológico quanto em relação à regionalização do voto, o eleitor tucano era claramente de direita, sendo assim, semelhante a quem votou em Bolsonaro. Todavia, o eleitor tucano de direita do final dos anos 1990 e início dos anos 2000 era bem diferente do eleitor de direita duas décadas mais tarde. Os tucanos eram de direita em sua autopercepção e em elementos importantes de seu perfil sociodemográfico, mas não no que hoje a ciência política e mesmo a crônica da política considera ser de direita: liberal na economia e conservador nos temas de gênero e sexo.

É possível que a maioria das pessoas que acompanha a política de perto tivesse a intuição de que a direita tinha mudado no Brasil. Todos que pensavam assim estavam cobertos de razão, no entanto, não existiam os dados que atestassem esse acontecimento. Por conta de uma soma de coincidências, o fato de o questionário da PESB ser extenso e diversificado, conter perguntas sobre o voto, avaliação de governo e autoclassificação ideológica, além de a pesquisa ter sido repetida com um intervalo de vinte anos, justamente o período em que a direita mudou, foi possível obter evidências robustas dessa transformação e identificar com clareza o que ocorreu.

Bolsonaro realmente contribuiu para a mudança daqueles que se consideram de direita. Como vimos, houve redução de pessoas que se autoclassificavam como centro, que migraram em direção à direita e à esquerda. A PESB não foi uma pesquisa do tipo painel, na qual as mesmas pessoas são acompanhadas e entrevistadas, por isso ela não permite atestar que as pessoas de centro em 2002, que eram conservadoras nos costumes, foram para a direita em 2022-23, e que as defensoras de menos preconceito racial e regional foram para a esquerda no mesmo período (veremos isso em breve). Contudo, provavelmente foi o que aconteceu. Além disso, é possível que a novidade do discurso de Bolsonaro tenha incentivado conservadores nos costumes em 2002, mas que não mostravam isso explicitamente — o que significa que não se manifestavam assim em pesquisas —, passassem a fazê-lo vinte anos mais tarde. Nunca saberemos ao certo, ainda que seja uma hipótese boa e razoável. O fato é que Bolsonaro atraiu pessoas mais liberais na economia e conservadoras nos costumes, algo que o PSDB não fizera anteriormente.

Cabe também assinalar que o antipetismo, fator importante para definir por que alguém deixa de votar em um candidato do PT ou apoiado por esse partido, é insuficiente para entender o movimento ocorrido com o surgimento de Bolsonaro na política brasileira. Na verdade, temas políticos eram relevantes em 2002 e continuam sendo em 2022, mas de forma bem distinta. A coesão da direita com o que de fato se entende por ser de direita é bem maior hoje do que era antes. Algo semelhante também ocorreu na esquerda.

Enganam-se os que acreditam que apenas a direita mudou. A pesquisa de 2002 indica que o voto em Lula naquela eleição e quatro anos antes foi motivado somente por uma visão menos liberal na economia: as pessoas mais favoráveis à ideia de o governo prover serviços e bens votaram proporcionalmente mais no candidato do PT; e mais liberal na política, porque apoiavam a longa e contínua onda de protestos, cujas greves e ocupações de terras demandavam o atendimento de inúmeras reivindicações que melhorariam a vida dos pobres. Vinte anos mais tarde, o leque de motivações para o voto em Haddad e Lula, candidatos do PT, aumentou consideravelmente.

Em 2018 e 2022, o tema dos protestos contra o governo deixou de mobilizar o voto no PT, talvez até porque tenham diminuído consideravelmente. A preferência por menos liberalismo econômico foi mantida e ampliada, pois passou a ter peso o apoio à regulação da economia pelo governo. As grandes novidades, porém, foram o apoio desproporcionalmente maior a Lula e Haddad entre aqueles que defendem a legalização do aborto em várias situações que vão além do risco de morte para a mulher por causa da gravidez, e os que têm menos preconceito de cor ou raça e preconceito contra nordestinos. Registre-se também que os menos patrimonialistas votaram proporcionalmente mais no PT nas eleições de 1998 e 2002.

Tabela 5.
O que tornava alguém mais a favor de Lula e do PT

Temas	Voto em Lula em 1998 e 2002	Voto em Haddad em 2018 e em Lula em 2022
Provimento de serviços e bens por governo ou empresas	Ser mais a favor do governo provendo serviços e bens	Ser mais a favor do governo provendo serviços e bens
Regulação da economia	-	Ser mais a favor da regulação
Aborto	-	Ser mais a favor da descriminalização do aborto
Protestos contra o governo	Ser mais a favor de protestos	-
Patrimonialismo	-	Ser mais contrário ao patrimonialismo
Preconceito de cor ou racial	-	Ser menos preconceituoso
Preconceito contra nordestinos	-	Ser menos preconceituoso
Fatores demográficos	Residir na região Nordeste e Sul, em cidades acima de 100 mil habitantes, ter escolaridade acima do ensino fundamental I completo, ter de 25 a 59 anos e ser viúvo	Residir na região Nordeste e ter mais de 25 anos de idade

Fonte: Pesquisa Social Brasileira (2002, 2022-23).

Da mesma maneira que pessoas de direita — conservadoras — sempre existiram e existirão, pessoas de esquerda povoam a sociedade desde tempos imemoriais, antes mesmo da existência de eleições e pesquisas. Se para conservadores a mudança do *status quo* é vista como ameaçadora, pois a ordem social é frágil e as situações de ausência de regras podem ser ruins para todos, para a esquerda, mudar e subverter as regras vigentes é crucial, a fim de aliviar a opressão que recai nos ombros dos mais fracos. Pessoas excluídas poderiam deixar de sê-lo se as regras e leis fossem outras, os mais pobres teriam alívio de seu sofrimento se o governo passasse a governar a seu favor, e assim por diante. Portanto, diante dessa moralidade, que coloca em primeiro lugar a defesa de quem ocupa a base da pirâmide social, não é surpresa que o conteúdo do voto presidencial no PT tenha se adensado e modificado. Isso significa que em duas décadas a esquerda passou a ser explicitamente de esquerda.

A pintura que sintetiza a visão de mundo da esquerda é *A liberdade guiando o povo*, de Eugène Delacroix, pertencente ao acervo do Museu do Louvre. Uma mulher que representa a liberdade guia o povo por cima dos corpos dos derrotados. Em que pese ser uma alusão à Revolução de Julho de 1830, que derrubou Carlos X, a liberdade empunha a bandeira tricolor da Revolução Francesa, exemplo maior de uma sociedade que se revolta contra o jugo de seus opressores. Protestos, manifestações e revoluções são eventos muito valorizados pela esquerda, porque frequentemente resultam em um novo estado de coisas que melhora a situação dos oprimidos. A noção de liberdade na França da Revolução, diferentemente da anglo-saxã, que se aplica à liberdade do indivíduo no mercado, é se ver livre da opressão. É por isso que, na segmentação do voto, os que escolhem a esquerda, em todos os países do mundo, tendem a ser as pessoas que ocupam a base da pirâmide social, os que têm escolaridade e renda mais baixas em seus respectivos países.

Para citar outros exemplos do campo dos elementos sociodemográficos, em 2002 Lula ficou a pouco mais de três pontos percentuais de vencer no primeiro turno, e os votos que ele recebeu vieram do amplo apoio de pessoas na faixa etária entre 25 e 59 anos e escolaridade acima do ensino fundamental I completo. Até mesmo o fato de habitar a região Sul teve impacto positivo em seu voto. Vinte anos depois, com eleições mais apertadas, os fatores sociodemográficos perderam influência. Porém, dois grupos estiveram presentes em ambos os períodos: residentes do Nordeste, mais motivados em votar no PT, e evangélicos pentecostais, menos motivados. Em 2022, eles foram acompanhados também pelos evangélicos não pentecostais.

O que aconteceu com o eleitorado em vinte anos

A polarização temática que vimos em alguns assuntos deve ser interpretada de maneira mais ampla: não como árvores isoladas, mas sim como o espelho de uma floresta. Temas como aborto e sexualidade apenas expressam o que é ser de direita e ser de esquerda, e isso se tornou mais explícito e visível em 2022-23 do que era em 2002. Tudo indica que o alinhamento ideológico da direita, propiciado pelo discurso de Bolsonaro em 2018 e por seu governo, o que a tornou mais consistente e coerente, tenha resultado em maior depuração e diferenciação do apoio a Lula e à esquerda. É possível que essa grande mudança tenha ocorrido somente devido ao surgimento de um líder carismático com posições claras e discursos exagerados, que se tornaram música aos ouvidos dos conservadores. Os tucanos, afinal, sempre foram conhecidos pela verve intelectual, característica de pessoas que ficam "em cima do muro". A PESB nos permitiu afirmar que isso era verdade, os peessedebistas eram opacos naquilo que defendiam — fenômeno que, de certa forma, decorria de sua moderação —, impedindo a diferenciação entre esquerda e direita. Hoje, os símbolos temáticos do que significa ser de esquerda e de direita distinguem claramente o apoio aos respectivos líderes desses grupos ideológicos.

Temos que deixar registrado que os eleitores reagiram aos sinais emitidos pelas principais lideranças do PSDB. Fernando Henrique, José Serra e Mário Covas nunca se consideraram políticos de direita. O próprio nome do partido, ao utilizar a expressão social-democracia, buscou se aproximar da esquerda europeia. Até hoje, o mais antigo partido de esquerda de que se tem notícia, na Alemanha, leva esse nome. Além disso, Fernando Henrique e Serra se notabilizaram, para além da política, por uma militância intelectual intensa e criativa, ambos defensores, em artigos e livros, de teses consideradas de esquerda. Fernando Henrique, no esforço de aproximar a prática de seu governo ao que ele falava ou escrevera, declarou em 1996, em episódio com grande repercussão midiática, que as pessoas deveriam esquecer o que ele havia escrito.

O *ethos* intelectual que nunca orientou nem Lula nem Bolsonaro (longe disso!) exige avaliações ponderadas, críticas às próprias crenças, defesa comedida de pontos de vista que, na política, acabou significando "estar em cima do muro". Pode-se também somar aos sinais de esquerda emitidos pelos tucanos várias políticas públicas adotadas no governo Fernando Henrique que transferiram renda para os mais pobres. O controle da inflação foi uma delas, mas foram também o Bolsa Escola, o Vale Gás e uma plêiade de iniciativas que no governo Lula foram unificadas sob o guarda-chuva do Bolsa Família. O eleitorado reagiu a tais estímulos de seus líderes e isso foi detectado por nossas duas pesquisas. Quando os intelectuais perdem espaço na política em favor daqueles que batem na mesma tecla anos a fio, verbalizam pontos de vista exagerados e muitas vezes hiperbólicos, e falam a linguagem do cidadão comum de maneira clara e maniqueísta, direita e esquerda aparecem com toda força, tal como está previsto nos livros e manuais de ciência política. A realidade se aproxima da teoria.

A diferenciação ideológica entre os dois campos propiciada por Lula e Bolsonaro é fundamentalmente baseada em mensagens claras, simbólicas e afetivas, que riscam no chão uma linha profunda e visível dividindo o terreno da direita e da esquerda. Se você é conservador e de direita, o mais adequado é sinalizar para o grupo ao qual pertence defendendo restrições ao aborto e tratamento favorável aos homens em relação às mulheres. Ao fazer isso, você reforça o pertencimento a seu grupo e derruba pontes para aqueles que não pensam da mesma forma. Por outro lado, se você é progressista e de esquerda (progressista no sentido técnico, considerando que para melhorar a vida dos mais fracos e excluídos, é preciso progredir, caminhar adiante, mudando a legislação vigente por uma que mitigue a exploração dos pobres), irá combater o preconceito contra pardos, pretos e nordestinos, defenderá o aborto e a regulação estatal do mercado, a fim de transferir renda para os mais necessitados. Você também aceitará as diferenças entre as pessoas — a diversidade — e o direito de cada um comandar seu corpo e se reconhecer da forma que quiser. Ao fazer isso, fortalecerá vínculos com pessoas de esquerda: vocês concordarão e defenderão pontos de vista idênticos.

Política se faz em grupo, coletivamente. No dia das eleições — isso fica mais evidente no segundo turno —, quem vai às urnas sabe que está em uma disputa do "meu grupo" contra o "outro grupo", fenômeno que muitas vezes é explicitado pela forma com que as pessoas se vestem, por torcidas próximas aos locais de votação, com o uso de adesivos ou broches afixados na roupa. O que faz os indivíduos agirem coletivamente é a moralidade que os une, e ela, por sua vez, é expressa através de inúmeros símbolos, a começar pelo candidato que os mobiliza, pelas expressões utilizadas por cada grupo, por temas e posições que os sensibilizam, pelas cores das bandeiras empunhadas, e assim por diante.

As chances do retorno da "direita civilizada"

É impossível dizer com elevado grau de confiança se a polarização aprofundada a partir da disputa entre Bolsonaro e PT vai continuar e por quanto tempo. O próprio leitor, a partir das informações aqui analisadas e dos argumentos e interpretações que fizemos, está habilitado a ter uma visão bem informada dessa questão. Sabemos agora os temas que mobilizam a polarização e o que representam para as moralidades da esquerda e da direita. Temos clareza de que são importantes para fazer as pessoas agirem coletivamente, seja enviando mensagens nos grupos de WhatsApp e demais mídias sociais em períodos não eleitorais, seja dirigindo-se aos locais de votação para digitar na urna o número do candidato de sua preferência. Dito isso, uma primeira tentativa de abordar esse tema pode ser imaginando o que os tucanos precisariam fazer para tomar de volta o eleitorado que migrou para Bolsonaro e candidatos por ele apoiados.

Certamente, os candidatos do PSDB teriam que deixar de ser "direita civilizada" para serem bem votados novamente. Apenas encampando as ideias e símbolos verbalizados por Bolsonaro — tais como discursos contra o aborto; falas que agradem aos evangélicos mais conservadores; propostas de natureza agressiva, como ampliação do porte de armas, que atrai mais o voto masculino que o feminino —, os tucanos poderiam resgatar o eleitor que no passado já esteve com eles. Aliás, esse diagnóstico encontra respaldo no fato de haver vários exemplos de deputados federais do PSDB que conseguiram manter seus mandatos dessa forma, assim como os que foram derrotados porque mantiveram a comunicação tucana do passado. Ao contrário do que aconteceu na virada do século com o eleitor peessedebista, as propostas e os discursos de Bolsonaro efetivamente levam as pessoas às ruas, fazem seus apoiadores agir. Em contraste com o que ocorre com Bolsonaro, o apoio aos tucanos sempre foi frio e anódino. Pode ser dito que a militância bolsonarista está à altura da militância petista no sentido de ir para as ruas, participar de manifestações e comícios, responder na internet ou fora dela a convocações de seus líderes. O PT encontrou em Bolsonaro um adversário do mesmo calibre, ao passo que os tucanos eram apáticos e inofensivos.

Se estivermos certos, essa breve análise sugere que a polarização veio para ficar, ao menos enquanto existirem PT e Bolsonaro. Porém, mesmo sem os dois atores, o que sabemos agora graças aos dados analisados é que há dois eleitorados — de esquerda e de direita — que se reconhecem como tal e estão unidos por uma moralidade que reprime o interesse próprio e individual, fazendo com que cada indivíduo atue para obter coletivamente o interesse de seu grupo; ela permite a cooperação. Toda moralidade é formada por um conjunto de elementos: valores e normas que definem e regulam o que é certo e errado; identidades; virtudes; instituições; práticas; mecanismos psicológicos e símbolos que muitas vezes são líderes, países, sistemas econômicos, autores e intelectuais, datas a serem celebradas, cores, frases e gritos de guerra, rituais.

Pessoas de esquerda demonizam os EUA e elogiam a China, as de direita fazem o inverso; quem é de esquerda gosta de protestos populares e valoriza as Revoluções Francesa e Russa; as pessoas de direita preferem a ordem propiciada pela repressão policial; a esquerda considera certo, em primeiro lugar, melhorar a vida dos mais pobres e excluídos, ao passo que a direita defende que as regras vigentes são fundamentais para que vivamos bem. Poderíamos multiplicar as diferenças que separam os dois lados e os unem internamente. O fato é que hoje, no Brasil, símbolos importantes desse fenômeno são as posições de cada um dos lados sobre aborto, sexualidade de homens e mulheres, preconceito de cor ou racial e papel do Estado na economia. Não são apenas símbolos, mas conteúdos e bandeiras de luta que unem cada um dos lados e os fazem agir coletivamente. Mesmo sem o PT ou Bolsonaro, esquerda e direita terão outros líderes — não importa quem, eles simplesmente surgirão — que vão mobilizar seus respectivos eleitores.

É preciso separar a polarização no eleitorado e mobilizada pelos políticos, por meio de alguns elementos de comunicação, tais como os utilizados para tratar do aborto e da sexualidade de homens e mulheres, do que o Brasil presenciou durante o governo Bolsonaro: gestos extremados e até mesmo infantis de um presidente de extrema direita. Bolsonaro se recusava a vestir gravatas vermelhas e, logo no início de seu governo, determinou que as cadeiras do Palácio do Alvorada que tivessem essa cor fossem trocadas por azuis. Foram muitas as manifestações dessa natureza, algumas consideradas pela crônica política da época como comportamento típico de adolescente revoltado, outras mais graves, como a forma com que conduziu o país durante a pandemia. Nada disso é necessário para que a polarização seja mantida. Basta apenas que os líderes de cada lado sejam claros e saibam utilizar os temas que motivam seu apoio e voto.

Políticos são espertos, conhecem intuitivamente o que os autores deste texto e talvez muitos de seus leitores só aprendem por meio de pesquisas, dados, análises e leituras. Eles sabem por intuição o que mostramos aqui: que os eleitorados de esquerda e direita, com as devidas modulações que sabemos existir ao centro e junto aos nem-nem-nem, estão prontos para serem mobilizados por eles. Por isso, não perderão a oportunidade. Enquanto esquerda e direita existirem no eleitorado da maneira como mostramos, unidas por suas respectivas moralidades e sinalizadas pelos temas identificados por nossas pesquisas, haverá políticos tentando mobilizar seu respectivo lado. Um alimentará o outro em um ciclo vicioso: como há o eleitorado com essas características, há o líder propenso a mobilizá-lo; e como há um líder que faz isso, o eleitorado permanecerá unido por essas características. O gênio saiu da lâmpada e será difícil retornar a ela.

6. O capitalismo e seus descontentes

com Nilson Teixeira

O antiliberalismo econômico do brasileiro

O capitalismo pode ser definido sucintamente como um sistema em que a produção de bens e a oferta de serviços têm como objetivo o lucro e que, para isso, o capital é privado e, muito importante, não há coordenação centralizada da economia. As principais e abrangentes trocas de informação ocorrem no mercado. É nele que o preço final é definido a partir da decisão de compradores e de vendedores sobre os valores que estão dispostos, respectivamente, a pagar ou a receber por determinada quantidade do bem. O lucro é, portanto, auferido por entes privados, sejam eles indivíduos, empresas ou investidores. Em uma economia capitalista, a maioria dos trabalhadores está no mercado privado; esse é o caso do Brasil, onde menos de 13% da mão de obra é empregada pelo setor público.

Em que pese a preponderância do setor privado e do mercado em economias capitalistas modernas, o Estado tem papel fundamental no sentido de propiciar o funcionamento, eficiente ou não, desse sistema. No Brasil, o Estado é presente e atuante em inúmeras atividades: área de serviços básicos, como segurança, saúde e educação; regulação, inclusive no controle de preços, como os de transportes, e de preços mínimos na agricultura; produção de petróleo e de energia elétrica; e oferta de serviços bancários. Antes dos programas de desestatização, o Estado brasileiro era responsável pela geração, transmissão e distribuição de energia elétrica e pelos serviços de telefonia, estando presente nos setores de mineração, siderurgia e químico, entre outros. Após várias privatizações, o Estado brasileiro manteve o controle ou participação acionária em empresas de diversos setores, dentre os quais bancário, energia, máquinas e equipamentos, minérios e proteína animal.

A provisão de diversos tipos de serviços e a produção de bens pelo Estado são passíveis de questionamento quando é sabido que o governo tem entraves burocráticos que podem tornar sua atuação menos eficiente. Essa leitura, porém, é controversa, pois as concepções existentes sobre capitalismo estão amalgamadas com o julgamento a respeito do suposto pior desempenho ou menor eficiência do setor público frente ao setor privado.

Há dois lados opostos que contam histórias distintas. Uma das vertentes julga que o mundo vivia mergulhado na miséria e a vida humana era pobre, embrutecida e curta; até que um dia surgiu o capitalismo, com seu aparato legal de proteção do lucro privado auferido a partir da inovação e do trabalho individual, e o mundo se transformou completamente. Segundo essa visão, quanto mais o capitalismo florescia em sua modalidade ocidental clássica, próxima do que se convencionou denominar capitalismo liberal, mais a sociedade ficou rica e a vida melhorou para todos. O outro lado diz exatamente o oposto, que o ser humano vivia em paz e feliz convivendo harmoniosamente uns com os outros até que o surgimento da propriedade privada gerou assimetria de posses, inveja, ressentimento e guerras. A partir de então, o ser humano passou a valorizar mais o dinheiro e o lucro do que até mesmo seus familiares. Diante desse cenário, cumpriria, então, domesticar as forças do mercado e da propriedade privada por meio da política e da ação do Estado, a fim de se viver em uma sociedade mais justa e fraterna.

Com o intuito de avaliar a visão dos brasileiros sobre o papel do Estado e do setor privado no atendimento das demandas da sociedade, a PESB fez dezenas de perguntas sobre o tema em um intervalo de vinte anos — em 2002 e em 2022-23. A pesquisa teve como referência a avaliação do apoio ao tipo clássico de capitalismo, em que a atividade empresarial privada é disseminada e o Estado cuida da regulação do mercado.

Pál Czeglédi, Brad Lips e Carlos Newland no artigo "The Economic Mentality of Nations"[1] [A mentalidade econômica das nações] de 2021 afirmam que existe uma massa considerável de evidências demonstrando clara associação entre crescimento econômico e capitalismo liberal. Segundo os autores, esses estudos revelam que países com menor presença do Estado na economia crescem mais no longo prazo, sendo isso possível só quando a população apoia a preponderância do investimento privado e do funcionamento do livre mercado em face do papel do Estado na economia. Apesar de julgar que as evidências são robustas, não se pretende discutir isso. O objetivo aqui é construir um referencial de análise sobre o apoio, ou não, da população brasileira à existência de uma economia menos regulada pelo Estado e com maior presença da iniciativa privada.

Como finalidade completamente diversa da PESB, a Fundação Perseu Abramo do Partido dos Trabalhadores (PT) realizou pesquisa qualitativa entre 2016 e 2017 com sessenta entrevistas e cinco grupos focais junto a moradores da periferia do município de São Paulo que tinham em comum o voto em nomes do PT nas eleições entre 2000 e 2012, mas que deixaram de fazê-lo em 2014 e 2016. A pesquisa gerou intenso debate no PT ao concluir que ao menos um segmento da população se guia por valores capitalistas. O acirramento se deu devido à interpretação de que esse grupo não pensaria em consonância com a visão marxista da luta de classes — nenhuma novidade para os principais intérpretes do pensamento social brasileiro. A preocupação tinha a ver com o fato de que o forte apelo do lucro e o foco das pessoas em usar a maior parte do tempo para ganhar mais dinheiro e melhorar de vida — legitimando o capitalismo — abriria espaço para o liberalismo, com maior rejeição à presença do Estado na economia.

Como será visto, as evidências robustas da PESB nesses vinte anos em todo o Brasil são contrárias à conclusão da pesquisa do PT sobre o suposto apoio de uma parcela da população à menor presença do Estado na economia.

Estado: pai benevolente com recursos infinitos

Os resultados da PESB sugerem que, de modo geral, a população adulta brasileira passou a ter entre 2002 e 2022-23 uma visão ligeiramente menos estatizante no campo econômico. Não é possível, porém, argumentar que os brasileiros se tornaram liberais a ponto de julgarem que seria mais eficaz o setor privado substituir as funções desempenhadas pelo Estado. A preferência da sociedade permaneceu sendo a de um Estado muito presente, não só mantendo as atribuições de planejamento como também intervindo no funcionamento do mercado. A propósito, em sua entrevista ao jornalista Roberto Pompeu de Toledo no livro *O presidente segundo o sociólogo* de 1998, Fernando Henrique Cardoso afirmou que "o liberalismo não funciona no Brasil, nem vai funcionar", argumentando que seria por conta da desigualdade. Segundo o ex-presidente, "ninguém vai acreditar que o mercado resolva, nem que, sem o Estado, a coisa avance".[2]

É possível que a preferência pela atuação do governo em inúmeras áreas da economia esteja associada à repetida experiência de várias gerações de que o setor público brasileiro é mais confiável e propenso a distribuir benefícios, subvenções, tarifas reduzidas ou empréstimos subsidiados. A preferência pela atuação do Estado também pode ser resultado de critérios de confiança no propósito básico do ente público de atendimento à população, ao contrário do objetivo do setor privado de maximização do lucro.

A PESB abordou comparativamente o Estado e o setor privado de diversas maneiras. Uma delas foi com perguntas a respeito da avaliação dos brasileiros em uma escala de péssimo a ótimo e a outra foi com perguntas sobre a confiança ou não em instituições públicas e privadas. Quando se analisa o governo federal, sua avaliação positiva (ótimo e bom) pouco mudou no intervalo entre os dois momentos, aumentando, dentro da margem de erro, de 51% em 2002 para 55% em 2022-23, enquanto sua avaliação negativa (ruim e péssima) diminuiu de 42% para 33%. Por outro lado, a avaliação positiva das grandes empresas cresceu ligeiramente, também dentro da margem de erro, de 69% para 71%, com a negativa diminuindo de 25% para 19%. Já a confiança no governo ficou idêntica, dentro da margem de erro, à confiança nas grandes empresas, algo em torno de 30% nas duas pesquisas, parecendo ser sólida o suficiente para que a diferença de avaliação não influencie a preferência pela atuação e interferência do governo na economia.

O período entre as pesquisas no Brasil foi marcado por governos de diferentes perfis, com as gestões de Fernando Henrique Cardoso, Luiz Inácio Lula da Silva, Dilma Rousseff, Michel Temer e Jair Bolsonaro. Em seu conjunto, esses governos promoveram vários avanços institucionais: estabelecimento da política de metas de inflação, convergência do centro da meta para padrões similares aos de outros países emergentes, consolidação de programas sociais de transferência de renda para as camadas mais pobres da sociedade, aprimoramento da regulação de mercados, aprovação de ajustes microeconômicos, maior flexibilidade do mercado de câmbio, melhor compreensão sobre a relevância da responsabilidade fiscal e equilíbrio orçamentário, formalização da autonomia da autoridade monetária e aceitação da sociedade quanto à importância de promover melhorias na educação básica.

Um dos avanços no período está relacionado à adoção da política pública de transferência de renda. Apesar da histórica preferência em atender as demandas da população de forma direta, como era o caso de antigos programas sociais de distribuição de leite, o governo substituiu essa modalidade de benefício por transferências financeiras cuja utilização é mais eficiente e democrática, pois os beneficiários decidem o que fazer com o recurso.

Diante de tantas melhorias e transformações, a visão da sociedade pouco mudou sobre a manutenção de um Estado forte como provedor de serviços e benefícios, bem como disciplinador das relações do setor privado e dos consumidores. A propósito, o governo ainda oferece benefícios fiscais para empresas que distribuem tíquetes de alimentação para seus empregados, ainda que seja muito mais eficiente para os trabalhadores receberem transferências em dinheiro, como é feito no caso do Bolsa Família. Uma vez que a sociedade brasileira está acostumada com o papel do governo como provedor de bem-estar e de serviços para todos, não há resistência à concessão de vantagens para grupos específicos, tal como acontece com as empresas de vale-alimentação.

Nota-se, igualmente, pouco embate em torno da alocação do orçamento público. É como se existisse uma crença majoritária a favor da distribuição generalizada de recursos públicos. As inúmeras frentes parlamentares no Congresso são um claro reflexo da ideia de que é possível atender a todas as demandas. Odaci Coradini, no artigo "Frentes parlamentares, representação de interesses e alinhamentos políticos", de 2010, aponta que essa modalidade de frente funciona como instrumento de relacionamento e articulação de grupos de interesse com deputados e senadores com o objetivo de construir estratégias e apoio suprapartidário a favor de um tema, setor ou região.[3]

A maioria das frentes têm forte apelo clientelista, sendo seus principais objetivos a conquista de direitos e benefícios financeiros e o fortalecimento da influência política. Apesar dessa missão, não há restrições à participação em um número máximo de frentes nem necessidade de atuação no tema relacionado a elas. Sílvio Cascione e Suely Araújo, no artigo "Obstáculos para protagonismo das frentes parlamentares em coalizões presidenciais no Brasil", de 2019[4], indicam que essas frentes têm papel quase sempre simbólico, não são organizadas e apresentam atuação mínima. Os autores assinalam que grande parte dos parlamentares não é capaz, por exemplo, de lembrar de todas as frentes de que participa, reforçando a ideia de que a adesão ocorre apenas por camaradagem aos organizadores e sob a clara interpretação de que benefícios eventualmente obtidos por determinada frente não oferecem prejuízos às demandas associadas à área de atuação do parlamentar que a apoia. Nesse sentido, por exemplo, compreende-se a adesão de cerca de trezentos deputados federais e de quarenta senadores à Frente Parlamentar da Agricultura quando, certamente, muitos desses representantes não tiveram votos em áreas de influência relevantes para a agricultura ou agroindústria.

Os dados da PESB reforçam a tese de que a sociedade não percebe que há limitações para a concessão de vantagens a diferentes grupos organizados. A impressão é de que os recursos públicos são ilimitados e, portanto, o Estado simplesmente pode atender demandas de todos os grupos da sociedade, concedendo benefícios generalizados, sem que haja consequências negativas como risco de insolvência da dívida pública, inflação crescente, baixo crescimento, má distribuição da renda e aumento da pobreza.

Não se observa no Brasil reações consistentes e organizadas contra os excessivos e prolongados privilégios angariados por grupos de pressão e concedidos graciosamente pelo Executivo, Judiciário ou Legislativo. Da mesma forma, não há resistências contra privilégios oferecidos por entes regionais. A população e seus representantes nas casas legislativas não se rebelam, por exemplo, contra os excessos relativos à remuneração de várias carreiras do setor público. Os salários são superiores aos rendimentos de funções correlatas no setor privado, com exceção dos cargos executivos das maiores empresas. A discrepância é ainda mais marcante em relação aos rendimentos e benefícios no início da carreira de funcionários de cargos específicos, dentre os quais se destacam juízes, promotores, procuradores, auditores fiscais e delegados.

São cada vez mais frequentes as decisões de órgãos superiores federais ou de entes regionais da Magistratura e do Ministério Público, por exemplo, de concessão de benefícios retroativos que garantem enormes transferências periódicas à elite do serviço público, em particular nos estados. Apesar de extravagantes, a sociedade pouco se manifesta contra tais excessos, provavelmente devido à suposta crença de que não geram custos para si.

As renúncias tributárias fazem parte do cenário no qual a sociedade não se importa com transferências e vantagens que comprovadamente não se traduzem em melhoria das condições de vida da população nem aumentam a produtividade da economia. Muitas dessas renúncias existem há décadas, não trouxeram as conquistas pretendidas e, mesmo assim, representantes no Congresso apoiam suas repetidas renovações e ampliações. Conectados com a visão predominante dos brasileiros acerca do papel do Estado na economia, esses fenômenos foram captados pela PESB.

Um exemplo da ideia de que o Estado é visto como pai benevolente cujos recursos tendem a ser percebidos como infinitos é a frequente elevação dos limites da definição de pequena empresa para enquadramento na isenção tributária do sistema denominado Simples. Há diversos estudos indicando que essa renúncia tributária não traz os benefícios almejados em sua criação: formalização do mercado de trabalho e melhoria do desempenho das empresas. Não obstante, frentes parlamentares como a do Empreendedorismo, com cerca de duzentos deputados federais e 35 senadores, sempre defendem a elevação dos limites máximos de enquadramento do incentivo, mesmo comprovado que o modelo torna a tributação ainda mais regressiva ao direcionar boa parte das vantagens da redução do pagamento de imposto de renda e da contribuição previdenciária para as camadas menos necessitadas.

Outro exemplo é a renúncia tributária associada à Zona Franca de Manaus (ZFM). A criação de uma plataforma de exportações, um de seus principais objetivos, nunca foi alcançada. Ao contrário, a sobrevivência da ZFM ocorreu de forma singular, pois o foco se tornou o atendimento à demanda doméstica. Essa consolidação aconteceu com a perpetuação de incentivos tributários bilionários para vários insumos e bens, com custos para a sociedade devido à ineficiente alocação da estrutura de produção. As renovações dos privilégios da ZFM pelo Congresso têm tido apoio maciço dos parlamentares, apesar dos prejuízos para a grande maioria da sociedade associados à oferta de benefícios para uma única localidade, que tem reduzido número de representantes na Câmara dos Deputados — oito deputados federais e três senadores do Amazonas — frente ao amplo número de parlamentares representantes de áreas com uma concentração muito maior de habitantes — 39 deputados federais da Bahia, 46 do Rio de Janeiro, 53 de Minas Gerais e 70 de São Paulo.

Esses exemplos mostram a pouca consciência da sociedade e, consequentemente, de seus representantes no Congresso, sobre os custos de oferecer renúncias tributárias e outros benefícios para grupos específicos. Não há cobrança para que os parlamentares evitem a oferta de renúncias para impedir maior incidência de impostos sobre a sociedade. Mesmo a camada mais rica e com maior escolaridade tem convicção de que a obrigação do Estado é prestar mais e melhores serviços. Esse segmento não considera privilégio os variados benefícios obtidos, mas sim direitos. Ao mesmo tempo, não entendem subsídios ou transferências como custos para a sociedade, haja vista que teriam sido apenas contrapartidas à sua atuação na economia. Nesse sentido, não há nenhuma consideração sobre as vantagens representarem menos serviços para as camadas mais vulneráveis. A construção e manutenção da desigualdade de renda no Brasil é, portanto, obra coletiva, que conta com decisões de todas as forças políticas.

Horst Rittel e Melvin Webber, no artigo "Dilemmas in a General Theory of Planning" [Dilemas em uma teoria geral de planejamento], de 1973, dividiram os problemas em *wicked* (arredio, rebelde, malicioso) e *tame* (comportado, domável, domesticável). Tomemos um exemplo de cada: a varíola e o tamanho ótimo de intervenção do Estado na economia, duas questões complexas e de difícil solução.

Tudo indica que a varíola tenha contaminado e matado milhões de pessoas em toda a história. Para ficar apenas na segunda metade do século XX, o número de infectados em 1967 foi entre 10 e 15 milhões de pessoas, segundo o livro *The Cambridge World History of Human Disease* [A história mundial da doença humana], de 1993, organizado por Kenneth Kiple e citado por Sophie Ochman e Max Roser no artigo "Why are there differences between reported and estimated cases of smallpox?" [Por que há diferenças entre os casos informados e estimados de varíola?], de 2018. A varíola talvez tenha sido a única doença contagiosa efetivamente erradicada da face da Terra, com o último caso registrado em 1977. A maioria das doenças, como no caso da Covid-19, pode até ser grave, mas é um problema comportado, com solução passível de consenso. Em outras palavras, os efeitos para a humanidade de doenças causadas por vírus têm solução alcançável, em algum momento, com base no debate e na pesquisa de especialistas.

O mesmo não ocorre na definição do tamanho ótimo de intervenção do Estado na economia. Definir esse tamanho não é o mesmo que controlar uma pandemia em dois anos. Ambos são problemas de grande magnitude, mas o tamanho do Estado é um problema rebelde e malcomportado: especialistas não alcançam consenso. Cada especialista traz noções arraigadas sobre como definir o papel do Estado, bem como acerca de suas funções. A visão política e os compromissos impedem, muitas vezes, que seja obtido consenso. Em geral, especialistas só analisam problemas rebeldes — *wicked problems* — com base em soluções preconcebidas, formatadas por seus valores e crenças. Discordâncias dificilmente são resolvidas por especialistas no tema, e o aumento do número de estudos de organizações com pensamento de esquerda ou de direita só amplia a controvérsia.

Um lado do cabo de guerra sobre o papel do Estado na economia, dos economistas com posições políticas de esquerda e denominados heterodoxos, contribui para a concepção de que o Estado é um pai benevolente com recursos infinitos. A visão desse grupo é de que a expansão de despesas públicas amplia o consumo e os investimentos, contribuindo, mais adiante, para o aumento do crescimento potencial. Em consequência, o raciocínio inocente parece ser de que a maior expansão da economia eleva a arrecadação tributária nos anos seguintes a ponto de reduzir o déficit público no médio prazo. O conceito do moto-contínuo também está associado à crença de que a dívida bruta do governo, por ser mais baixa do que em outros países desenvolvidos, pode crescer em alguma magnitude sem gerar consequências nefastas para os fundamentos domésticos.

A PESB sugere que a percepção predominante dos brasileiros está alinhada à dos economistas heterodoxos. Como esses economistas foram educados, em geral, no Brasil desde criança, é difícil distinguir a causa da consequência: se o que os heterodoxos defendem colabora para que a sociedade seja refratária ao mercado ou se a sociedade, ao ser a favor da participação do Estado, educa economistas que pensam dessa maneira.

Em suma, a PESB sugere que a sociedade brasileira tem resistência ao liberalismo econômico, e o governo é visto como um pai benevolente e bem-intencionado, capaz de ajudar, senão a todos, à grande maioria dos brasileiros. Mesmo em um ambiente dessa natureza, a sociedade nos últimos vinte anos aumentou sua rejeição ao protecionismo.

Uma sociedade menos protecionista e menos xenófoba

A PESB investigou o que os brasileiros pensam sobre nacionalismo econômico ou protecionismo. A pesquisa possui perguntas sobre se produtos fabricados por empresas estrangeiras são melhores do que produtos fabricados por empresas brasileiras, bem como se o governo deve dificultar a entrada de produtos estrangeiros, oferecer facilidades para atrair investimentos de grandes empresas estrangeiras, obrigar empresas estrangeiras a sair do país, proibir que estrangeiros comprem terras, proibir o emprego de trabalhadores estrangeiros e permitir que empresas estrangeiras enviem todo o lucro para o exterior. As opções estimuladas de respostas a essas questões foram: concorda muito, concorda um pouco, discorda um pouco e discorda muito. Nem concorda nem discorda foi anotada como resposta espontânea.

As sete perguntas permitiram elaborar uma régua para dividir em três partes a população adulta brasileira de acordo com o número de pontos somados em todas as respostas: *pró-abertura* com aqueles que têm pontuações no terço mais alto nas sete perguntas, *protecionista* com os que ficam com pontuações no terço mais baixo, e *nem um, nem outro* com os do terço intermediário.

O grupo *pró-abertura* aumentou de 16% da população adulta em 2002 para 33% em 2022-23, enquanto o *protecionista* passou de 19% para 7%. Os brasileiros do terço intermediário do grupo *nem um, nem outro* continuam sendo majoritários, variando de 65% para 60% no período. A pesquisa comprova que os brasileiros se tornaram menos nacionalistas entre 2002 e 2022-23, a sociedade mantém avaliação favorável sobre a participação de empresas estrangeiras no país, inclusive no que se refere à propriedade de terras agrícolas. A oferta de estímulos pelo governo para atração de empresas estrangeiras também é vista favoravelmente, e o apoio à presença de empresas estrangeiras pode estar associado à percepção de que os bens fabricados por tais empresas têm melhor qualidade do que os produzidos por fabricantes brasileiros.

Apesar da visão benigna sobre bens estrangeiros, há aparente contradição com a resposta de parte significativa de brasileiros a favor da imposição de restrições à entrada de produtos estrangeiros. Mesmo concordando muito ou, ao menos, um pouco que bens produzidos por empresas estrangeiras são melhores do que os fabricados por firmas brasileiras, a sociedade continua a favor de o governo dificultar a entrada de produtos estrangeiros, muito embora essa resistência tenha diminuído de 68% em 2002 para 48% em 2022-23 por conta, possivelmente, da maior facilidade de importação individual direta de bens, em particular da China. A preferência dos brasileiros parece ser a de ter acesso a produtos estrangeiros, mas produzidos no país por multinacionais, provavelmente em função da interpretação de que esse arranjo aumenta a oferta de empregos e estimula o crescimento econômico. Talvez em função disso a grande maioria dos brasileiros seja a favor do oferecimento de facilidades para atrair investimentos de grandes empresas estrangeiras. O percentual aumentou de 75% em 2002 para 84%, quase todo oriundo do grupo que concorda muito com essa política. Decisões mais radicais, como a do governo obrigar empresas estrangeiras a irem embora do Brasil, não são apoiadas pela sociedade, com aumento do percentual de discordância de 75% em 2002 para 81% em 2022-23. Por outro lado, poucos concordam com a autorização do governo para que empresas estrangeiras enviem todo o lucro para o exterior, embora o percentual dos que discordam muito dessa decisão tenha diminuído de 63% em 2002 para 53% em 2022-23, e dos que discordam um pouco tenha aumentado de 12% para 21%.

A visão favorável à entrada de mais empresas estrangeiras no país parece compatível com a concordância da incorporação de mão de obra estrangeira no mercado de trabalho local. Nesse sentido, a PESB 2022-23 mostra forte recuo da defesa da garantia do emprego no mercado local apenas para brasileiros, com substancial alta da oposição à proibição do emprego de trabalhadores estrangeiros.

A permissão para que os estrangeiros comprem terras no país também continua majoritária, pois o percentual que discorda da imposição de restrições permanece relativamente estável, variando apenas de 58% para 61%. Em linha com essa leitura, o Senado aprovou em dezembro de 2020 o Projeto de Lei n.º 2963/19 que regulamenta o artigo 190 da Constituição Federal e trata da aquisição e exercício de qualquer modalidade de posse, inclusive arrendamento, de propriedades rurais por pessoas físicas ou jurídicas estrangeiras.

A análise dos dados por nível escolar mostra que quanto maior a escolaridade, maior é a aceitação da participação de empresas e de trabalhadores estrangeiros, assim como o apoio à redução de barreiras à importação de produtos vindos de fora. Enquanto a concordância com barreiras à importação diminuiu de 72% em 2002 para 64% em 2022-23 entre pessoas apenas com ensino fundamental, entre brasileiros com ensino superior completo diminuiu de 56% para 26%. Ademais, a proporção de pessoas da base da pirâmide escolar que discordava que o governo deveria proibir emprego de estrangeiros aumentou de

40% em 2002 para 57% em 2022-23, ao passo que o percentual com ensino superior que discordava da medida cresceu de 67% para 89%. Do mesmo modo, quanto maior a escolaridade maior é a percepção de que produtos fabricados por empresas estrangeiras são melhores do que os fabricados por companhias brasileiras. Por outro lado, não há grande diferença por nível escolar quanto aos que concordam em oferecer facilidades para atrair investimentos de grandes empresas estrangeiras levando-as a se instalar no Brasil e em proibir a compra de terras por estrangeiros.

A faixa etária também não foi muito relevante para distinguir questões sobre a presença de empresas estrangeiras no país, ou sobre estímulos governamentais e preferência por produtos do exterior. Além disso, o grau de concordância com medidas de protecionismo em todas as faixas de idade diminuiu significativamente em várias áreas. Em relação ao governo dificultar ainda mais a importação de produtos estrangeiros, a concordância diminuiu catorze pontos percentuais no grupo de pessoas acima de 60 anos de idade e 28 pontos percentuais para pessoas de 18 a 24 anos. A variação também aconteceu para a proibição de emprego de trabalhadores estrangeiros, com redução da concordância entre os mais jovens de 38% em 2002 para 17% em 2022-23, e entre os mais velhos de 59% para 38%. Os brasileiros não apenas se tornaram menos xenófobos como não parece presente a rejeição à imigração, como ocorre em outras sociedades.

Amplo apoio à regulação estatal da atividade econômica privada

Uma segunda bateria de perguntas utilizadas para avaliar o que os brasileiros pensam sobre o liberalismo econômico permitiu compreender a evolução da visão da sociedade acerca do papel de regulação do Estado. A regulação estatal está presente nas mais diferentes atividades, muitas vezes disciplinando mínimos detalhes. Os gabinetes na Câmara dos Deputados e no Senado Federal, bem como nos prédios de ministérios e agências regulatórias, estão repletos de representantes de grupos de interesse querendo conquistar novos direitos e explicar para representantes da sociedade as consequências para seus setores de possíveis novas normas ou legislações. O lobby é uma atividade legal e legítima, mas não regulamentada, por meio da qual as mais variadas instituições — sindicatos, associações e empresas — manifestam para os legisladores e burocratas sua leitura sobre efeitos das políticas públicas.

Nesse contexto, a dimensão regulatória da atividade estatal vem sendo gradualmente aperfeiçoada, com aumento da transparência e da porosidade do governo local no diálogo com a sociedade. A avaliação da leitura dos brasileiros sobre o papel regulatório do Estado foi construída por sete perguntas sobre situações reais, do presente ou do passado, da intervenção normativa na atividade privada. Os entrevistados foram questionados a respeito do grau de concordância ou discordância — muito ou pouca — sobre as seguintes afirmativas: controlar o preço de todos os produtos vendidos, controlar o preço de todos os serviços básicos, dizer tudo o que as empresas têm de fazer, inclusive quantos banheiros têm de ter, treinar a mão de obra das empresas, socorrer as empresas em dificuldades, definir qual o valor dos salários de todos os funcionários de todas as empresas e escolher onde construir uma nova fábrica.

Para facilitar a exposição dos resultados, assim como na avaliação sobre protecionismo, foi elaborada uma régua dividindo em três partes a população adulta: *ultraliberais*, aqueles que tiveram as pontuações do terço mais elevado, *intervencionistas*, que ficaram com as pontuações do terço mais baixo, e de *senso comum*, o terço intermediário.

Pouco ou nada mudou nessa área em vinte anos, dada a margem de erro das duas pesquisas de dois pontos percentuais para cima e para baixo. A parcela de brasileiros *ultraliberais* oscilou de 7% em 2002 para 9% em 2022-23, enquanto o percentual de *intervencionistas* diminuiu de 45% para 39%, e o de *senso comum* aumentou de 48% para 52%. A convicção sobre ausência de mudanças na visão sobre regulação está associada à variação ter ocorrido, nesses vinte anos, dentro ou muito próximo da margem de erro.

As perguntas individuais mostram que 53% dos brasileiros em 2022-23 concordavam com a afirmativa de que o governo deve dizer tudo o que as empresas têm de fazer, inclusive quantos banheiros a empresa tem de ter, enquanto 45% discordavam muito ou um pouco dessa afirmativa. A maioria das pessoas acima de 35 anos nas duas pesquisas concordava com a declaração, enquanto mais de 50% das faixas abaixo de 35 anos discordavam. Em particular, um total de 69% em 2002 e de 63% em 2022-23 da faixa de idade mais avançada defende ampla intervenção do governo na vida das empresas, mais do que os 46% em 2002 e 41% em 2022-23 da faixa mais jovem.

A PESB 2002 e a 2022-23 confirmam que quanto menor a escolaridade, maior o apoio à intervenção regulatória do governo. Nesse sentido, enquanto 77% dos brasileiros com escolaridade até ensino fundamental julgam que é papel do governo dizer tudo o que as empresas precisam fazer, apenas 33% com ensino superior ou mais defendem isso. Pessoas menos escolarizadas e com renda mais baixa provavelmente se consideram mais protegidas de eventuais consequências negativas de decisões das empresas que buscam lucro com presença e intervenção do Estado, o pai benevolente cuja finalidade declarada é promover o bem comum. Por outro lado, as pessoas mais escolarizadas, por se perceberem mais poderosas socialmente, podem supostamente renunciar à proteção estatal. Quem ocupa os segmentos mais altos da hierarquia social possivelmente considera ter maior capacidade de melhorar de vida por meio da sua ação individual e, portanto, aceita mais a noção de que empresas podem decidir por conta própria sem prejudicar a sociedade.

A PESB solicitou que as pessoas se autoclassificassem como esquerda, centro e direita, permitindo construir uma avaliação sobre diferenças de visão a respeito da intervenção do Estado. Em 2022-23, a proporção de brasileiros que concordava com a regulação estatal da vida das empresas era de 56% entre os que se classificavam de esquerda, de 54% daqueles que se diziam de direita e de 47% dos que se classificavam de centro. Embora os resultados sejam estatisticamente similares em 2022-23, houve convergência significativa de percepção no período, pois os percentuais em 2002 eram de 43% para os que se classificavam de esquerda, e de 63% os de direita.

Os resultados sugerem que a esquerda no Brasil se tornou mais intervencionista, e a direita, mais liberal. A nossa principal hipótese para essa transformação é que a dinâmica política recente do país, com dois períodos de governos de esquerda intermediados por um governo de direita, alterou a forma de autoclassificação entre as duas ideologias. Muitos liberais na PESB 2002 provavelmente se consideravam de esquerda e muitos intervencionistas se autoclassificavam como direita. Pessoas ditas de centro possivelmente também passaram a compreender melhor as duas vertentes. Líderes políticos também passaram por essa modificação na autoclassificação, com liberais se denominando agora de direita e intervencionistas de esquerda.

Fernando Henrique Cardoso na entrevista já citada antecipou o que viria a acontecer nos resultados da PESB 2022-23 ao aproximar esquerda e direita quanto à regulação estatal na vida das empresas. Naquela ocasião, FHC afirmou que boa parte dos políticos "acha que o mercado depende do governo". Estendendo o discurso para o patrimonialismo, acentuou a crítica ao afirmar que muitos políticos não entendiam que "o Estado não foi feito para seus amigos e familiares". O ex-presidente distinguia esquerda e direita por questões sociais e morais e não no que se referia à preferência por um Estado forte ou intervencionista na economia. À luz dessa avaliação de Fernando Henrique Cardoso, a PESB estimula a reflexão acerca da força ou fraqueza do liberalismo econômico junto à elite política: há realmente liberais no Brasil?

O processo de desestatização no Brasil já dura mais de trinta anos, com o lento movimento de saída do Estado de diversas áreas como siderurgia, mineração, telefonia, energia elétrica, bancos, transportes, entre outros. A desestatização começou no governo Sarney, com a privatização, por exemplo, de empresas de celulose — Aracruz Celulose — e metais — Caraíba Metais. O discurso do governo Fernando

Collor foi mais categórico sobre transferência de estatais para o setor privado a fim de aumentar a eficiência na economia e reduzir a intervenção do governo nas empresas. A privatização foi concentrada no setor siderúrgico, e o processo foi mantido durante o governo Itamar Franco, inclusive com a venda do controle da Embraer. O governo FHC aprofundou tais ações, com destaque para a desestatização dos setores de telefonia, energia elétrica e bancos estaduais. Os governos Lula e Dilma Rousseff interromperam essa dinâmica, mas mantiveram a venda de concessões de rodovias e de ferrovias, bem como de aeroportos a partir de 2012. O governo Michel Temer anunciou um programa extenso de privatizações, mas as operações também ficaram concentradas em segmentos específicos, como transmissão de energia. Embora o apoio do então presidente Jair Bolsonaro não tenha sido categórico, a equipe econômica de seu governo assumiu um discurso liberal a favor da desestatização como forma de reduzir o tamanho do Estado e melhorar sua eficiência. Apesar de ter incluído muitas empresas de diversas áreas, como Correios, abastecimento de alimentos e processamento de dados, o governo não levou adiante a maioria dos processos. Não obstante, o governo Bolsonaro promoveu processos que geraram a transferência do controle acionário da Eletrobras para o setor privado, novas concessões na área de transportes, assim como venda de diversas subsidiárias da Petrobras e de participações acionárias em várias companhias pelo BNDES.

Mesmo com a gradual saída da produção de bens e oferta de serviços, o Estado ainda é muito presente na economia, com mais de cem estatais, muitas delas deficitárias e com atividades com crescimento prejudicado pela burocracia do governo. Apesar do longo processo de desestatização, não houve genuína vontade política de retirar o Estado dos setores de serviços bancários — Banco do Brasil, BNB e Basa —, de produção de papel-moeda — Casa da Moeda —, de exploração e refino de petróleo — Petrobras —, entre muitos outros. Apesar de haver interesses ocultos por parte dos políticos em manter poder e influência nas empresas estatais, a pouca vontade dos governantes em acelerar processos de desestatização também sugere uma possível percepção de que o setor privado doméstico não é capaz de atender, ainda mais com preços justos, a demanda da sociedade, sendo necessário manter a presença do Estado até como forma de disciplinar o funcionamento do mercado.

A PESB confirma que a sociedade demanda interferência do Estado em decisões puramente corporativas, provavelmente devido à suposição de que as motivações das empresas tendem a prejudicar a população. O percentual de brasileiros, por exemplo, que discorda que só as empresas e nunca o governo devem escolher onde construir uma nova fábrica é muito alto, apesar de ter diminuído de 54% em 2002 para 47% em 2022-23, enquanto a parcela que concorda tenha aumentado de 46% para 50%. Ou seja, a população adulta passou a dar maior apoio à visão menos intervencionista sobre investimentos das empresas. Nesse caso, há uma divisão geracional, sendo os brasileiros mais velhos, acima de 35 anos, mais favoráveis à intervenção ou regulação do que os mais jovens.

Ao mesmo tempo, o apoio à intervenção do governo na definição da localização de fábricas surpreendentemente cresce com o aumento da escolaridade. Enquanto 76% das pessoas de escolaridade mais baixa, em 2022-23, concordam com a visão de que cabe às empresas decidir sobre isso, apenas 28% das pessoas com ensino superior ou mais concordam com essa leitura. A enorme distância entre os segmentos demanda reflexão, ainda mais quando partidários da visão liberal julgam que a preferência pela intervenção do Estado diminui com o aumento da escolaridade.

O apoio à intervenção pode ser motivado pela crença de que o governo tem mais estímulos para alocar plantas industriais em locais que não seriam escolhidos pelo setor privado por serem áreas pobres e com pior infraestrutura. É possível que a sociedade perceba de forma seletiva, filtrada pela escolaridade, que o aumento do bem-estar social a partir do desenvolvimento de áreas desfavorecidas seja algo importante para o governo, mas não para os empresários. Se isso for verdade, a ação do Estado seria vista como benevolente e geradora de justiça social, o que justificaria a visão favorável ao Estado frente ao mercado. A prioridade dos mais escolarizados neste quesito da regulação não seria, portanto, eficiência econômica como orientadora da decisão privada, mas sim produção de bens a serviço da diminuição da pobreza.

Além disso, 59% das pessoas que se consideram de direita em 2022-23 julgavam que o governo deveria decidir sobre a localização das fábricas, e apenas 46% de esquerda e 44% de centro pensavam o mesmo. O resultado indica que a maioria dos brasileiros que se autoclassificam de direita defende uma medida não liberal na regulação.

O governo tem tido a prática, há quase um século, de regular tarifas de serviços públicos, como energia elétrica, transportes urbanos e fornecimento de gás, e também preços de bens, como produtos agropecuários — café, açúcar, algodão, arroz, leite e carne — e insumos de produção — cimento e borracha. A intervenção no sistema de tarifas e preços ficou mais marcante a partir de meados da década de 1960, quando a inflação acelerou. Em resposta, o governo criou uma série de órgãos e conselhos para, em última análise, controlar a variação dos preços. Em 1968, por exemplo, o Conselho Interministerial de Preços (CIP) foi criado para restringir mudanças de preços e controlar a inflação no mercado doméstico por intermédio da exigência de que as empresas maiores pudessem elevar os preços de uma enorme quantidade de bens. Em tese, os reajustes eram permitidos unicamente no caso de variação compatível dos custos sob o pretexto, no mínimo ingênuo, de que a alta de preços ocorreria simultaneamente em todos os bens de forma que seu efeito fosse neutro na alocação de recursos.

Mais adiante, com a forte aceleração inflacionária, o governo José Sarney instituiu o Plano Cruzado em 1986, que se baseava na perspectiva de que a manutenção do congelamento de preços e salários por um período razoável eliminaria o componente inercial da variação de preços, responsável, supostamente, por grande parcela da elevada inflação. A intervenção do governo nos preços teve enorme apoio social em função dos altos custos da inflação para a sociedade. Decorridos alguns meses, porém, o plano fracassou, e a inflação passou a ser ainda maior do que a existente antes de sua implementação.

Apesar da confiança cada vez menor da população, a história até 1994 está repleta de planos de estabilização com mecanismos de intervenção na livre determinação dos preços. Com base em sua relativa alta frequência, perguntas da PESB avaliam a percepção da população a respeito dessas intervenções nos preços de equilíbrio de mercado.

O apoio da população à intervenção nos preços é inequívoco; mais da metade dos brasileiros julga que os preços não devem ser arbitrados livremente. Mesmo assim, o percentual de brasileiros que acha que os preços de todos os produtos deveriam ser controlados pelo Estado diminuiu, nesses vinte anos, de 70% em 2002 para 56% em 2022-23. O percentual ainda elevado se deve, provavelmente, à percepção de que as empresas são capazes de obter lucros exagerados no Brasil, sendo necessária a intervenção do poder público para evitar excessos. O elevado número a favor da intervenção do Estado no sistema de preços e na decisão das empresas está, portanto, associado à excessiva e duradoura proteção de mercado a vários segmentos, com barreiras tarifárias e não tarifárias, reduzindo a competição externa e contribuindo para a presença de muitos setores quase oligopolizados praticando margens de lucro bastante elevadas.

O sentimento a favor da intervenção é mais presente entre brasileiros acima de 45 anos do que entre mais jovens, e aqueles com mais de 60 anos dão maior legitimidade ao controle de todos os preços pelo Estado, com apoio de 80% em 2002 e de 75% em 2022-23. O apoio ao controle de preços de brasileiros que nasceram até a primeira metade da década de 1980 se explica pela convivência com o descontrole da carestia pelo menos em sua adolescência. Com inflação mensal de mais de 80% no início da década de 1990, entende-se a crença de que a intervenção do Estado é necessária para evitar a completa desorganização do sistema de preços.

O apoio a essa intervenção diminui à medida que aumenta a escolaridade, mas é dominante em praticamente todas as faixas, com exceção do segmento com ensino superior. Enquanto 83% dos que têm escolaridade mais baixa concordam com o tabelamento, apenas 34% daqueles com ensino superior pensam o mesmo. Como a cesta de consumo é menos suscetível a substituições dentre as camadas menos escolarizadas, tal baixo poder de organização justifica sua preferência à intervenção do Estado. O grupo com maior escolaridade, geralmente com maior renda, tem capacidade de postergar compras e de buscar alternativas a uma parcela preponderante da cesta de consumo. Esse segmento depende menos do apoio do Estado e, portanto, apoia menos a intervenção nos preços de mercado.

A pergunta na PESB sobre controle de todos os preços desperta uma sensação de intervenção muito forte, e pode gerar rejeição e respostas contrárias. Para mitigar esse efeito, outra pergunta relaxa o controle e trata apenas de preços dos serviços básicos, dando os transportes como exemplo. O padrão das respostas confirma a hipótese, pois a concordância é maior do que em relação à afirmativa sobre intervenção generalizada. O controle de preços de serviços básicos como o dos transportes era apoiado por 85% dos brasileiros em 2002, e recuou para 75% em 2022-23.

Quanto às faixas de idade, pessoas acima de 60 anos são as que menos mudaram sua visão do papel do Estado no controle de preços dos serviços básicos, com redução no apoio de 89% em 2002 para 83% em 2022-23. A concordância diminui de forma mais acentuada na faixa de idade entre 18 e 24 anos, de 85% para 69%.

Quanto à autoclassificação segundo posições políticas, de esquerda ou de direita, os resultados surpreendem. Em 2002, 87% das pessoas de esquerda eram a favor do controle de preços dos serviços básicos, recuando para 77% em 2022-23. A concordância foi, respectivamente, de 88% e 77% dentre as pessoas autoclassificadas como de direita. No período de vinte anos entre as duas pesquisas, os brasileiros que se classificavam como de direita foram igualmente a favor da regulação estatal em face das pessoas de esquerda. A PESB sugere, portanto, que a sociedade não conecta posicionamento político com liberalismo econômico. A grande maioria, independentemente de ser de direita ou de esquerda, é igualmente refratária ao mercado e à atividade privada. O liberalismo econômico dos brasileiros parece frágil ao não mostrar grande diferenciação entre grupos ideologicamente distintos.

Como na pergunta sobre intervenção do Estado no sistema de preços, quanto maior é a escolaridade da população, menor é a concordância com regulação de tarifas dos serviços básicos. O apoio a esse controle praticamente não mudou dentre aqueles com escolaridade mais baixa; 90% dessa faixa é favorável ao controle de preços nas duas pesquisas. Por outro lado, a concordância diminuiu de forma expressiva nas outras faixas de escolaridade; o apoio dos brasileiros com ensino superior completo declinou de 83% em 2002 para 59% em 2022-23.

Recorremos novamente à explicação de que as pessoas na base da pirâmide social, geralmente com escolaridade mais baixa, se percebem como menos poderosas e tendem a ver a regulação estatal como necessária para sua proteção contra excessos do setor privado. Como o pagamento de serviços de água e esgoto, energia elétrica e transporte público consome fatia significativa de sua renda, é compreensível que a maioria da população na base da pirâmide social seja a favor da intervenção nas tarifas desses serviços para evitar altas abusivas pelas concessionárias de serviços públicos — em geral, monopolistas — e, consequentemente, afastar o risco de recuo expressivo de seu poder de compra. O caráter monopolístico da maioria dos serviços públicos também explica a sociedade preferir ter os preços regulados pelo Estado, até porque, para manifestar sua insatisfação, há sempre a possibilidade de eleger outros governantes e, com isso, talvez mudar a direção dessas empresas.

A leitura sobre a intervenção do governo nas decisões das empresas e no sistema de preços não seria precisa sem uma avaliação sobre a interferência do governo na determinação dos valores do trabalho, ou seja, os salários. Dessa forma, a PESB avaliou a concordância com a seguinte afirmativa: o governo deve definir o valor dos salários de todos os funcionários de todas as empresas do Brasil. A maioria dos brasileiros manteve a visão de que os salários deveriam ser definidos de forma abrangente pelo governo, com 54% em 2002 e 52% em 2022-23 concordando com a afirmativa. O resultado é forte, pois trata-se da concordância sobre a regulação de todos os salários. É mais um sinal de resistência ao liberalismo econômico.

A rejeição diminui com o aumento da escolaridade, muito embora não tenha havido mudanças relevantes por escolaridade em duas décadas. Em 2022-23, 81% de quem tinha até o ensino fundamental I apoiavam a intervenção completa nos valores do trabalho, enquanto para quem tinha concluído o ensino fundamental II, o ensino médio e o ensino superior, o apoio foi, respectivamente, de 64%, 41% e 24%. Embora a concordância com a intervenção integral do governo na determinação dos salários tenda a diminuir à medida que a escolaridade média da população aumente, não é possível afirmar que a população migrará para uma visão mais liberal na economia nas próximas décadas. Os resultados só permitem projetar que a maioria da sociedade deixará de ser favorável à determinação pelo governo de todos os salários de todas as empresas, o que ainda é muito distante de um conceito liberal.

Os brasileiros mais velhos, provavelmente porque o grupo concentra a maior proporção de aposentados, são os mais favoráveis à definição dos salários pelo governo: nada menos do que 63% concordavam com essa visão em 2022-23. Os brasileiros na faixa de idade de 25 a 44 anos eram os que menos apoiavam a intervenção integral do governo nos salários em 2022-23, com 45% de concordância, enquanto o percentual de pessoas nas faixas de idade de 18 a 24 anos e de 45 a 59 anos que apoiavam essa interferência era, respectivamente, de 51% e 53%.

Uma das premissas da ideologia liberal aplicada à economia é a de que não cabe ao governo socorrer empresas em dificuldades. Quando oferta financiamentos em condições facilitadas por intermédio de bancos estatais ou transfere recursos públicos para as empresas, o governo sinaliza que o risco é seletivo e que a ineficiência do capital privado não é necessariamente punida com o fracasso da empresa. Como nem todas as empresas são socorridas pelo governo em momentos de fragilidade, a escolha dos beneficiários e dos prejudicados jamais é consensual. A crise financeira de 2008 exemplifica esse questionamento, pois o governo dos EUA e seu banco central não socorreram o Lehman Brothers, banco de investimentos americano, mas lideraram a construção de uma solução para o Merrill Lynch, outro banco de investimentos que, com garantias financeiras do governo federal, acabou incorporado pelo Bank of America. A decisão gerou debate acerca dos critérios das decisões, ainda mais quando a doutrina liberal pura advoga que ninguém deve ser socorrido.

Ajudas do governo embutem a oferta, direta ou indiretamente, de recursos da sociedade para benefício de uma empresa ou até mesmo um setor inteiro. O socorro a bancos é ainda mais complexo, pois engloba questões associadas ao risco de uma crise sistêmica alcançar toda a economia. Governos e bancos centrais se tornam mais sensíveis nesse caso, por conta da maior chance do possível alastramento de crises financeiras causar corridas bancárias e repercussões mais graves na economia.

A proporção de brasileiros que concorda que empresas em dificuldade precisam ser socorridas pelo governo era de 83% em 2002 e passou para 86% em 2022-23. O resultado reforça a visão de grande parte da sociedade de que cabe ao governo proteger os empreendimentos privados. Números dessa magnitude também indicam que a visão é predominante em todos os segmentos sociodemográficos. Cerca de 85% da faixa de idade mais jovem, entre 18 e 24 anos, concordavam com esse apoio em 2022-23, proporção um pouco menor do que os 91% com 60 anos de idade ou mais que pensavam da mesma maneira. Na faixa mais baixa de escolaridade, 92% têm essa visão, ao passo que 69% dos que completaram o ensino superior defendem o socorro. O mesmo acontece para 86% dos que se consideram de esquerda, 88% dos que se dizem de direita, e 82% dos que se autoclassificam como de centro.

A avaliação da maioria dos brasileiros de que as empresas devem ser apoiadas pelo governo pode ter como origem a percepção generalizada de que é função do setor público garantir condições para a manutenção de postos de trabalho. Como são as maiores empregadoras de mão de obra, as empresas do setor privado teriam *direito* ao suporte do governo. A defesa dessa ajuda em momentos de dificuldade é corroborada por respostas a várias perguntas da PESB que indicam o sentimento generalizado de que os recursos públicos seriam ilimitados e poderiam ser direcionados para esses grupos sem nenhum impacto sobre o restante da população. A propósito, os grupos de interesse têm por hábito assinalar a criação ou mesmo manutenção de postos de trabalho como motivo para obtenção de privilégios. Uma boa analogia para essa dinâmica de apoio às empresas pelo governo, como mencionamos anteriormente, é a de um pai benevolente, cujo auxílio deve estar sempre disponível.

A maioria dos brasileiros preferiu a livre iniciativa do setor privado em vez da regulação do Estado diante de uma única frase da bateria de perguntas: só as empresas, e nunca o governo, têm de treinar a mão de obra e os trabalhadores. A concordância com a afirmativa de que treinamento é papel exclusivo das empresas aumentou de 53% em 2002 para 57% em 2022-23. Ao contrário dos resultados anteriores, a preferência pela intervenção do Estado aumenta com a elevação da escolaridade. A proporção de brasileiros com menor escolaridade que concordava com a responsabilidade exclusiva das empresas pelo treinamento dos trabalhadores foi de 80% e de 33% entre os que detêm, ao menos, ensino superior completo.

O resultado extraído a partir de outras questões, de que os brasileiros mais liberais são os que têm maior escolaridade, é rejeitado neste caso, o que exige refletir sobre a motivação para que o treinamento seja de responsabilidade do Estado. Uma possível hipótese é a de que pessoas de menor escolaridade ocupam serviços mais repetitivos ou braçais, exigindo treinamento muito mais específico e pontual. Assim, os trabalhadores com menor escolaridade preferem que o treinamento seja oferecido pelas empresas e, provavelmente, no ambiente de trabalho. Por outro lado, o desempenho no trabalho das pessoas com maior escolaridade geralmente depende de uma formação mais ampla, generalista e formal. Nesse caso, a avaliação combina com o pensamento de que um dos papéis mais relevantes do governo é o de prover educação e boa formação, aqui entendido por treinamento para os trabalhadores.

Quanto às diversas faixas de idade, os brasileiros com 18 a 24 anos são os que menos concordam que somente as empresas devem oferecer treinamento, 46% em 2022-23, enquanto 76% das pessoas com mais de 60 anos concordam com a afirmativa. O percentual fica em torno de 55% para as demais faixas de idade. É provável que os mais jovens tenham maiores expectativas em relação ao trabalho e, portanto, julguem que o treinamento tenha de ser oferecido pelo setor público. Já os mais velhos, mais próximos da aposentadoria, acreditam que o treinamento necessário seja mais específico e para atualização e, portanto, melhor se concentrado nas empresas.

A PESB mostra diferenças na avaliação sobre o treinamento em função do posicionamento político: em 2022-23, 54% das pessoas que se consideravam de esquerda defendiam o treinamento como papel exclusivo das empresas, enquanto 48% dos que se classificavam como de centro e 67% dos que se diziam de direita pensavam o mesmo. A maioria dos brasileiros que se autodenomina de direita é, portanto, a favor do treinamento ser oferecido exclusivamente pelas empresas, o que parece mais intuitivo. Também aqui parece claro que há uma dificuldade da população de se definir como de esquerda ou de direita pelos padrões do liberalismo econômico.

Os resultados discutidos sugerem que:

- os brasileiros ficaram significativamente menos protecionistas nas primeiras décadas deste século. A maior abertura de mercado não foi unicamente resultado de opções do governo com vistas à melhoria do controle inflacionário nem à incorporação de tecnologia mais avançada no país. O processo também refletiu o anseio por maior bem-estar atribuído ao consumo de mais produtos estrangeiros, avaliados como de melhor qualidade;

- o grau de concordância com as diversas afirmativas relacionadas à economia sugere que a interferência do governo na fiscalização e no controle sobre as decisões das empresas é vista como essencial para as relações privadas por impedir a cobrança de preços extorsivos de bens e serviços;

- a visão a favor da participação do Estado na economia está correlacionada com a posição ocupada pelas pessoas na pirâmide social. Em geral, brasileiros com menor escolaridade são bem mais intervencionistas do que aqueles com maior número de anos de estudo. Há, possivelmente, a percepção de que as pessoas com maior renda têm mais poder de negociação e, portanto, são menos suscetíveis à exploração pelas empresas;

- os resultados confirmam a interpretação de que a função do Estado é de provedor e protetor de todos, de forma que há grande apoio à intervenção do governo nas relações tipicamente privadas, como a decisão das empresas e a formação de preços de bens e serviços;

- a preferência pela intervenção do Estado na economia está associada a certo pragmatismo da sociedade, formada principalmente pelas camadas de menor escolaridade e menor renda. Esse grupo parece querer a proteção do Estado contra excessos cometidos pelas empresas, muitas vezes monopolistas ou oligopolistas, como salários muito baixos e condições de trabalho desfavoráveis. Enquanto os mais pobres querem proteção contra o funcionamento do livre mercado, os mais ricos demandam, em geral, menor regulação, possivelmente por terem maior capacidade de melhorar de vida em um ambiente mais competitivo e menos protegido pelo Estado;

- a preferência disseminada da sociedade pela intervenção do governo estimula a discussão sobre o papel do Estado na economia. A PESB sugere que os avanços propostos por uma agenda mais liberal, em que o Estado se dedicaria exclusivamente a tarefas como saúde, educação e segurança pública, ainda têm pouco apelo na sociedade. Parece que a adesão ao liberalismo econômico nos campos regulatório e protecionista dificilmente avançará sem uma liderança política firme a favor dessa vertente. Para se tornarem mais liberais, os brasileiros precisariam perceber benefícios tangíveis da menor intervenção do governo. Não aparenta ser um processo rápido. A boa convivência com empresas estrangeiras e a perspectiva mais favorável ao livre comércio só foram observadas com o empenho do governo no pós-guerra a favor da industrialização e, recentemente, com maior acesso da sociedade aos produtos importados. A maior aceitação tende a ocorrer, na maioria dos casos, primeiro nas camadas de maior escolaridade, altamente correlacionada à faixa de maior renda;

- os brasileiros têm dificuldade de entender o conceito de esquerda e de direita sob o prisma do liberalismo econômico. A distinção ideológica pode estar mais associada ao tema dos costumes, sendo a direita, por exemplo, contrária ao direito de aborto e às definições de gênero. Nesse sentido, não há correlação relevante entre posicionamento ideológico e apoio ao liberalismo econômico, os dois extremos do espectro político são intervencionistas praticamente na mesma medida.

Sólido apoio ao Estado como prestador de serviços

A terceira dimensão estudada pela PESB no que tange à visão dos brasileiros sobre o liberalismo econômico diz respeito ao provimento de serviços e bens. As pessoas foram perguntadas sobre quem deveria realizar cada uma das catorze atividades apresentadas, sendo treze tipos de prestação de serviços e um tipo de produção de bem, se somente o governo ou somente as empresas. Os brasileiros podiam optar por responder os dois, governo e empresas, de forma espontânea, sem que a opção tenha sido oferecida. Foi questionado quem deveria administrar educação, saúde, aposentadoria e previdência social, justiça, transportes, estradas e rodovias, fornecimento de água, serviço de esgoto, recolhimento de lixo, energia elétrica, telefone fixo, telefone celular, bancos e fabricação de carros. As atividades avaliadas incluíram aquelas de que se espera grande proporção de respostas a favor do provimento exclusivo do governo, como justiça, saúde e educação, e outras mais associadas ao setor privado, como produção de automóveis, telefonia e serviços bancários.

Os resultados dessa bateria de perguntas confirmam que os brasileiros, em linhas gerais, são pouco liberais na economia e nutrem a crença de que cabe ao Estado o papel de provedor e garantidor do bem-estar da população. Da mesma maneira feita para facilitar a exposição dos resultados das perguntas sobre protecionismo e regulação, foi construída uma régua com as catorze possíveis áreas de atuação de governo e empresas para dividir os brasileiros em três grupos: *neoliberais* — aqueles que tiveram as pontuações do terço mais elevado e que, por isso, são os mais favoráveis a que somente as empresas atuem na maioria das áreas; *estatistas* — as pessoas que preferem o Estado como provedor e que ficaram com as pontuações do terço mais baixo; e *defensores da economia mista* — aqueles com a pontuação no terço intermediário. O percentual da população brasileira que pode ser considerada estatista diminuiu de 47% em 2002 para 42% em 2022-23, enquanto a parcela de neoliberais aumentou no período, dentro da margem de erro, de

7% para 10%. Por fim, os defensores da economia mista ficaram em torno de 47%.

A variação mais importante em mais de vinte anos foi o aumento do apoio à realização das atividades tanto pelo setor público quanto pelo setor privado. A resposta espontânea *ambos: governo e empresas* cresceu, na média de todas as atividades, de 13% em 2002 para 21% em 2022-23. O aumento do percentual de brasileiros que concorda que uma atividade pode ser ofertada tanto pelo setor público quanto pelo privado não indica uma sociedade com visão econômica mais liberal, muito embora o percentual dos que responderam que seria uma atribuição só do governo nesse conjunto de perguntas tenha recuado, na média, sete pontos percentuais, de 58% para 51%.

Os resultados mostram que a sociedade brasileira apoia bastante o provimento estatal de inúmeros serviços. Tanto a PESB 2002 quanto a 2022-23 atestam a crença da população de que a função de administração da justiça, aposentadoria e previdência social, educação e saúde é eminentemente pública. Nas duas rodadas, menos de 10% dos brasileiros consideram que a gestão de cada uma dessas áreas seja tarefa somente das empresas. Dentre essas, a área com menor percentual de brasileiros que acha que seu atendimento deve ser oferecido apenas pelo governo foi a educação, com 65% em 2022-23. Todas as outras proporções foram mais altas, sendo maior o percentual dos que concordam que somente o governo deve prover os serviços de saúde, alcançando 80% em 2002 e 78% em 2022-23.

A PESB 2022-23 mostra que 84% dos brasileiros utilizavam o sistema público de saúde e 75% tinham filhos matriculados em escolas públicas. Os números sugerem que o amplo apoio à oferta de alguns serviços pelo Estado se deve à socialização: os brasileiros que dependem do sistema público de educação e saúde identificam o governo como responsável por fornecer esses serviços. Essa preferência tende, portanto, a ser condicionada pela impossibilidade financeira de acesso aos serviços particulares de saúde e de educação. Essa conclusão está em linha com o estudo de Andrea Lépine no artigo "School reputation and school choice in Brazil: A regression discontinuity design" [A reputação das escolas e a escolha das escolas no Brasil: um projeto de descontinuidade de regressão], de 2015, que demonstra que o péssimo desempenho das escolas brasileiras em exames internacionais, como o Pisa — escolas públicas têm pontuação muito menor do que escolas privadas, inclusive no Enem —, não leva os responsáveis pelos alunos a transferi-los do ensino público para o particular. A PESB mostra que ocorreu o inverso nesse período, aumentando o percentual dos brasileiros que matriculam seus filhos no setor público de 62% em 2002 para 75% em 2022-23.

O raciocínio da socialização e da experiência de vida também se aplica ao provimento da justiça e aos benefícios previdenciários, pois não houve alteração relevante na crença da ampla maioria da população de que a gestão dessas áreas deva ser exclusiva do governo. Em 2022-23, 78% e 72% dos brasileiros julgavam que a administração, respectivamente, da justiça e dos benefícios previdenciários, deveria ser função só do governo. A enorme preferência pela administração do Estado desses setores se deve, provavelmente, à confiança de maior isenção do governo frente ao setor privado para administrar a justiça, bem como maior credibilidade do setor público para garantir o pagamento das aposentadorias. A repercussão na imprensa de irregularidades financeiras em empresas privadas de previdência nos últimos anos reforça a preferência pela atuação exclusiva do governo, ainda mais quando a imagem é de que os recursos do setor público seriam infindáveis e, portanto, não haveria risco de não pagamento dos benefícios.

A crença de que só o governo deve administrar a educação e a saúde é totalmente majoritária em todas as faixas de idade, apesar do percentual ter diminuído na faixa de idade de 18 a 24 anos de 73% em 2002 para 65% em 2022-23 para a educação, e de 74% para 67% para a saúde. Movimentos dessa magnitude foram comuns nas faixas de idade até 44 anos. A grande maioria continua defendendo a atuação só do governo, com menos de 10% de todos os segmentos de idade em 2022-23 defendendo que só o setor privado deva gerir educação e saúde. Ao contrário das outras faixas de idade cujo apoio migrou um pouco de só o governo para ambos, governo e empresas, a faixa de idade de 60 anos ou mais passou a defender participação ainda maior só do governo na administração da educação.

Os resultados da PESB sobre o amplo apoio dos brasileiros ao serviço de saúde controlado pelo governo contrastam com vários estudos que comprovam que as unidades hospitalares administradas por Organizações Sociais de Saúde (OSS) — entidades privadas — têm desempenho melhor do que as geridas pela administração estatal direta. Todavia, na situação de pesquisa, os respondentes não levam em consideração esses detalhes. No cabeçalho dessa bateria de perguntas, é dito textualmente: "Eu vou citar algumas atividades que em certos países são feitas só pelo governo e em outros países só pelas empresas e gostaria que você me dissesse quem deve administrar cada uma dessas atividades no Brasil." A partir daí, o entrevistado concebe a administração governamental de uma atividade como gratuita ou subsidiada e a administração feita por empresas como paga pelo usuário. Quando alguém entra em um hospital público — gratuito —, ele geralmente não sabe quem o administra nem se importa com isso, mas considera que é de responsabilidade do governo, pois, caso não fosse, o acesso só seria viável mediante pagamento de plano ou seguro de saúde.

Portanto, quando uma OSS assume a administração de uma unidade pública de saúde, fazendo com que os principais indicadores de gestão melhorem quando comparados com a administração direta, tais como tempo de permanência dos pacientes, maior taxa de ocupação, maior renovação de leitos e menor número relativo de casos de infecção, a imagem do serviço público de saúde — do SUS — melhora. Para os brasileiros, o controle ou a administração pública de hospitais ou de outras unidades de atendimento é sinônimo de que não é necessário pagar um plano para se ter acesso a tais serviços.

A hipótese de que a experiência de vida e a socialização influenciam o posicionamento sobre o liberalismo econômico é corroborada pela mudança de apoio à oferta pelo governo e por empresas de cinco tipos de serviços — estradas e rodovias, fornecimento de água, serviços de esgoto, recolhimento de lixo e fornecimento de energia elétrica. O percentual de concordância com a prestação conjunta pelo governo e por empresas de cada serviço no decorrer de duas décadas aumentou de cerca de 10% dos brasileiros em 2002 para aproximadamente 20% em 2022-23. Parte dessa variação se deveu à diminuição do percentual de brasileiros que julgava que a prestação de tais serviços seria função apenas do governo, ao passo que a resposta de que o serviço deveria ser prestado apenas pelas empresas permaneceu bastante estável nas cinco áreas, sempre em torno de 26% em 2022-23, com exceção de estradas e rodovias, com 16%.

Esse comportamento reflete a expansão da atividade empresarial: mais rodovias pedagiadas; maiores investimentos privados a partir do novo marco legal do saneamento básico de 2020; e expansão da geração, transmissão e distribuição de energia elétrica, privatizadas há anos. As mudanças lentas, mas contínuas, são gradualmente percebidas pela população, levando os brasileiros a migrarem da visão exclusivamente estatista para maior defesa de uma economia mista.

O avanço não impede futuros recuos, conforme constatado quando os brasileiros se manifestaram sobre transportes. A preferência pela operação pública dos transportes, em detrimento do setor privado, aumentou sensivelmente em 2022-23. O percentual de brasileiros que julga que a responsabilidade deve ser só do governo aumentou de 42% em 2002 para 51% em 2022-23, enquanto a proporção dos que consideram que seja tarefa só do setor privado diminuiu de 39% para 24%. Dentre as catorze áreas pesquisadas, o percentual a favor da prestação do serviço pelo governo aumentou apenas no transporte. Isso requer uma explicação.

A transformação a favor de uma visão mais estatista pode ter sido causada pela deterioração da qualidade dos serviços de transporte prestados pelo setor privado. O aumento da renda familiar no início do século XXI elevou a demanda por transporte individual — a frota de automóveis e de motocicletas cresceu cerca de 350% entre 2002 e 2022-23. A Pesquisa de Orçamento Familiar (POF) do IBGE mostrou aumento do percentual das despesas com transporte no total dos gastos das famílias de 8,5% em 2008-2009[5] para 18% em 2017-2018,[6] sendo 6% relativos ao transporte coletivo. Rafael Pereira e seis coautores do artigo "Tendências e desigualdades da mobilidade urbana no Brasil: uso do transporte coletivo e individual", de 2021[7], revelaram uma redução média do número de passageiros transportados por ônibus nas cidades de Belo Horizonte, Curitiba, Fortaleza, Goiânia, Porto Alegre, Recife, Rio de Janeiro, Salvador e São Paulo de cerca de 40% entre 1990 e 2020. Nos municípios onde os subsídios não aumentaram, essa dinâmica foi responsável pela elevação dos preços das passagens de ônibus acima da inflação. Concomitantemente, a mobilidade urbana piorou, o tempo de deslocamento para o trabalho aumentou e a violência e o número de assaltos aos passageiros de ônibus cresceram.

Vários centros urbanos e regiões metropolitanas, como São Paulo e Rio de Janeiro, investiram em linhas de metrô e trens com a concessão desses serviços para empresas privadas. Essas modalidades de transporte também foram atingidas pela alta do deslocamento individual por meio de automóveis e motocicletas. Todos os ingredientes da crise estavam postos: redução da bilheteria, subsídios insuficientes, tarifas mais caras do que as do passado, tempo de deslocamento igual ou maior, insegurança crescente e superlotação; tudo isso nas mãos do setor privado.

Além desses fatores, as manifestações de meados de 2013, que começaram em São Paulo e se espalharam para todo o país, foram inicialmente motivadas pelo aumento dos preços dos ônibus municipais. Os protestos acabaram por direcionar os holofotes para problemas que já afligiam o transporte público há anos. Carlos de Carvalho e dois coautores no artigo "Mobilidade urbana no Brasil: Principais estudos produzidos pelo Ipea nos últimos quinze anos", de 2023[8], registraram a ampliação do debate sobre melhorias do setor de transportes. Uma das medidas adotadas foi a oferta total ou parcial de passagens gratuitas para a população. A iniciativa pode, portanto, ter estimulado a preferência por empresas públicas.

A população, portanto, responde positivamente aos estímulos do ambiente de socialização, desde que as mudanças gerem serviços satisfatórios. Foi o que ocorreu nas áreas de energia elétrica, estradas e rodovias, fornecimento de água, saneamento e recolhimento de lixo. Caso os transportes tivessem melhorado ou, ao menos, permanecido com a mesma qualidade, a oferta desse serviço pelo setor privado não teria sido rejeitada, com elevação da preferência pela prestação apenas pelo governo. A mensagem da PESB parece clara: os brasileiros são pragmáticos. Serviços que passarem a ser privados terão boa avaliação, desde que a qualidade melhore ou, ao menos, não piore.

Essa conclusão é corroborada pelos serviços de telefonia fixa e móvel. A enorme ampliação na oferta de telefonia e o barateamento dos serviços após a privatização do sistema de empresas estaduais que compunham a Telebras ajudam a compreender o amplo apoio dos brasileiros ao seu controle pelo setor privado. O recuo do percentual de brasileiros que julgava que só o governo deveria oferecer telefonia fixa e celular, respectivamente, de 42% e 29% em 2002 para 28% e 21% em 2022-23 é facilmente explicado pela melhoria dos serviços. Tanto é que o apoio para que somente as empresas prestem o serviço de telefonia fixa e de celular cresceu, respectivamente, para 55% e 63% em 2022-23.

A correta metodologia para elaboração de perguntas em pesquisas de opinião exige que seja detectada a maior amplitude possível de preferências da população. Essa é a justificativa para a existência de diversos setores na bateria de perguntas sobre liberalismo econômico: algumas áreas para as quais a maioria dos brasileiros tende a responder que só o governo deve prover o serviço, como no caso da justiça; outras para as quais haja divisão; e as demais cuja avaliação é a de que só empresas devem fornecer o serviço, como para a fabricação de carros.

Desde o início, a produção de automóveis no Brasil foi realizada por empresas privadas, com exceção da Fábrica Nacional de Motores (FNM), popularmente conhecida como Fenemê, criada em 1939 e privatizada em 1968, que em dado momento de sua história chegou a fabricar automóveis estatais, algo de que poucas pessoas hoje têm conhecimento. As onze empresas existentes em 1961 montaram 145 mil unidades. Três delas tinham controle doméstico, duas eram *joint ventures* com 50% de capital local e seis eram controladas por companhias automobilísticas estrangeiras. Desde então, empresas estrangeiras passaram a produzir quase todos os veículos do Brasil. Assim, faz sentido que a maioria dos brasileiros reconheça que esse setor deva ser controlado apenas pelo setor privado.

O percentual de brasileiros que entendia que os carros deveriam ser fabricados somente pelas empresas foi de 67% em 2002 e 66% em 2022-23, estatisticamente idênticos, enquanto a parcela de pessoas que considerava que só o governo deveria produzir veículos foi de 22% e 17%. Em contrapartida, a proporção dos que disseram que os veículos deveriam ser fabricados tanto pelo governo quanto por empresas cresceu de 11% para 17%. Mesmo diante de algo que praticamente só foi feito pelo setor privado, com uma pequena exceção antiga e desconhecida, um segmento da população continua disposto a defender que os automóveis sejam fabricados apenas pelo governo, possivelmente porque esse grupo — por qualquer razão que seja — tem forte preferência pelo Estado em detrimento da iniciativa privada.

Em linha com nosso argumento de que a preferência da população sobre a atuação do governo e do setor privado é baseada na sua experiência de vida, a atuação dos bancos reflete a histórica convivência da oferta de serviços financeiros por instituições públicas e privadas. Em 2022-23, 39% dos brasileiros julgavam que só o governo deveria administrar os bancos, 26% consideravam que as instituições financeiras poderiam ser administradas também pelo setor privado e um total de 35% defendiam que a gestão deveria ser apenas do setor privado. No período de duas décadas entre as pesquisas, a parcela daqueles que julgavam que a administração deveria ser somente estatal diminuiu doze pontos percentuais, sendo que nove pontos percentuais migraram para o apoio ao controle misto, por empresas e pelo governo.

A ampliação na proporção mais favorável à iniciativa privada pode ser consequência do aumento da bancarização — porcentagem da população adulta com acesso a serviços bancários — para cerca de 84% em 2023, segundo o Banco Central do Brasil, muito superior aos 58% em 2022 do México, mas ainda inferior aos 94% em 2023 dos Estados Unidos. O resultado para o Brasil é parecido com os dados da PESB, que aponta que o percentual de brasileiros adultos com conta em banco aumentou de 52% em 2002 para 76% em 2022-23. Pessoas com conta corrente tendem a buscar mais informações sobre questões financeiras e a ter maior familiaridade com os serviços bancários, levando-as a tomar conhecimento do atendimento tanto de bancos públicos quanto privados. O surgimento de bancos com operação basicamente virtual e sem agências físicas, todos privados, contribuiu para a mudança de visão sobre o setor. Segundo dados do Banco Central, uma dessas instituições — Nubank — tinha 90 milhões de contas correntes em 2023, bem perto dos 152 milhões da Caixa, 105 milhões do Bradesco e 100 milhões do Itaú, com seu valor de mercado no início de 2024 muito próximo ao do Itaú — instituição bancária com o maior valor de mercado. Isso significa que um enorme número de brasileiros passou a conhecer instituições privadas e a ser atendido por elas nos últimos vinte anos.

Os resultados obtidos a partir da régua formada pelas catorze áreas de atuação mostram que, ao contrário do que é frequentemente mencionado na crônica política e econômica, os mais jovens não parecem ser os mais liberais na economia. O percentual de neoliberais na faixa de 18 a 24 anos era de apenas 6% em 2022-23, idêntico estatisticamente ao número de 2002. A faixa de idade mais neoliberal é a de 35 a 44 anos, com percentual classificado como neoliberal de 14% em 2022-23, seis pontos percentuais a mais do que em 2002.

O percentual de brasileiros no grupo estatista é parecido para todas as faixas de idade, variando entre 39% e 46%. O maior declínio do percentual de estatistas entre as duas pesquisas ocorreu no grupo de brasileiros na faixa de 45 a 59 anos, com recuo de dez pontos percentuais. A classificação de estatistas na faixa mais jovem, de 18 a 24 anos, permaneceu estável, enquanto as demais faixas de idade observaram diminuição do apoio ao estatismo em cinco pontos percentuais cada uma.

A régua de liberalismo econômico aplicada à provisão de serviços e bens revela que a variação mais relevante nos segmentos de idade ocorreu entre 35 e 59 anos, justamente as pessoas que estão, em sua maioria, no auge de suas carreiras. É como se a experiência mais prolongada no mercado de trabalho, com cargos concentrados no setor privado, ensinasse a maioria das pessoas acerca da maior eficiência desse setor nas áreas mencionadas na PESB.

A análise separada de algumas atividades confirma que os mais jovens não são mais liberais do que os mais velhos em termos de gestão da educação, saúde e justiça. A sociedade se torna menos favorável à atuação exclusiva do governo conforme aumenta a idade até 44 anos quanto a estradas e rodovias, fornecimento de água, serviço de esgoto, recolhimento de lixo e energia elétrica, com ligeira reversão nas faixas de idade de 45 anos ou mais. As áreas de energia elétrica, telefone fixo e telefone celular são exceções, em que quanto maior a idade, mais o grupo é contrário à atuação apenas do governo.

Mesmo com o aumento da educação financeira nas últimas décadas, a mudança de leitura dos brasileiros sobre quem deve ser responsável pela aposentadoria e previdência foi pouco significativa em vinte anos. A diferença marcante ocorreu na faixa de idade entre 35 e 44 anos, cujo percentual dos que entendem que essa área pode ser compartilhada entre os setores público e privado aumentou dez pontos percentuais, para 23% em 2022-23. Essa alta deveu-se, basicamente, ao recuo da proporção de brasileiros que defendia a gestão só pelo setor privado de 16% em 2002 para 7% em 2022-23. Quanto aos transportes, a concordância de que o setor deve ser administrado apenas pelo Estado cresceu bastante para todas as idades. O apoio à gestão apenas pelo setor privado diminuiu para todas as faixas de idade, com exceção daqueles com 18 a 24 anos. Neste caso, a transferência foi quase exclusiva da gestão só do setor privado para a gestão só do setor público: a preferência pela gestão só do governo cresceu de 45% em 2002 para 60% em 2022-23.

A maioria dos brasileiros de todas as faixas etárias concordam que estradas e rodovias, fornecimento de água, serviço de esgoto, recolhimento de lixo, energia elétrica, telefone fixo e telefone celular são setores que podem ser geridos tanto pelo setor público quanto pelo privado. A parcela de pessoas até 34 anos que julga que os setores só podem ser administrados pelo setor privado contraiu entre 2002 e 2022-23.

Na faixa de idade de 35 a 59 anos, o declínio no percentual de brasileiros que defende a existência apenas de gestão pública foi redistribuído entre as duas outras opções, sendo que o modelo de operação mista capturou, ao menos, o dobro da parcela atraída pela operação privada. Isso só não foi válido para o serviço de estradas e rodovias, em que a defesa da operação apenas do setor privado também diminuiu.

A transferência da diminuição do percentual que defende que a gestão seja só do setor público na faixa etária acima de 60 anos aumentou em proporções relativamente similares em todos os catorze serviços, com exceção de estradas e rodovias, em que a preferência pela gestão apenas do setor privado também diminuiu.

Quando se analisa a preferência entre estatismo e neoliberalismo por escolaridade, os brasileiros com ensino superior completo são mais refratários do que os de outros níveis de escolaridade quanto a que só o governo controle aposentadoria e previdência, transporte, estradas e rodovias, recolhimento de lixo, telefonia, bancos e fabricação de veículos. Por outro lado, a preferência pela atuação só do governo pouco varia nos diferentes níveis de escolaridade quanto aos serviços de justiça, fornecimento de água, serviços de esgoto e energia elétrica. Para todas as escolaridades, o declínio do percentual dos brasileiros que defendem a administração dos transportes só pelo setor privado migrou para as duas outras alternativas. Nas áreas da previdência social e da justiça, não ocorreram mudanças significativas por escolaridade em duas décadas quanto à administração apenas pelo Estado, com os percentuais permanecendo altos. Ainda assim, o percentual de brasileiros com ensino superior completo que preferia apenas o setor privado na gestão da previdência diminuiu de 18% em 2002 para 8% em 2022-23.

A parcela de brasileiros em todas as faixas de escolaridade que prefere só o governo nos setores de fornecimento de água, serviço de esgoto, recolhimento de lixo e energia elétrica diminuiu bastante, principalmente, em contrapartida à elevação das parcelas que escolhem a gestão mista. Já na telefonia fixa, para todas as faixas de escolaridade, a diminuição da preferência pela gestão só do governo foi redistribuída de forma praticamente idêntica entre atuação mista e gestão só privada. No caso de telefonia celular, bancos e fabricação de veículos, o percentual dos brasileiros que prefere a gestão apenas privada diminuiu para praticamente todos os níveis de escolaridade. Esse movimento é interessante, pois telefonia celular e fabricação de veículos são os setores que sistematicamente apresentaram maior apoio à participação exclusivamente das empresas.

Em que pesem a crônica política e a literatura especializada associarem posições de esquerda com apoio a mais Estado na economia e posições de direita com apoio a menos, a PESB não confirma essa percepção quando o assunto é provimento de serviços e bens. Independentemente da autoclassificação política como esquerda, centro ou direita, a maioria dos brasileiros em 2022-23 entendia que a gestão deveria ser só do governo para quase todos os serviços, com exceção de telefonia fixa e celular, bancos e fabricação de carros. Ainda assim, com exceção do setor de transportes, o percentual de pessoas que defende a administração só pública em todos os grupos ideológicos diminuiu em benefício da elevação dos que apoiam a administração mista. Nas áreas de energia elétrica, telefone fixo, telefone celular e bancos, os brasileiros de esquerda se tornaram menos estatistas. Nessas áreas, o percentual de pessoas de centro e de direita que prefere a atuação só do governo recuou de forma mais expressiva nessas duas décadas, com o perfil se aproximando das opções dos brasileiros de esquerda.

Apoio ao liberalismo econômico depende da experiência de vida

A PESB é única em vários sentidos. A pesquisa aborda a visão de mundo da população de um país emergente de dimensões continentais, com Produto Interno Bruto elevado e produção diversificada. A pesquisa permite ampla análise das relações entre Estado e setor privado sob diversos prismas, a começar pela sua atuação e confiança da população nos serviços prestados e nos bens produzidos. Três ângulos da interferência do Estado na economia foram abordados na PESB: o caráter protecionista da sociedade, as questões regulatórias e a oferta de serviços e bens.

Um breve levantamento na internet de pesquisas correlatas no mundo sugere que se trata de um desenho pioneiro para a análise de visões de mundo sobre a economia. Há estudos não periódicos em vários países acerca de regulação, assim como trabalhos regulares que se utilizam do Free Market Mentality Index (FMMI) e do Global Index of Economic Mentality (GIEM), todos bem distantes do arcabouço disponibilizado pela PESB. Análises globais indicam que o senso comum é que a sociedade nos países ricos apoia mais a economia de mercado do que nos países de renda média ou baixa. Ideológicos ou isentos, com viés ou não, esses estudos apontam que os países que mais crescem são os que têm a economia privada mais sólida que, por sua vez, é viabilizada por conta do apoio da sociedade. Ou seja, quanto mais forte for a visão de mundo a favor do capitalismo, maior será o crescimento sustentável.

As conclusões construídas a partir da PESB indicam que a visão de mundo mais liberal avançou somente no que diz respeito ao comércio exterior e ao relacionamento com empresas estrangeiras. Mudanças na direção liberal foram pequenas e lentas nos terrenos da regulação e do provimento de serviços. O avanço em favor do maior peso das decisões privadas, bem como de sua atuação, tem sido sujeito a idas e vindas, como no caso dos transportes, com os brasileiros se tornando mais estatistas.

Ao lidar com as transformações da mentalidade econômica no Brasil, fica patente que ninguém é liberal do nada ou como resultado de exercício intelectual. Os números da PESB berram para quem estiver disposto a ouvir: o apoio mais disseminado da população ao decidir e ao dizer privado depende, em grande medida, da percepção da sociedade sobre a atuação privada contemporânea, bem como do balanço de custos e benefícios do seu bem-estar. A redução do apoio ao protecionismo aconteceu durante ou após um período de abertura comercial que permitiu maior acesso a bens estrangeiros de melhor qualidade e mais baratos.

O Balanço Aduaneiro de 2023 da Receita Federal confirma a popularização nos últimos anos das importações isentas de tributação, com aumento do total de declarações de remessas postais de importação de 3,4 milhões de reais — 250 milhões de dólares — em 2022 para 58 milhões de reais — 1 bilhão de dólares — em 2023. A PESB detectou menor apoio ao protecionismo advindo, provavelmente, da melhor experiência com as importações.

Essa dinâmica também é capturada nos serviços de telefonia celular e fixo, ainda que o último pareça em extinção. A PESB 2002 foi realizada anos após a privatização do setor e sua rápida ampliação e melhoria dos serviços. Alguns leitores ficarão surpresos ao saber que as linhas telefônicas eram declaradas no imposto de renda, pois eram um bem caro a ponto de ser uma forma de investimento, para obtenção de renda de aluguel. Até o fim da década de 1980, os telefones eram tão inacessíveis — só cerca de 10% dos domicílios tinham aparelho — que as pessoas da classe baixa precisavam contar com a bondade de vizinhos ou comerciantes mais prósperos para poder fornecer um número para contato. A privatização acabou com isso. A PESB 2002 apontou forte apoio da sociedade à oferta de serviços de comunicação exclusivamente por empresas privadas, e a PESB 2022-23 confirmou o recuo da proporção de brasileiros que julgam que esse serviço deveria ser fornecido apenas pelo governo. Ou seja, a população respondeu à privatização dos serviços de forma cada vez mais positiva em função de sua popularização, redução de preços e melhoria de qualidade.

A contraparte desse processo é vista nas áreas de educação, saúde, previdência e justiça. A grande maioria dos brasileiros depende das escolas públicas e do SUS para ter acesso à educação e à saúde, pois não há renda suficiente para dispor dos serviços oferecidos pelo setor privado. No caso da justiça, a sinalização é clara: a população não conhece outra maneira de dirimir conflitos que não seja a estatal. A arbitragem privada é desconhecida e restrita ao mundo dos negócios. Quando questionada sobre quem deve fornecer esse serviço, a maioria esmagadora declara ser o governo. É natural que seja assim. Algo semelhante ocorre com a previdência social, ainda que a modalidade privada tenha se disseminado entre pessoas de maior renda e funcionários de grandes empresas, inclusive estatais. A divulgação pública da má administração em algumas empresas de previdência privada, elevando a incerteza sobre o pagamento de benefícios no futuro, reforçou o amplo apoio ao serviço fornecido pelo governo.

O exemplo dos transportes é paradigmático. Dentre as catorze áreas avaliadas pela PESB, o transporte é o único setor em que cresceu a proporção de brasileiros que considera que o serviço deve ser prestado apenas pelo governo. Isso ocorreu, provavelmente, por causa da queda do faturamento dos transportes coletivos gerada pela aquisição de veículos próprios, que foi possível por conta do aumento de renda da sociedade. Como grande parte do serviço é oferecida pelo setor privado por meio de concessões, a população passou a entender que a crise seria resolvida com intervenção do governo, ainda mais com a disseminação do transporte gratuito em muitos municípios. Se é gratuito, é do governo.

A bateria de perguntas sobre quem deve administrar os catorze setores tinha por opções apenas o governo ou só as empresas, mas permitia uma escolha espontânea de ambas. Os resultados mostraram que o percentual médio para as catorze áreas daqueles que entendiam que *só o governo* deveria ser provedor dos serviços ou da produção de bens diminuiu entre 2002 e 2022-23, enquanto a proporção média dos que consideram que deve ser, conjuntamente, o *governo e as empresas*, aumentou no período. A variação negativa da média das catorze áreas de um ponto percentual para *só as empresas* se deveu exclusivamente ao setor de transportes.

A rejeição dos líderes do governo e do Congresso em apoiar uma desestatização abrangente e rápida é compreensível à luz dos números da PESB, que não demonstram nenhuma preferência dos brasileiros pela transferência ampla e rápida da operação estatal para a operação privada. Os resultados da PESB sugerem que a estratégia mais coerente com a vontade popular é a da transição gradual, com manutenção da oferta de serviços concomitantemente por ambos ao menos por um período. Apesar dessa avaliação ser compatível com a dinâmica em diversos setores, em especial o de energia elétrica, a muito bem-sucedida desestatização do setor de telefonia, com a venda do controle acionário de forma integral em todo o Brasil, coloca um ponto de reflexão quanto à avaliação de que a transferência gradual responda melhor aos anseios da sociedade.

A mudança no apoio à regulação estatal também tem sido bastante gradual. A régua que avaliou as sete perguntas sobre esse tema revela uma pequena redução da parcela de *intervencionistas*, mas que se distribui mais em direção ao chamado *senso comum* do que rumo à visão dos *ultraliberais*. Mesmo assim, essas variações aconteceram perto ou dentro do limite da margem de erro da pesquisa. Quando se analisa a variação em conjunto com a redução do protecionismo e do apoio a que somente o governo seja provedor de serviços e bens, há leve mudança na direção de uma visão mais liberal na economia. De novo, o movimento é pequeno e associado aos catorze setores da economia.

Os estudos internacionais fortalecem nossa análise. A população de países ricos, onde a livre iniciativa é preponderante em relação à ação do Estado, apoia menos a regulação e a interferência do governo na economia do que a sociedade nos países pobres. Assim como a brasileira, a população dos países ricos aprendeu com os olhos na sua experiência de vida. No caso dos Estados Unidos, a preferência liberal de grande parte da sociedade está muito atrelada à experiência de forte presença da economia privada associada à contínua melhoria do bem-estar.

Cabe aqui um parêntese: Will Wilkinson no artigo "Public Policy after Utopia" [Política pública depois da utopia], de 2017, assinala que os países ocupantes das primeiras posições dos rankings patrocinados por *think tanks* de direita como sendo liberais na economia, isto é, com instituições econômicas que favorecem o livre mercado — não se trata de pesquisa de opinião pública —, ocupam as mesmas posições nas classificações de organizações de esquerda quanto à justiça social e à distribuição de renda. Segundo Wilkinson, os estudos mostram que economia de mercado e inclusão social caminham juntas.

A população dos países ricos legitima mais a liberdade de mercado do que intervenção do Estado porque vê a ação do primeiro como pedra fundamental da melhoria de seu bem-estar. Ao contrário, a população brasileira legitima mais intervenção estatal pelo mesmo motivo. Mesmo assim, a observação silenciosa sobre a evolução da economia global, e não apenas a do Brasil, gera um gradativo distanciamento do cenário de preferência pela intervenção estatal na economia, com lenta migração rumo ao cenário de preponderância das forças de mercado. Aos poucos, ao observar que as práticas privadas proporcionam, na maioria das vezes, melhoria no bem-estar, a sociedade caminha para apoiar mais o mercado.

A comparação entre países é referendada pela PESB sob a ótica de diferentes faixas de escolaridade. Basta supor que os brasileiros com ensino superior completo têm uma forma de pensar mais equivalente ao de habitantes de países ricos e quem não tem esse nível escolar acaba se comportando como típico residente de um país pobre. Pessoas com maior escolaridade, em geral, têm renda mais elevada e se concebem como fortes o suficiente para não precisar da presença do Estado na economia a fim de melhorar de vida. Por outro lado, quanto mais baixa a escolaridade, maior a demanda pela interveniência do Estado como regulador e provedor.

Como o Brasil é majoritariamente um país de escolaridade e renda reduzidas, com baixa qualidade da educação, o apoio à economia liberal tende a avançar com lentidão, aliás, o mesmo ritmo de avanço da escolarização formal. A população responde às decisões de maneira direta: quando há privatização e o serviço melhora, o apoio às decisões que refletem as forças de mercado cresce; mas quando os serviços pioram, o Estado é convocado para socorrer a população.

A PESB sugere que a defesa de um Estado menor na economia não é uma questão unicamente doutrinária ou sujeita à conversão pelo caminho intelectual. Os resultados indicam que o aumento da preferência por mais setor privado depende muito da experiência real de vida. Se, hipoteticamente, todos os brasileiros lerem Milton Friedman, Friedrich Hayek ou Ludwig von Mises, ainda assim o país não migraria rapidamente em direção a práticas liberais. Precisa muito mais do que isso. As escolhas dependem do ritmo de transformações reais no dia a dia.

Para que o Brasil se torne mais liberal, a PESB ensina que é necessário que os brasileiros experimentem e confirmem que as empresas e a liberdade de mercado, com menos intervenção do Estado na economia, tenham impactos positivos no bem-estar da sociedade.

7. A naturalização da criminalidade

com Arthur Trindade M. Costa e Marcelo Ottoni Durante

"A democracia é o pior regime com exceção de todos os outros" é uma frase que hoje não parece mais ter autor de tantas vezes que foi utilizada, mas foi cunhada por Winston Churchill para chamar atenção para as mazelas da democracia e aceitá-la mesmo assim, posto que as alternativas são muito piores. Um dos pontos fracos do regime democrático, aparentemente insolúvel, mas passível de ser mitigado, é o favorecimento sistemático de grupos e pessoas com maior poder de barganha na sociedade. Geralmente, isso deriva de maior nível escolar e de renda. Por exemplo, ao circularmos por cidades de países democráticos e observarmos a qualidade da urbanização de áreas ricas em comparação às periferias pobres, é possível perceber que coisas simples como arborização, jardinagem, situação das calçadas e pavimentação das ruas são melhores nos locais onde a população tem renda e escolaridade elevadas. Sidney Verba, Kay Lehman Schlozman e Henry E. Brady demonstraram em seu livro *Voice and Equality* [Voz e igualdade], recorrendo a robustas evidências empíricas, que as habilidades exigidas para fazer pressão sobre o sistema político e, portanto, dar o primeiro passo em direção ao atendimento de demandas, são de fácil acesso às pessoas que se formaram em faculdades e têm empregos de qualidade. Pessoas de escolaridade baixa que ocupam empregos pouco sofisticados são precariamente treinadas para falar em público, participar de reuniões que tomam decisões executivas, assim como elaborar uma petição e colher assinaturas de apoio. O oposto acontece com quem tem ensino superior completo e trabalha em cargos de gerência ou direção.

O efeito dessa assimetria de habilidades aprendidas pode não apenas ser constatado na comparação de equipamentos urbanos das cidades, algo para muitos de menor relevância, mas também quando se trata de segurança pública e proteção da vida. Os serviços públicos de prevenção ao crime e de investigação policial são distribuídos de forma tão assimétrica nas cidades quanto a qualidade de arborização e jardinagem. Se as plantas são úteis para regular a temperatura ambiente e têm impacto no bem-estar psicológico das pessoas, que na maioria das vezes pode ser dispensado, a segurança pública tem efeitos bem mais profundos e abrangentes, pois influencia não apenas a saúde mental, mas algo tão crucial como expectativa de vida, além de muitos outros fatores que contribuem para o desenvolvimento econômico e social de cidades e países. Dito isso, cabe reconhecer que já há muitas décadas a violência tem feito parte do cotidiano dos segmentos mais pobres e desprivilegiados da população brasileira. Ao longo do século XX, inúmeros grupos conviveram com a negligência e o descaso das autoridades públicas responsáveis por sua segurança e, pior, tiveram de enfrentar toda sorte de violência, abusos e arbitrariedades de muitos agentes estatais dessa área. Uma sociedade verdadeiramente estabelecida sobre os pilares do liberalismo exige respeito aos direitos individuais. A população pobre, muitas vezes com agravantes de outras características, como cor de pele, gênero e preferências sexuais, é profunda conhecedora — já há muito tempo, enfatizamos — da violação e do desrespeito aos direitos individuais básicos, tornando mais difícil e complexa a construção de sua cidadania.

No início do século XXI, o quadro de violência e criminalidade no Brasil seguiu praticamente inalterado no que diz respeito ao cotidiano dos brasileiros pobres. A grande novidade desse período é que a violência passou a fazer parte da vida dos cidadãos que residem nos bairros de classe média e alta, que têm emprego formal de qualidade e elevado nível de educação. Essas pessoas vieram a conviver frequentemente com episódios de criminalidade e o medo do crime entrou em seu dia a dia. Graças a isso, a segurança pública se tornou um dos principais temas da agenda política brasileira e parte do debate eleitoral. Candidatos a presidente, governador e prefeito passaram a ser cobrados a adotar medidas para resolver o problema, assim como comandantes e diretores da polícia tiveram que apresentar resultados efetivos no controle da criminalidade.

A democratização da violência, deixando de ser parte apenas da vida dos pobres e estando presente no cotidiano de todos, ainda que de forma variada, é o pano de fundo do que veremos aqui: como se modificaram entre 2002 e 2022-23 as visões dos brasileiros sobre violência e criminalidade, além do medo do crime. Também analisaremos como evoluiu a avaliação do desempenho das polícias e dos governos na área de segurança pública, e as visões da sociedade em relação à punição, à legalização das drogas e ao porte de armas.

Um mar de violência e criminalidade

A PESB analisou a vitimização criminal da população brasileira listando uma série de crimes cujas vítimas são o próprio entrevistado da pesquisa, parentes mais próximos, parentes mais distantes e amigos. Além disso, buscou-se saber se a pessoa teve informação sobre a incidência de crimes no bairro onde morava nos últimos doze meses e sua percepção em relação à evolução da criminalidade no Brasil e na cidade onde residia.

Os homicídios são uma das maiores tragédias já vivenciadas pela sociedade brasileira. Segundo o Escritório das Nações Unidas para

Drogas e Criminalidade (UNODC), em 2016, dentre as cinquenta cidades com maiores taxas de homicídios no mundo, 43 estavam localizadas na América Latina, sendo dezenove brasileiras. De acordo com dados do *Atlas da violência* publicado em 2023, em 2002 foram registrados 49.816 homicídios no Brasil. Em 2021, foram registrados 47.847 homicídios. Uma queda de 4%. Apesar da pequena, mas importante redução, pois é sinônimo de vidas que não foram perdidas, o número de homicídios registrados em 2021 no país foi superior ao somatório de todos os homicídios contabilizados na Europa e América do Norte naquele ano. Entre 2002 e 2021, período compreendido por nossas duas pesquisas, morreram assassinadas no Brasil 1.068.131 pessoas. Isso mesmo, quase um milhão e cem mil brasileiros!

Além da perda de vidas, os homicídios são um trauma para familiares que passam a conviver com problemas econômicos e psicológicos difíceis de superar. Segundo a PESB, em 2002, 13% dos brasileiros afirmaram ter algum parente próximo que foi vítima de homicídio e outros 26% tiveram amigo ou parente distante assassinado. Os números praticamente não se alteraram vinte anos depois: 13% da população teve um parente próximo vítima de homicídio, e 20%, um amigo ou parente distante assassinado. Podemos dizer, de maneira assustadora, que a morte violenta e suas consequências trágicas estão presentes nas vidas de quase um quarto da população brasileira.

Tabela 1. Parente próximo que já foi vítima de crime — pais, irmãos, filhos, avós, cônjuge

	2002	2022-23	Diferença
Já foi assaltado à mão armada?	34%	40%	6 pp
Foi assassinado?	13%	13%	0 pp
Já foi agredido por alguém na rua?	23%	19%	-4 pp
Já foi ameaçado de morte?	19%	20%	1 pp
Foi estuprado?	3%	5%	2 pp

Fonte: Pesquisa Social Brasileira (2002, 2022-23).

Tabela 2. Parente distante que já foi vítima de crime — tios, primos, cunhados

	2002	2022-23	Diferença
Já foi assaltado à mão armada?	41%	45%	4 pp
Foi assassinado?	26%	20%	-6 pp
Já foi agredido por alguém na rua?	31%	25%	-6 pp
Já foi ameaçado de morte?	24%	24%	0 pp
Foi estuprado?	5%	7%	2 pp

Fonte: Pesquisa Social Brasileira (2002, 2022-23).

Outros crimes ganham evidência pelo impacto que têm na qualidade de vida e na sensação de segurança. Trata-se do assalto à mão armada, agressões, ameaças e estupros. Em 2022-23, 26% da população brasileira afirmou que já havia sido vitimada alguma vez na vida por assalto à mão armada, 20% por roubo de casa, 8% por roubo de carro, 15% por ameaça de morte, 9% por agressão na rua. Comparando os dois anos pesquisados, 2002 e 2022-23, percebemos que, dos cinco tipos de crimes, em apenas dois ocorreu aumento numérico de incidência: ameaça de morte (de 13% para 15%, dentro da margem de erro da pesquisa) e assalto à mão armada (de 18% para 26%). Apesar da tendência de redução geral da incidência criminal, cabe aqui salientar em especial o aumento do assalto à mão armada: um em cada quatro brasileiros adultos já foi vítima de assalto à mão armada.

Tabela 3. População adulta que foi vítima de crime

	2002	2022-23	Diferença
Assaltado à mão armada	18%	26%	8 pp
Casa roubada	22%	20%	-2 pp
Carro roubado	11%	8%	-3 pp
Agredido por alguém na rua	12%	9%	-3 pp
Ameaçado de morte	13%	15%	2 pp

Fonte: Pesquisa Social Brasileira (2002, 2022-23).

Nossos dados para parentes e amigos também indicaram tendência de redução geral da criminalidade e aumento da incidência de assaltos à mão armada: dois em cada cinco brasileiros têm parentes próximos que já foram vítimas dessa modalidade de crime. Identificamos ainda leve aumento na incidência de estupros e leve redução na incidência de agressões na rua envolvendo amigos e parentes de forma geral.

Nossos dados acerca de crimes que aconteceram no bairro onde os brasileiros residiam no último ano, e que chegaram ao seu conhecimento, em 2022-23, evidenciaram que 72% da população morava em bairros onde pessoas usavam drogas, 64% afirmaram ter ocorrido tráfico de drogas, 53% tomaram conhecimento de assaltos, e 45%, de agressões físicas a pessoas na rua. Comparando os dois períodos pesquisados (2002 e 2022-23), percebemos que das dez situações de criminalidade analisadas, em apenas três ocorreu aumento de incidência: compra e venda de coisas roubadas (32% para 35%), tráfico de drogas (56% para 64%) e pessoas usando drogas (65% para 72%). Porém, o que se percebe é que uma imensa fatia de brasileiros convive com crime e ilegalidade, desde ilícitos menores como agressão física, passando por roubo de domicílio, até algo extremamente grave como assassinatos. As menores proporções para 2022-23 atingiam um terço de todos os brasileiros no bairro onde residiam.

Tabela 4. O que ocorreu nos últimos doze meses no bairro onde reside

	2002	2022-23	Diferença
Compra e venda de coisas roubadas	32%	35%	3 pp
Pessoas foram assaltadas	54%	53%	-1 pp
Residências assaltadas	55%	44%	-11 pp
Tráfico/compra e venda de drogas	56%	64%	8 pp
Alguém usando drogas	65%	72%	7 pp
Roubo de carros	37%	36%	-1 pp
Alguém ser agredido fisicamente	48%	45%	-3 pp
Uma pessoa puxar uma arma para outra pessoa	40%	34%	-6 pp
Alguém levar um tiro	37%	32%	-5 pp
Alguém ser assassinado	37%	34%	-3 pp

Fonte: Pesquisa Social Brasileira (2002, 2022-23).

Não será surpreendente se alguns de nossos leitores, ao ter contato com essas informações, pensem que "está tudo dominado", ou seja, que passe por sua mente esta expressão muitas vezes associada ao domínio territorial do crime. A presença das drogas na vida dos brasileiros é bastante disseminada quando consideramos a proporção daqueles que admitem ocorrer consumo e tráfico nos locais onde residem. O que se percebe é que, já desde 2002, considerando os dez crimes que foram objeto desse questionamento, a menor incidência nos bairros era de um terço para compra e venda de coisas roubadas e permaneceu no mesmo patamar em 2022-23 no caso de outros ilícitos. Sublinhamos, portanto, dois fatos que marcaram o período estudado: ampla presença e disseminação do crime na vida das pessoas e leve redução em duas décadas da maioria deles, com a exceção já assinalada de tudo que diz respeito às drogas. Diante desses números, não surpreende que os brasileiros que residem no exterior, em nações europeias e nos Estados Unidos, ao serem perguntados sobre o que existe de melhor naqueles países, respondam em sua maioria e sem titubear que é a segurança pública.

Ao questionarmos sobre a evolução da criminalidade no Brasil, verificamos que grande parte da população segue percebendo que o nível de criminalidade está aumentando, especialmente no Brasil e na cidade onde reside. Em 2022-23, 66% da população afirmava que a violência no Brasil havia aumentado e 44% acreditavam que ela tinha crescido na sua cidade. Em 2002, 80% achavam o mesmo para o Brasil e 57% para sua cidade. Já no bairro onde a pessoa reside, local onde ela tem mais conhecimento sobre aquilo que está ocorrendo, a maior parte da população tem a opinião de que a criminalidade continua igual. Como reflexo da tendência de redução da incidência criminal, houve diminuição do percentual daqueles que percebiam a criminalidade em trajetória crescente e aumento dos que a consideravam em queda.

Tabela 5. A criminalidade aumentou

	2002	2022-23	Diferença
No Brasil	80%	66%	-14 pp
Na sua cidade	57%	44%	-13 pp
No seu bairro	30%	24%	-6 pp

Fonte: Pesquisa Social Brasileira (2002, 2022-23).

Vale salientar uma evolução benigna da percepção sobre a criminalidade. Em duas décadas, em que pese a manutenção em patamares elevados da fatia de brasileiros que considera a criminalidade crescente, a redução, quando se trata de opinar sobre o país e sobre sua cidade, foi expressiva. Mesmo considerando o bairro, ainda que a variação de cinco pontos percentuais esteja bem próxima da margem de erro da pesquisa, houve uma redução que merece registro.

A percepção de redução da criminalidade encontra respaldo nas estatísticas criminais. Segundo o *Anuário Brasileiro de Segurança Pública*, entre 2016 e 2022, verificou-se queda de 26% no número de homicídios, de 34% nos roubos a transeunte, de 34% nos roubos a residência, de 56% nos roubos de carro. Entretanto, verificou-se crescimento no registro de estelionatos, que aumentaram 326% entre 2018 e 2022. Aliás, esse dado explica, como veremos adiante, o aumento da preocupação com fraudes bancárias.

Tendo em vista a grande proporção de assaltos à mão armada no Brasil, realizamos uma análise do perfil de suas vítimas e identificamos como grupos mais vitimizados as pessoas de nível escolar formal elevado, ensino médio e superior completo, que fazem parte da população econômica ativa (PEA) e residentes em municípios com população acima de 500 mil habitantes, em geral os locais mais ricos e economicamente dinâmicos. O resultado não chega a ser surpresa. As principais vítimas dos assaltantes são pessoas de maior poder aquisitivo para adquirir bens de consumo como automóveis, aparelhos celulares, tênis e roupas de marca.

Tabela 6. Perfil das vítimas de assalto à mão armada — 2022-23

Gênero	
Masculino	27%
Feminino	25%

População	
Não PEA	14%
PEA	31%

Idade	
18 a 34	23%
35 a 59	27%
60 ou mais	16%

Cor ou raça	
Brancos	26%
Pardos	25%
Pretos	28%

Escolaridade	
Fundamental I	14%
Fundamental II	20%
Ensino médio	30%
Superior ou mais	36%

Porte de município	
< 25 mil hab.	14%
25 a 100 mil hab.	19%
100 a 500 mil hab.	26%
> 500 mil hab.	41%

Fonte: Pesquisa Social Brasileira (2022-23).

Vale lembrar que as pessoas que não pertencem à PEA são donas de casa, aposentados e estudantes. De modo geral, elas circulam menos nas ruas do que aqueles que fazem parte do mercado de trabalho. Note-se que, por isso, quem tem 60 anos de idade ou mais também é menos vítima de assalto à mão armada do que as demais faixas de idade. No que tange ao tamanho de cidade, as maiores, com mais de 500 mil habitantes, em geral são capitais de estado ou grandes municípios de regiões metropolitanas. Nelas, o controle exercido pela sociedade sobre o comportamento dos indivíduos é bem menor do que em cidades pequenas, onde a vida diária é mais pacata, vizinhos se conhecem, parentes se veem com maior frequência e toda sorte de comportamentos menos individualistas é mais presente do que nos grandes centros. Nestes locais, as pessoas estão mais isoladas e a redução do controle social demanda maior adesão voluntária às leis combinado com a repressão institucional mais efetiva, o que parece não acontecer de maneira adequada.

O medo do crime

O medo do crime e as taxas criminais não guardam relação direta entre si. Charles Hale em seu seminal artigo "Fear of Crime: A review of the literature" [Medo do crime: uma resenha da literatura] já havia mapeado nos anos 1990, realizando uma meta-análise, que criminalidade e medo do crime, por mais surpreendente que possa parecer, são fenômenos diferentes que se relacionam de maneira complexa. Os bairros que apresentam maiores taxas de medo e insegurança não são necessariamente aqueles que registram as mais elevadas estatísticas criminais. A dissociação entre medo e incidência da ocorrência criminal acontece porque o medo não é simplesmente resultado da criminalidade ou de imagens e notícias produzidas pela mídia sobre o assunto. Ele também diz respeito a sentimentos difusos de ansiedade e de incertezas que são resultado, por um lado, de transformações sociais e, por outro, de características específicas dos espaços físicos, tais como conservação de ruas, parques e terminais rodoviários. Além das angústias da vida moderna, o medo depende também de confiança nas instituições — governos, justiça e polícias especialmente — e satisfação com serviços públicos tais como transporte, limpeza, iluminação e trânsito.

O medo se tornou um dos principais problemas de nossos tempos e suas consequências podem ser percebidas em diferentes níveis. Ele tem efeitos psicológicos negativos, causando algumas doenças mentais relacionadas à ansiedade, falta de confiança nas pessoas e insatisfações com a vida urbana. No plano social, o medo restringe alguns comportamentos, fragiliza os laços vicinais e esvazia os espaços públicos. O medo do crime também tem consequências econômicas. Leva ao aumento de despesas das famílias e das empresas com segurança, resulta em processos de gentrificação e especulação imobiliária, bem como condiciona formas de acesso de indivíduos ao mercado de trabalho. No plano político, o medo abre espaço para discursos sexistas, racistas e xenófobos. Arthur T. M. Costa e Marcelo Durante mostraram em seu artigo "Medo do crime, desordens e coesão social no Distrito Federal" que esse fenômeno, quando exacerbado, serve de combustível para uma comunicação política baseada em mensagens de rejeição e ódio.

Há diferentes formas de se compreender o medo do crime; ele pode ser avaliado tendo em vista sensação de segurança, percepção de risco de a pessoa ser vitimada e seus impactos na mudança de conduta dos indivíduos. A sensação de segurança é um sentimento difuso que não gera necessariamente mudança de comportamento; já a percepção de risco é um cálculo baseado na vivência e em relatos de parentes, amigos e conhecidos. Ela pode levar a mudanças no comportamento que implicam novas rotinas diárias, uso de diferentes trajetos para ir ao trabalho ou à escola, mudança de horários de saída e retorno, de hábitos de carregar pertences, além da clássica atitude que resulta em evitar frequentar determinados lugares. Essas mudanças são as formas mais visíveis de manifestação do medo no cotidiano das pessoas.

No que se refere à sensação de segurança, verificamos que aumentou bastante em duas décadas a proporção de brasileiros que se sentem seguros na rua, no bairro e na cidade onde residem. Nossos dados mostram que apesar da melhoria dessa percepção, predomina na população a visão de que vivemos em um ambiente pouco seguro. Com relação à rua onde mora, 52% dos brasileiros responderam se sentir seguros, 42% disseram o mesmo para o bairro onde moram e 31% para a cidade onde residem. No entanto, identificamos que a tendência geral de aumento da sensação de segurança, que em parte é resultante da redução da criminalidade apontada anteriormente, não vem ocorrendo de forma significativa quando as pessoas pensam na capital de seu estado e nas cidades do interior.

Tabela 7. Sente-se seguro de acordo com o lugar

	2002	2022-23	Diferença
A rua onde mora	43%	52%	9 pp
As ruas próximas onde mora	32%	41%	9 pp
Seu bairro	34%	42%	8 pp
A cidade onde reside	23%	31%	8 pp
A capital do estado	10%	14%	4 pp
O interior do estado	24%	27%	3 pp

Fonte: Pesquisa Social Brasileira (2002, 2022-23).

Há aqui um fenômeno cognitivo bem conhecido que diz respeito à familiaridade. Podemos imaginar círculos concêntricos nos quais o mais próximo é a rua onde residimos e o mais distante é uma cidade pouco conhecida em que não moramos. Conforme os círculos se distanciam de nossa rua, a sensação de segurança diminui. O que acontece é exatamente o que mostram nossos dados. Trata-se de algo esperado, pois temos a sensação de controlar melhor aquilo que conhecemos, que nos é mais familiar. Além disso, quando duas cidades não familiares são confrontadas, sendo uma a capital do estado e outra do interior, a imagem de maior violência da capital prepondera, em geral é uma cidade com mais de 500 mil habitantes e, portanto, bem maior do que grande parte das cidades do interior e, como vimos, o assalto à mão armada é mais frequente nesses locais do que nos municípios de menor porte.

Em relação à sensação de segurança, levantamos também algumas informações sobre como ela varia durante as 24 horas do dia e verificamos que, de acordo com o esperado, as pessoas continuam se sentindo mais seguras durante o dia do que durante a noite. As variações da sensação de segurança à noite e de dia no bairro onde os brasileiros residem, nos vinte anos que separam as duas pesquisas, ocorreram dentro da margem de erro. Portanto, a rigor, nada mudou.

Quem realiza pesquisas prefere que haja mudanças, em particular para melhor, pois são novidade. Porém, muitas conclusões relevantes, em alguns casos até mais do que as fundamentadas pelas tão desejadas mudanças, derivam de dados que revelam continuidade. A ressalva é importante porque, em relação à percepção do risco de ser vítima de assalto à mão armada, passaram-se vinte anos e nada mudou. Podemos dizer o mesmo sobre a chance percebida de ter sua casa roubada, pois a variação ficou dentro da margem de erro da pesquisa. Tanto em 2002 quanto em 2022-23, praticamente metade dos brasileiros avaliavam como grande ou muito grande o risco de serem assaltados com arma de fogo, ao passo que em torno de 40% também estimavam o mesmo nível de risco para o roubo de seu domicílio.

O reconhecimento de que há um mar de crimes em torno de algumas ilhas de tranquilidade abrange uma ampla fatia de brasileiros preocupados com a incidência criminal: em 2022-23, 76% afirmavam estar muito preocupados com assassinatos, 74% muito preocupados com assaltos à mão armada e 73% com fraudes de documentos de bancos. Importante notar que, apesar da pequena redução de criminalidade e percepção de insegurança, a preocupação com a incidência criminal permaneceu muito elevada no Brasil. Em 2002, o nível de bancarização da população adulta detectado pela PESB era de 52%, passando para 76% depois de duas décadas. Ao mesmo tempo, as operações em bancos se tornaram majoritariamente não presenciais e sem documentos físicos, abrindo uma avenida para fraudes eletrônicas. Não por acaso, nesse período houve crescimento de onze pontos percentuais da preocupação com esse crime. Chama atenção também que, a rigor, não variou em vinte anos a elevada preocupação com assassinato e assalto à mão armada.

Tabela 8. Muito preocupado com

	2002	2022-23	Diferença
Assalto à mão armada	76%	74%	-2 pp
Assassinato	77%	76%	-1 pp
Roubo de carro	53%	59%	6 pp
Fraude bancária	62%	73%	11 pp
Roubo de sua casa	69%	68%	-1 pp
Ser agredido na rua	53%	55%	2 pp

Fonte: Pesquisa Social Brasileira (2002, 2022-23).

Há aqui um círculo vicioso: a elevada e permanente incidência de criminalidade resulta em muita preocupação com ela. Ao compararmos os dois períodos pesquisados, constatamos que dos seis tipos de crimes, a preocupação aumentou em relação a dois e, para os demais, a variação ocorreu dentro da margem de erro da pesquisa. É preciso compreender a preocupação permanente diante da visão já apresentada de que as pessoas se sentem mais seguras em locais familiares. Uma explicação possível é que as pessoas passaram a naturalizar o crime e a violência. Diante do fato de sua persistência em um patamar elevado — um quarto da população foi assaltada à mão armada, um terço relata ter ocorrido assassinato em seu bairro e dois terços afirmam que houve tráfico de drogas —, é possível que inúmeras estratégias de convivência com o crime tenham sido adotadas. Além disso, existem já algumas gerações de brasileiros nascidos e criados com os níveis de violência aqui indicados pela percepção da população adulta, o que pode tornar difícil notar seu aumento, a não ser que seja acentuado e rápido.

Outra forma de avaliar o impacto da violência na vida dos brasileiros foi por meio de uma bateria de perguntas sobre desordens causadas por estresse pós-traumático, tipicamente utilizada em situações de guerra e desastres naturais, mas adaptada para o contexto da criminalidade brasileira. O resultado geral para os nove itens pesquisados indica que, em duas décadas, as pessoas passaram a vivenciar menos os efeitos traumáticos da violência.

Tabela 9. Se aconteceu no último mês

	2002	2022-23	Diferença
Teve dificuldade de dormir porque ficou pensando na violência	49%	36%	-13 pp
Sonhou com situações de violência	51%	40%	-11 pp
Procurou evitar ver programas de televisão com cenas de violência	60%	57%	-3 pp
Procurou evitar conversar sobre violência com amigos e parentes	50%	53%	3 pp
Quando pensou na violência se sentiu mal	65%	60%	-5 pp
Acordou no meio da noite pensando em situações de violência	45%	36%	-9 pp
Procurou evitar pensar em violência	72%	64%	-8 pp
Procurou evitar qualquer coisa que lembrasse a violência	68%	65%	-3 pp
Teve dificuldades de se concentrar porque ficou pensando na violência	49%	36%	-12 pp

Fonte: Pesquisa Social Brasileira (2022-23).

Se por um lado houve redução dos efeitos negativos da violência no dia a dia das pessoas, e isso é positivo e deve ser celebrado, por outro, é possível argumentar que tais efeitos são muito disseminados. Por exemplo, pouco mais de um terço dos adultos afirmou em 2022-23 ter tido dificuldade de dormir no mês anterior à pesquisa porque ficou pensando sobre a violência. Essa também foi a proporção para dificuldade de concentração e acordar no meio da noite por conta dos mesmos pensamentos. Levando em conta a margem de erro da pesquisa, não houve mudança significativa entre 2002 e 2022-23 para as respostas evitar programas de televisão sobre violência, sentir-se mal ao pensar em violência e evitar qualquer coisa que lembrasse violência, na média 64% dos brasileiros disseram agir assim em 2002, e 61%, em 2022-23; evitar conversar com amigos e parentes sobre esse assunto gravitou em torno de 50%. Em suma, 50% a 60% da população se esforça para se afastar de pensamentos voluntários acerca do crime. As reduções fora da margem de erro ocorreram em episódios nos quais a violência surgia involuntariamente no dia a dia das pessoas, com a exceção de procurar evitar pensar em violência.

Uma informação que corrobora dados anteriormente apresentados diz respeito à sensação de segurança na capital de estado. Quase todos os segmentos analisados se sentem majoritariamente inseguros. Não importa gênero, raça, idade, situação empregatícia, escolaridade ou tamanho do município onde residem, em todas as categorias, em torno de 85% da população se considera insegura na capital.

A única exceção foi o grupo de pessoas com nível de escolaridade superior ou mais em que 35% disseram se sentir nada ou pouco seguras. Vale destacar que as respostas a essa questão abarcam aqueles que não moram na capital e pouco a frequentam (há quem nunca tenha ido), aqueles que também não moram, mas vão com certa regularidade à capital e aqueles que nela residem. Isso explica por que as pessoas de escolaridade mais elevada se sentem mais seguras do que as pessoas dos demais segmentos, pois as capitais de estado têm uma economia mais complexa e diversificada e por isso concentram os melhores empregos que, em geral, demandam nível superior completo. Há, portanto, o efeito da familiaridade. Uma proporção maior de pessoas com esse nível escolar se sente familiarizada com a capital quando comparado com os demais níveis de escolarização.

Tabela 10. Como se sente na capital de estado: soma de pouco e de nada seguro — PESB 2022-23

Gênero	
Masculino	83%
Feminino	88%

População	
Não PEA	86%
PEA	86%

Idade	
18 a 34	83%
35 a 59	87%
60 ou mais	88%

Cor ou raça	
Brancos	87%
Pardos	85%
Pretos	87%

Escolaridade	
Fundamental I	84%
Fundamental II	84%
Ensino médio	86%
Superior ou mais	35%

Porte de município	
< 25 mil hab.	84%
25 a 100 mil hab.	89%
100 a 500 mil hab.	90%
> 500 mil hab.	83%

Fonte: Pesquisa Social Brasileira (2022-23).

Esse resultado indica que se a criminalidade nas maiores cidades fosse reduzida, com destaque para as capitais de estado, provavelmente ocorreria impacto relevante e positivo na sensação de insegurança.

A avaliação das instituições da área de segurança pública

Entre 2002 e 2022-23, houve grande mudança na atuação das três esferas governamentais na área de segurança pública. Ao longo do século XX, questões relativas à segurança pública foram tratadas basicamente como responsabilidade dos governadores de estados. É bem verdade que a maior parte do trabalho da polícia acaba sendo realizado pelas polícias civis e militares estaduais. Entretanto, o tema não é apenas de responsabilidade dos estados, uma vez que o exercício e a divisão do trabalho da polícia foram definidos no âmbito da Constituição Federal. Além disso, é de amplo conhecimento público que a atividade policial é fortemente condicionada pelas leis que regem o processo e o direito penal, assuntos de competência exclusiva da União. O processo de mudança que passou a envolver o governo federal e as entidades municipais teve início em 1996. Pressionado pelo aumento da criminalidade, o governo Fernando Henrique Cardoso criou a Secretaria Nacional de Segurança Pública (SENASP) com a finalidade de organizar e articular ações na área. Em 2000, foi criado o Fundo Nacional de Segurança Pública para financiar e induzir iniciativas dos estados e municípios. Essas simples iniciativas já significavam, na prática, ainda que muito distante da percepção do cidadão comum, que a área de segurança pública passava a ter o governo nacional como ator relevante.

No âmbito municipal, também se observaram mudanças importantes. Em 1980, pouco mais de 120 municípios contavam com guardas municipais. O crescimento dessa nova instituição foi vertiginoso, com 1.081 guardas em 2014 e 1.467 em 2022-23. Haverá quem argumente que muitos prefeitos tomam tais iniciativas com a finalidade de ampliar o número de funcionários públicos e, assim, aumentar seu poder e capacidade de influência. Ainda que isso ocorra, também é possível admitir que o rápido crescimento dos efetivos policiais municipais respondeu à demanda crescente da população por segurança pública. Não cabe aqui discutir a efetividade das guardas municipais na redução da criminalidade, mas certamente sua criação acabou por atender a exigências do eleitorado local.

Ao mesmo tempo, no plano estadual, em praticamente todas as unidades da federação, houve aumento das despesas com segurança pública. Entre 2002 e 2022, o somatório dos gastos dos estados na área aumentou 125%. Em valores ajustados e, portanto, comparáveis, os gastos saltaram de 44,8 bilhões de reais em 2002 para 101 bilhões de reais em 2022. Os recursos foram utilizados principalmente para contratar mais policiais e melhorar a remuneração dos profissionais de segurança pública. Foi pequena a parcela de recursos investidos na aquisição de equipamentos e novas tecnologias. Além disso, e não menos importante, nos anos 2000, as polícias e secretarias de segurança pública criaram — de forma não articulada — uma série de programas de segurança nos estados: em 2000 em São Paulo, Informações Criminais (Infocrim); em 2007 em Minas Gerais, Fica Vivo! e Integração de Gestão em Segurança Pública (Igesp); em Pernambuco, Pacto pela Vida. Programas dessa natureza foram criados também no mesmo período na Paraíba (Paraíba Unida pela Paz), Espírito Santo (Estado Presente) e no Rio Grande do Sul (RS Seguro). É muito provável que esses programas, que se espalharam por todo o Brasil, combinados com outros fatores, como envelhecimento da população, tenham produzido resultados positivos quanto à redução do crime, pequena diminuição da sensação de insegurança e, consequentemente, melhora da visão geral sobre as polícias.

Os dados da PESB identificaram que o esforço dos três níveis de governos foi percebido pela população. Em perguntas que mencionavam separadamente governo federal, governos estaduais e prefeituras, os entrevistados tiveram de dizer se notavam nenhum esforço, pequeno esforço, esforço médio ou grande esforço das instâncias em questão na diminuição da violência. Note-se que a pergunta não tratava de resultados, mas tão somente de esforços.

Tabela 11. Soma de esforço médio e grande esforço no combate à violência

	2002	2022-23	Diferença
Governo federal	48%	59%	11 pp
Governo estadual	53%	59%	6 pp
Prefeitura	45%	52%	7 pp

Fonte: Pesquisa Social Brasileira (2022-23).

A mudança entre 2002 e 2022-23 foi bastante significativa; o esforço do governo federal foi reconhecido por mais onze pontos percentuais de brasileiros adultos, ao passo que o acréscimo para governos estaduais e prefeituras foram de, respectivamente, seis e sete pontos. No caso do governo federal, que combinou patamar mais elevado de reconhecimento de esforço com crescimento acentuado, identificamos que, em 2022-23, as pessoas com idade entre 35 e 49 anos, escolaridade elevada, que fazem parte da População Economicamente Ativa (PEA) e residem em municípios com população acima de 100 mil habitantes apresentavam o menor nível de reconhecimento do esforço do governo federal.

Tabela 12. Soma de esforço médio e muito esforço do governo federal para diminuir a violência — PESB 2022-23

Gênero	
Masculino	60%
Feminino	58%

População	
Não PEA	65%
PEA	56%

Idade	
18 a 34	60%
35 a 59	56%
60 ou mais	63%

Cor ou raça	
Brancos	56%
Pardos	61%
Pretos	55%

Escolaridade	
Fundamental I	71%
Fundamental II	64%
Ensino médio	53%
Superior ou mais	53%

Porte de município	
< 25 mil hab.	65%
25 a 100 mil hab.	66%
100 a 500 mil hab.	56%
> 500 mil hab.	51%

Fonte: Pesquisa Social Brasileira (2022-23).

É interessante notar que o reconhecimento menor de pessoas de escolaridade mais elevada, pertencentes à PEA e de cidades maiores coincide em grande medida com nossa análise sobre a incidência do assalto à mão armada. Isso sugere que essa modalidade de crime pode ter bastante influência nas demais percepções. Trata-se de um ilícito violento, que coloca em risco a vida das pessoas e é efetivado em locais públicos, indicando não apenas ousadia da parte de quem comete o delito, mas também incapacidade do governo conter tais ações.

Além de perguntarmos sobre o esforço, questionamos também acerca do resultado. Nesse caso, nossa pesquisa fez referência às cinco principais instituições da área de segurança pública. De forma geral, predominou em 2022-23 a percepção de que elas trazem resultado: comparando Justiça e Ministério Público de um lado, com as três polícias — Militar, Civil e Federal — de outro, ficou evidente que entre 2002 e 2022-23 as polícias se saíram bem melhor, com crescimento médio da visão positiva da ordem de dez pontos percentuais, ao passo que o Ministério Público e a Justiça tiveram variação bem próxima da margem de erro da pesquisa. É interessante notar que, em 2002, as cinco instituições avaliadas pela população estavam bem próximas de 50% quando se tratava de julgar seus resultados.

Tabela 13. Soma de resultados médios e muito resultado do trabalho de cada instituição

	2002	2022-23	Diferença
Polícia Militar	50%	58%	8 pp
Polícia Civil	50%	62%	12 pp
Polícia Federal	58%	70%	12 pp
Ministério Público	49%	54%	5 pp
Justiça	46%	51%	5 pp

Fonte: Pesquisa Social Brasileira (2002, 2022-23).

Talvez seja possível compreender a melhoria na avaliação da Polícia Federal em função de reformas que tiveram início em 2002, quando foi aprovado novo regimento interno concedendo maior autonomia funcional aos policiais para conduzirem as investigações. Além disso, na década de 2000, foram realizados novos concursos que permitiram aumento significativo nos efetivos de delegados, agentes, escrivães e peritos federais. Ainda que o público não tenha conhecimento dessas mudanças, as consequências se materializaram para a população na ampla cobertura midiática que as ações da instituição tiveram. Andréa L. Fagundes, em *A Polícia Federal e o combate à corrupção: Transformação discursiva e mudança institucional endógena*, e Lucas Pilau, em *O poder político na Polícia Federal: Entre a burocracia estatal e a política partidária*, ambas teses de doutorado, documentaram de maneira bastante robusta que a partir de 2010 houve uma grande inflexão das ações da Polícia Federal, passando a conferir prioridade ao combate à corrupção. Desde então, a população assistiu pela televisão à prisão de políticos e empresários acusados de corrupção e lavagem de dinheiro. Não por acaso, surgiram figuras como o "Japonês da Federal" e o "Policial Gato da Federal". A forte presença na mídia no combate à corrupção, uma das principais demandas do eleitorado constantemente captada pelas pesquisas de opinião pública, foi fator preponderante para que a Polícia Federal se tornasse, nos últimos anos, a instituição do Sistema de Justiça Criminal de maior credibilidade junto à população.

Em função da Justiça ser a mais mal avaliada no que diz respeito aos resultados alcançados por seu trabalho, realizamos uma análise do perfil dessa avaliação. Destaca-se o fato de que para cada degrau que se sobe na escolarização formal, diminui o reconhecimento de que há resultado de seu trabalho. Fenômeno semelhante acontece quando analisamos o porte de cidade. Além disso, as pessoas que se consideram pretas se destacam em relação ao pouco reconhecimento de resultados quando comparadas com pardas e brancas.

Tabela 14. Trabalho da Justiça: Soma de resultados médios e muito resultado — PESB 2022-23

Gênero	
Masculino	53%
Feminino	49%

População	
Não PEA	56%
PEA	48%

Idade	
18 a 34	50%
35 a 59	47%
60 ou mais	61%

Cor ou raça	
Brancos	50%
Pardos	54%
Pretos	44%

Escolaridade	
Fundamental I	64%
Fundamental II	58%
Ensino médio	46%
Superior ou mais	38%

Porte de município	
< 25 mil hab.	56%
25 a 100 mil hab.	56%
100 a 500 mil hab.	49%
> 500 mil hab.	44%

Fonte: Pesquisa Social Brasileira (2022-23).

É interessante notar que os resultados são uma indicação de que a Justiça é pior avaliada justamente onde mais se precisa dela. As cidades menores têm economia menos complexa e diversificada, uma proporção maior de suas populações tem escolaridade baixa, nesses locais o controle social de vizinhos, parentes, amigos e colegas de trabalho é mais intenso do que nos grandes centros e municípios muito populosos. Portanto, inúmeros elementos da estrutura social dos locais menos populosos contribuem para que os conflitos e, consequentemente, a criminalidade sejam menores, o que acaba por pressionar menos a Justiça. Além disso, as pessoas com escolarização formal mais elevada tendem a ser mais exigentes quanto à qualidade dos serviços públicos prestados, e a Justiça é um deles. Destaca-se em nossos resultados a percepção negativa diferenciada das pessoas que se autoclassificaram na pesquisa como pretas. É inevitável levantar a hipótese de que elas se consideram a parte mais fraca da sociedade e, nesse caso, tratadas de maneira injusta pela instituição que deveria fazer justiça.

A polícia é a instituição da linha de frente do combate ao crime. A população lida diretamente com ela em seu cotidiano, sendo abordada em blitze e revistas, vendo-a passar em rondas regulares, dirigindo-se a ela para fazer alguma queixa ou indicar locais onde crimes são praticados. Ademais, a polícia ocupa a maior parte do noticiário sobre violência e criminalidade, suas ações são frequentemente relatadas e muitas delas questionadas devido a supostos excessos e procedimentos que violam os direitos individuais fundamentais. Em função disso, nas duas pesquisas foram feitas quinze perguntas que tratavam da polícia e de suas condições de trabalho. Em todas, foram oferecidas duas opções de resposta, como nos exemplos abaixo, a fim de não induzir o entrevistado a fazer uma avaliação positiva ou negativa:

- A polícia trata brancos, pardos e pretos de maneira igual ou a polícia trata brancos melhor do que pardos e pretos?

- A polícia tem policiais suficientes ou faltam policiais?

- O governo dá condições para ela fazer seu trabalho ou o governo não dá condições para ela fazer seu trabalho?

A fim de evitar excesso de dados, mostramos somente uma das respostas. Caso se deseje saber as proporções daquela não apresentada, basta somar 100% para as duas opções.

Em 2022-23, em torno de 50% da população adulta brasileira considerava a polícia honesta (em oposição a corrupta), bem comandada, bem equipada, preparada, inspiradora de confiança e capaz de tranquilizar as pessoas. Em duas décadas, a proporção de quem avaliava a polícia segundo essas seis características aumentou entre o mínimo de treze pontos percentuais e o máximo de vinte pontos. Para 58%, a polícia foi considerada competente e 55% julgaram que era bem-intencionada; por outro lado, apenas 43% disseram que ela respeita os direitos do cidadão. Considerando os nove itens de avaliação, a melhoria da média em vinte anos foi de impressionantes quinze pontos percentuais.

Tabela 15. A polícia é

	2002	2022-23	Diferença
Competente	38%	58%	20 pp
Bem-intencionada	43%	55%	12 pp
Tranquiliza as pessoas	39%	52%	13 pp
Inspira confiança	33%	51%	18 pp
Preparada	29%	48%	19 pp
Bem equipada	28%	48%	20 pp
Bem comandada	35%	48%	13 pp
Honesta	34%	47%	13 pp
Respeita os direitos do cidadão	33%	43%	10 pp

Fonte: Pesquisa Social Brasileira (2002, 2022-23).

Os resultados são um convite à reflexão. Haverá quem os considere errados. Tal julgamento tenderá a ser compartilhado por pessoas com um perfil bastante específico e minoritário no Brasil: indivíduos com escolaridade elevada, a maioria com nível superior completo ou mesmo portadores de algum diploma de pós-graduação, defensores da ética universal e republicana, segundo a qual todos são iguais perante a lei, e que acompanham as estatísticas de criminalidade e as comparam com outros países. Esse grupo tende a ser exigente quando se trata de avaliar serviços. Muitos poderão questionar a melhoria na avaliação da polícia nos nove quesitos apresentados (em breve, trataremos de um para o qual não houve melhora alguma em vinte anos), ainda mais quando sabemos que vivemos em um mar de criminalidade e que houve pequena melhoria na percepção de segurança (diminuiu o medo). Sabemos que vários indicadores nacionais de violência melhoraram em função do aumento de atenção com a área de segurança pública. É possível assumir que os resultados da PESB 2002, todos muito piores nos quesitos tratados de avaliação da polícia, sinalizavam uma pressão sobre o sistema político para que alguma coisa fosse realizada, e a pressão acabou tendo resultados, que foram reconhecidos pela melhoria detectada na pesquisa de 2022-23. Isso sugere que os resultados não apenas estão corretos, mas se enquadram na direção demandada pela sociedade. Tanto é verdade que em outras áreas a polícia permanece mal avaliada.

Se nos nove itens ficamos com a proporção de respostas que indicavam a visão positiva, invertemos o resultado apresentado quanto às informações abaixo a fim de destacar os aspectos negativos da avaliação da polícia. Eles mostram que em 2022-23 praticamente 80% dos brasileiros achavam que a polícia trata os ricos melhor do que os pobres. A percepção melhorou em vinte anos, talvez até por causa das operações de combate à corrupção que prenderam políticos e empresários importantes, mas é evidente que a grande maioria reconhece o que se convencionou denominar classismo.

Tabela 16. A polícia

	2002	2022-23	Diferença
Trata os ricos melhor do que os pobres	88%	79%	-9 pp
Abusa da violência	76%	69%	-7 pp
Trata os brancos melhor do que pardos e pretos	68%	68%	0 pp

Fonte: Pesquisa Social Brasileira (2002, 2022-23).

O racismo também é uma característica considerada marcante da polícia para quase 70% da população, não tendo se alterado em nada durante duas décadas! Mais ou menos a mesma proporção acha que a polícia abusa da violência e é mal paga pelo que faz.

Estamos diante de uma avaliação bastante matizada feita pela população adulta brasileira. Uma pequena maioria que gravita em torno de 50% reconhece melhorias na polícia quanto a comando, competência, intenção, equipamentos e preparação, mas a maioria expressiva admite que ela abusa da violência e é racista e classista. Ou seja, a população diferencia os atributos da instituição que está na linha de frente do combate ao crime. Os resultados positivos dos investimentos feitos na área, advindos da pressão social e do funcionamento da democracia, foram percebidos, mas não em todos os aspectos dos procedimentos policiais. É possível que alguns de nossos leitores formulem a seguinte interpretação desses resultados: a população reconhece que a polícia ficou mais bem equipada, mais competente, bem-intencionada e preparada, tanto que houve uma pequena redução do crime, mas ela permanece abusando da violência contra pobres, pardos e pretos.

Tabela 17. Visões sobre a polícia

	2002	2022-23	Diferença
Tem policiais suficientes	17%	22%	5%
Recebe pagamento justo pelo que faz	23%	32%	9 pp
O governo dá condições para ela fazer seu trabalho	27%	44%	17 pp

Fonte: Pesquisa Social Brasileira (2002, 2022-23).

A avaliação complexa feita pela população é corroborada pelo reconhecimento crescente de que o pagamento dos policiais melhorou, aumentos salariais acima da inflação de fato aconteceram, e pelo crescimento da percepção de que melhores condições de trabalho foram oferecidas pelo governo, proporção que saltou de 27% para 44% em duas décadas. Há ainda a crença bastante generalizada de que o efetivo policial é insuficiente para enfrentar o crime, pois em 2022-23 apenas 22% da população afirmava que havia policiais suficientes.

Tendo em vista a percepção bastante disseminada de que a polícia utiliza dois pesos e duas medidas a depender do perfil da população, se rico ou pobre, e também em função das diferenças de cor ou raça, realizamos uma análise do perfil daqueles que julgam que isto ocorre. O perfil de quem compartilha dessa visão é bem semelhante nos dois casos, pessoas mais jovens, escolaridade mais elevada, inseridas no mercado de trabalho e residentes nas cidades maiores e, portanto, menos provincianas. Além disso, as pessoas de cor ou raça preta também se destacam.

Tabela 18. A polícia trata os ricos melhor do que os pobres — PESB 2022-23

Gênero	
Masculino	79%
Feminino	78%

População	
Não PEA	73%
PEA	81%

Idade	
18 a 34	81%
35 a 59	80%
60 ou mais	73%

Cor ou raça	
Brancos	77%
Pardos	79%
Pretos	81%

Escolaridade	
Fundamental I	72%
Fundamental II	71%
Ensino médio	84%
Superior ou mais	82%

Porte de município	
< 25 mil hab.	76%
25 a 100 mil hab.	75%
100 a 500 mil hab.	81%
> 500 mil hab.	83%

Fonte: Pesquisa Social Brasileira (2022-23).

O racismo policial é também fortemente reconhecido por todos os segmentos sociodemográficos. Interessante notar que conforme aumenta o porte do município, aumenta a visão de que a polícia discrimina pardos e pretos. Quanto maior a cidade, mais as informações circulam e maior a fatia da população com escolaridade elevada. Também se destacam ao reconhecer o racismo policial pretos, jovens e pessoas que concluíram o ensino médio.

Tabela 19. A polícia trata os brancos melhor do que os pardos e pretos — PESB 2022-23

Gênero	
Masculino	66%
Feminino	69%

População	
Não PEA	63%
PEA	69%

Idade	
18 a 34	70%
35 a 59	65%
60 ou mais	62%

Cor ou raça	
Brancos	67%
Pardos	66%
Pretos	75%

Escolaridade	
Fundamental I	58%
Fundamental II	59%
Ensino médio	74%
Superior ou mais	68%

Porte de município	
< 25 mil hab.	57%
25 a 100 mil hab.	64%
100 a 500 mil hab.	72%
> 500 mil hab.	75%

Fonte: Pesquisa Social Brasileira (2022-23).

É interessante perceber que esse perfil de avaliação da polícia nos dois quesitos coincide com pessoas mais modernas no sentido de que passaram por níveis mais elevados de escolarização formal, são jovens e habitam municípios onde a informação circula mais e o controle social é menor. É possível que lentamente, com o decorrer dos anos, as gerações seguintes sejam ainda mais exigentes e isso passe a ter impacto nos procedimentos policiais.

Punições, contato com a polícia, drogas e armas

Na PESB, também perguntamos sobre o apoio a vários tipos de punições, incluindo as extrajudiciais ou ilegais. No caso destas, apresentamos cinco modalidades conhecidas da população e pedimos para que as pessoas dissessem, para cada uma delas, se era sempre certa, certa na maioria das vezes, errada na maioria das vezes ou sempre errada. A maioria dos entrevistados é contra formas de punição extrajudicial. Assim, em

2022-23, 82% dos brasileiros achavam que é sempre errado pagar pessoas para matar suspeitos de crimes (grupos de extermínio e assemelhados) e 74% achavam que é sempre errado fazer justiça com as próprias mãos.

Entretanto, quando consideramos algumas situações específicas, podemos observar certa tolerância com punições extrajudiciais. É o caso do estupro de presos condenados por estupro: se 47% consideram ser sempre errado significa que outros 53% admitem que, dependendo das circunstâncias, é certo. O mesmo pode ser dito da execução sumária perpetrada pela polícia; 57% acham que é sempre errado que a polícia mate assaltantes e ladrões depois de prendê-los, o que equivale a afirmar que 43% consideram isso passível de ser correto em função do contexto. Nos casos de linchamentos, nada mudou desde 2002, quando 52% os consideravam sempre errados.

Tabela 20. É sempre errado

	2002	2022-23	Diferença
A polícia matar assaltantes e ladrões depois de prendê-los	48%	57%	9 pp
Uma pessoa condenada por estupro ser estuprada na cadeia pelos outros presos	46%	47%	1 pp
A população linchar suspeitos de crimes muito violentos	52%	52%	0 pp
A polícia bater nos presos para eles confessarem os crimes	46%	50%	4 pp
Pessoas serem pagas para matar suspeitos de crimes	85%	82%	-3 pp
Fazer justiça com as próprias mãos.	72%	74%	2 pp

Fonte: Pesquisa Social Brasileira (2002, 2022-23).

Ainda que a mudança média para os cinco itens que avaliam punições extrajudiciais tenha sido somente de dois pontos percentuais a favor de maior legalidade, os números denotam a crença no funcionamento do Estado e das instituições que compõem o Sistema de Justiça Criminal. Estamos longe de viver aquilo que Emile Durkheim descreveu como estado de anomia, isto é, ausência de regras. Ainda bem! A maior parte dos brasileiros se mostra contra formas extrajudiciais de punição, embora não seja pequena a proporção da população que concorda, em certa medida, com linchamentos, tortura, execução sumária e estupro de estupradores. A propósito, na série televisiva intitulada *Vale o escrito* da Globoplay, na qual é abordada a saga criminosa dos bicheiros do Rio de Janeiro, a ex-namorada do ex-policial Adriano da Nóbrega narra que quando perguntou sobre o que ele mais gostava de fazer na polícia, ele respondeu que era torturar. Nesse caso, o policial tinha o apoio de metade da população adulta brasileira que, em alguma medida, considerava o procedimento correto.

Quando passamos para a análise das punições legais, nossos dados revelam que o Brasil segue a tendência mundial ao demandar endurecimento penal para todos os tipos de crimes. Aliás, David Garland, em *The Culture of Control: Crime and Social Order in Contemporary Society* [A cultura do controle: crime e ordem social na sociedade contemporânea], e Máximo Sozzo, em *Postneoliberalismo y Penalidad en America del Sur* [Pós-neoliberalismo e penalidades na América do Sul], revelam que a demanda por penas mais duras e o discurso punitivista das autoridades públicas têm sido generalizados e, portanto, verificados em países tão diferentes como Estados Unidos, Canadá, Inglaterra, México, Argentina, Espanha, Portugal e França. No Brasil, o fenômeno se repete para além do discurso das autoridades e com base em nossos dados de pesquisa junto à população adulta. Parte significativa do povo acha que a legislação é excessivamente branda com criminosos e exige endurecimento.

Nossa pesquisa apresentou aos entrevistados seis ilícitos e sete punições, sendo as duas mais brandas a punição apenas em caso de reincidência e prestar serviços à comunidade, e as duas mais duras, prisão perpétua e pena de morte. As três intermediárias foram reclusões por diferentes períodos: cinco anos de prisão, de cinco a dez e de dez a trinta anos de prisão.

Ao analisarmos qual pena a população acredita que deveria ser aplicada aos criminosos, identificamos uma linha de pensamento bastante evidente. O dominante na população é que seja aplicada pena de prisão, ao mesmo tempo que houve redução na proporção de brasileiros que defende prestação de serviço e penas mais curtas e aumento dos que são a favor da pena de morte ou prisão perpétua. Também verificamos que a população passou a acreditar que as penas devem ser mais duras do que prevê a legislação. Por exemplo, embora o Código Penal Brasileiro preveja pena de dez anos de reclusão para o crime de estupro, 18% da população em 2022-23 achava que a pena deveria ser maior (de dez a trinta anos), 38% disseram que estupradores deveriam cumprir prisão perpétua e 27% acreditavam que eles mereciam a pena de morte. Para homicídio, o Código Penal prevê pena máxima de trinta anos de reclusão. Entretanto, 36% da população afirmou que a punição adequada era prisão perpétua, e 20%, que os criminosos mereciam pena de morte. Nos casos de assalto à mão armada, a punição máxima prevista na legislação é de dez anos de reclusão, todavia, 28% dos brasileiros achavam que a pena deveria ser maior.

Tabela 21. Punições para cada tipo de crime

	De 5 a 30 anos de prisão			**Prisão perpétua ou pena de morte**		
Crime	2002	2022-23	Diferença	2002	2022-23	Diferença
Estupro	42%	30%	-12%	49%	65%	16%
Homicídio	46%	41%	-5%	47%	56%	9%
Corrupção pública	60%	58%	-2%	26%	36%	10%
Roubo de automóvel	69%	81%	12%	8%	8%	0%
Roubo de domicílio	70%	79%	9%	7%	8%	1%
Assalto	66%	78%	12%	10%	8%	-2%

Fonte: Pesquisa Social Brasileira (2002, 2022-23).

É interessante que, a julgar pela dureza das punições, o estupro é visto como o mais grave dos crimes, em 2022-23, nada menos que 65% passaram a defender a pena de morte nesse caso, seguido do homicídio e do roubo de recursos públicos cuja mesma punição foi apoiada por, respectivamente, 56% e 36%. Há empate triplo, ainda de acordo com o critério da pena, para roubo de automóvel, de domicílio e assalto. O crescimento generalizado das punições mais duras ocorreu em prejuízo das duas modalidades de pena mais brandas. Assim, caso o leitor deseje saber a proporção dos que defenderam essas penas, basta totalizar 100% em cada ano por crime.

Diante de um contexto que caracterizamos como mar de crimes e na presença de uma população mais punitivista, poderíamos imaginar que as pessoas tivessem passado a procurar com mais frequência o apoio da polícia. Assim, nas duas rodadas da pesquisa, perguntamos aos entrevistados se já haviam ido a uma delegacia registrar queixa, se a polícia tinha sido acionada por telefone para resolver algum problema e também se tinha sido procurada pessoalmente em uma situação na rua. Em 2022-23, 41% da população afirmou ter ido alguma vez a uma delegacia de polícia para registrar queixa e a mesma proporção ligou pedindo ajuda. Uma parcela menor, de 22%, acionou um policial na rua. Cabe salientar que entre 4% e 5% da população afirmou ter tido a necessidade dos serviços da polícia, mas não efetuou a procura por não confiar em sua atuação ou por achar que nada seria resolvido. Por fim, comparando os dois períodos pesquisados, percebemos que houve leve crescimento na disposição da população de procurar a polícia, especialmente para solução de problemas, e redução daqueles que não procuram porque não precisam.

Outro aspecto avaliado pelas duas pesquisas foi a visão da população quanto ao impacto da legalização das drogas. Identificamos que predomina na população a percepção de que a legalização da maconha e de outras drogas levaria ao aumento de assassinatos, assaltos e lavagem de dinheiro. Em 2022-23, 63% dos brasileiros acreditavam que esses crimes aumentariam se a maconha fosse legalizada, redução de catorze pontos percentuais em face dos 77% que pensavam assim em 2002. No caso da legalização de todas as drogas, houve redução de oito pontos percentuais no mesmo período daqueles que julgaram que os crimes aumentariam, caiu de 85% para 77%. Para essa pergunta, havia outras duas opções de resposta: a de que os crimes diminuiriam e a de que continuariam iguais. Quanto à legalização da maconha, aumentou sete pontos percentuais a proporção dos que achavam que tais crimes diminuiriam, saindo de um patamar próximo de 20% para quase 30%, enquanto em 2022-23 nada menos do que 9% disseram que continuaria igual.

Nos últimos cinco anos, aumentou significativamente o número de armas em circulação no país. Segundo dados do Fórum Brasileiro de Segurança Pública, em 2022 haviam sido registradas 1.558.416 armas, enquanto em 2017 haviam sido registradas 637.972 armas, o que significa crescimento de 144%.[1] O aumento na posse, no porte e no comércio de armas foi resultado de uma política que facilitava e incentivava o acesso às armas realizada pelo governo Bolsonaro.

Apesar do aumento expressivo de armas em circulação, a pesquisa apontou redução no número de residências que contavam com algum tipo de arma. Em 2002, 92% dos entrevistados declarou não possuir armas em casa. Em 2022-23, o número aumentou para 97%. Ou seja, em 2002, 8% da população tinha arma em casa, ao passo que em 2022-23 esse percentual era de apenas 3%.

Embora possam parecer contraditórias as duas informações — aumento do número de armas e redução do número de residências com armas —, na verdade, trata-se do aumento concentrado no número de armas. Posto que a legislação ampliou o limite do número de armas que uma pessoa pudesse adquirir, o que aumentou de fato foi o número de armas registradas por uma mesma pessoa. Vale ainda registrar que em 2000 a população acima de 18 anos contada pelo Censo foi de pouco mais de 108 milhões de brasileiros, e passou para 154 milhões em 2022, aumento de 42%. Igualmente importante foi o crescimento da fatia de brasileiros com 25 anos de idade ou mais, público potencial para aquisição de armas. Ou seja, se o crescimento da população adulta no período responde por uma parcela pequena do aumento do número absoluto de armas, a concentração delas nas mãos dos mesmos compradores e portadores foi o principal fator explicativo para o aparente sucesso do aumento quantitativo de armas em circulação.

Cabe a observação de que os argumentos utilizados em defesa da venda e do porte de armas têm como fundamento sua disseminação para uma fatia mais ampla da população. A ideia importada dos Estados Unidos é a de que com mais gente armada circulando nas ruas haverá menos crimes violentos, pois os criminosos terão mais motivos para temer a reação de uma vítima potencial. Nesse sentido, a política pública adotada no governo Bolsonaro fracassou. Os brasileiros, diferentemente dos norte-americanos, continuam tão resistentes (ou mais) quanto eram em 2002 a terem arma de fogo em casa. Tudo indica que o argumento importado não encontrou terreno cultural adequado para prosperar e, quem sabe, a insistência do governo na ideia de que seria importante uma população armada pode ter levado um pequeno segmento a se desfazer de tais armas.

Democracia, violência e criminalidade

A democracia que abre nosso texto é o fator-chave para a compreensão do que aconteceu no Brasil entre 2002 e 2022-23 na área de segurança pública. Vimos que:

- os brasileiros reconhecem que habitam ilhas de sossego — suas residências — cercadas por um mar de criminalidade: eles identificam a ampla disseminação do assalto à mão armada e de outros tipos de ilícitos violentos, reconhecem também que em 70% dos bairros há tráfico de drogas;

- mesmo assim, houve melhoria da sensação de segurança e, como consequência, redução do medo e de eventuais desordens advindas de estresse pós-traumático que o crime possa acarretar;

- concomitantemente a isso, o julgamento das ações do governo e a avaliação geral das instituições responsáveis pela segurança pública melhorou, assim como a atuação da polícia analisada de maneira detalhada;

- permaneceram estagnadas em duas décadas a avaliação da polícia quanto à aplicação universal de seus procedimentos: a percepção majoritária da sociedade é que ela trata os pobres pior do que os ricos e os brancos melhor do que os pardos e pretos;

- o apoio a punições extralegais permaneceu dividindo a sociedade ao meio e o apoio a punições mais duras para todos os tipos de crime aumentou bastante.

O grande dilema de um país democrático tem a ver com os limites (ou não) de combater com eficácia o crime quando a instituição que está na linha de frente dessa tarefa relativiza a aplicação de seus procedimentos. O Brasil que conhecemos prega e defende publicamente a ética universal e republicana, a visão de mundo que assevera que todos devem ser tratados de maneira igual perante a lei, independentemente de sua classe social, cor ou raça. Por outro lado, a população identifica que a polícia utiliza dois pesos e duas medidas em seu cotidiano. Haverá quem considere que isso mina a legitimidade das ações policiais e define um teto para sua capacidade de controlar a disseminação do crime. A pressão que passou a ser exercida sobre o sistema político para que a violência fosse domesticada derivou do poder de barganha dos grupos mais favorecidos. Ou seja, foi a democratização da violência ao atingir todos os brasileiros que fez o poder público se mexer para combatê-la. Porém, as ações empreendidas não foram suficientes para irem além de criar milhões de pequenas ilhas de segurança, nossas residências, mas sim um continente que possa ser habitado, como já foi no passado, pelas pessoas de maior renda e escolaridade.

A complexidade atual do Brasil, a imensa mobilidade de sua população, o entrelaçamento das atividades econômicas e a crescente força de uma ética individualista que veio para substituir antigas obrigações sociais em tudo contrastam com um passado no qual aqueles que estavam no topo da pirâmide social eram capazes de ficar distantes da violência que atingia os mais pobres. Dito de outra maneira, uma sociedade democrática e moderna exige uma polícia igualmente moderna e democrática, e não é isso que os brasileiros percebem. Eles a percebem como polícia bem paga e equipada, competente e bem comandada, que ao mesmo tempo discrimina pobres, pardos e pretos. O que esses resultados suscitam é uma reflexão que vai além e que pode ser expressa na pergunta: é factível reduzir o crime de maneira sustentável, em uma sociedade democrática, com forças de segurança percebidas pela sociedade como discriminatórias? Ao que parece, a violência e a criminalidade, que democraticamente a todos atingem, serão contidas de maneira mais efetiva se também existir uma segurança pública democrática, para todos. Isso, por enquanto, segundo o olhar dos brasileiros, nossa polícia não consegue prover.

Paradoxalmente, a mesma democracia que viabiliza soluções abrangentes e estáveis para problemas difíceis impede por um longo período a adoção de políticas públicas que melhorem a qualidade de vida da população, esse é mais um argumento a favor da famosa frase de Churchill que abre nosso texto. Em vários lugares do mundo, leis são aprovadas a fim de legalizar o uso recreativo de drogas, especificamente da maconha. Trata-se de um tema politicamente sensível e mobilizador. Por isso, essas leis são aprovadas apenas depois que a maioria da sociedade, muitas vezes avalizada por pesquisas de opinião pública, se posiciona favoravelmente à legalização das drogas. Essa modalidade de iniciativa legislativa contrasta bastante com outras proposições que podem ser aprovadas sem que a maioria do povo as apoie. Isso ocorre com frequência quando o tema não mobiliza politicamente a sociedade. Nossos dados mostraram que diminuiu bastante a crença de que a legalização da maconha levaria ao aumento do crime. Significa que uma porta começou a se abrir junto aos brasileiros para que seu uso recreativo um dia (ainda muito distante) seja aprovado. Por outro lado, um dado nos chamou bastante atenção: entre 60% e 70% dos brasileiros reconhecem que há tráfico ou consumo de drogas no bairro onde residem. É possível que haja aqui uma mensagem para nossos legisladores.

A comercialização e utilização das drogas é muito disseminada no Brasil e, em grande medida, aceita. Os dados quantitativos de nossa pesquisa permitem generalizar as afirmações para toda a sociedade, afinal, a metodologia amostral foi adotada justamente com esse objetivo. A ampla disseminação das drogas é corroborada por nossa experiência diária não amostral, de quem frequenta estádios de futebol, praias, shows e eventos com grande concentração de pessoas, situações nas quais a utilização da maconha é regra e não exceção. Considerando correto o julgamento dos brasileiros ao dizerem que em torno de 65% dos bairros convivem com as drogas, e supondo que se trata de uma ilegalidade, seria então necessário investigar, julgar, condenar e prender milhões de indivíduos que se envolvem com essas atividades, algo que sabemos ser inviável e que por isso nunca ocorreu nem acontecerá. A disseminação das drogas é tão grande no Brasil que talvez fosse o caso de fazer o mesmo que foi realizado com o álcool em um passado distante em alguns países: legalizar. Quando o que hoje é crime se torna legalizado, por definição, deixa de ser crime. A grande barreira é a sociedade, a grande maioria da população é contra essa inovação legislativa.

Os dados da PESB apenas sugerem um caminho, mas os autores desse texto admitem que se trata de uma trilha tortuosa e que por isso dificilmente será seguida por nossa elite política. A experiência internacional revela que a democracia só permite mudanças legislativas nessa área depois que a maioria dos cidadãos passam a apoiá-la. Até que isso aconteça, restará convivermos com o crime que acompanha e deriva do tráfico e do consumo de drogas. A ilegalidade das duas atividades impede que sejam devidamente mapeadas e controladas, assim como não permite que gerem recursos para a sociedade por meio de impostos. Os ganhos proporcionados por essas atividades ilícitas são auferidos privadamente, por aqueles que as realizam e viabilizam que ocorram, ao passo que os prejuízos são distribuídos para toda a sociedade. Essa é mais uma atividade no Brasil que funciona sob a lógica dos benefícios privados e prejuízos públicos, aliás, lógica presente em inúmeros problemas recorrentes que nossa sociedade tem muita dificuldade de enfrentar e resolver.

Por fim, é possível que vários de nossos leitores atribuam ao governo Bolsonaro a melhoria da imagem geral da polícia tal como revelamos em diversos itens de nossos dados. Nunca saberemos ao certo se realmente o discurso de Bolsonaro em defesa das forças de repressão terá sido o responsável direto por essa mudança. Sabemos sim que entre as duas pesquisas tanto Bolsonaro chegou ao poder quanto as polícias passaram a ser mais bem equipadas, vários programas de combate ao crime foram instituídos pelos estados e a violência diminuiu. Um caminho analítico é considerar que ambos os fenômenos igualmente levaram a polícia a ser mais bem avaliada. Outro, é conferir mais peso às mudanças efetivas que aconteceram no aparato policial e a consequência percebida pela população em seu dia a dia na redução do crime. Ninguém nasceu ontem. As pessoas têm necessidades reais que não são atendidas apenas por discursos sem resultados. Entre compreender uma mudança ampla rumo a uma avaliação mais benigna da polícia por parte da população recorrendo a falas de líderes políticos ou a mudanças reais, visíveis e efetivas, nossa visão é que as últimas têm mais peso. Aliás, essa forma de explicar o que ocorreu em duas décadas permite também compreender por que a polícia não melhorou em tudo. Caso discursos tivessem mais importância, é provável que o racismo policial não tivesse ficado estagnado.

Vivemos em uma democracia e a sociedade pressiona para que suas necessidades sejam atendidas, dentre elas a da segurança pública. O poder público reagiu a essa pressão criando novos programas de combate ao crime e aumentando o orçamento das polícias. A criminalidade caiu, assim como melhorou um pouco a percepção da população quanto à sua disseminação. Ainda assim, vivemos em um mar de violência e só nos sentimos relativamente seguros em ambientes muito familiares. Paralelamente, os procedimentos da polícia pouco ou nada mudaram em direção a ações universais que não discriminem pobres e ricos, pretos, pardos e brancos; e isso é percebido com muita clareza pelos brasileiros. É possível, portanto, que se a polícia permanecer tratando os cidadãos de maneira seletiva, acabe por estabelecer um limite para a efetividade do combate ao crime. A próxima PESB a ser realizada em 2042 dirá se estamos certos ou não.

Conclusão: o que mudou e o que não mudou na cabeça do brasileiro em vinte anos

Todos os dados das duas pesquisas são públicos e podem ser encontrados de forma bem organizada, assim como várias análises estatísticas utilizadas, na aba "Dashboard das pesquisas" da página acabecadobrasileiro.com.br. Foram desenvolvidos mais de quarenta índices e estudadas mais de 150 perguntas e seus subitens. Com base nisso foi possível elaborar um quadro, presente na última página deste capítulo, sobre o que mudou e o que não mudou (ou mudou de forma muito discreta) em duas décadas na forma de pensar e nos valores dos brasileiros.

Os temas estão divididos de acordo com a sequência dos capítulos: religião, cor e raça, respeito à lei, relações de gênero, política, liberalismo econômico e segurança pública. Uma rápida avaliação mostra que, considerando as perguntas feitas nas duas pesquisas, as mudanças ocorreram no terreno da religião, das visões que temos sobre cor ou raça e sobre igualdade entre homens e mulheres, na política e nas visões dos principais temas da segurança pública. As não mudanças ficaram restritas aos elementos que influenciam na disposição dos brasileiros em cumprir a lei e, parcialmente, no apoio à presença do Estado na economia.

Os resultados das duas PESBs merecem ser comemorados pelas mulheres, pelos negros e pelos movimentos que defendem a diversidade sexual, os grandes vitoriosos entre 2002 e 2022-23: deixamos de nos ver como morenos e brancos para nos classificar mais como pardos e pretos; o preconceito racial ou de cor diminuiu, ainda que tais situações pareçam amplificadas na mídia; passamos a nos enxergar cada vez mais, homens e mulheres, como iguais em direitos e deveres e a homossexualidade passou a ser mais aceita.

Esses grupos não venceram em tudo, é bem verdade; no caso da classificação racial oficial, o governo também recebe os louros da vitória com a consolidação da terminologia oficial preto, pardo e branco. Da mesma maneira, as mulheres progressistas não se sagraram vitoriosas, ainda, em relação à aceitação do aborto. Todavia, os resultados das pesquisas fazem sentido se considerarmos que, no início do século XXI, o debate sobre a situação de pretos e pardos e da mulher na sociedade brasileira, assim como dos homossexuais, passou a fazer parte das conversas nas famílias e rodas de amigos, assim como se tornou tema de séries e filmes. A cobertura jornalística de casos de preconceito, com sua justa e peremptória condenação, aumentou exponencialmente, assim como o termo "feminicídio" passou a ser de uso comum, no lugar do antigo, machista e ultrapassado "legítima defesa da honra", para a grande maioria dos casos de mulheres assassinadas por homens.

Haverá aqueles que ficarão indignados com a redução do preconceito racial ou de cor, do machismo e da maior aceitação da homossexualidade, por acreditarem que essas características são muito evidentes no Brasil. Uma coisa não anula a outra. Antes de 2002, havia muito mais preconceito e machismo do que vinte anos mais tarde. Na verdade, o que as duas pesquisas demonstram é que a militância por igualdade entre homens e mulheres, antirracismo e aceitação da diversidade sexual, de gênero e de estruturas familiares diversificadas vem atingindo parte importante de seus objetivos. Sem dúvida, isto precisa ser devidamente celebrado por aqueles que defendem essas mudanças. A continuidade do avanço depende não apenas da persistência da militância, mas também da capacidade de reconhecer o progresso, de saber que não vivemos em um mundo em que tudo se resume a um esforço de Sísifo.

Em tempos de mudanças velozes devido às conquistas da tecnologia, somos levados a crer que mudar tem sempre mais impacto em nossas vidas, para o bem ou para o mal, do que não mudar. Sem dúvida, pretos e pardos, mulheres e homossexuais foram beneficiados pelas mudanças no Brasil, e ousamos afirmar que continuarão sendo. Ainda assim, quando se trata dos valores de uma população inteira, pode ser que a ausência de mudança tenha mais efeito no bem-estar econômico do que a mudança: é o que muitos leitores poderão ter concluído ao ler a seção deste livro sobre o jeitinho, o patrimonialismo, a ética pessoal e circunstancial e o liberalismo econômico. Fizemos um diagnóstico detalhado do que provavelmente constitui o maior obstáculo para o Brasil se tornar um país rico, uma nação de renda alta: a falta de confiança interpessoal. A propósito, quando tratamos desse tema analisamos não somente um país, mas acreditamos ter feito, a partir dos dados do Brasil, uma sociologia política da situação de toda a América Latina.

Aliás, dentre as visões de mundo que não mudaram, ou mudaram de forma irrisória, considerando que o período em análise equivale a um quinto de século, estão a nossa crença de que o destino está nas mãos de Deus; mantivemos inalterada a visão de que o espaço público não tem dono ou é de responsabilidade exclusiva do governo (não por acaso, nossas ruas não se tornaram mais limpas); continuamos fortemente favoráveis a que o governo regule a atividade econômica e seja o provedor de bens e serviços; o jeitinho se mantém tão presente em nossas vidas quanto no passado; também inalterado permaneceu nosso ponto de vista em relação à cor ou raça dos brasileiros — quem era considerado preto, pardo ou branco duas décadas atrás permaneceu sendo classificado assim.

Devemos admitir que, em um mundo no qual se tornou lugar-comum falar constantemente de mudança, é muito estranho dizer que em vinte anos alguns valores dos brasileiros pouco ou nada se modificaram. Nosso lema, porém, é que os números não mentem jamais. As duas pesquisas foram fidedignas em apontar transformações importantes, como o aumento da visão que favorece a igualdade entre homens e mulheres e a redução do preconceito de cor ou racial e contra homossexuais. Seria surpreendente, vale repetir, se tais visões não tivessem variado nesta direção, uma vez que, nos vinte anos que separam as duas edições da PESB, essas questões foram temas permanentes da vida das pessoas. Ora, se isso mudou na direção esperada, o que faz sentido, o que não mudou também foi corretamente mensurado, afinal, tratou-se do mesmo questionário e do mesmo desenho amostral.

Apesar da natureza predominantemente sociológica da PESB, os poucos questionamentos sobre política, quando analisados sob o prisma das centenas de perguntas que trataram de valores e visões de mundo, nos permitiram fazer muito mais que um raio X do eleitorado — podemos dizer que obtivemos uma tomografia computadorizada. Foi possível detectar em detalhe as características de esquerda, centro e direita e apontar onde houve polarização e onde não houve mudança alguma. Tão importante quanto conseguir traçar esse perfil foi mostrar que as motivações para o voto presidencial no PT em 1998 e 2002, e no adversário, o PSDB, foram diferentes das motivações para o voto presidencial no mesmo PT em 2018 e 2022, assim como no adversário do partido nesses dois pleitos, Jair Bolsonaro. Foi uma mudança bastante relevante ocorrida na política, que talvez seja irreversível no futuro próximo.

Ainda no terreno do que mudou na forma de pensar dos brasileiros, multiplicamos o número de países e continentes que consideramos ser terra de nossos antepassados; ao mesmo tempo que aumentamos a crença na Bíblia como verdade divina, palavra por palavra; diminuímos a confiança nas pessoas; melhoramos nossa avaliação sobre a polícia (mas não sobre diversas outras instituições públicas); rechaçamos mais a ideia de que bandido bom é bandido morto.

O que causou as mudanças de visões de mundo dos brasileiros

Vimos que o combate ao racismo, a adoção de políticas de cotas, a maior valorização simbólica de pretos e pardos e a perda parcial do status antes extremamente positivo da branquitude tiveram como motor a conjunção entre movimentos sociais antirracistas e políticas governamentais. O retorno da democracia permitiu que demandas sociais represadas passassem a dialogar com os atores governamentais e viessem a ocupar cargos públicos a fim de implementar novas políticas. O mesmo fenômeno aconteceu com as mulheres e os movimentos feministas. Nos dois casos, a interação entre a sociedade e o Estado e a vocalização de demandas por meio de discursos e ações oficiais contribuíram para que a sociedade mudasse várias visões relativas a esses temas. Algo semelhante aconteceu para que houvesse polarização política e mudassem as visões dos brasileiros sobre segurança pública e a polícia.

No caso da polarização, ela foi resultado de ações da esquerda e da direita em um longo período. A ênfase no discurso do nós contra eles, a busca por dividir o país entre pobres e ricos, entre brancos e negros, esquerda e direita, corruptos e limpos, Nordeste e Sul, favoráveis e contrários ao aborto e tantas outras fez com que o eleitorado se distanciasse do centro. Neste caso, a mudança de mentalidade não foi motivada por movimentos sociais e sua entrada no Estado, mas por políticos em busca de aumentar suas chances eleitorais e consolidar seu apoio social. As exigências da competição política e a consequente necessidade de fidelizar o eleitorado, algo que só acontece em democracias, fizeram com que líderes de grande visibilidade dividissem os eleitores entre grupos apartados. Mais uma vez a interação entre atores políticos, nesse caso indivíduos e partidos (e não os movimentos sociais), e o Estado, resultou em uma nova maneira de ver o mundo, mais polarizada do que antes.

Quanto à segurança pública, as visões da população mudaram em função de resultados percebidos da ação da polícia — se fôssemos capazes de nos transportar para o que vivemos em torno de 2002, certamente consideraríamos que a situação era pior —, da aceitação e naturalização de elevados níveis de violência, assim como da relativamente recente entrada das forças de repressão no aparato estatal por meio da eleição de policiais e militares reformados. Adicione-se a isso o também recente discurso de defesa da lei e da ordem e daqueles que devem zelar por ela. Novamente, neste caso, as visões de mundo mudaram como resposta à mobilização de atores políticos em sua interação com o Estado.

No que diz respeito à mudança religiosa, tratou-se de um fenômeno diferente que teve o impulso inicial determinante vindo de fora, a partir da ação de missionários evangélicos dos Estados Unidos. A conversão religiosa é um fenômeno exigente, ainda mais em um país que tem em seu histórico o catolicismo como religião de Estado (de fato, não de direito). Para que ela tivesse ocorrido na velocidade que constatamos em duas décadas, foram necessários vários fatores concorrentes, sendo os principais a experiência do pertencimento a uma comunidade, a existência de empreendedores religiosos, uma mensagem poderosa como é a iminência do fim do mundo e a demonização das outras religiões. Porém, o passo seguinte e imediato para a consolidação dessa mudança foi, também, a entrada desses atores como sujeitos políticos no aparelho de Estado. É o que se vê cotidianamente expresso no conceito de uma *bancada evangélica*, a escolha de um ministro do STF em função de ser evangélico, o proselitismo político em templos religiosos, para citar apenas alguns exemplos.

Um fator de mudança que não pode ser desprezado é o aumento da escolarização formal. Vimos que ele tem impacto sobre crenças como o apoio à legalização mais ampla do aborto e na propensão das pessoas a deixarem de afirmar pertencerem a uma determinada religião. Esse motor da mudança trabalhou simultaneamente, no que tange à alteração de várias crenças (não todas, claro), à ação de movimentos sociais organizados em sua interação com o Estado. Isso fez com que o aumento da escolarização formal ora atuasse na mesma direção da mudança pretendida pelos atores políticos, ora fosse uma força contrária.

Os grandes conjuntos de valores para os quais não houve mudança, ou houve uma alteração muito pequena em vinte anos, dizem respeito a visões que têm impacto na celebração de contratos, no cumprimento da lei e na atividade econômica. Vimos que os brasileiros passaram a apoiar mais a abertura de mercado e consideramos que isso aconteceu em função de um benefício bastante concreto e muito amplo: o barateamento do acesso a bens e serviços. Porém, a defesa do Estado como provedor e regulador permaneceu quase inalterada. Mais do que isso, permanecemos sendo o país do jeitinho, e um povo que não se importa caso o espaço público seja considerado de ninguém ou mesmo tratado como algo particular. Não confiamos uns nos outros, o que propicia uma grande dificuldade de estabelecer relações comerciais duradouras, lucrativas e pouco custosas.

O diagrama da página 191 no capítulo 3 ilustra o efeito que um conjunto de valores que mudaram muito pouco, ou não mudaram, tem sobre o Brasil: é o *buraco negro* do cumprimento da lei, da celebração de contratos e do desenvolvimento econômico. Esses valores são tão densos quando atuando em sintonia, o que acontece com frequência, que criam um *horizonte de eventos*: é o que separa o ser brasileiro (talvez também latino-americano) do ser alguém nascido e criado em países ricos. Depois que um brasileiro cruza esse *horizonte de eventos*, de lá ele nunca mais consegue sair. A força gravitacional desses valores é tão grande que o ilegal (por exemplo, salários públicos acima do teto constitucional) foi legalizado (por meio dos chamados penduricalhos). Nem mesmo a instituição que deveria zelar pelo cumprimento da lei escapa de ser atraída por tais visões de mundo.

Assim, em maior ou menor medida, todas as mudanças de visões de mundo que vimos neste livro tiveram como motor a utilização de uma fatia do Estado, ou a instrumentalização de parte do setor público, para a defesa dos interesses e ideias de grupos muito bem organizados e financiados. Contudo, quando se trata do liberalismo econômico e do republicanismo, da defesa do cumprimento das regras e da impessoalidade, não há grupos organizados a defendê-los. Parece ocorrer quase o inverso: atores políticos poderosos que se beneficiam dessas visões de mundo e de suas consequências agem, quando possível, para mantê-los. Esses valores dificultam enormemente que o Brasil se torne um país rico, de renda alta. Portá-los traz inúmeras consequências que dificultam bastante o desenvolvimento econômico, dentre as quais se destacam a utilização do que é público como se fosse privado ou particular, a pouca adesão às regras e a permanente tentação, frequentemente realizada, de não cumprir acordos.

As mudanças que aqui vimos, portanto, fazem do Brasil cada vez mais um local com uma sociabilidade agradável e pujante, mas com um grande déficit de solidariedade.

O que mudou	O que não mudou ou mudou pouco
Católicos ↓	
Evangélicos ↑	
Sem religião ↑	
Fervor religioso ↑	
Crença no literalismo bíblico ↑	O destino está nas mãos de Deus
Pessoas que se consideram pardas e pretas ↑	Pessoas que se consideram negras
Pessoas que se consideram brancas ↓	
Visão positiva dos pretos ↑	Visão positiva dos pardos
Visão positiva dos brancos ↓	
Preconceito racial ↓	Preconceito contra nordestino
Importância dos antepassados para sua cor ou raça ↓	
Visão de que o brasileiro é resultado de uma mistura ↑	
Apoio à política de cotas por cor ou raça ↑	
Ambiguidade das definições de cor ou raça ↓	Percepção de quem é preto, pardo ou branco
Apoio a tratar o que é público como se fosse particular ↑	Rejeição do jeitinho
Falta de confiança nas pessoas ↑	Apoio ao "você sabe com quem está falando?"
Apoio a uma ética relacional ↓	Apoio a uma ética única
	Confiança nas instituições
Intimidade nas conversas sobre sexo ↓	Apoio à legalização mais ampla do aborto
Moralidade dupla em face da sexualidade de homens e mulheres ↓	
Apoio à divisão sexual do trabalho ↓	
Apoio à diversidade nas práticas sexuais ↑	
Apoio à igualdade na sexualidade ↑	

Quem se considera de centro ↓ Quem se considera de esquerda e de direita ↑ Não saber o que é esquerda e direita ↑ Motivos para votar no candidato a presidente de esquerda e de direita	
Apoio à abertura de mercado ↑	Apoio ao setor privado provendo bens e serviços Apoio a uma economia menos regulada pelo governo
Confiança na polícia ↑ Apoio a punições mais duras ↑ Sensação de segurança ↑ Estresse pós-traumático causado pela violência ↓	Apoio a punições ilegais Apoio à repressão de protestos

Notas

Introdução

1. A análise estatística Age-Period-Cohort (APC) é um modelo usado para separar os efeitos da idade, do período em que a pessoa vive e do grupo de idade ao qual ela pertence (coorte) quando se trata de fenômenos sociais e demográficos. A idade se refere a mudanças que ocorrem na forma de pensar ao longo da vida, o período diz respeito ao impacto de eventos históricos ou mudanças que afetam todas as idades em um determinado tempo e o coorte a diferenças entre gerações (grupos nascidos em anos diferentes) refletindo experiências diversas.

1. A cabeça religiosa do brasileiro

1. SMITH, Chistian. 2017. *Religion:* What It Is, How It Works, and Why It Matters. Princeton e Oxford: Princeton University Press. p. 3.
2. Vale aqui uma ressalva importante sobre os dados de nossas pesquisas referentes a quem declarou ser adepto de religiões de matriz africana, em particular umbanda e candomblé. As duas rodadas da PESB foram pesquisas nacionais com amostra probabilística; assim, em 2002, apenas oito entrevistados disseram praticar o candomblé, e dez, a umbanda; em 2022-23, os números aumentaram para respectivamente 16 e 42, que, quando somados, perfazem 4% da amostra. Julgamos que essa pequena quantidade de entrevistas não era suficiente para analisarmos de maneira robusta as visões de mundo e os valores dos fiéis dessas

religiões. Por isso, nos limitamos aqui a descrever as religiões cristãs e os sem religião somados com ateus.

3. BARROS, Duda Monteiro de. O fenômeno silencioso dos que optam por não seguir religião alguma. *Veja*, 6 maio 2022. Disponível em: https://veja.abril.com.br/comportamento/o-fenomeno-silencioso-dos-que-optam-por-nao-seguir-religiao-alguma. Acesso em: 31 mar. 2025.
4. Sublinhamos o fato de que foram os próprios entrevistados que disseram qual era a frequência de sua participação em cada uma das práticas questionadas. Isso pode resultar em um viés específico, uma vez que os estudiosos do tema afirmam que a participação pública é tão importante dentre os evangélicos que eles podem se sentir impelidos a exagerar o que fazem quanto a isso.
5. O exemplo mais recente de escrituras sagradas entre as "religiões mundiais" contemporâneas é o Alcorão, que data do profeta Maomé, no século VII — ou seja, há mais de um milênio.
6. SAAD, Lydia. Record Few Americans Believe Bible Is Literal Word of God. *Gallup*, 15 maio 2017. Disponível em: https://news.gallup.com/poll/210704/americans-belief-bible-literal-word-god-continues-decline.aspx. Acesso em: 11 abr. 2025.
7. LIMA, Eduardo Campos. World's largest catholic country debates the right number of priests. *Crux*, 22 abr. 2019. Disponível em: https://cruxnow.com/church-in-the-americas/2019/04/worlds-largest-catholic-country-debates-the-right-number-of-priests. Acesso em: 2 abr. 2025.
8. EPSTEIN, Jack. Theirs is the Kingdom of God: the poor in Latin America are looking for leadership. Too bad it's not coming from Rome. *Latin Trade*, v. 13, n. 7, jul. 2005, p. 24.

2. Brasil: maioria de pardos e pretos (e poucos negros)

1. A porcentagem das populações da amostra que se autoclassificaram nas categorias indígena e amarela ao longo de vinte anos caiu substancialmente. Deve-se observar, no entanto, que, devido à menor porcentagem geral de indivíduos que se autoclassificam nessas duas categorias censitárias, seus números absolutos nas pesquisas constituem uma limitação para análises estatísticas representativas. Portanto, a maior parte de nossas análises se concentra nas categorias branca, parda e preta.

2. Embora os termos Negro e Negroes tenham sido utilizados em contextos oficiais (como no Censo dos EUA até 2010), atualmente são considerados antiquados e ofensivos. Geralmente não são utilizados, exceto em documentos históricos ou citações diretas.
3. TURRA, Cleusa; VENTURI, Gustavo; Datafolha. *Racismo cordial*: a mais completa análise sobre o preconceito de cor no Brasil. São Paulo: Editora Ática, 1995. p. 142
4. MARX, Anthony. *Making Race and Nation*. Cambridge: Cambridge University Press, 1998. p. 6.
5. BAILEY, Stanley R. *Legacies of Race*: Identities, Attitudes, and Politics in Brazil. Stanford: Stanford University Press, 2009. p. 155
6. KIPLE, Kenneth F. (org.). *The Cambridge world history of human disease*. Cambridge: Cambridge University Press, 1993. *In:* OCHMAN, Sophie; ROSER, Max. Why Are There Differences Between Reported And Estimated Cases Of Smallpox. *Our World in Data*, 2016. Disponível em: https://ourworldindata.org/why-are-there-differences-between-reported-and-estimated-cases-of-smallpox. Acesso em 11 abr. 2025.
7. Com o tempo, essa população dominante se expandiu para incluir colonos e imigrantes de outras origens protestantes do noroeste da Europa, incluindo holandeses, escoceses, galeses, alemães, escoceses de Ulster e americanos escandinavos.

3. O brasileiro e a lei: como o jeitinho, a falta de confiança e o patrimonialismo nos condenam ao atraso

1. TOCQUEVILLE, Alexis de. *A democracia na América*. Belo Horizonte: Itatiaia, 1977. p. 186.
2. FREYRE, Gilberto. *Sobrados e mucambos*. 15. ed. São Paulo: Global, 2013.
3. DAMATTA, Roberto. *A casa e a rua:* Espaço, cidadania, mulher e a morte no Brasil. Rio de Janeiro: Guanabara, 1987.
4. DAMATTA, Roberto. *Você sabe com quem está falando?*: estudos sobre o autoritarismo brasileiro. Rio de Janeiro: Rocco, 2020.
5. LATINOBARÓMETRO (1995-2023). *Latinobarómetro 1995 a 2023:* banco de datos. Recuperado de http://www.latinobarometro.org/latContents.jsp

6. HAERPFER, C. *et al.* (eds.). *World Values Survey*: Round Seven – Country--Pooled Datafile. Madrid, Spain & Vienna, Austria: JD Systems Institute & WVSA Secretariat, 2020. Disponível em: doi.org/10.14281/18241.1. Acesso em: 11 abr. 2025.
7. LATINOBARÓMETRO (1995-2023). *Latinobarómetro 1995 a 2023:* banco de datos. Recuperado de http://www.latinobarometro.org/latContents.jsp. Acesso em 11 abr. 2025.
8. HAERPFER, C. *et al.*, *op. cit.*
9. MENDES, Regina Lúcia Teixeira. *Do Princípio do Livre Convencimento Motivado.* Rio de Janeiro: Lumen Juris, 2011.
10. *Idem*, p. 2.
11. *Idem*, p. 21.
12. *Idem*, p. 37-38.
13. *Idem*, 39-40.
14. *Idem*, p. 43.
15. BAPTISTA, Bárbara Gomes Lupetti. *Paradoxos e ambiguidades da imparcialidade judicial.* Porto Alegre: Sergio Antonio Fabris Editor, 2013.
16. *Idem*, p. 217.
17. *Idem*, 218.
18. *Idem*, 221.
19. HENRICH, Joseph. *The WEIRDest People in the World:* How the West Became Psychologically Peculiar and Particularly Prosperous. New York: Picador, 2020. p. 342 [edição digital].
20. World Happines Report, 2018. Capítulo 6: Rojas, Mariano, Happiness in Latin America Has Social Foundations. Disponível em https://s3.amazonaws.com/happiness-report/2018/CH6-WHR-lr.pdf. Acesso em: 11 abr. 2025.
21. BISIN, Alberto; VERDIER, Thierry. Cultural transmission and the economics of cultural transmission and socialization. *In*: BENHABIB, Jess; BISIN, Alberto; JACKSON, Matthew O. (eds.). *Handbook of Social Economics*. Amsterdam: North-Holland, 2011. v. 1A, p. 339–416.
22. ALESINA, Alberto; GIULIANO, Paola. Culture and Institutions. *Journal of Economic Literature*, v. 53, n. 4, p. 898–944, dez. 2015. Disponível em: https://www.aeaweb.org/articles?id=10.1257/jel.53.4.898. Acesso em: 11 abr. 2025.

4. A mulher pode fazer e ser o que ela quiser

1. Iremos tratar apenas de homossexualidade, porque na pesquisa de 2002 não houve perguntas sobre a população LGBTQIAPN+. Para que as duas pesquisas fossem inteiramente comparáveis, o questionário de 2002 foi utilizado com pouquíssimas modificações (apenas nomes de políticos) em 2022-23.
2. O documento é de 20 de outubro de 2020. Os EUA se retiraram em 2021, após a eleição de Joe Biden, e o Brasil desligou-se logo após a posse de Lula em 17 de janeiro de 2023.
3. CENTER FOR REPRODUCTIVE RIGHTS. Disponível em: https://reproductiverights.org/maps/worlds-abortion-laws/. Acesso em: 3 nov. 2023.
4. CENTER FOR REPRODUCTIVE RIGHTS. *The World's Abortion Laws*. Disponível em: https://reproductiverights.org/maps/worlds-abortion-laws/. Acesso em: 11 abr. 2025.

5. Polarização personalizada

1. LIMA, Maria. Após polêmica, aborto foi retirado do Plano Nacional de Direitos Humanos. *O Globo*, 5 out. 2010. Disponível em: https://oglobo.globo.com/politica/eleicoes-2010/apos-polemica-aborto-foi-retirado-do-plano-nacional-de-direitos-humanos-4986395. Acesso em: 23 fev. 2024.
2. BERGAMO, Monica. Monica Serra contou ter feito aborto, diz ex-aluna. *Folha de S.Paulo*, 16 out. 2010. Disponível em: https://www1.folha.uol.com.br/fsp/poder/po1610201011.htm. Acesso em: 23 fev. 2024.

6. O capitalismo e seus descontentes

1. CZEGLÉDI, Pál; LIPS, Brad; NEWLAND, Carlos. The economic mentality of nations. *Cato Journal*, v. 41, n. 3, p. 1–24, 2021. Disponível em: https://law-journals-books.vlex.com/vid/the-economic-mentality-of-902602582. Acesso em: 11 abr. 2025.
2. TOLEDO, Roberto Pompeu de. *O presidente segundo o sociólogo*: Entrevista de Fernando Henrique Cardoso a Roberto Pompeu de Toledo. São Paulo: Companhia das Letras, 1998. p. 211.

3. CORADINI, Odaci Luiz. Frentes parlamentares, representação de interesses e alinhamentos políticos. *Revista de Sociologia e Política*, Curitiba, v. 18, n. 36, p. 241–256, jun. 2010. Disponível em: https://doi.org/10.5380/rsp.v18i36.31641. Acesso em: 11 abr. 2025.
4. CASCIONE, Sílvio; ARAÚJO, Suely Mara Vaz Guimarães de. Obstáculos para protagonismo das frentes parlamentares em coalizões presidenciais no Brasil. *Revista de Sociologia e Política*, Curitiba, v. 27, n. 72, p. e005, 2019. DOI: 10.1590/1678-987319277205. Disponível em: https://www.scielo.br/j/rsocp/a/HTxwRphyFSXCXSSNp54bHTh/. Acesso em: 11 abr. 2025.
5. Pesquisa de Orçamentos Familiares (POF) de 2008-2009. Disponível em: https://www.ibge.gov.br/estatisticas/sociais/saude/9050-pesquisa-de-orcamentos-familiares.html?edicao=37718&t=publicacoes
6. Pesquisa de Orçamentos Familiares (POF) de 2017-2018. Disponível em: https://www.ibge.gov.br/estatisticas/sociais/saude/24786-pesquisa-de-orcamentos-familiares-2.html?=&t=publicacoes.
7. PEREIRA, Rafael H. M. *et al. Tendências e desigualdades da mobilidade urbana no Brasil I*: o uso do transporte coletivo e individual. Brasília: Instituto de Pesquisa Econômica Aplicada (Ipea), 2021. (Texto para Discussão, n. 2673). Disponível em: https://repositorio.ipea.gov.br/handle/11058/10713. Acesso em: 11 abr. 2025.
8. CARVALHO, Carlos Henrique Ribeiro de *et al. Mobilidade urbana no Brasil*: principais estudos produzidos pelo Ipea nos últimos quinze anos. Brasília: Instituto de Pesquisa Econômica Aplicada (Ipea), 2023. Disponível em: https://repositorio.ipea.gov.br/handle/11058/12895. Acesso em: 11 abr. 2025.

7. A naturalização da criminalidade

1. FÓRUM BRASILEIRO DE SEGURANÇA PÚBLICA. *16º Anuário Brasileiro de Segurança Pública:* 2022. São Paulo: FBSP, 2022. Disponível em: https://publicacoes.forumseguranca.org.br/items/4f923d12-3cb2-4a24-9b63-e41789581d30. Acesso em: 11 abr. 2025.

REFERÊNCIAS

Referências bibliográficas

ALESINA, Alberto; GIULIANO, Paola. Culture and Institutions. *Journal of Economic Literature*, v. 53, n. 4, p. 898–944, dez. 2015.

BAILEY, Stanley R. *Legacies of Race*: Identities, Attitudes, and Politics in Brazil. Stanford: Stanford University Press, 2009.

BAPTISTA, Bárbara Gomes Lupetti. *Paradoxos e ambiguidades da imparcialidade judicial*. Porto Alegre: Sergio Antonio Fabris Editor, 2013.

BENHABIB, Jess; BISIN, Alberto; JACKSON, Matthew O. (orgs.). *Handbook of Social Economics*. Amsterdam: North-Holland, 2011. v. 1A, p. 339–416.

BISIN, Alberto; VERDIER, Thierry. Cultural transmission and the economics of cultural transmission and socialization. *In*: BENHABIB, Jess; BISIN, Alberto; JACKSON, Matthew O. (orgs.) *Handbook of Social Economics*. Amsterdam: North-Holland, 2011. v. 1A, p. 339–416.

CASCIONE, Sílvio; ARAÚJO, Suely Mara Vaz Guimarães de. Obstáculos para protagonismo das frentes parlamentares em coalizões presidenciais no Brasil. *Revista de Sociologia e Política*, Curitiba, v. 27, n. 72, 2019.

CARVALHO, Carlos Henrique Ribeiro de *et al*. *Mobilidade urbana no Brasil*: principais estudos produzidos pelo Ipea nos últimos quinze anos. Brasília: Instituto de Pesquisa Econômica Aplicada (Ipea), 2023.

CORADINI, Odaci Luiz. Frentes parlamentares, representação de interesses e alinhamentos políticos. *Revista de Sociologia e Política*, Curitiba, v. 18, n. 36, p. 241–256, jun. 2010.

CZEGLÉDI, Pál; LIPS, Brad; NEWLAND, Carlos. The economic mentality of nations. *Cato Journal*, v. 41, n. 3, p. 1–24, 2021.

DAMATTA, Roberto. *A casa e a rua*: espaço, cidadania, mulher e a morte no Brasil. Rio de Janeiro: Guanabara, 1987.

DAMATTA, Roberto. *Você sabe com quem está falando?*: estudos sobre o autoritarismo brasileiro. Rio de Janeiro: Rocco, 2020.

EPSTEIN, Jack. Theirs is the Kingdom of God: the poor in Latin America are looking for leadership. Too bad it's not coming from Rome. *Latin Trade*, v. 13, n. 7, jul. 2005.

FREYRE, Gilberto. *Sobrados e mucambos*. 15. ed. São Paulo: Global, 2013.

HAERPFER, C. *et al.* (orgs.). *World Values Survey: Round Seven – Country-Pooled Datafile*. Madri e Viena: JD Systems Institute & WVSA Secretariat, 2020.

HENRICH, Joseph. *The WEIRDest People in the World: How the West Became Psychologically Peculiar and Particularly Prosperous*. Nova York: Picador, 2020.

KIPLE, Kenneth F. (org.). *The Cambridge world history of human disease*. Cambridge: Cambridge University Press, 1993.

LIMA, Eduardo Campos. World's largest catholic country debates the right number of priests. *Crux*, 22 abr. 2019. Disponível em: https://cruxnow.com/church-in-the-americas/2019/04/worlds-largest-catholic-country-debates-the-right-number-of-priests. Acesso em: 2 abr. 2025.

MARX, Anthony. *Making Race and Nation*. Cambridge: Cambridge University Press, 1998.

MENDES, Regina Lúcia Teixeira. *Do Princípio do Livre Convencimento Motivado*. Rio de Janeiro: Lumen Juris, 2011.

OCHMAN, Sophie; ROSER, Max. Why Are There Differences Between Reported And Estimated Cases Of Smallpox. *Our World in Data*, 2016. Disponível em: https://ourworldindata.org/why-are--there-differences-between-reported-and-estimated-cases-of-smallpox. Acesso em: 11 abr. 2025.

PEREIRA, Rafael H. M. *et al*. *Tendências e desigualdades da mobilidade urbana no Brasil I:* o uso do transporte coletivo e individual. Brasília: Instituto de Pesquisa Econômica Aplicada (Ipea), 2021. (Texto para Discussão, n. 2673).

ROJAS, Mariano. *Happiness in Latin America Has Social Foundations. World Happiness Report 2018. Disponível em:* https://s3.amazonaws.com/happiness-report/2018/CH6-WHR-lr.pdf. Acesso em: 11 abr. 2025.

SAAD, Lydia. Record Few Americans Believe Bible Is Literal Word of God. *Gallup*, 15 maio 2017. Disponível em: https://news.gallup.com/poll/210704/americans-belief-bible-literal-word-god-continues-decline.aspx. Acesso em: 11 abr. 2025.

SMITH, Christian. *Religion:* What It Is, How It Works, and Why It Matters. Princeton e Oxford: Princeton University Press, 2017.

TOCQUEVILLE, Alexis de. *A democracia na América*. Belo Horizonte: Itatiaia, 1977.

TOLEDO, Roberto Pompeu de. *O presidente segundo o sociólogo*: Entrevista de Fernando Henrique Cardoso a Roberto Pompeu de Toledo. São Paulo: Companhia das Letras, 1998.

TURRA, Cleusa; VENTURI, Gustavo; DATAFOLHA. *Racismo cordial*: a mais completa análise sobre o preconceito de cor no Brasil. São Paulo: Ática, 1995.

Bases de dados

CENTER FOR REPRODUCTIVE RIGHTS. *The World's Abortion Laws*.

FÓRUM BRASILEIRO DE SEGURANÇA PÚBLICA. *16º Anuário Brasileiro de Segurança Pública: 2022*. São Paulo: FBSP, 2022.

INSTITUTO BRASILEIRO DE GEOGRAFIA E ESTATÍSTICA – IBGE. *Pesquisa de Orçamentos Familiares: 2008-2009.*

INSTITUTO BRASILEIRO DE GEOGRAFIA E ESTATÍSTICA – IBGE. *Pesquisa de Orçamentos Familiares: 2017-2018.*

LATINOBARÓMETRO. *Latinobarómetro 1995 a 2023*: banco de datos.

Sobre os autores

Alberto Carlos Almeida é doutor em Ciência Política pelo Instituto Universitário de Pesquisas do Rio de Janeiro (IUPERJ). Autor de vários livros publicados pela Editora Record, como *A cabeça do brasileiro*, *A cabeça do eleitor* e *A mão e a luva: o que elege um presidente*. Foi professor da Universidade Federal Fluminense e colunista do jornal *Valor Econômico*. É especialista em opinião pública. Atualmente dirige o Instituto Brasilis, empresa de consultoria e pesquisa, e a Intelidados, empresa de software com aplicações voltadas para o governo eletrônico.

Andreia Schroeder é socióloga pela Universidade Federal Fluminense, mestre em Estatística Aplicada às Ciências Sociais pela Escola Nacional de Ciências Estatísticas (ENCE-IBGE). Possui MBA em Marketing pela Escola Superior de Propaganda e Marketing (ESPM). É diretora de Relações Institucionais e Políticas Públicas no Grupo Mulheres do Brasil, onde atua para fortalecer a participação feminina nos espaços de tomada de decisão e contribuir para a construção de uma sociedade mais justa e equitativa.

Arthur Trindade M. Costa é doutor em Sociologia pela Universidade de Brasília (UnB) e pela Universidade de Columbia, e mestre em Ciência Política pela UnB. Foi professor visitante na Universidade Federal do Rio de Janeiro (UFRJ) e na Universidade de Cambridge. É coordenador do Núcleo de Estudos sobre Violência e Segurança (NEVIS/UnB) e Conselheiro do Fórum Brasileiro de Segurança Pública. Foi Secretário de Segurança Pública do Distrito Federal. É especialista nas áreas de violência urbana, polícias, segurança pública, democracia e cidadania.

Fabrício M. Fialho é doutor em Ciência Política e mestre em Estatística pela Universidade da Califórnia em Los Angeles. Foi professor de Métodos Quantitativos na Universidade de Cardiff e pesquisador de pós-doutorado na Sciences Po, em Paris. Atualmente, é professor assistente de Sociologia na HSE University, em Moscou, e pesquisador na London School of Economics and Political Science. Especialista em psicologia política e métodos de pesquisa, seu trabalho se concentra em relações raciais, participação política, autoritarismo e no uso de variáveis latentes em pesquisa social.

Julio Trecenti é doutor em Estatística pelo Instituto de Matemática e Estatística da Universidade de São Paulo (IME-USP). É professor no Insper, pesquisador no CEOE/Unifesp e diretor técnico da Associação Brasileira de Jurimetria (ABJ). Trabalha com raspagem de dados, arrumação de dados, inteligência artificial, processamento de linguagem natural, visualização de dados e dashboards.

Lucio Rennó é doutor em Ciência Política pela Universidade de Pittsburgh, professor do Instituto de Ciência Política da Universidade de Brasília. É especialista em estudos legislativos e comportamento eleitoral e em 2022 recebeu o prêmio de melhor livro da Political Networks Section da American Political Science Association por seu livro *Persuasive Peers: Social Communication and Voting in Latin America*, escrito em coautoria com Barry Ames e Andy Baker.

Marcelo Ottoni Durante é doutor em Sociologia e Política e mestre em Sociologia pela Universidade Federal de Minas Gerais. Atualmente é professor associado da Universidade Federal de Viçosa, atuando na graduação do curso de Ciências Sociais e no mestrado profissionalizante em Gestão Pública. Foi coordenador-geral de Pesquisa e Análise da Informação na SENASP/MJ e subsecretário de Gestão da Informação na SSP-DF. É especialista nos temas de segurança pública, gestão pública, sociologia das organizações e metodologia de pesquisa.

Nelson Rojas de Carvalho é doutor em Ciência Política pelo Iuperj e mestre em Política Comparada pela London School of Economics and Political Science (LSE). Professor da Universidade Federal Rural do Rio de Janeiro, foi pesquisador convidado na George Washington University e na Notre Dame University. Seu livro *E no início eram as bases: geografia política do voto e comportamento legislativo no Brasil* foi premiado pela ANPOCS e é referência na área.

Nilson Teixeira é Ph.D. em Economia pela Universidade da Pennsylvania, mestre em Economia pela PUC-Rio, engenheiro mecânico pela UFRJ e economista pela UERJ. É consultor de economia e finanças e membro do conselho curador da Fundação Getulio Vargas e do Ranking dos Políticos. Escreve quinzenalmente na coluna Opinião do jornal *Valor Econômico*. Foi economista-chefe de uma série de instituições financeiras, entre as quais os bancos Credit Suisse e Chase Manhattan, e sócio fundador da gestora de recursos Macro Capital.

Stanley R. Bailey é professor de Sociologia na Universidade da Califórnia, em Irvine. Sua pesquisa se concentra nas dinâmicas raciais e étnicas da América Latina, particularmente no Brasil. Ele é autor de *Legacies of Race: Identities, Attitudes, and Politics in Brazil* (Stanford University Press, 2009), que examina como a construção racializada do mundo continua moldando a face do Brasil. Seus trabalhos acadêmicos são publicados em periódicos como *American Journal of Sociology*, *American Sociological Review*, *Social Forces* e *Journal for the Scientific Study of Religion*.

Este livro foi composto na tipografia Dante Mt Std,
em corpo 12/16, e impresso em
papel off-white no Sistema Cameron da
Divisão Gráfica da Distribuidora Record.